21 LEÇONS
POUR LE XXIᵉ SIÈCLE

Yuval Noah Harari

21 LEÇONS
POUR LE XXIᵉ SIÈCLE

Traduit de l'anglais
par Pierre-Emmanuel Dauzat

Albin Michel

À mon mari Itzik, à ma mère Pnina,
et à ma grand-mère Fanny,
pour leur amour et leur soutien au fil de longues années.

Sommaire

Introduction

Dans un monde inondé d'informations sans pertinence, le pouvoir appartient à la clarté. En théorie, chacun peut prendre part au débat sur l'avenir de l'humanité, mais il n'est pas si facile de garder une vision claire. Souvent, nous ne nous apercevons même pas qu'un débat est en cours et ignorons quelles sont les questions clés. Des milliards d'entre nous ne peuvent guère se payer le luxe d'enquêter car nous avons des choses plus pressantes à faire : aller au travail, nous occuper de nos enfants ou prendre soin de nos vieux parents. L'histoire, hélas, ne vous fera aucune fleur. Si l'histoire de l'humanité se décide en votre absence, parce que vous êtes trop occupé à nourrir et habiller vos enfants, ni eux ni vous n'échapperont aux conséquences. C'est très injuste, mais qui a dit que l'histoire était juste ?

Historien, je n'ai ni vivres ni vêtements à distribuer. En revanche, je puis essayer d'apporter un peu de clarté, et ce faisant aider à aplanir le terrain de jeu global. Si cela donne ne serait-ce qu'à une poignée de gens supplémentaires le moyen de prendre part au débat sur l'avenir de notre espèce, j'aurai fait mon travail.

Dans mon premier livre, *Sapiens*, j'ai survolé le passé de l'homme, examinant comment un singe insignifiant est devenu le maître de la planète Terre.

Homo deus, mon deuxième livre, explore l'avenir de la vie à long terme, envisageant comment les humains pourraient finalement devenir des dieux, et quelle pourrait être la destinée ultime de l'intelligence et de la conscience.

Dans ce livre-ci, j'entends faire un zoom sur l'« ici et maintenant ». Je me concentre sur les affaires courantes et l'avenir immédiat des sociétés humaines. Que se passe-t-il actuellement ? Quels sont les plus grands défis et choix du jour ? À quoi devrions-nous prêter attention ? Que devons-nous enseigner à nos enfants ?

Bien entendu, qui dit 7 milliards d'habitants, dit 7 milliards d'ordres du jour, et pouvoir prendre du recul est un luxe relativement rare. Une mère célibataire qui se bat pour élever deux enfants dans un bidonville de Bombay ne pense qu'à leur prochain repas ; les réfugiés entassés sur une embarcation au milieu de la Méditerranée scrutent l'horizon, essayant d'apercevoir la terre ; et un moribond, dans un hôpital surpeuplé de Londres, rassemble ses dernières forces pour respirer encore un peu. Tous ont des problèmes autrement plus urgents que le réchauffement climatique ou la crise de la démocratie libérale. Aucun livre ne saurait rendre justice à tout cela, et je n'ai pas de leçons à donner aux gens qui sont dans de telles situations. Je puis seulement espérer apprendre d'eux.

Mon ordre du jour est ici global. J'examine les grandes forces qui façonnent les sociétés à travers le monde et sont susceptibles d'influencer l'avenir de notre planète dans son ensemble. Le changement climatique peut bien sortir des préoccupations des gens pris par des urgences vitales, mais il pourrait finir par rendre inhabitables les bidonvilles de Bombay, envoyer d'énormes nouvelles vagues de réfugiés à travers la Méditerranée et déboucher sur une crise mondiale du système de santé.

La réalité se compose de multiples fils, et ce livre s'efforce de passer en revue divers aspects de notre situation globale, sans prétendre à l'exhaustivité. À la différence de *Sapiens* et d'*Homo deus*, il ne s'agit pas d'un récit historique, mais d'un choix de leçons. Et ces leçons ne se concluent pas sur des réponses simples. Leur propos est de stimuler la réflexion et d'aider les lecteurs à participer à quelques-unes des grandes conversations de notre temps.

Le livre a bel et bien été écrit en conversation avec le public. Nombre des chapitres ont été composés en réponse à des questions que m'ont posées lecteurs, journalistes et collègues. Des versions antérieures de certaines sections ont déjà paru sous diverses formes, me donnant l'occasion de recevoir des commentaires et d'affûter mes arguments. Certains passages traitent de technologie, d'autres de politique, d'autres encore de religion ou d'art. Certains chapitres célèbrent la sagesse humaine, d'autres éclairent le rôle crucial de la bêtise. La question primordiale n'en demeure pas moins la même : que se passe-t-il dans le monde actuel, quel est le sens profond des événements ?

Que signifie l'ascension de Donald Trump ? Que faire face à l'épidémie de *fake news* ? Pourquoi la démocratie libérale est-elle en crise ? Y a-t-il un retour du religieux ? Quelle civilisation domine le monde – l'Occident, la Chine, l'islam ? L'Europe doit-elle garder ses portes ouvertes aux immigrés ? Le nationalisme peut-il résoudre les problèmes d'inégalité et de changement climatique ? Que faire face au terrorisme ?

Si ce livre adopte une perspective globale, je ne néglige pas pour autant le niveau individuel. Bien au contraire, j'entends souligner les liens entre les grandes révolutions de notre temps et la vie intérieure des individus. Le terrorisme, par exemple, est un problème politique mondial en même temps qu'un mécanisme psychologique intérieur. Il opère en enfonçant le bouton « peur » dans nos esprits et en piratant l'imagination privée de millions d'individus. De même, la crise de la démocratie libérale ne se joue pas simplement dans les parlements et les bureaux de vote, mais aussi dans les neurones et les synapses. Observer que la sphère privée est politique relève du cliché. Toutefois, à une époque où hommes de science, entreprises et pouvoirs publics apprennent à pirater le cerveau des hommes, ce truisme est plus sinistre que jamais. Ce livre offre donc des observations sur la conduite des individus aussi bien que de sociétés entières.

La mondialisation soumet notre conduite et notre morale personnelles à des pressions sans précédent. Chacun de nous est piégé dans les nombreuses toiles d'araignée planétaires qui restreignent nos mouvements tout en transmettant nos plus infimes frémissements à de lointaines destinations. Notre routine quotidienne influence la vie des gens et des animaux à l'autre bout du monde. Certains gestes individuels peuvent, contre toute attente, embraser le monde : ainsi de l'auto-immolation de Mohamed Bouazizi en Tunisie, qui a amorcé le Printemps arabe, ou des femmes qui ont partagé leurs histoires de harcèlement sexuel et déclenché le mouvement #MeToo.

Du fait de cette dimension mondiale de notre vie personnelle, il est plus important que jamais de mettre en lumière nos partis pris religieux ou politiques, nos privilèges de race ou de genre et notre complicité involontaire dans l'oppression institutionnelle. Est-ce une entreprise réaliste ? Comment trouver un enracinement éthique solide dans un monde qui va bien au-delà de mes horizons, qui échappe totalement au contrôle de l'homme et tient pour suspects tous les dieux et les idéologies ?

Mon livre commence par un tour d'horizon de la situation politique et technique actuelle. À la fin du XXᵉ siècle, il semblait que les grandes batailles idéologiques entre fascisme, communisme et libéralisme se fussent soldées par la victoire écrasante de ce dernier. La démocratie politique, les droits de l'homme et le capitalisme de marché paraissaient voués à conquérir le monde. Comme d'habitude, l'histoire a pris un tournant inattendu. Après l'effondrement du fascisme et du communisme, au tour du libéralisme d'être en mauvaise posture. Où allons-nous ?

La question est d'autant plus brûlante que le libéralisme perd sa crédibilité au moment précis où les révolutions jumelles des technologies de l'information et de la biotechnologie nous lancent les plus grands défis auxquels notre espèce ait jamais été confrontée. La fusion de l'infotech et de la biotech pourrait sous peu chasser des milliards d'êtres humains du marché de l'emploi tout en minant la liberté et l'égalité. Les algorithmes Big Data pourraient créer des dictatures digitales au pouvoir concentré entre les mains d'une minuscule élite tandis que la plupart des gens souffriraient non de l'exploitation mais de quelque chose de bien pire : d'être devenus inutiles.

Dans mon précédent livre, *Homo deus*, j'ai traité longuement de la fusion de l'infotech et de la biotech. Mais alors que je m'y focalisais sur les perspectives à long terme – de siècles, voire de millénaires –, je me concentre ici sur les crises sociales, économiques et politiques plus immédiates. Je m'intéresse moins à la création ultime de la vie inorganique qu'à la menace pesant sur l'État-providence et des institutions particulières telles que l'Union européenne.

Il ne s'agit pas de couvrir tous les impacts des nouvelles technologies. Même si la technologie promet monts et merveilles, mon intention, ici, est d'en éclairer essentiellement les menaces et les dangers. Puisque les sociétés et les entrepreneurs qui dirigent la révolution technologique ont naturellement tendance à chanter les louanges de leurs créations, il incombe aux sociologues, aux philosophes et aux historiens comme moi de sonner l'alarme et d'expliquer toutes les façons dont les choses peuvent affreusement mal tourner.

Après avoir esquissé les défis auxquels nous sommes confrontés, nous examinerons dans la deuxième partie un large éventail de réponses possibles. Les ingénieurs de Facebook pourraient-ils utiliser l'intelligence artificielle (ou IA) pour créer une communauté globale qui sauvegarderait la liberté des hommes et l'égalité ? Peut-être faut-il renverser la mondialisation en cours et redonner du pouvoir à l'État-nation ? Ou peut-être revenir encore plus loin en arrière et puiser espoir et sagesse aux sources des traditions religieuses anciennes ?

Dans la troisième partie, nous verrons que, si les défis technologiques sont sans précédent, et les désaccords politiques profonds, l'humanité peut se hisser à la hauteur des circonstances pour peu que nous dominions nos peurs et soyons un peu plus humbles dans nos approches. Cette partie s'interroge sur ce qu'il est possible de faire face à la menace terroriste, au danger de guerre mondiale ainsi qu'aux partis pris et aux haines qui déclenchent ces conflits.

La quatrième partie traite de la notion de post-vérité. Il s'agit ici de se demander comment nous pouvons encore comprendre les évolutions mondiales et distinguer les mauvaises actions de la justice. *Homo sapiens* est-il capable de donner sens au monde qu'il a créé ? Y a-t-il une frontière claire entre la réalité et la fiction ?

Dans la cinquième et dernière partie, je réunis les différents fils pour porter un regard plus général sur la vie à une époque de perplexité, quand les vieux récits d'antan se sont effondrés sans qu'aucun autre n'émerge encore pour les remplacer. Qui sommes-nous ? Que devons-nous faire dans la vie ? De quel genre de compétences avons-nous besoin ? Compte tenu de tout ce que nous savons et ne savons pas de la science, de Dieu, de la politique et de la religion, que pouvons-nous dire du sens de la vie aujourd'hui ?

Cela peut paraître excessivement ambitieux, mais *Homo sapiens* ne saurait attendre. La philosophie, la religion et la science – toutes manquent de temps. Voici des millénaires que les hommes débattent du sens de la vie. Nous ne saurions poursuivre ce débat indéfiniment. La crise écologique qui se profile, la menace croissante des armes de destruction massive et l'essor de nouvelles technologies de rupture ne le permettront pas. Qui plus est, peut-être, l'intelligence artificielle et la biotechnologie donnent à l'humanité le pouvoir de refaçonner et de réorganiser la vie. Il faudra très vite que quelqu'un décide comment utiliser ce pouvoir, en se fondant sur quelque récit implicite ou explicite relatif au sens de la vie. Les philosophes ont des trésors de patience, les ingénieurs beaucoup moins, et les investisseurs sont les moins patients de tous. Si vous ne savez que faire de ce pouvoir de réorganiser la vie, les forces du marché n'attendront pas un millier d'années pour répondre. La main invisible du marché vous imposera sa réponse aveugle. Sauf à vous satisfaire de confier l'avenir de la vie aux résultats trimestriels, vous avez besoin d'une idée claire de la vie et de ses enjeux.

Dans le dernier chapitre, je me laisse aller à quelques remarques personnelles, m'adressant en qualité de Sapiens à un autre, juste avant que le rideau ne tombe sur notre espèce et que commence un drame entièrement différent.

Avant d'entreprendre ce voyage intellectuel, je tiens à éclairer un point crucial. Une bonne partie du livre traite des insuffisances de la vision libérale du monde et du système démocratique. Non que je tienne la démocratie libérale pour plus problématique que d'autres : je crois plutôt qu'elle est le modèle politique le plus réussi et le plus polyvalent que les hommes aient élaboré jusqu'ici pour relever les défis du monde moderne. S'il ne convient peut-être pas à chaque société à chaque étape de son développement, il a prouvé sa valeur dans plus de sociétés et plus de situations que toutes les solutions de rechange. Quand on examine les nouveaux défis qui nous attendent, il est donc nécessaire de comprendre les limites de la démocratie libérale et de voir comment adapter et améliorer ses institutions actuelles.

Hélas, dans le climat politique présent, toute réflexion critique sur le libéralisme et la démocratie pourrait être piratée par des autocrates et divers mouvements illibéraux, dont le seul intérêt est de discréditer la démocratie libérale plutôt que de discuter franchement de l'avenir de l'humanité. Autant ils sont ravis de débattre des problèmes de la démocratie libérale, autant ils n'ont pour ainsi dire aucune tolérance aux critiques qu'on peut leur adresser.

En tant qu'auteur, je me trouve donc devant un dilemme. Dois-je dire le fond de ma pensée, au risque de voir mes propos sortis de leur contexte et utilisés pour justifier des autocraties florissantes ? Ou dois-je me censurer ? Le propre des régimes illibéraux est de rendre la liberté d'expression plus difficile même hors de leurs frontières. Du fait de l'essor de ces régimes, la pensée critique sur l'avenir de notre espèce devient de plus en plus dangereuse.

Réflexion faite, je préfère la libre discussion à l'autocensure. À moins de critiquer le modèle libéral, on ne saurait remédier à ses défauts ni aller au-delà. Mais notez-le bien : ce livre a pu être écrit seulement parce que les gens sont encore relativement libres de penser ce qu'ils veulent et de s'exprimer à leur guise. Si vous appréciez ce livre, vous devriez aussi apprécier la liberté d'expression.

Première partie

LE DÉFI TECHNOLOGIQUE

L'humanité perd la foi dans le récit libéral qui a dominé la vie politique mondiale dans les dernières décennies, au moment précis où la fusion de la biotech et de l'infotech nous lance les plus grands défis que l'humanité ait jamais dû relever.

1.

Désillusion

La fin de l'histoire a été reportée

Les êtres humains pensent en récits, plutôt qu'en faits, en chiffres ou en équations. Plus le récit est simple, mieux ça vaut. Chacun, chaque groupe, chaque nation a ses histoires et ses mythes. Au cours du XXᵉ siècle, les élites mondiales de New York, Londres, Berlin et Moscou ont élaboré trois grands récits qui prétendaient expliquer la totalité du passé et prédire l'avenir du monde : le récit fasciste, le récit communiste et le récit libéral. La Seconde Guerre mondiale a éliminé le récit fasciste ; de la fin des années 1940 à la fin des années 1980, le monde est devenu un champ de bataille opposant seulement deux récits : le communisme et le libéralisme. Le récit communiste s'est effondré, le récit libéral restant le guide dominant du passé humain et l'indispensable manuel de l'avenir du monde. Du moins était-ce le sentiment de l'élite mondiale.

Le récit libéral célèbre la valeur et la force de la liberté. Depuis des millénaires, à l'en croire, l'humanité vivait sous des régimes oppressifs qui accordaient au peuple peu de droits politiques, d'opportunités économiques ou de libertés personnelles, et qui restreignaient fortement la circulation des personnes, des idées et des biens. Mais le peuple s'est battu pour sa liberté. Pas à pas, celle-ci a gagné du terrain. Les régimes démocratiques ont remplacé les dictatures brutales. La libre entreprise a triomphé des restrictions économiques. Les hommes ont appris à penser par eux-mêmes et à écouter leur cœur, plutôt que d'obéir aveuglément à des prêtres fanatiques et à des traditions rigides. Grands-routes, ponts robustes et aéroports animés ont remplacé murs, douves et barbelés.

Tout n'est pas pour le mieux dans le monde, le récit libéral l'admet ; subsistent encore maints obstacles à surmonter. Des tyrans dominent encore une bonne partie de la planète. Même dans les pays les plus libéraux, beaucoup de citoyens souffrent de la pauvreté, de la violence et de l'oppression. Mais au moins savons-nous ce qu'il faut faire pour résoudre ces problèmes : donner aux gens plus de liberté. Nous devons protéger les droits de l'homme, accorder à tout le monde le droit de vote, libérer les marchés, permettre aux hommes, aux idées et aux biens de circuler dans le monde aussi librement que possible. Suivant cette panacée libérale – acceptée, moyennant de légères variantes, par George W. Bush comme par Barack Obama –, nous assurerons la paix et la prospérité pour tous si seulement nous continuons de libéraliser et de mondialiser nos systèmes politiques et économiques[1].

Les pays qui rejoignent cette irrésistible marche du progrès en seront bientôt récompensés par la paix et la prospérité. Ceux qui essaient de résister à l'inéluctable en subiront les conséquences, jusqu'au jour où eux aussi verront la lumière, ouvriront leurs frontières et libéraliseront leurs sociétés, leur régime politique et leurs marchés. Cela peut prendre du temps, mais même la Corée du Nord, l'Irak et le Salvador finiront par ressembler au Danemark ou à l'Iowa.

Dans les années 1990 et 2000, ce récit est devenu un mantra planétaire. Du Brésil à l'Inde, maints gouvernements ont adopté les recettes libérales dans un effort pour rejoindre la marche inexorable de l'histoire. Ceux qui n'en ont rien fait faisaient figure de fossiles d'une ère révolue. En 1997, le président américain Bill Clinton eut l'aplomb d'en faire le reproche aux autorités chinoises : leur refus de libéraliser leur régime politique les situait « du mauvais côté de l'histoire[2] ».

Depuis la crise financière mondiale de 2008, les habitants du monde entier sont de plus en plus revenus de leurs illusions au sujet du récit libéral. La vogue est de nouveau aux murs et aux pare-feu. La résistance à l'immigration et aux accords commerciaux s'amplifie. Des gouvernements soi-disant démocratiques sapent l'indépendance de la justice, restreignent la liberté de la presse et assimilent toute forme d'opposition à une trahison. Dans des pays tels que la Russie et la Turquie, des hommes forts expérimentent de nouveaux types de démocratie illibérale, voire de dictatures. Aujourd'hui, peu auraient assez d'assurance pour déclarer le Parti communiste chinois du mauvais côté de l'histoire.

L'année 2016, celle du Brexit en Grande-Bretagne et de l'élection de Donald Trump aux États-Unis, marque le moment où cette immense vague de désillusion a atteint le noyau dur des États libéraux d'Europe occidentale et d'Amérique du Nord. Alors que, voici quelques années, Américains et Européens essayaient encore de libéraliser l'Irak et la Libye par la force des armes, beaucoup de gens, au Kentucky et dans le Yorkshire, jugent désormais la vision libérale indésirable ou inaccessible. D'aucuns se sont découvert un goût pour le vieux monde hiérarchique et ne veulent tout simplement pas renoncer aux privilèges de leur race, de leur nation ou de leur sexe. D'autres ont conclu, à tort ou à raison, que la libéralisation et la mondialisation sont un immense racket qui profite à une minuscule élite aux dépens des masses.

En 1938, les hommes avaient le choix entre trois grands récits ; en 1968, il n'y en avait plus que deux ; en 1998, il semblait qu'un seul dût l'emporter ; en 2018, il n'y en a plus. Que les élites libérales, qui dominaient une bonne partie du monde dans les dernières décennies, soient dans un état de choc et de confusion n'est pas étonnant. Rien n'est plus rassurant que de disposer d'un récit. Tout est parfaitement clair. S'en retrouver soudain dépourvu est terrifiant. Plus rien n'a de sens. Un peu comme l'élite soviétique des années 1980, les libéraux ont du mal à comprendre comment l'histoire a dévié de son cours tracé d'avance et n'ont pas d'autre prisme pour interpréter la réalité. Leur désorientation les pousse à penser en termes apocalyptiques, comme si l'histoire nous précipitait forcément vers l'Armageddon puisqu'elle n'a pas la fin heureuse envisagée. Incapable de revenir à la réalité, l'esprit jette son dévolu sur des scénarios-catastrophes. Tel un homme imaginant qu'une terrible migraine est le signe d'une tumeur du cerveau en phase terminale, beaucoup de libéraux craignent que le Brexit et l'ascension de Donald Trump ne présagent la fin de la civilisation.

DE L'ÉRADICATION DES MOUSTIQUES
À L'ÉLIMINATION DES PENSÉES

L'accélération du rythme de disruption technologique exacerbe le sentiment de désorientation et de catastrophe imminente. Le système politique libéral a été façonné au cours de l'ère industrielle pour gérer un monde de machines à vapeur, de raffineries de pétrole et de postes de télévision. Il a du mal à faire face aux révolutions en cours de la technologie de l'information et de la biotechnologie.

Hommes politiques et électeurs sont à peine capables de comprendre les nouvelles technologies, à plus forte raison d'en réglementer le potentiel explosif. Depuis les années 1990, l'Internet a probablement changé le monde plus qu'aucun autre facteur ; or, ce sont des ingénieurs, plutôt que des partis politiques, qui ont conduit cette révolution. Avez-vous jamais voté sur Internet ? Le système démocratique s'efforce encore de comprendre ce qui l'a frappé, et il n'est guère équipé pour affronter les chocs à venir, comme l'essor de l'IA et la révolution de la *blockchain* (ou chaîne de blocs).

Les ordinateurs ont d'ores et déjà rendu le système financier si compliqué que peu d'êtres humains peuvent l'appréhender. Avec les progrès de l'IA, nous pourrions bientôt atteindre le point où aucun homme ne comprendra plus la finance. Quel en sera l'effet sur le processus politique ? Imagine-t-on un gouvernement attendant humblement qu'un algorithme approuve son budget ou sa nouvelle réforme fiscale ? Dans le même temps, les réseaux de *blockchain* pair à pair et les crypto-monnaies comme le *bitcoin* pourraient bien refondre entièrement le système monétaire au point de rendre inévitables des réformes fiscales radicales. Par exemple, il pourrait devenir impossible ou vain de taxer les dollars si la plupart des transactions n'impliquent plus d'échange évident de devise nationale, voire de monnaie tout court. Les gouvernements pourraient alors se trouver dans la nécessité d'inventer des taxes entièrement nouvelles : peut-être une taxe sur l'information (qui sera à la fois l'actif économique le plus important et l'unique objet de nombreuses transactions). Le système politique parviendra-t-il à résoudre la crise avant d'être à court d'argent ?

Qui plus est, les révolutions jumelles de l'infotech et de la biotech pourraient restructurer non seulement les économies et les sociétés, mais aussi nos corps mêmes et nos esprits. Par le passé, nous autres, les hommes, avons appris à dominer le monde extérieur, mais avions fort peu de prise sur notre monde intérieur. Nous savions construire un barrage et endiguer un fleuve, mais pas empêcher le corps de vieillir. Nous savions mettre au point un système d'irrigation, mais n'avions aucune idée de la façon de concevoir un cerveau. Si les moustiques bourdonnaient à nos oreilles et troublaient notre sommeil, nous savions les tuer ; mais qu'une pensée bourdonne dans notre esprit et nous tienne éveillé toute la nuit, impossible de la tuer !

Les révolutions de la biotech et de l'infotech vont nous permettre de dominer le monde en nous, mais aussi de remanier ou de fabriquer la vie. Nous apprendrons à concevoir des cerveaux, à prolonger la vie et à tuer les pensées à notre guise. Personne ne sait avec quelles conséquences. Les humains ont toujours excellé à inventer des outils, beaucoup moins à en faire un usage avisé. Il est plus facile de manipuler un fleuve en construisant un barrage qu'il ne l'est de prédire toutes les conséquences complexes que cela aura pour le système écologique plus large. De même sera-t-il plus facile de rediriger le flux de nos esprits que d'en deviner l'impact sur notre psychologie personnelle ou nos systèmes sociaux.

Par le passé, nous avons acquis le pouvoir de manipuler le monde autour de nous et de refaçonner la planète entière. Faute de saisir la complexité de l'écologie globale, cependant, les changements opérés sans le vouloir ont perturbé tout le système au point que nous sommes aujourd'hui confrontés à un effondrement écologique. Dans le siècle qui vient, biotech et infotech vont nous donner le pouvoir de manipuler le monde en nous et de nous refaçonner. Toutefois, faute de comprendre la complexité de nos esprits, les changements que nous accomplirons pourraient bien perturber notre système mental au point qu'il risque lui aussi de se disloquer.

Les révolutions de la biotech et de l'infotech sont l'œuvre d'ingénieurs, d'entrepreneurs et d'hommes de science qui n'ont guère conscience des implications politiques de leurs décisions, et qui ne représentent assurément personne. Les parlements et les partis peuvent-ils prendre les choses en main ? Pour l'heure, il ne le semble pas. La disruption technologique ne figure même pas en tête de l'ordre du jour des politiques. Ainsi en 2016 aux États-Unis, dans la course présidentielle, la seule allusion à la technologie perturbatrice a été la débâcle des emails d'Hillary Clinton[3], et malgré tout le discours autour des pertes d'emplois aucun des candidats n'a évoqué l'impact potentiel de l'automation. Donald Trump a averti les électeurs que les Mexicains et les Chinois allaient leur prendre leur travail et qu'il fallait donc construire un mur à la frontière mexicaine[4]. Il ne les a jamais avertis que les algorithmes leur prendraient leur travail, pas plus qu'il n'a suggéré de construire un pare-feu à la frontière avec la Californie.

Ce pourrait être une des raisons (mais pas la seule) pour lesquelles même les électeurs au cœur de l'Occident libéral perdent la foi dans le récit libéral et le processus démocratique. Si les gens ordinaires ne comprennent ni l'intelligence artificielle ni la biotechnologie, ils peuvent pressentir que l'avenir les laissera sur la touche. En 1938, la condition de l'homme ordinaire en URSS, en Allemagne ou aux États-Unis était sans doute sinistre, mais on ne cessait de lui répéter qu'il était la chose la plus importante du monde, et qu'il était l'avenir (sous réserve, bien entendu, qu'il fût un « homme ordinaire » plutôt qu'un Juif ou un Africain). Il regardait les affiches de propagande – représentant typiquement des mineurs, des sidérurgistes ou des ménagères dans des poses héroïques – et s'y reconnaissait : « Je suis sur cette affiche ! Je suis le héros du futur[5] ! »

En 2018, l'homme ordinaire a de plus en plus le sentiment de ne compter pour rien. Les conférences TED [*Technology, entertainment and design*, organisées par la fondation américaine Sapling, pour diffuser les « idées qui en valent la peine »], les *think-tanks* gouvernementaux et les conférences sur la hi-tech se gargarisent de mots mystérieux – mondialisation, chaîne de blocs, génie génétique, intelligence artificielle, *machine learning* ou apprentissage automatique – et les gens ordinaires peuvent bien subodorer qu'aucun de ces mots ne les concerne. Le récit libéral était celui des hommes ordinaires. Comment peut-il garder la moindre pertinence dans le monde des cyborgs et des algorithmes de réseau ?

Au XXe siècle, les masses se sont révoltées contre l'exploitation et ont cherché à traduire leur rôle économique vital en pouvoir politique.

Aujourd'hui, les masses redoutent de ne compter pour rien, et ont hâte d'utiliser ce qu'il leur reste de pouvoir politique avant qu'il ne soit trop tard. Le Brexit et l'ascension de Trump pourraient ainsi mettre en évidence une trajectoire opposée à celle des révolutions socialistes traditionnelles. Les révolutions russe, chinoise et cubaine ont été l'œuvre de personnes qui avaient une importance vitale pour l'économie, mais qui manquaient de pouvoir politique ; en 2016, Trump et le Brexit ont reçu l'appui de quantité de gens qui avaient encore du pouvoir politique mais qui redoutaient de perdre leur valeur économique. Peut-être les révoltes populistes du XXIe siècle ne viseront-elles pas une élite économique qui exploite le peuple, mais une élite qui n'a plus besoin de lui[6]. Ce pourrait bien être une bataille perdue d'avance. Il est bien plus dur de lutter contre l'insignifiance que contre l'exploitation.

LE PHÉNIX LIBÉRAL

Ce n'est pas la première fois que le récit libéral est confronté à une crise de confiance. Depuis qu'il a acquis une influence mondiale, dans la seconde moitié du XIXe siècle, il a affronté des crises périodiques. La première ère de la mondialisation et de la libéralisation s'est terminée dans le bain de sang de la Première Guerre mondiale, quand la politique des puissances impériales a interrompu la marche mondiale du progrès. Dans les jours qui suivirent le meurtre de l'archiduc François-Ferdinand à Sarajevo, il apparut que les grandes puissances croyaient à l'impérialisme bien plus qu'au libéralisme et, plutôt que d'unir le monde par un commerce libre et pacifique, elles s'efforcèrent de conquérir par la force brute une plus grosse part du globe. Le libéralisme n'en survécut pas moins à ce « moment François-Ferdinand » et sortit de ce maelstrom plus fort qu'avant, promettant que c'était « la der des ders ». La terrible boucherie avait prétendument appris à l'humanité le prix terrible de l'impérialisme : l'humanité était enfin prête à créer un nouvel ordre mondial fondé sur les principes de liberté et de paix.

Puis vint le « moment Hitler » quand, dans les années 1930 et au début des années 1940, le fascisme parut un temps irrésistible. La victoire sur cette menace ne fit qu'introduire la suivante. Durant le « moment Che Guevara », entre les années 1950 et 1970, il sembla de nouveau que le libéralisme fût en bout de course, et que l'avenir appartînt au communisme. Finalement, c'est le communisme qui s'effondra. Le supermarché se révéla bien plus coriace que le goulag. Qui plus est, le récit libéral s'est montré beaucoup plus souple et dynamique que ses adversaires. Il a triomphé de l'impérialisme, du fascisme et du communisme, en adoptant certaines de leurs idées et pratiques les meilleures. Le récit libéral aura notamment appris du communisme à élargir le cercle de l'empathie et à accorder une valeur non seulement à la liberté mais aussi à l'égalité.

Au début, le récit libéral se souciait surtout des libertés et privilèges des bourgeois européens, mais fermait apparemment les yeux sur le sort de la classe ouvrière, des femmes et des non-Occidentaux. Quand, en 1918, la France et la Grande-Bretagne parlèrent tout excitées de liberté, elles ne pensaient pas aux sujets de leurs empires mondiaux. Aux revendications indiennes d'autodétermination, par exemple, les Britanniques répondirent en 1919 par le massacre d'Amritsar, tuant par centaines des manifestants non armés.

Même dans le sillage de la Seconde Guerre mondiale, les libéraux occidentaux eurent le plus grand mal à appliquer leurs valeurs prétendument universelles aux populations non occidentales. En 1945, à peine sortis de cinq années d'occupation nazie brutale, la première chose que firent les Hollandais fut de lever une armée et de l'envoyer à l'autre bout du monde pour réoccuper leur ancienne colonie d'Indonésie. Alors qu'en 1940 les Hollandais avaient abandonné leur indépendance après un peu plus de quatre jours, ils livrèrent plus de quatre longues années de combats acharnés pour empêcher l'indépendance indonésienne. Pas étonnant que de nombreux mouvements de libération nationale à travers le monde aient placé leurs espoirs dans les communistes de Moscou ou de Pékin plutôt que dans les champions autoproclamés de la liberté en Occident.

Progressivement, cependant, le récit libéral a élargi ses horizons et, au moins en théorie, a fini par célébrer les libertés et les droits de tous les êtres humains sans exception. Le cercle de liberté s'amplifiant, le récit libéral a aussi fini par mesurer l'importance des programmes sociaux de style communiste. La liberté est sans valeur si elle ne s'accompagne d'une forme de sécurité sociale. Les États-providence sociaux-démocrates devaient donc associer la démocratie et les droits de l'homme à des services de santé et un enseignement placés sous la coupe de l'État. Même le pays ultra-capitaliste que sont les États-Unis a compris que la protection de la liberté requiert au moins quelques services sociaux. Les enfants faméliques n'ont aucune liberté.

Au début des années 1990, penseurs et politiciens ont salué « la Fin de l'Histoire », affirmant avec aplomb que toutes les grandes questions politiques et économiques du passé avaient été réglées et que le package libéral rénové – démocratie, droits de l'homme, marchés ouverts à la concurrence et services sociaux – demeurait seul en lice[7]. Il semblait destiné à se propager à travers le monde, à surmonter tous les obstacles et à transformer l'humanité en une seule communauté mondiale libre.

Pourtant, l'histoire n'a pas pris fin. Après les moments François-Ferdinand, Hitler et Che Guevara, voici le moment Trump. Cette fois-ci, cependant, le récit libéral n'est pas confronté à un adversaire idéologique cohérent comme l'impérialisme, le fascisme ou le communisme. Le moment Trump est bien plus nihiliste.

Si les grands mouvements du XXᵉ siècle avaient tous une vision de l'espèce humaine dans son ensemble – domination du monde, révolution ou libération –, Donald Trump n'offre rien de tel. Au contraire. Son message principal est qu'il n'appartient pas à l'Amérique de formuler et de promouvoir une vision globale. De même, les partisans britanniques du Brexit n'ont guère de projet pour l'avenir du Royaume-Désuni : l'avenir de l'Europe et du monde est très loin de leur horizon. La plupart des gens qui ont voté Trump et le Brexit n'ont pas rejeté le package libéral dans sa totalité : ils ont simplement perdu la foi dans sa part de mondialisation. Ils croient encore à la démocratie, au marché, aux droits de l'homme et à la responsabilité sociale, mais ils pensent que ces belles idées peuvent s'arrêter à la frontière. En fait, ils croient que, pour préserver la liberté et la prospérité au Yorkshire ou dans le Kentucky, mieux vaut construire un mur à la frontière et adopter des politiques illibérales envers les étrangers.

L'essor de la superpuissance chinoise en est en quelque sorte le miroir. Méfiante à l'idée de libéraliser son régime, elle a adopté une approche plus libérale du reste du monde. S'agissant du libre-échange et de coopération internationale, Xi Jinping semble être le vrai successeur d'Obama. Ayant mis le marxisme-léninisme en veilleuse, la Chine paraît assez satisfaite de l'ordre international libéral.

La Russie résurgente se considère comme une rivale bien plus énergique de l'ordre libéral mondial. Elle a reconstitué sa puissance militaire, mais elle est idéologiquement en faillite. Vladimir Poutine est certainement populaire en Russie et dans divers mouvements de droite à travers le monde, mais n'a aucune vision globale susceptible de séduire les Hispaniques au chômage, des Brésiliens mécontents ou les étudiants idéalistes de Cambridge.

La Russie offre un autre modèle que la démocratie libérale, mais celui-ci n'est pas une idéologie politique cohérente. Il s'agit plutôt d'une pratique politique dans laquelle un certain nombre d'oligarques monopolisent la majeure partie de la richesse du pays et du pouvoir, puis utilisent leur mainmise sur les médias pour dissimuler leurs activités et cimenter leur domination. La démocratie repose sur le principe d'Abraham Lincoln : « On peut duper tout le monde un certain temps, et certaines personnes tout le temps, mais on ne peut duper tout le monde tout le temps. » Si un gouvernement est corrompu et ne parvient pas à améliorer la vie de ses habitants, assez de citoyens finiront par s'en rendre compte et le remplaceront. Mais le contrôle de l'État sur les médias mine la logique de Lincoln parce qu'il empêche les citoyens de prendre conscience de la vérité. Par son monopole sur les médias, l'oligarchie régnante peut imputer de façon répétée ses échecs à d'autres et détourner l'attention sur des menaces extérieures – réelles ou imaginaires.

Quand vous vivez sous une oligarchie de ce genre, il y a toujours une crise ou une autre qui prend la priorité sur des sujets fastidieux tels que le système de santé et la pollution. Si la nation est confrontée à une invasion ou à une subversion diabolique, qui a le temps de s'inquiéter des hôpitaux surpeuplés ou de la pollution des fleuves ? En produisant un flux incessant de crises, une oligarchie corrompue peut prolonger sa domination indéfiniment[8].

Pourtant, bien que durable, ce modèle oligarchique ne séduit personne. À la différence d'autres idéologies qui exposent résolument leur vision, les oligarchies dominantes ne sont pas fières de leurs pratiques et ont tendance à utiliser d'autres idéologies comme écran de fumée. La Russie prétend ainsi être une démocratie, et ses dirigeants proclament leur allégeance aux valeurs du nationalisme russe et de l'orthodoxie plutôt qu'à l'oligarchie. En France et en Grande-Bretagne, l'extrême droite peut compter sur l'aide russe et exprime son admiration pour Poutine, mais même son électorat ne voudrait pas vivre dans un pays qui copierait le modèle russe : un pays où la corruption est endémique, où les services fonctionnent mal, où l'État de droit est inexistant et où les inégalités sont renversantes. Suivant certains indicateurs, la Russie est un des pays les plus inégalitaires du monde avec 87 % de la richesse concentrée entre les mains des 10 % les plus riches[9]. Parmi les ouvriers qui votent Front national, combien voudraient de cette forme de répartition des richesses en France ?

Les hommes votent avec leurs pieds. Dans mes voyages à travers le monde, j'ai rencontré quantité de gens qui souhaitent émigrer vers les États-Unis, l'Allemagne, le Canada ou l'Australie. J'en ai croisé quelques-uns qui désirent aller en Chine ou au Japon. Mais je n'en ai pas vu un seul qui rêve d'émigrer vers la Russie.

Quant à « l'islam mondial », il attire surtout ceux qui sont nés dans son giron. S'il peut séduire certains en Syrie et en Irak, voire des jeunes musulmans aliénés en Allemagne et en Grande-Bretagne, on imagine mal la Grèce ou l'Afrique du Sud – sans parler du Canada ou de la Corée du Sud – rejoindre un califat mondial dans lequel elles verraient le remède à leurs problèmes. Dans ce cas aussi, les gens votent avec leurs pieds. Pour chaque jeune musulman qui a quitté l'Allemagne pour le Moyen-Orient afin de vivre sous une théocratie musulmane, il est probablement cent jeunes Moyen-Orientaux qui auraient aimé faire le voyage en sens inverse et commencer une vie nouvelle dans l'Allemagne libérale.

Cela pourrait laisser penser que la crise actuelle de la foi est moins grave que les précédentes. Le libéral que les événements de ces dernières années poussent au désespoir devrait simplement se souvenir à quel point les choses semblaient pires en 1918, en 1938 ou en 1968. Au bout du compte, l'humanité n'abandonnera pas le récit libéral parce qu'elle n'a pas de solution de rechange. Les gens peuvent bien ruer dans les brancards mais, n'ayant nulle part ailleurs où aller, ils finiront par revenir.

Inversement, ils peuvent totalement renoncer à l'idée même d'un récit global pour se réfugier plutôt dans un conte nationaliste ou religieux local. Au XXe siècle, les mouvements nationalistes ont été un acteur politique d'une extrême importance, mais il leur manquait une vision cohérente de l'avenir du monde au-delà de leur soutien à la division du globe en États-nations indépendants. Les nationalistes indonésiens combattirent la domination hollandaise, les nationalistes vietnamiens voulaient un Vietnam libre, mais il n'y avait pas de récit indonésien ou vietnamien concernant l'humanité dans son ensemble. Quand il leur fallait expliquer les relations que l'Indonésie, le Vietnam et tous les autres pays libres devaient entretenir les uns avec les autres, comment les hommes devaient affronter les problèmes globaux tels que la menace de la guerre nucléaire, les nationalistes se tournaient invariablement vers les idées libérales ou communistes.

Or, si le libéralisme et le communisme sont désormais discrédités, peut-être les humains doivent-ils abandonner l'idée même d'un seul récit global ? Tous ces récits généraux, même le communisme, n'étaient-ils pas, somme toute, le produit de l'impérialisme occidental ? Pourquoi les villageois vietnamiens auraient-ils foi dans les cogitations d'un Allemand de Trèves ou d'un industriel de Manchester ? Peut-être chaque pays doit-il suivre une voie idiosyncrasique définie par ses anciennes traditions ? Peut-être même, pour changer, les Occidentaux doivent-ils cesser d'essayer de diriger le monde et se focaliser sur leurs affaires ?

Sans doute est-ce à cela qu'on assiste à travers le monde, alors que le vide laissé par l'effondrement du libéralisme est timidement rempli par les fantaisies nostalgiques de quelque âge d'or passé. Donald Trump a accompagné ses appels à l'isolationnisme américain d'une promesse de *Make America Great Again*, de « Rendre sa grandeur à l'Amérique », comme si les États-Unis des années 1980 ou 1950 étaient une société parfaite que les Américains devraient d'une certaine façon recréer au XXIe siècle. Les Brexiteurs rêvent de faire de la Grande-Bretagne une puissance indépendante, comme s'ils vivaient encore au temps de la reine Victoria, et que le « splendide isolement » fût une politique viable au temps de l'Internet et du réchauffement climatique. Les élites chinoises ont redécouvert leur héritage autochtone impérial et confucéen, en complément, voire en substitut, de l'idéologie marxiste douteuse importée d'Occident. En Russie, la vision officielle de Poutine n'est pas de construire une oligarchie corrompue, mais consiste au fond à ressusciter le vieil empire tsariste. Un siècle après la révolution bolchevique, Poutine promet un retour aux vieilles gloires tsaristes, avec un gouvernement autocratique soutenu par le nationalisme russe et l'orthodoxie, étendant sa puissance de la Baltique au Caucase.

De semblables rêves nostalgiques, mêlant attachement nationaliste et traditions religieuses, inspirent les régimes de l'Inde, de la Pologne, de la Turquie et de nombreux autres pays. Nulle part ces chimères ne sont plus extrêmes qu'au Moyen-Orient, où les islamistes voudraient copier le système établi par le prophète Muhammad à Médine voici mille quatre cents ans, tandis qu'en Israël les Juifs fondamentalistes dament même le pion aux islamistes et veulent remonter deux mille cinq cents ans en arrière, aux temps bibliques. Certains membres du gouvernement de coalition ne cachent pas leur espoir de repousser les frontières de l'État moderne au plus près de celles de l'Israël de la Bible, de rétablir le droit biblique et même de reconstruire l'ancien Temple de Jérusalem à la place de la mosquée Al-Aqsa[10].

Les élites libérales observent avec horreur ces évolutions, espérant que l'humanité retrouvera à temps la voie libérale pour éviter la catastrophe. Dans son dernier discours de septembre 2016 aux Nations unies, Obama a mis en garde ses auditeurs contre le retour « à un monde profondément divisé, et en définitive en conflit, suivant les lignes de partage séculaires – nationales, tribales, raciales et religieuses » : « Les principes de l'ouverture des marchés et de la gouvernance responsable, de la démocratie, des droits de l'homme et du droit international [...] demeurent le fondement le plus ferme du progrès humain dans ce siècle[11]. »

Obama a justement observé que, malgré les nombreuses insuffisances du package libéral, son bilan est bien meilleur que celui des solutions de rechange. La plupart des hommes n'ont jamais connu plus de paix et de prospérité que sous l'égide de l'ordre libéral au début du XXIe siècle.

Pour la première fois de l'histoire, les maladies infectieuses tuent moins que la vieillesse, la famine moins que l'obésité, et la violence moins que les accidents.

Le libéralisme n'a cependant pas de réponses évidentes aux plus gros problèmes que nous affrontons : l'effondrement écologique et la disruption technologique. Traditionnellement, le libéralisme s'en remettait à la croissance économique pour résoudre comme par magie des conflits politiques et sociaux épineux. Le libéralisme conciliait prolétariat et bourgeoisie, croyants et athées, indigènes et immigrés, Européens et Asiatiques, en promettant à tous une plus grosse part de gâteau. Celui-ci étant toujours plus gros, c'était possible. Toutefois, la croissance économique ne sauvera pas l'écosystème mondial, au contraire : elle est la cause de la crise écologique. Elle n'apportera pas non plus de solution à la disruption technologique, laquelle repose sur l'invention de technologies de rupture toujours plus nombreuses.

Le récit libéral et la logique du capitalisme de marché encouragent les gens à nourrir de grandes espérances. Dans la dernière partie du XXe siècle, à Houston, Shanghai, Istanbul ou São Paulo, chaque génération a bénéficié d'un meilleur enseignement que la précédente, de soins médicaux supérieurs et de revenus plus élevés. Dans les prochaines décennies, toutefois, du fait d'une combinaison de disruptions technologiques et de débâcle écologique, la jeune génération pourra s'estimer heureuse si elle ne régresse pas.

Il nous appartient donc de créer pour le monde un récit actualisé. De même que les bouleversements de la révolution industrielle donnèrent naissance aux idéologies nouvelles du XXe siècle, les prochaines révolutions de la biotechnologie et de la technologie de l'information exigent probablement des visions neuves. Les prochaines décennies pourraient bien se caractériser par un questionnement intense et la formulation de nouveaux modèles politiques et sociaux. Est-il possible que le libéralisme se réinvente une fois encore, comme il l'a fait dans le sillage des crises des années 1930 et 1960, pour resurgir plus attrayant que jamais ? La religion et le nationalisme traditionnels pourraient-ils fournir les réponses qui échappent aux libéraux ? Pourraient-ils puiser dans la sagesse des Anciens pour façonner une vision moderne du monde ? À moins que le temps ne soit venu de rompre clairement avec le passé et d'élaborer un récit entièrement nouveau qui aille non seulement au-delà des dieux anciens et des nations, mais aussi des valeurs modernes centrales de la liberté et de l'égalité ?

Pour l'heure, l'humanité est loin de parvenir à un consensus sur ces questions. Nous en sommes encore au moment nihiliste de désillusion et de colère, où les gens ont perdu la foi dans les anciens récits sans en embrasser un nouveau. Quelle est donc la prochaine étape ? D'abord mettre une sourdine aux prophéties de malheur, et passer du mode panique au mode stupéfaction. La panique est une forme d'*hubris*. Elle procède du sentiment béat de savoir exactement où sombre le monde. La stupéfaction est plus humble, donc plus clairvoyante. Si l'envie vous prend de courir dans la rue en criant « L'apocalypse arrive », essayez de vous raisonner : « Non, ce n'est pas ça. La vérité, c'est que je ne comprends pas ce qu'il se passe dans le monde. »

Les chapitres suivants essaieront de clarifier une partie des nouvelles possibilités déroutantes auxquelles nous sommes confrontés, et de voir comment nous pourrions procéder. Avant d'explorer les réponses potentielles aux situations délicates de l'humanité, il importe de mieux saisir le défi technologique. Les révolutions de la technologie de l'information et de la biotechnologie sont encore balbutiantes, et il est permis de se demander dans quelle mesure elles sont vraiment responsables de la crise actuelle du libéralisme. À Birmingham, Istanbul, Saint-Pétersbourg et Bombay, la plupart des gens ont, au mieux, vaguement conscience de l'essor de l'intelligence artificielle et de son impact potentiel sur leur vie. Il ne fait cependant aucun doute que les révolutions technologiques vont prendre de l'élan au cours des toutes prochaines décennies et obligeront l'humanité à affronter les épreuves les plus redoutables qu'elle ait jamais rencontrées. Tout récit qui cherche à gagner l'allégeance de l'humanité sera jugé avant tout sur sa capacité de faire face aux révolutions jumelles de l'infotech et de la biotech. Si le libéralisme, le nationalisme, l'islam ou quelque credo inédit entend façonner le monde de l'an 2050, il ne suffira pas de donner sens à l'intelligence artificielle, au Big Data et au génie biologique : il faudra aussi les incorporer à un nouveau récit qui ait du sens.

Pour comprendre la nature de ce défi technologique, le mieux serait peut-être de partir du marché du travail. Depuis 2015, je sillonne le monde pour m'entretenir de la situation de l'humanité avec des responsables gouvernementaux, des hommes d'affaires, des militants ou des petits écoliers. Quand je les sens exaspérés ou lassés par tout ce discours sur l'intelligence artificielle, les algorithmes Big Data et le génie biologique, il me suffit habituellement de prononcer un mot magique pour capter à nouveau leur attention : emplois. La révolution technologique pourrait bientôt chasser des milliards d'êtres humains du marché du travail, et créer une nouvelle classe massive d'inutiles, débouchant sur des bouleversements sociaux et politiques qu'aucune idéologie existante ne sait gérer. Tout ce discours sur la technologie et l'idéologie a beau paraître très abstrait et lointain, la perspective bien réelle d'un chômage de masse ne laisse personne indifférent.

2.

Travail

Quand vous serez grand,
vous pourriez bien être sans emploi

Nous n'avons aucune idée de ce à quoi ressemblera le marché de l'emploi en 2050. Il est généralement admis que l'apprentissage automatique et la robotique changeront pratiquement tous les métiers, de la production de yaourts à l'enseignement du yoga. En revanche, les avis sont partagés sur la nature du changement et son imminence. D'aucuns croient qu'en l'espace d'une décennie ou deux seulement, des milliards de gens seront devenus économiquement superflus. D'autres soutiennent qu'à longue échéance l'automation continuera d'engendrer de nouveaux emplois et assurera à tous une plus grande prospérité.

Sommes-nous au seuil d'un bouleversement terrifiant ou ces prévisions sont-elles un exemple supplémentaire d'hystérie luddite sans fondement ? Il est difficile de se prononcer. La peur que l'automation crée un chômage massif remonte au XIXᵉ siècle et ne s'est jusqu'ici jamais matérialisée. Depuis le début de la révolution industrielle, pour chaque emploi perdu au profit d'une machine, un nouvel emploi a été créé, et le niveau de vie moyen a connu une croissance spectaculaire [1]. On a pourtant de bonnes raisons de penser qu'il en va autrement cette fois et que l'apprentissage automatique va vraiment changer les règles du jeu.

Les êtres humains possèdent deux types de capacités : physiques et cognitives. Par le passé, les machines étaient essentiellement en concurrence avec les hommes dans le domaine des capacités physiques brutes tandis que ceux-ci gardaient un immense avantage en matière de cognition. Les tâches manuelles de l'agriculture et de l'industrie ayant été automatisées, sont alors apparus de nouveaux emplois de service nécessitant le genre de compétences cognitives que seuls les hommes possédaient : apprentissage, analyse, communication et, surtout, compréhension des émotions humaines. Or, dans un nombre sans cesse croissant de ces compétences, l'IA commence aujourd'hui à surpasser les hommes, y compris dans la compréhension des émotions humaines[2]. Nous n'avons pas connaissance d'un troisième domaine d'activité – au-delà du physique et du cognitif – où les hommes garderont toujours un avantage assuré.

La révolution de l'IA, il est crucial de le mesurer, n'est pas simplement une affaire d'ordinateurs toujours plus rapides et plus intelligents. Elle se nourrit de percées dans les sciences de la vie aussi bien que dans les sciences sociales. Mieux nous comprendrons les mécanismes biochimiques qui sous-tendent les émotions, les désirs et les choix, plus les ordinateurs excelleront dans l'analyse des comportements et la prédiction des décisions et pourront remplacer les chauffeurs, les banquiers et les avocats.

Dans les toutes dernières décennies, la recherche dans des domaines tels que les neurosciences ou l'économie comportementale a permis aux scientifiques de pirater les humains et, en particulier, de comprendre beaucoup mieux leur mécanisme de prise de décision. Il est apparu que tous nos choix, de celui des aliments jusqu'à celui de nos partenaires, ne résultent pas de quelque mystérieux libre arbitre, mais de milliards de neurones qui calculent les probabilités en une fraction de seconde. L'« intuition humaine » tant vantée relève en réalité de la « reconnaissance de formes[3] ». Les bons chauffeurs, les bons banquiers ou les bons avocats n'ont pas d'intuitions magiques concernant la circulation, les investissements ou la négociation ; par la reconnaissance de formes récurrentes, ils repèrent et essaient d'éviter les piétons imprudents, les emprunteurs incapables ou les escrocs. Il est aussi apparu que les algorithmes biochimiques du cerveau humain sont loin d'être parfaits. Ils s'en remettent à l'heuristique, à des raccourcis et à des circuits périmés adaptés à la savane africaine plutôt qu'à la jungle urbaine. Pas étonnant que les meilleurs chauffeurs, banquiers ou avocats commettent parfois des erreurs idiotes.

Autrement dit, l'IA peut surpasser les humains même dans des tâches censées nécessiter de l'« intuition ». Si vous demandez à l'IA de rivaliser avec l'âme humaine en termes de pressentiments mystiques, cela paraît impossible. Mais si l'IA doit affronter les réseaux neuronaux dans le calcul des probabilités et la reconnaissance des formes, la tâche paraît bien moins redoutable.

En particulier, l'IA peut mieux s'acquitter de tâches qui exigent des intuitions *à propos d'autres personnes*. Beaucoup d'activités – par exemple, conduire un véhicule dans une rue pleine de piétons, prêter de l'argent à des inconnus, négocier une affaire – nécessitent de savoir évaluer correctement les émotions et les désirs d'autres personnes. Ce gosse est-il sur le point de sauter sur la chaussée ? L'homme en costume a-t-il l'intention de prendre mon argent et de disparaître ? Cet avocat va-t-il mettre à exécution ses menaces ou n'est-ce qu'un coup de bluff ? Tant qu'on croyait ces émotions et ces désirs engendrés par un esprit immatériel, il paraissait évident que les ordinateurs ne seraient jamais capables de remplacer les chauffeurs, les banquiers ou les avocats. Car comment un ordinateur peut-il comprendre l'esprit humain créé par Dieu ? Mais si ces émotions et désirs ne sont que des algorithmes biochimiques, rien de plus, il n'y a aucune raison pour que les ordinateurs ne puissent déchiffrer ces algorithmes – et le faire mieux que n'importe quel *Homo sapiens*.

Un chauffeur qui prédit les intentions d'un piéton, un banquier qui évalue la crédibilité d'un emprunteur potentiel et un avocat qui juge l'état d'esprit à la table de négociation ne s'en remettent pas à la sorcellerie. À leur insu, leurs cerveaux reconnaissent plutôt des configurations biochimiques en analysant les expressions du visage, les tons de voix, les mouvements de main et même les odeurs corporelles. Une IA équipée des bons capteurs pourrait faire tout cela de manière bien plus précise et fiable qu'un être humain.

Aussi la menace de pertes d'emplois ne résulte-t-elle pas simplement de l'essor de l'infotech, mais de la confluence de l'infotech et de la biotech. La voie qui mène du scanner IRMf au marché du travail est longue et sinueuse, mais quelques décennies peuvent suffire à la parcourir. Ce que les spécialistes du cerveau apprennent aujourd'hui sur les amygdales et le cervelet pourrait bien permettre aux ordinateurs de surpasser les psychiatres et les gardes du corps en 2050.

L'IA n'est pas seulement sur le point de pirater les humains et de les surpasser dans des compétences qui étaient jusqu'ici le propre de l'homme. Elle jouit aussi de qualités exclusivement non humaines, en sorte que la différence entre une IA et un travailleur humain n'est plus simplement de degré, mais de nature. L'IA possède ainsi deux capacités non humaines particulièrement importantes : la connectivité et l'actualisation.

Les êtres humains étant des individus, il est difficile de les connecter l'un à l'autre et de s'assurer qu'ils sont tous à jour. En revanche, les ordinateurs n'étant pas des individus, il est facile de les intégrer en un seul réseau flexible. Aussi n'assistons-nous pas au remplacement de millions d'individus par autant de robots ou d'ordinateurs individuels. Les individus seront probablement remplacés par un réseau intégré. Quand on réfléchit à l'automation, on a donc tort de comparer les capacités d'un chauffeur à celles d'une voiture autonome, ou d'un médecin particulier à celles d'une IA médicale. Il faut plutôt comparer les capacités d'un collectif humain à celles d'un réseau intégré.

Par exemple, beaucoup de conducteurs connaissent assez mal les règles changeantes de la circulation, et sont donc souvent en infraction. En outre, chaque véhicule étant une entité autonome, à l'approche d'un carrefour les chauffeurs de deux véhicules peuvent se méprendre sur leurs intentions respectives et provoquer un accident. Les véhicules autonomes, au contraire, peuvent tous être connectés les uns aux autres. Lorsque deux d'entre eux approchent d'un carrefour, ce ne sont pas réellement deux entités séparées : elles font partie d'un seul et même algorithme. Les risques de méprise et de collision sont donc infiniment moindres. Que le ministère des Transports décide de changer certaines règles, tous les véhicules autonomes peuvent être mis à jour au même moment ; sauf bug dans le programme, tous suivront à la lettre la nouvelle réglementation[4].

De même, si l'Organisation mondiale de la santé identifie une nouvelle maladie, ou si un laboratoire produit un nouveau médicament, il est presque impossible de mettre au courant tous les médecins du monde. En revanche, si vous avez 10 milliards d'IA-médecins dans le monde, chacune surveillant la santé d'un seul être humain, vous pouvez toutes les mettre à jour en une fraction de seconde ; et toutes peuvent se communiquer les unes aux autres leur *feedback* sur la maladie ou le médicament en question. Ces avantages potentiels de la connectivité et de l'actualisation sont tellement immenses que dans certaines activités, tout au moins, il y aurait du sens à remplacer *tous* les êtres humains par des ordinateurs, même si, individuellement, certains hommes font encore du meilleur travail que les ordinateurs.

Vous pourriez objecter qu'en passant des individus à un réseau d'ordinateurs nous perdrons les avantages de l'individualité. Par exemple, un médecin qui commet une erreur de jugement ne tue pas tous les patients du monde et ne bloque pas la mise au point de tous les nouveaux traitements. En revanche, si tous les médecins ne sont en réalité qu'un seul et même système, et que celui-ci commette une erreur, les résultats pourraient être catastrophiques. En vérité, toutefois, un système informatique intégré peut maximiser les avantages de la connectivité sans perdre ceux de l'individualité. Vous pouvez exploiter maints algorithmes alternatifs sur le même réseau : par son smartphone, un patient isolé dans un lointain village de la jungle peut consulter non pas une seule autorité médicale, mais une centaine d'IA-médecins différents, dont les performances relatives sont sans cesse comparées. Ce que le médecin IBM vous a dit ne vous plaît pas ? Aucun problème. Même si vous êtes échoué sur les pentes du Kilimandjaro, vous pouvez sans mal contacter le médecin Baidu (le moteur de recherche chinois) pour avoir un deuxième avis.

Pour la société humaine, cela promet des bénéfices considérables. Les IA-médecins pourraient fournir des soins bien meilleurs et moins chers à des milliards de gens, notamment à ceux qui en sont aujourd'hui totalement privés. Grâce aux algorithmes d'apprentissage et aux capteurs biométriques, le villageois pauvre d'un pays sous-développé pourrait bénéficier, par son smartphone, de bien meilleurs soins que l'homme le plus riche du monde, aujourd'hui, dans l'hôpital urbain le plus en pointe[5].

De même les véhicules autonomes pourraient-ils fournir aux gens de bien meilleurs services de transport, et en particulier réduire la mortalité liée aux accidents de la circulation. Aujourd'hui, ceux-ci tuent chaque année près de 1,25 million de gens (deux fois plus que la guerre, le crime et le terrorisme combinés[6]). Plus de 90 % des accidents sont dus à des erreurs très humaines : conduire en état d'ivresse, écrire des textos ou s'assoupir au volant, rêvasser au lieu de prêter attention à la route. En 2012 aux États-Unis, suivant les estimations de l'US National Highway Traffic Safety Administration, 31 % des accidents mortels impliquaient l'abus d'alcool, 30 % un excès de vitesse, et 21 % la distraction[7]. Les véhicules autonomes élimineront tous ces facteurs. Bien qu'ils puissent souffrir de leurs problèmes et limites propres, et que certains accidents soient inévitables, le remplacement de tous les conducteurs humains par des ordinateurs devrait réduire d'environ 90 % le nombre de morts et de blessés sur la route[8]. Autrement dit, le passage aux véhicules autonomes est susceptible de sauver un million de vies chaque année.

Aussi serait-ce folie pure que de bloquer l'automation dans des domaines comme les transports et les soins de santé à seule fin de protéger l'emploi. Après tout, ce sont les hommes que nous devrions en fin de compte protéger, non pas les emplois. Les chauffeurs et les médecins superflus devront trouver autre chose à faire.

Mozart dans la machine

À court terme, tout au moins, il est peu probable que l'IA et la robotique éliminent complètement des industries entières. Les postes de travail nécessitant une spécialisation dans une gamme étroite d'activités routinières seront confiés à des automates. Il sera cependant beaucoup plus difficile de remplacer les hommes par des machines dans des tâches moins routinières qui requièrent l'utilisation simultanée d'une large gamme de compétences et qui impliquent de faire face à des scénarios imprévus. Prenons l'exemple du système de santé. Beaucoup de médecins se concentrent presque exclusivement sur le traitement de l'information : ils absorbent des données médicales, les analysent et produisent un diagnostic. Les infirmières, quant à elles, ont aussi besoin de bonnes compétences motrices et émotionnelles afin de faire une injection douloureuse, de remplacer un pansement ou de contenir un patient violent. Aussi aurons-nous probablement une IA-médecin de famille sur nos smartphones des décennies avant d'avoir une infirmière-robot fiable[9]. L'industrie des soins – qui s'occupe des malades, des jeunes et des vieillards – restera sans doute longtemps encore un bastion humain. Les gens vivant plus longtemps et ayant moins d'enfants, le soin des personnes âgées sera probablement un des secteurs du marché du travail humain qui connaîtra la croissance la plus rapide.

Outre les soins de santé, la créativité oppose des obstacles particulièrement difficiles à l'automation. Si nous n'avons plus besoin d'êtres humains qui nous vendent de la musique – nous pouvons la charger directement sur iTunes –, les compositeurs, les musiciens, les chanteurs et les DJ restent de chair et de sang. Nous comptons sur leur créativité pour produire de la musique nouvelle, mais aussi choisir dans une gamme de possibles époustouflante.

À la longue, néanmoins, aucun travail n'échappera totalement à l'automation. Les artistes eux-mêmes doivent s'y attendre. Dans le monde moderne, on associe habituellement l'art aux émotions humaines. Nous avons tendance à penser que les artistes canalisent des forces psychologiques intimes, et que la finalité même de l'art est de nous rattacher à nos émotions ou de nous inspirer des sentiments nouveaux. Quand il s'agit d'évaluer l'art, nous avons donc tendance à le juger à son impact émotionnel sur le public. Pourtant, si l'art se définit par des émotions humaines, que pourrait-il advenir le jour où des algorithmes extérieurs seront capables de comprendre et de manipuler les émotions humaines mieux que Shakespeare, Frida Kahlo ou Beyoncé ?

Après tout, les émotions ne sont pas un phénomène mystique, mais le résultat d'un processus biochimique. Dans un avenir pas si lointain, un algorithme d'apprentissage automatique pourrait donc analyser les données biométriques venant de capteurs installés sur votre corps et à l'intérieur, déterminer votre type de personnalité et vos changements d'humeur, puis calculer l'impact émotionnel qu'une chanson – voire une tonalité – est susceptible d'avoir sur vous[10].

De toutes les formes artistiques, la musique est probablement celle qui se prête le mieux à l'analyse Big Data, parce que les *inputs* et les *outputs* peuvent être décrits avec une grande précision mathématique. Les *inputs* sont les configurations mathématiques des ondes sonores, les *outputs* les configurations électrochimiques des orages neurologiques. En l'espace de quelques décennies, un algorithme passant en revue des millions d'expériences musicales pourrait apprendre à prédire comment des *inputs* particuliers aboutissent à des *outputs* particuliers[11].

Imaginons que vous veniez d'avoir une méchante dispute avec votre petit ami. L'algorithme en charge de votre système sonore discernera tout de suite votre agitation émotionnelle intérieure. Se fondant sur ce qu'il sait de vous personnellement et de la psychologie humaine en général, il passera des chansons au diapason de votre humeur et en écho à votre détresse. Ce choix pourrait mal marcher avec d'autres, mais il est parfait pour votre type de personnalité. Après vous avoir aidé à entrer en contact avec les profondeurs de votre tristesse, l'algorithme choisirait la seule chanson au monde qui soit susceptible de vous remonter le moral – peut-être parce que votre subconscient l'associe à un souvenir d'enfance heureux dont vous-même n'avez pas conscience. Aucun DJ humain ne saurait jamais espérer égaler les compétences d'une telle IA.

Peut-être objecterez-vous que, ce faisant, l'IA tuera la sérendipité et nous enfermera dans un cocon musical étriqué tissé par nos dilections et rejets antérieurs. Quid de l'exploration de goûts et de styles musicaux nouveaux ? Pas de problème. Vous pourriez sans mal ajuster l'algorithme pour que 5 % de ses choix soient totalement aléatoires, qu'il vous surprenne par un gamelan indonésien, un opéra de Rossini ou le tout dernier succès de K-pop. Avec le temps, en suivant vos réactions, l'IA pourrait même déterminer le degré idéal d'aléa qui optimisera votre exploration en évitant toute contrariété, par exemple en abaissant le seuil de sérendipité à 3 % ou en le relevant à 8 %.

Autre objection possible : on ne voit pas très bien comment l'algorithme pourrait fixer son but émotionnel. Si vous venez de vous disputer avec votre petit ami, l'algorithme doit-il chercher à vous rendre triste ou joyeux ? Suivra-t-il aveuglément une échelle rigide de «bonnes» ou «mauvaises» émotions ? Peut-être est-il des moments, dans la vie, où il fait bon être triste ? On pourrait, bien entendu, adresser la même question aux musiciens et aux DJ. Avec un algorithme, pourtant, cette énigme admet de nombreuses solutions intéressantes.

Une option consiste à laisser simplement choisir le client. Libre à vous d'évaluer vos émotions à votre guise : l'algorithme suivra vos diktats. Que vous souhaitiez vous complaire dans l'auto-apitoiement ou sauter de joie, l'algorithme suivra servilement vos directives. En fait, il peut apprendre à reconnaître vos désirs sans même que vous en ayez explicitement conscience.

Inversement, si vous n'êtes pas sûr de vous, vous pouvez donner pour instruction à l'algorithme de suivre les recommandations d'un éminent psychologue qui a toute votre confiance. Si votre petit ami finit par vous larguer, l'algorithme peut vous entraîner au fil des cinq stades officiels du chagrin, d'abord en vous aidant à nier ce qui s'est produit en passant Bobby McFerrin, « Don't Worry, Be Happy », puis en attisant votre courroux avec Alanis Morissette « You Oughta Know », en vous encourageant à négocier avec « Ne me quitte pas » de Jacques Brel et « Come Back and Stay » de Paul Young, en vous laissant tomber dans le puits de la dépression avec Adele, « Someone Like You » et « Hello », pour finalement vous aider à accepter la situation avec « I Will Survive » de Gloria Gaynor.

L'étape suivante est celle où l'algorithme se mettra à bricoler les chansons et les mélodies, à les changer sans cesse légèrement au gré de vos caprices. Peut-être n'aimez-vous pas un passage d'une chanson par ailleurs excellente. L'algorithme le sait parce que votre cœur saute un battement et que vos niveaux d'ocytocine baissent légèrement chaque fois que vous entendez ce passage agaçant. L'algorithme pourrait le réécrire ou effacer les notes incriminées.

À la longue, les algorithmes peuvent apprendre à composer des airs entiers, jouant sur les émotions comme sur le clavier d'un piano. Utilisant vos données biométriques, les algorithmes pourraient même produire des mélodies personnalisées que vous seriez le seul, dans tout l'univers, à apprécier.

On dit souvent que l'art « branche » les gens parce qu'ils s'y reconnaissent. Cela peut se solder par des résultats surprenants, et un peu sinistres, s'il vient l'idée à Facebook de commencer à créer un art personnalisé en se fondant sur tout ce qu'il sait de vous. Votre petit ami vous quitte ? Facebook vous régalera d'une chanson individualisée sur ce salaud plutôt que sur l'inconnu qui a brisé le cœur d'Adele ou d'Alanis Morissette. La chanson vous rappellera même des épisodes de votre relation que personne d'autre au monde ne connaît.

Bien entendu, il est fort possible que l'art personnalisé ne prenne jamais parce que les gens continueront de préférer les succès communs que tout le monde aime. Comment danser ou chanter ensemble sur un air que vous êtes seul à connaître ? Mais les algorithmes pourraient se révéler plus habiles encore à produire des succès planétaires que des raretés personnalisées. Exploitant de massives bases de données biométriques glanées auprès de millions de gens, l'algorithme saurait quels boutons biochimiques presser afin de produire un succès mondial qui ferait swinguer tout le monde comme des fous en boîte. Si l'art consiste réellement à inspirer, ou manipuler, les émotions, peu de musiciens, voire aucun, auront la moindre chance de rivaliser avec un tel algorithme, faute de pouvoir l'égaler dans la compréhension du principal instrument dont ils jouent : le système biochimique.

En résultera-t-il du grand art ? Tout dépend de la définition de l'art. Si la beauté est dans l'oreille de l'auditeur, et que le client a toujours raison, les algorithmes biométriques ont une chance de produire le meilleur art de l'histoire. Si l'art touche à quelque chose de plus profond que les émotions, et vise à exprimer une vérité qui aille au-delà de nos vibrations biochimiques, les algorithmes biométriques ne feront pas de très bons artistes. Mais la plupart des êtres humains non plus. Pour entrer sur le marché de l'art et évincer de nombreux compositeurs et interprètes humains, les algorithmes ne devront pas tout de suite surclasser Tchaïkovski. Ce ne serait déjà pas mal qu'ils surpassent Britney Spears.

NOUVEAUX EMPLOIS ?

La perte de nombreux emplois traditionnels dans tous les domaines, des arts aux services de santé, sera partiellement compensée par la création de nouveaux emplois humains. Les généralistes, qui s'appliquent à diagnostiquer des maladies connues et à administrer des traitements familiers, seront probablement remplacés par des IA-médecins. De ce fait, précisément, on aura plus de fonds pour payer les médecins humains et les assistants de laboratoire qui poursuivent des recherches pionnières et mettent au point des procédures chirurgicales ou des médicaments nouveaux [12].

L'IA pourrait aider à créer de nouveaux emplois humains autrement. Plutôt que de rivaliser avec elle, les hommes devraient se concentrer sur les services qui l'entourent et en tirer le meilleur parti. Par exemple, le remplacement de pilotes humains par des drones a éliminé certains emplois mais en a créé de nouveaux en matière de maintenance, de télécommande, d'analyse des données et de cybersécurité. Les forces armées américaines ont besoin de trente personnes pour faire voler au-dessus de la Syrie un drone sans pilote *Predator* ou *Reaper*, tandis que l'analyse de la moisson de renseignements recueillis en occupe au moins quatre-vingts autres. En 2015, l'US Air Force manquait de personnel assez qualifié pour tous ces postes et se trouvait donc confrontée à une crise paradoxale d'effectifs dans le secteur de l'aéronautique sans pilote[13] !

Le marché de l'emploi de 2050 pourrait ainsi se caractériser par une coopération hommes-IA plutôt que par une concurrence. Dans divers domaines, de la police à la banque, des équipes hommes-IA pourraient surpasser à la fois les hommes et les ordinateurs. Les hommes n'ont pas cessé de jouer aux échecs en 1997, après que Deep Blue, le programme d'échecs d'IBM, a battu Garry Kasparov. Grâce aux entraîneurs IA, les maîtres humains des échecs sont devenus meilleurs que jamais et, au moins pour un temps, les équipes hommes-IA, connues sous le nom de « centaures », surpassent aussi bien les hommes que les ordinateurs aux échecs. L'IA pourrait de même aider à former les meilleurs détectives, banquiers et soldats de l'histoire[14].

Mais tous ces nouveaux emplois exigeront probablement de hauts niveaux d'expertise et ne résoudront donc pas les problèmes des travailleurs non qualifiés sans emploi. Créer de nouveaux emplois humains pourrait bien se révéler plus facile que reconvertir des individus pour les occuper. Lors des précédentes vagues d'automatisation, les gens pouvaient sans mal passer d'un travail routinier peu qualifié à l'autre. En 1920, un ouvrier agricole licencié pour cause de mécanisation pouvait trouver un nouvel emploi dans une usine de tracteurs. En 1980, un ouvrier d'usine au chômage pouvait trouver une place de caissier dans un supermarché. Ces reconversions étaient possibles parce que le passage de la ferme à l'usine, et de l'usine au supermarché, n'exigeait que des changements limités.

En 2050, cependant, un caissier ou un ouvrier du textile perdant son emploi au profit d'un robot ne pourra guère se reconvertir en chercheur cancérologue ou opérateur de drones ni intégrer une équipe bancaire hommes-IA. Il n'aura pas les compétences nécessaires. Lors de la Première Guerre mondiale, envoyer des millions de simples conscrits charger les mitrailleuses et mourir par milliers avait du sens. Leurs compétences individuelles importaient peu. Aujourd'hui, malgré la pénurie d'opérateurs de drones et d'analystes de données, l'US Air Force n'est pas disposée à combler les manques par des licenciés de la chaîne de grande distribution Walmart. Qu'une recrue inexpérimentée confonde un mariage afghan avec une conférence au sommet de talibans ne serait pas du meilleur effet.

Malgré l'apparition de nombreux emplois nouveaux, nous pourrions donc assister à l'essor d'une nouvelle classe «inutile» et souffrir à la fois d'un chômage élevé et d'une pénurie de main-d'œuvre qualifiée. Beaucoup pourraient connaître le sort non pas des cochers du XIXe siècle, reconvertis en taxis, mais des chevaux, qui ont été de plus en plus chassés du marché du travail[15].

De plus, aucun emploi restant n'échappera jamais à la menace d'une automation future, parce que l'apprentissage automatique et la robotique continueront de s'améliorer. À quarante ans, une caissière de Walmart au chômage qui, au prix d'efforts surhumains, réussit à se réinventer en pilote de drones, pourrait bien devoir se réinventer de nouveau dix ans plus tard lorsque le pilotage des drones aura été automatisé. Cette instabilité rendra également plus difficile d'organiser des syndicats ou de défendre les droits des salariés. D'ores et déjà, dans les économies avancées, beaucoup d'emplois nouveaux impliquent des tâches temporaires non protégées, des boulots en free-lance et ponctuels[16]. Comment syndiquer une profession qui se développe et disparaît en l'espace d'une décennie ?

De même, les équipes de «centaures», hommes-ordinateurs, se caractériseront probablement par un bras de fer constant entre les deux parties plutôt que de s'installer dans un partenariat à vie. Les équipes composées exclusivement d'êtres humains, comme Sherlock Holmes et le Dr Watson, finissent par former des hiérarchies et des routines qui durent des décennies. En revanche, un détective humain qui fait équipe avec le système informatique Watson d'IBM (devenu célèbre après sa victoire au jeu télévisé américain *Jeopardy !* en 2011) s'apercevra que toute routine est une source de perturbation et toute hiérarchie une invitation à la révolution. Le sous-fifre d'hier pourrait bien devenir commissaire demain ; tous les protocoles et manuels devront être réécrits chaque année[17].

Un examen plus attentif du monde des échecs peut nous éclairer sur le cours des choses à long terme. Certes, plusieurs années durant, après la défaite de Kasparov contre Deep Blue, la coopération homme-ordinateur a prospéré. Ces dernières années, cependant, les ordinateurs ont si bien progressé que leurs collaborateurs humains ont perdu de leur valeur et pourraient bien devenir sous peu totalement inutiles.

Le 7 décembre 2017 marque à cet égard un jalon crucial : non pas la victoire d'un ordinateur aux échecs – c'est de l'histoire ancienne –, mais le jour où le programme AlphaZero de Google a vaincu le programme Stockfish 8, l'ordinateur champion du monde des échecs en 2016. Il avait accès à des siècles d'expérience humaine accumulée aux échecs, ainsi qu'à des décennies d'expérience informatique. Il était capable de calculer 70 millions de positions par seconde, contre 80 000 seulement pour AlphaZero, auquel ses créateurs humains n'ont jamais enseigné la moindre stratégie, pas même les ouvertures classiques. AlphaZero utilisait plutôt les tout derniers principes de l'apprentissage automatique, pour s'entraîner aux échecs en jouant contre lui-même. Sur une centaine de parties l'opposant à Stockfish, le novice AlphaZero en a gagné néanmoins vingt-huit contre soixante-douze matchs nuls. AlphaZero n'ayant rien appris d'aucun homme, nombre de ses stratégies et mouvements gagnants ont paru peu conventionnels aux observateurs. On peut les qualifier de créatifs, voire de carrément géniaux.

Devinez combien de temps il a fallu à AlphaZero pour apprendre à jouer aux échecs à partir de rien, à se préparer à affronter Stockfish et à cultiver son génie ? Quatre heures. Vous avez bien lu, quatre heures. Des siècles durant, les échecs sont passés pour un des sommets de l'intelligence humaine. En quatre heures, sans l'aide d'aucun guide humain, AlphaZero est passé de l'ignorance absolue à la maîtrise créative du jeu[18].

AlphaZero n'est pas le seul logiciel imaginatif qui existe. Aujourd'hui, maints programmes surpassent régulièrement les joueurs d'échecs humains en termes de calcul brut mais aussi en « créativité ». Dans les tournois d'échecs entre humains, les juges sont constamment à l'affût des joueurs qui cherchent à tricher en sollicitant secrètement le concours d'ordinateurs. L'une des façons de repérer la triche est de surveiller le degré d'originalité des partenaires. Jouent-ils un mouvement d'une créativité exceptionnelle que les juges soupçonneront souvent que ce n'est peut-être pas un mouvement humain, mais celui d'un ordinateur. Aux échecs, tout au moins, la créativité est déjà la marque des ordinateurs plutôt que des hommes ! Si les échecs sont donc notre canari dans la mine de charbon, nous sommes prévenus : le canari se meurt. Ce qui arrive aujourd'hui aux équipes de joueurs d'échecs humains-IA pourrait bien se reproduire dans la police, la médecine ou la banque[19].

Par voie de conséquence, créer de nouveaux emplois et reformer les gens pour les exercer ne sera pas un effort unique. La révolution de l'IA ne sera pas une ligne de partage des eaux après quoi le marché de l'emploi retrouverait un nouvel équilibre. On assistera plutôt à une cascade de perturbations toujours plus grandes. D'ores et déjà, peu d'employés peuvent espérer faire le même travail toute leur vie[20]. En 2050, l'idée d'un « emploi à vie » mais aussi l'idée même d'une « profession à vie » pourraient bien nous paraître antédiluviennes.

Même si nous pouvions constamment inventer de nouveaux emplois et reconvertir la main-d'œuvre, l'homme moyen aurait-il l'endurance émotionnelle nécessaire à une vie de perpétuels bouleversements ? Le changement est toujours stressant, et le monde trépidant du début du XXIe siècle a produit une épidémie mondiale de stress[21]. L'instabilité du marché du travail et des carrières personnelles augmentant, les gens sauraient-ils faire face ? Probablement aurions-nous besoin de techniques de réduction de stress bien plus efficaces, des médicaments à la méditation en passant par le neurofeedback, afin d'empêcher l'esprit humain de craquer. Si d'ici 2050 on pourrait voir apparaître une classe « inutile », ce ne serait pas seulement du fait d'une pénurie d'emplois ou d'un manque d'éducation appropriée, mais aussi d'une énergie mentale insuffisante.

De toute évidence, ce n'est là, pour l'essentiel, que spéculation. À l'heure où j'écris, au début de l'année 2018, l'automation a perturbé de nombreuses industries sans pour autant se solder par un chômage massif. En fait, dans de nombreux pays, comme aux États-Unis, le chômage est à un niveau historiquement bas. Nul ne peut savoir avec certitude le genre d'impact que l'apprentissage automatique et l'automation auront sur les différentes professions à l'avenir ; et il est extrêmement difficile d'estimer le calendrier des développements pertinents, d'autant qu'ils dépendent de décisions politiques et de traditions culturelles autant que de percées purement techniques. Ainsi, même après que les véhicules autonomes se seront révélés plus sûrs et moins chers que les conducteurs humains, hommes politiques et consommateurs pourraient bien bloquer le changement des années, voire des décennies.

Toutefois, la complaisance n'est pas de mise. Il est dangereux de supposer qu'on verra toujours apparaître suffisamment d'emplois pour compenser les pertes. Que cela se soit produit au cours des précédentes vagues d'automatisation ne garantit aucunement que cela se produira de nouveau dans les conditions très différentes du XXIe siècle. Les perturbations sociales et politiques potentielles sont si alarmantes que même si la probabilité d'un chômage de masse systémique est faible, il nous faut la prendre très au sérieux.

Au XIXe siècle, la révolution industrielle créa des conditions et problèmes nouveaux auxquels aucun des modèles sociaux, économiques et politiques existants ne pouvait faire face. Le féodalisme, le monarchisme et les religions traditionnelles n'étaient pas adaptés pour gérer les métropoles industrielles, les millions d'ouvriers déracinés ou la nature sans cesse changeante de l'économie moderne. Par voie de conséquence, l'humanité dut développer des modèles entièrement nouveaux : démocraties libérales, dictatures communistes et régimes fascistes. Il a fallu plus d'un siècle de guerres et de révolutions terribles pour expérimenter ces modèles, séparer le bon grain de l'ivraie et mettre en œuvre les meilleures solutions. Le travail des enfants dans les mines de charbon à la Dickens, la Première Guerre mondiale et la grande famine ukrainienne de 1932-1933 ne sont qu'une petite partie des frais que l'humanité a dû acquitter.

Le défi que l'infotech et la biotech lancent à l'humanité du XXIᵉ siècle est sans conteste autrement plus grand que celui des machines à vapeur, des chemins de fer et de l'électricité à l'ère précédente. Compte tenu de l'immense puissance destructrice de notre civilisation, nous ne pouvons plus nous permettre de nouveaux modèles ratés ni de nouvelles guerres mondiales ou révolutions sanglantes. Cette fois, les modèles ratés pourraient se solder par des guerres nucléaires, des monstruosités nées du génie génétique et un effondrement complet de la biosphère. Aussi nous faut-il faire mieux que ce ne fut le cas face à la révolution industrielle.

DE L'EXPLOITATION À L'INSIGNIFIANCE

Les solutions potentielles entrent dans trois grandes catégories : que faire pour empêcher les pertes d'emplois ? que faire pour créer suffisamment de nouveaux emplois ? et que faire si, malgré tous nos efforts, les pertes d'emplois excèdent sensiblement les créations ?

Empêcher totalement les pertes d'emplois est une stratégie peu attrayante et probablement intenable : ce serait renoncer au potentiel positif immense de l'IA et de la robotique. Les pouvoirs publics pourraient néanmoins décider de ralentir délibérément le rythme de l'automation afin d'en amoindrir les chocs et laisser du temps aux réajustements. La technologie n'est jamais déterministe. Qu'une chose puisse se faire ne signifie pas qu'il faille la faire. La réglementation officielle peut bloquer avec succès des technologies nouvelles même si elles sont commercialement viables et économiquement lucratives. Par exemple, depuis plusieurs décennies, nous disposons de la technologie nécessaire pour créer un marché des organes humains, avec des « fermes de corps » dans les pays sous-développés et une demande presque insatiable de riches acheteurs désespérés. Ces fermes pourraient bien valoir des centaines de milliards de dollars. Des réglementations ont cependant empêché le commerce d'organes ; même s'il existe un marché noir, il est bien plus petit et circonscrit qu'on aurait pu le penser[22].

Ralentir le rythme du changement peut nous donner le temps de créer assez d'emplois pour remplacer la plupart des pertes. L'entrepreneuriat économique, on l'a vu, devra s'accompagner d'une révolution de l'éducation et de la psychologie. À supposer que les nouveaux emplois ne soient pas simplement des sinécures bureaucratiques, probablement exigeront-ils de hauts niveaux d'expertise. L'IA continuant de s'améliorer, les employés devront régulièrement apprendre de nouvelles techniques et changer de profession. Les gouvernements devront intervenir, à la fois en finançant un secteur de formation permanente et en mettant en place un filet de sécurité pour les inévitables périodes de transition. Si une ex-pilote de drone de quarante ans met trois ans pour se reconvertir en designer de mondes virtuels, elle aura sans doute besoin de l'aide publique pour entretenir sa famille au cours de cette période. (La Scandinavie est pionnière dans la mise en place de ce genre de système, avec des gouvernements qui ont pour devise « Protéger les travailleurs, pas les emplois ».)

Pourtant, à supposer même que l'aide publique soit suffisante, il est loin d'être évident que des milliards de gens puissent se réinventer plusieurs fois sans perdre leur équilibre mental. Si malgré tous nos efforts un pourcentage significatif de l'humanité était chassé du marché du travail, nous devrions explorer de nouveaux modèles de sociétés, d'économies et de régimes politiques post-travail. La première étape consiste à reconnaître honnêtement que les modèles sociaux, économiques et politiques hérités ne sont pas à la hauteur du défi.

Prenons l'exemple du communisme. Alors que l'automation menace d'ébranler les fondements mêmes du système capitaliste, on pourrait imaginer un retour du communisme. Or, celui-ci n'a pas été conçu pour exploiter ce genre de crise. Le communisme du XXe siècle partait de l'hypothèse que la classe ouvrière était vitale pour l'économie, et les penseurs communistes essayèrent d'enseigner au prolétariat à traduire son immense puissance économique en poids politique. Le projet politique communiste nécessitait une révolution prolétarienne. Quelle pertinence conserveront ces doctrines si les masses perdent leur valeur économique et doivent désormais lutter contre l'insignifiance plutôt que l'exploitation ? Comment lancer une révolution prolétarienne sans classe ouvrière ?

D'aucuns objecteront sans doute que les êtres humains ne seront jamais économiquement insignifiants : s'ils ne peuvent se mesurer à l'IA sur le lieu de travail, on aura toujours besoin de consommateurs. Or, les machines et les ordinateurs pourraient aussi se substituer à eux dans ce rôle. En théorie, on peut imaginer une économie dans laquelle une compagnie minière produit et vend du fer à une entreprise robotique, laquelle produit et vend à son tour des robots à la compagnie minière, qui exploite plus de fer, permettant ainsi de produire davantage de robots et ainsi de suite. Ces sociétés peuvent croître et s'étendre jusqu'aux limites de la galaxie. Elles n'ont besoin que de robots et d'ordinateurs : elles n'ont aucunement besoin d'hommes qui achètent leurs produits.

De fait, ordinateurs et algorithmes commencent déjà à fonctionner comme clients, et plus simplement comme producteurs. À la Bourse, par exemple, les algorithmes deviennent les premiers acheteurs d'obligations, d'actions et de marchandises. De même, dans la publicité, le client le plus important est un algorithme : l'algorithme de recherche de Google. Les pages Web sont conçues en fonction des préférences de cet algorithme plutôt que de celles d'un être humain.

À l'évidence, les algorithmes n'ont pas de conscience. À la différence des consommateurs, ils ne peuvent jouir de leurs achats. Leurs décisions ne naissent pas de sensations ou d'émotions. L'algorithme de recherche de Google ne savoure pas une glace. En revanche, les algorithmes sélectionnent sur la base de calculs internes et de préférences intégrées, et ces dernières façonnent de plus en plus notre monde. L'algorithme de recherche de Google possède un goût très raffiné quand il s'agit de classer les pages Web des vendeurs de crème glacée : ceux qui réussissent le mieux sont ceux que l'algorithme de Google classe en premier, pas ceux qui offrent le produit le plus délectable.

Je le sais d'expérience. Quand je publie un livre, les éditeurs me demandent quelques mots qu'ils utilisent pour la publicité en ligne. Mais ils ont un expert, qui adapte ce que j'écris au goût de l'algorithme de Google. L'expert parcourt mon texte, et dit : « Pas ce mot-ci, plutôt celui-là. Nous retiendrons mieux l'attention de l'algorithme de Google. » Si nous captons l'œil de celui-ci, les humains suivront.

Si les hommes ne sont pas plus nécessaires comme producteurs que comme consommateurs, qu'est-ce qui garantira leur survie physique et leur bien-être psychologique ? N'attendons pas que la crise éclate dans toute sa vigueur pour rechercher des réponses. Il sera trop tard. Pour faire face aux disruptions technologiques et économiques sans précédent du XXIᵉ siècle, il nous faut mettre au point dès que possible de nouveaux modèles économiques et sociaux. Leur principe directeur doit être de protéger les hommes plutôt que les emplois. Nombre de ceux-ci sont des corvées peu inspirantes, qui ne méritent pas d'être sauvegardées. Personne ne rêve d'être caissier toute sa vie. Nous devrions nous focaliser sur les besoins fondamentaux des gens et protéger leur statut social et leur amour-propre.

Un nouveau modèle qui retient de plus en plus l'attention est celui du revenu de base ou revenu universel. Il s'agit de taxer les milliardaires et les sociétés qui contrôlent algorithmes et robots, et de se servir de cet argent pour distribuer à chacun une généreuse allocation lui permettant de couvrir ses besoins fondamentaux. Cela prémunira les pauvres contre la perte d'emploi et les perturbations économiques tout en protégeant les riches de la colère populiste[23].

Une idée apparentée serait d'élargir la gamme des activités humaines considérées comme des « emplois ». Des milliards de parents s'occupent de leurs enfants, les voisins veillent les uns sur les autres, les citoyens organisent des communautés, sans qu'à aucune de ces activités ne soit reconnue la qualité d'emploi. Peut-être devons-nous changer d'optique et considérer que s'occuper d'un enfant est sans doute la tâche la plus importante et exigeante du monde. Dès lors, il n'y aura pas de pénurie de travail quand bien même les ordinateurs et les robots remplaceraient tous les chauffeurs, les banquiers et les avocats. Toute la question est bien entendu de savoir qui évaluerait et financerait ces nouveaux emplois homologués. Les bébés de six mois ne verseront naturellement pas de salaire à leur maman, et l'État devra probablement le prendre en charge. Et si nous voulons que ces salaires couvrent en totalité les besoins fondamentaux de la famille, il en résultera finalement un système qui n'est pas très différent du revenu universel.

Inversement, les pouvoirs publics pourraient financer non pas un revenu de base, mais des *services* universels de base. Au lieu de distribuer l'argent aux individus, qui font ensuite leurs achats à leur guise, ils pourraient financer la gratuité de l'enseignement, des soins médicaux, des transports, etc. Telle est, de fait, la vision utopique du communisme. Si le projet communiste de révolution prolétarienne pourrait bien être périmé, peut-être devrions-nous chercher à atteindre le but communiste par d'autres moyens ?

Qu'il vaille mieux assurer aux gens un revenu de base universel (le paradis capitaliste) ou des services de base universels (paradis communiste) prête à discussion. Les deux options ont leurs avantages et leurs inconvénients. Mais qu'importe le paradis choisi, le vrai problème est de définir ce que signifient « universel » et « de base ».

QU'EST-CE QUI EST UNIVERSEL ?

Quand les gens parlent de soutien de base et universel – sous la forme d'un revenu ou de services –, ils entendent généralement un soutien de base *national*. Jusqu'ici, toutes les initiatives en matière de revenu universel sont restées strictement nationales ou municipales. En janvier 2017, la Finlande a engagé une expérience sur deux ans, offrant à 2 000 chômeurs une somme de 560 euros par mois, qu'ils trouvent du travail ou non. De semblables expériences sont engagées dans la province canadienne de l'Ontario, à Livourne en Italie ainsi que dans plusieurs villes hollandaises[24]. (En 2016, la Suisse organisa un référendum sur l'institution d'un revenu de base national, mais les électeurs rejetèrent l'idée[25].)

Le problème de ces dispositifs nationaux et municipaux est cependant que les principales victimes de l'automation ne vivent sans doute pas en Finlande, dans l'Ontario, à Livourne ou à Amsterdam. La mondialisation a rendu la population d'un pays totalement dépendante des marchés d'autres pays, mais l'automation pourrait bien démailler de larges pans de ce réseau du commerce mondial, avec des conséquences désastreuses pour les maillons les plus faibles. Au XXe siècle, les pays en voie de développement manquant de ressources naturelles ont surtout accompli des progrès économiques en vendant le travail bon marché de leurs ouvriers non qualifiés. Aujourd'hui, des millions de Bangladeshis gagnent leur vie en produisant des chemises vendues aux consommateurs des États-Unis, tandis que les habitants de Bangalore travaillent dans des centres d'appel traitant les doléances de la clientèle américaine[26].

Avec l'essor de l'IA, des robots et des imprimantes 3D, le personnel non qualifié et bon marché devrait perdre beaucoup de son importance. Plutôt que de fabriquer une chemise à Dhaka puis de l'expédier aux États-Unis, vous pourriez acheter en ligne sur Amazon le code de la chemise et l'imprimer à New York. Les boutiques Zara et Prada de la Cinquième Avenue pourraient bien être remplacées par des centres d'impression 3D à Brooklyn ; certaines personnes pourraient même disposer d'une imprimante à domicile. De même, au lieu d'appeler un service clients à Bangalore pour se plaindre de votre imprimante, vous pourriez discuter avec une IA représentative du Cloud de Google (dont l'accent et le ton de la voix sont adaptés à vos références). Les ouvriers et opérateurs des centres d'appel qui se retrouveront au chômage à Dhaka ou à Bangalore n'ont pas l'éducation nécessaire pour passer à la conception de chemises élégantes ou écrire des codes informatiques : comment survivront-ils ?

Si l'IA et les imprimantes 3D prennent effectivement la relève des Bangladeshis et des Bangaloriens, les revenus affluant jusque-là vers l'Asie du Sud empliront désormais les coffres d'une poignée de géants de la tech en Californie. Au lieu d'une croissance économique améliorant les conditions à travers le monde, nous pourrions voir la création d'une immense richesse nouvelle dans les centres hi-tech tels que la Silicon Valley, et l'effondrement de nombreux pays en voie de développement.

Bien entendu, certaines économies émergentes – dont l'Inde et le Bangladesh – pourraient avancer assez vite pour rejoindre l'équipe gagnante. Si on leur en donne le temps, les enfants et petits-enfants des ouvriers du textile ou des opérateurs de centre d'appel pourraient bien devenir les ingénieurs et entrepreneurs fabriquant et possédant ordinateurs et imprimantes 3D. Mais du temps pour cette transition, il en reste peu. Par le passé, la main-d'œuvre non qualifiée et bon marché était une passerelle sûre enjambant la fracture économique mondiale ; même si un pays avançait lentement, il pouvait espérer finalement trouver la sécurité. Prendre les bonnes mesures importait davantage que faire des progrès rapides. Or, le pont est aujourd'hui branlant et pourrait bientôt s'écrouler. Ceux qui l'ont déjà franchi – s'élevant de la main-d'œuvre bon marché aux industries hautement qualifiées – s'en sortiront probablement. Les retardataires pourraient bien se retrouver embourbés du mauvais côté du fossé, sans moyen de le traverser. Que faire quand personne n'a besoin de vos travailleurs non qualifiés et bon marché, et que vous manquez de ressources pour construire un bon système éducatif et leur apprendre de nouvelles compétences[27] ?

Quel sera donc le sort des traînards ? Les électeurs américains pourraient bien accepter que les taxes payées par Amazon et Google sur leurs affaires aux États-Unis servent à financer des allocations ou des services gratuits au profit des mineurs sans emploi de Pennsylvanie et des chauffeurs de taxi au chômage de New York. Accepteraient-ils aussi que ces impôts servent à aider les chômeurs des « pays de merde », comme a dit le président Trump[28] ? Si vous le croyez, autant imaginer que le Père Noël ou le Lapin de Pâques résoudront le problème.

QU'EST-CE QUI EST DE BASE ?

Le soutien universel de base est censé répondre aux besoins humains fondamentaux, mais il n'en existe pas de définition acceptée. D'un point de vue purement biologique, un Sapiens a besoin de 1 500 à 2 500 calories par jour pour survivre. Tout surplus est du luxe. Au-delà de cette ligne de pauvreté biologique, cependant, toutes les cultures de l'histoire ont défini d'autres besoins « fondamentaux ». Dans l'Europe médiévale, l'accès aux offices religieux était jugé plus important que la nourriture parce que l'Église prenait soin de votre âme éternelle plutôt que de votre corps éphémère. En Europe, de nos jours, une éducation et des services de santé corrects passent pour des besoins humains fondamentaux ; d'aucuns soutiennent même que l'accès à Internet est désormais essentiel à tous : homme, femme et enfant. Si, en 2050, le Gouvernement du Monde-Uni accepte de taxer Google, Amazon, Baidu et Tencent pour assurer un soutien de base à chaque être humain sur terre, à Dhaka aussi bien qu'à Detroit, comment définira-t-il ce qui est « de base » ?

Par exemple, en quoi consiste l'éducation de base ? Juste la lecture et l'écriture ou également la composition d'un code informatique et le violon ? Six ans d'école élémentaire ou tout, jusqu'au doctorat ? Et qu'en est-il des soins de santé ? Si, d'ici 2050, des avancées médicales permettent de ralentir le vieillissement et de prolonger sensiblement la durée de vie, les nouveaux traitements seront-ils à la disposition des 10 milliards d'êtres humains que comptera la planète, ou d'une poignée de milliardaires seulement ? Si la biotechnologie permet aux parents de mettre à niveau leurs enfants, y verra-t-on un besoin humain fondamental ou l'humanité sera-t-elle divisée en deux castes biologiques différentes, avec des surhommes riches jouissant de capacités qui dépassent de beaucoup celles des *Homo sapiens* pauvres ?

Quelle que soit la définition choisie des « besoins humains fondamentaux », du jour où ils seront satisfaits gratuitement pour tout le monde, ils passeront pour acquis ; les compétitions sociales et les luttes politiques acharnées se focaliseront sur les produits de luxe non fondamentaux : voitures chic autonomes, accès aux parcs de réalité virtuelle ou corps améliorés par le génie biologique. Reste que, si les masses sans emploi ne commandent aucun actif économique, on voit mal comment elles pourraient jamais espérer obtenir ces produits de luxe. Dès lors, l'écart entre riches (les patrons de Tencent et les actionnaires de Google) et pauvres (ceux qui dépendent du revenu de base universel) pourrait non seulement se creuser mais devenir effectivement infranchissable.

Donc, même si en 2050 un système de soutien universel assure aux pauvres des soins médicaux et un enseignement bien meilleurs qu'aujourd'hui, ils pourraient très mal supporter l'inégalité mondiale et le manque de mobilité sociale. Les gens auront le sentiment que le système est truqué contre eux, que le gouvernement sert uniquement les super-riches, et que l'avenir sera pire encore pour eux et leurs enfants[29].

Homo sapiens n'est tout simplement pas fabriqué pour être satisfait. Le bonheur humain dépend moins des conditions objectives que de nos propres attentes. Or, celles-ci ont tendance à s'adapter aux conditions, y compris à celles *des autres*. Quand les choses s'améliorent, les attentes s'envolent : aussi des améliorations spectaculaires pourraient-elles nous laisser plus insatisfaits que jamais. Si le soutien de base universel vise à améliorer les conditions objectives de l'individu moyen en 2050, il a une bonne chance de réussir. S'il s'agit de rendre les gens subjectivement plus satisfaits de leur sort et d'empêcher le mécontentement social, probablement échouera-t-il.

Pour atteindre réellement ses buts, le soutien de base universel devra être complété par des activités qui aient réellement du sens, des sports à la religion. Peut-être est-ce en Israël qu'a été conduite l'expérience la plus réussie sur la manière de mener une vie satisfaite dans un monde post-travail. Environ 50 % des hommes juifs ultra-orthodoxes ne travaillent jamais. Ils passent leur vie à étudier les Saintes Écritures et à accomplir des rituels religieux. Si eux et leurs familles ne meurent pas de faim, c'est, pour une part, que souvent les femmes travaillent, mais aussi que le gouvernement leur offre de généreuses allocations et des services gratuits, veillant à ce qu'ils ne manquent pas du minimum vital. C'est le soutien de base universel avant la lettre[30].

Certes, ces Juifs ultra-orthodoxes sont pauvres et sans emploi, mais enquête après enquête, ils déclarent des niveaux de satisfaction plus élevés que tout autre groupe de la société israélienne. Cela tient à la force de leurs liens communautaires, ainsi qu'au sens profond qu'ils trouvent dans l'étude des Écritures et l'accomplissement des rituels. Une salle pleine d'hommes juifs discutant du Talmud pourrait bien garantir plus de joie, d'engagement et d'intuition qu'un immense atelier clandestin où triment des travailleurs du textile. Dans les enquêtes mondiales de satisfaction, Israël se classe habituellement parmi les premiers, en partie grâce à la contribution de ces gens pauvres et sans emploi[31].

Les Israéliens laïques déplorent souvent amèrement que les ultra-orthodoxes ne contribuent pas suffisamment à la société et vivent du travail acharné des autres. Ils ont aussi tendance à soutenir que le mode de vie ultra-orthodoxe est intenable, d'autant que ces familles ont en moyenne sept enfants[32]. Tôt ou tard, l'État ne pourra entretenir tant de chômeurs, et les ultra-orthodoxes devront se mettre au travail. À moins, précisément, que ce ne soit l'inverse. Tandis que les robots et l'IA chassent les humains du marché de l'emploi, on pourrait bien voir dans les Juifs ultra-orthodoxes le modèle de l'avenir plutôt qu'un fossile du passé. Non que tout le monde veuille se faire juif orthodoxe et fréquenter une *yeshivah* pour étudier le Talmud. Dans la vie de tous, cependant, la quête de sens et de communauté pourrait éclipser la recherche d'un emploi.

Si nous réussissons à associer un dispositif de sécurité économique universelle à des communautés fortes et des activités riches de sens, perdre notre emploi au profit d'algorithmes pourrait bien être une bénédiction. Perdre la maîtrise de notre vie est cependant un scénario bien plus effrayant. Plus que du chômage de masse, nous devrions nous inquiéter du glissement de l'autorité des hommes aux algorithmes, lequel risque de détruire le peu de foi qui subsiste dans le récit libéral et d'ouvrir la voie à l'essor de dictatures digitales.

3.

Liberté

Big Data vous observe

Le récit libéral chérit la liberté humaine au point d'en faire sa valeur numéro un. Pour lui, toute autorité procède en définitive du libre arbitre des individus, tel qu'il s'exprime dans leurs sentiments, leurs désirs et leurs choix. Dans le domaine politique, le libéralisme croit que l'électeur est le mieux placé pour juger. Il est donc partisan d'élections démocratiques. En économie, le libéralisme soutient que le client a toujours raison. Il loue donc les principes du marché. Sur un plan personnel, il encourage les gens à s'écouter, à être fidèles à eux-mêmes, à suivre leur cœur – aussi longtemps qu'ils n'empiètent pas sur la liberté des autres. C'est cette liberté humaine que consacrent les droits de l'homme.

Dans le discours politique occidental, le mot « libéral » est parfois employé de nos jours en un sens partisan bien plus étroit pour désigner ceux qui soutiennent des causes spécifiques : mariage gay, réglementation de la vente des armes à feu, avortement. La plupart des conservateurs embrassent pourtant eux aussi la vision du monde libéral au sens large. Surtout aux États-Unis, républicains et démocrates devraient à l'occasion interrompre leurs querelles enflammées pour se souvenir que tous s'entendent sur des fondamentaux : élections libres, indépendance de la justice et droits de l'homme.

En particulier, il est essentiel de se souvenir que des héros de la droite comme Ronald Reagan et Margaret Thatcher étaient de grands défenseurs de la démocratie politique et des libertés économiques, mais aussi des libertés individuelles. Dans un entretien mémorable accordé en 1987, Thatcher déclarait : « La société, ça n'existe pas. Il existe un tissu vivant d'hommes et de femmes [...], et la qualité de nos vies dépend de la disposition de chacun de nous à se prendre en main[1]. »

Les héritiers de Thatcher, au sein du Parti conservateur, sont parfaitement d'accord avec le Parti travailliste : l'autorité politique procède des sentiments, des choix et du libre arbitre des électeurs. Quand la Grande-Bretagne a dû décider de quitter ou non l'Union européenne, le Premier ministre David Cameron n'a pas posé la question à la reine Elizabeth II, à l'archevêque de Canterbury ou aux universitaires d'Oxford ou de Cambridge, leur demandant de trancher. Il n'a même pas posé la question aux parlementaires. Il a organisé un référendum demandant à chaque Britannique : « Quel est votre *sentiment* ? »

Peut-être objecterez-vous qu'il leur a demandé « Qu'en pensez-vous ? », non pas « Quel est votre sentiment ? ». C'est une erreur de perception courante. Les référendums et les élections sont toujours une affaire de *sentiments*, non pas de rationalité humaine. Si la démocratie était une affaire de décision rationnelle, il n'y avait aucune raison de donner à tous des droits de vote égaux, voire des droits de vote tout court. Tout indique que certains sont plus avertis que d'autres, en particulier quand il s'agit de questions économiques et politiques spécifiques[2]. À la suite du vote sur le Brexit, Richard Dawkins, l'éminent biologiste, a protesté que l'immense majorité de la population britannique, à commencer par lui, ne devrait jamais être consultée par référendum parce qu'elle manquait du bagage nécessaire en économie et en science politique. « Autant organiser un plébiscite national pour décider si Einstein maîtrisait son algèbre ou faire voter les passagers pour décider sur quelle piste doit se poser le pilote[3]. »

Pour le meilleur ou pour le pire, cependant, les élections et les référendums ne portent pas sur ce que nous pensons. Ils concernent ce que nous ressentons. Et, quand il s'agit de sentiments, Einstein ou Dawkins ne valent pas mieux que quiconque. La démocratie suppose que les sentiments humains reflètent un « libre arbitre » mystérieux et profond, que ce « libre arbitre » est la source ultime de l'autorité et que, si certains sont plus intelligents que d'autres, tous les hommes sont également libres. Une femme de ménage illettrée a son libre arbitre au même titre qu'Einstein et Dawkins : le jour de l'élection, ses sentiments, représentés par son bulletin de vote, comptent autant que ceux des autres.

Les sentiments guident les électeurs, mais aussi les dirigeants. Au référendum de 2016 sur le Brexit, la campagne des tenants de la sortie (*Leave*) avait à sa tête Boris Johnson et Michael Gove. Après la démission de David Cameron, Gove a d'abord soutenu Johnson pour le poste de Premier ministre puis, à la toute dernière minute, l'a déclaré inapte et a annoncé son intention de se porter candidat. L'action de Gove, qui a ruiné les chances de Johnson, a été qualifiée d'assassinat politique machiavélique[4]. Gove n'en a pas moins défendu sa conduite en invoquant ses sentiments : « À chaque étape de ma vie politique, a-t-il expliqué, je me suis posé une seule question : "Quelle est la chose à faire ? Que te dit ton cœur[5] ?" » Voilà pourquoi, à l'en croire, Gove a bataillé pour le Brexit puis s'est estimé obligé de poignarder son ancien allié Boris Johnson pour postuler lui-même au poste de mâle dominant : c'est son cœur qui le lui a dit.

Cette façon de s'en remettre à son cœur pourrait se révéler le talon d'Achille de la démocratie libérale. Car du jour où, à Pékin ou San Francisco, quelqu'un disposera de la capacité technique de pirater et manipuler le cœur humain, la politique démocratique se transformera en un spectacle de marionnettes émotionnelles.

ÉCOUTE L'ALGORITHME

La croyance libérale aux sentiments et au libre choix des individus n'est ni naturelle ni très ancienne. Des milliers d'années durant, les gens ont cru que l'autorité venait de lois divines, plutôt que du cœur humain, et qu'il nous fallait donc sanctifier la parole de Dieu plutôt que la liberté humaine. C'est seulement dans les derniers siècles que la source de l'autorité a glissé des divinités célestes aux hommes de chair et de sang.

L'autorité pourrait bientôt connaître un nouveau glissement, des hommes aux algorithmes. De même que l'autorité divine tenait sa légitimité des mythologies religieuses, et que le récit libéral justifiait l'autorité humaine, la révolution technologique qui vient pourrait bien établir l'autorité des algorithmes Big Data, tout en minant l'idée même de liberté individuelle.

Les intuitions scientifiques sur le fonctionnement de l'esprit et du corps, on l'a vu dans le chapitre précédent, suggèrent que nos sentiments ne sont pas une qualité spirituelle proprement humaine, et ne sont pas non plus le reflet d'une sorte de « libre arbitre ». Les sentiments sont plutôt des mécanismes biochimiques dont tous les mammifères et les oiseaux se servent pour calculer rapidement les probabilités de survie et de reproduction. Les sentiments ne se fondent pas sur l'intuition, l'inspiration ou la liberté, mais reposent sur un calcul.

Quand un singe, une souris ou un homme voit un serpent, la peur naît parce que les millions de neurones s'empressent de calculer les données pertinentes pour conclure à une forte probabilité de mort. Les sentiments d'attirance sexuelle naissent quand d'autres algorithmes biochimiques calculent qu'un individu proche offre de fortes probabilités d'accouplement heureux, de lien social ou à l'égard d'un autre objectif convoité. Des sentiments moraux tels que l'indignation, la culpabilité ou le pardon dérivent de mécanismes neuronaux qui ont évolué de manière à permettre la coopération de groupe. Tous ces algorithmes biochimiques se sont affinés au fil des millions d'années de l'évolution. Si les sentiments de quelque lointain ancêtre commirent une erreur, les gènes façonnant lesdits sentiments ne se transmirent pas à la génération suivante. Les sentiments ne sont donc pas l'opposé de la rationalité : ils incarnent la rationalité évolutive.

Nous avons habituellement du mal à comprendre que les sentiments sont en fait des calculs, parce que le processus rapide du calcul se produit très en deçà de notre seuil de conscience. Comme nous ne percevons pas que les millions de neurones du cerveau calculent les probabilités de survie et de reproduction, nous croyons à tort que notre peur des serpents, notre choix de partenaires sexuels ou nos opinions sur l'Union européenne sont le fruit de quelque mystérieux « libre arbitre ».

Si le libéralisme a tort de penser que nos sentiments reflètent un libre arbitre, il n'en a pas moins été très utile jusqu'ici de s'appuyer sur ces sentiments. Car même s'il n'y avait rien de magique ni de libre dans nos sentiments, il n'y avait pas de meilleure méthode dans l'univers pour décider quelle discipline étudier, qui épouser et pour quel parti voter. Et aucun système extérieur ne pouvait espérer comprendre mes sentiments mieux que moi. Même si l'Inquisition espagnole ou le KGB soviétique m'épiaient à chaque instant du jour et de la nuit, il leur manquait la connaissance biologique et la puissance de calcul nécessaires pour pirater les processus biochimiques façonnant mes désirs et mes choix. À toutes fins utiles, il était raisonnable de soutenir que j'avais mon libre arbitre, parce que ma volonté résultait essentiellement de l'interaction de forces intérieures que personne d'extérieur ne distinguait. Je pouvais savourer l'illusion d'être le maître de mon arène intime, tandis que les étrangers ne pouvaient jamais vraiment comprendre ce qui se passait en moi et comment je prenais mes décisions.

Aussi le libéralisme avait-il raison de conseiller aux gens de suivre leur cœur plutôt que les diktats d'un prêtre ou d'un apparatchik. Toutefois, les algorithmes d'ordinateurs pourraient bientôt être de meilleur conseil que les sentiments. L'Inquisition et le KGB cédant la place à Google et Baidu, le « libre arbitre » apparaîtra probablement comme un mythe. Le libéralisme pourrait y perdre ses avantages pratiques.

Nous sommes en effet aujourd'hui à la confluence de deux immenses révolutions. D'un côté, les biologistes déchiffrent les mystères du corps humain et, en particulier, du cerveau et des sentiments. En même temps, les informaticiens nous procurent un pouvoir de traitement des données sans précédent. La fusion de la révolution biotech et de la révolution infotech produira des algorithmes Big Data capables de surveiller et de comprendre mes sentiments mieux que moi, et l'autorité glissera alors probablement des hommes aux ordinateurs. Mon illusion du libre arbitre risque de se désintégrer au fil de rencontres quotidiennes avec des institutions, des sociétés et des agences publiques qui comprennent et manipulent ce qui était jusqu'ici mon inaccessible intimité.

Tel est déjà le cas en médecine. Les décisions médicales les plus importantes de notre vie ne reposent pas sur nos sentiments de malaise ou de bien-être, ni même sur les prédictions informées de notre médecin : elles découlent de calculs d'ordinateurs qui comprennent notre corps mieux que nous. D'ici quelques décennies, les algorithmes

Big Data informés par un flux constant de données biométriques pourraient surveiller notre santé 24 heures sur 24 et 7 jours sur 7. Ils pourraient détecter un tout début de grippe, de cancer ou de maladie d'Alzheimer bien avant que nous ne percevions le moindre problème. Et recommander des traitements appropriés, des régimes alimentaires et des exercices quotidiens, sur mesure, conçus pour notre physique unique, notre ADN et notre personnalité.

Les gens bénéficieront des meilleurs services de santé de l'histoire mais, précisément pour cette raison, probablement seront-ils tout le temps malades. Il y a toujours quelque chose qui ne va pas dans le corps. Toujours quelque chose à améliorer. Autrefois, on se sentait parfaitement en forme du moment qu'on ne ressentait aucune douleur ou qu'on ne souffrait d'aucun handicap apparent – qu'on ne boitait pas, par exemple. En 2050, cependant, grâce aux capteurs biométriques et aux algorithmes Big Data, les maladies pourront être diagnostiquées et traitées bien avant qu'elles ne se manifestent par la douleur ou un handicap. De ce fait, on souffrira sans cesse de quelque « pathologie », qui nous conduira à suivre telle ou telle recommandation algorithmique. En cas de refus, vous pourriez perdre votre assurance maladie, voire être licencié : pourquoi paieraient-ils le prix de votre obstination ?

Une chose est de continuer à fumer malgré les statistiques générales qui relient le tabac au cancer du poumon. Une tout autre chose est de persister malgré l'avertissement concret d'un capteur biométrique qui vient de détecter dix-sept cellules cancéreuses dans la partie supérieure de votre poumon gauche. Si vous êtes enclin à défier le capteur, que ferez-vous quand celui-ci transmettra l'avertissement à votre compagnie d'assurances, votre patron ou votre mère ?

Qui aura le temps et l'énergie d'affronter toutes ces maladies ? Très probablement pourrions-nous simplement charger notre algorithme santé de résoudre tous ces problèmes comme bon lui semble. Au plus enverra-t-il des mises à jour périodiques sur nos smartphones pour nous indiquer que « dix-sept cellules cancéreuses ont été détectées et détruites ». Les hypocondriaques se feront sans doute un devoir d'en prendre connaissance ; la plupart d'entre nous en feront fi, de même que nous ne tenons pas compte des messages antivirus contrariants sur nos ordinateurs.

LE DRAME DE LA DÉCISION

Ce qui se produit déjà en médecine a toutes les chances de survenir dans un nombre toujours plus grand de domaines. L'invention décisive est celle du capteur biométrique, que l'on peut porter sur le corps ou à l'intérieur, et qui convertit les processus biologiques en informations électroniques que les ordinateurs peuvent stocker et analyser. Avec suffisamment de données biométriques et une puissance de calcul adéquate, des systèmes extérieurs de traitement de données peuvent pirater vos désirs, vos décisions et vos opinions. Ils peuvent savoir exactement qui vous êtes.

La plupart des gens ne se connaissent pas très bien. À vingt et un ans, j'ai fini par comprendre que j'étais gay, après avoir vécu plusieurs années dans le déni. Cela n'est guère exceptionnel. Dans leur adolescence, la plupart des homosexuels sont peu assurés de leur sexualité. Imaginez maintenant la situation en 2050, quand un algorithme pourra dire à un adolescent où il se situe exactement sur le spectre gay/hétéro (et dans quelle mesure cette position est malléable). Peut-être l'algorithme vous soumettra-t-il des images ou des vidéos d'hommes et de femmes séduisants. Il suivra les mouvements de vos yeux, votre tension et votre activité cérébrale et en moins de cinq minutes sortira un chiffre sur l'échelle de Kinsey[6]. Il aurait pu m'épargner des années de frustration. Personnellement, vous n'auriez peut-être aucune envie de vous prêter à ce test. Mais imaginez que vous êtes à la soirée d'anniversaire de Michelle avec un groupe d'amis. L'ennui s'installe quand un des invités suggère que chacun se soumette à l'examen de ce nouvel algorithme cool, avec tout le monde pour regarder les résultats – et les commenter. Vous vous déroberiez ?

Même si vous le faites, même si vous ne cessez de vous dérober à vous-même et à vos camarades de classe, vous ne pourrez pas vous dérober à Amazon, à Alibaba ou à la police secrète. Quand vous surferez sur le Web, regarderez YouTube ou lirez ce qui arrivera sur vos réseaux sociaux, les algorithmes vous surveilleront discrètement, vous analyseront et diront aux gens de Coca-Cola que, s'ils veulent vous vendre une boisson gazeuse, mieux vaut utiliser une pub avec un mec torse nu qu'avec une nana sans chemise. Vous ne le saurez même pas. Mais eux sauront, et cette information peut valoir des milliards.

Puis, encore une fois, peut-être que tout cela se fera au grand jour, que les gens se feront une joie de partager leurs informations pour obtenir de meilleures recommandations – et, pour finir, de demander à l'algorithme de décider à leur place. Tout commence par des choses simples : par exemple, décider du film qu'on va voir. Vous êtes avec des amis, vous apprêtant à passer une soirée confortable devant la télé, mais il vous faut d'abord choisir ce que vous allez regarder. Voici cinquante ans, vous n'aviez pas le choix. Désormais, avec l'essor des vidéos à la demande, il y a des milliers de titres disponibles. Il peut être très difficile de s'entendre. Vous préférez les thrillers de science-fiction, Jack préfère les comédies romantiques mais Jill vote pour les films français d'art et d'essai. Tout peut se terminer par un compromis : le choix d'un médiocre film de série B qui vous déçoit tous.

Un algorithme pourrait vous aider. Vous lui indiquez les films que chacun de vous a aimés et, puisant dans son énorme base de données statistiques, l'algorithme trouvera de quoi satisfaire le groupe. Malheureusement, un algorithme aussi grossier peut aisément se laisser induire en erreur, d'autant que ce que l'on déclare est un indicateur notoirement peu fiable de ses préférences véritables. On entend souvent des gens crier au chef-d'œuvre à propos de tel ou tel film au point qu'on se sent obligé de le regarder. Même si on s'assoupit en plein milieu, on ne voudra pas passer pour un béotien et on dira à tout le monde que c'était une expérience exceptionnelle[7].

Ces problèmes peuvent néanmoins être résolus si nous laissons simplement l'algorithme recueillir des données en temps réel sur nous quand nous regardons des films au lieu de nous en remettre à des confidences douteuses. Pour commencer, l'algorithme peut noter les films que nous avons regardés jusqu'au bout et ceux que nous avons arrêtés au milieu. Même si nous disons à qui veut l'entendre qu'*Autant en emporte le vent* est le meilleur film jamais réalisé, l'algorithme saura que nous ne sommes jamais allés au-delà de la première demi-heure et que nous n'avons jamais vu l'incendie d'Atlanta.

L'algorithme peut même aller beaucoup plus loin. Des ingénieurs mettent actuellement au point un logiciel capable de détecter des émotions humaines fondées sur les mouvements de nos yeux et de nos muscles faciaux[8]. Ajoutez une bonne caméra au poste de télévision, et ce logiciel connaîtra les scènes qui nous ont fait rire, celles qui nous ont attristés ou ennuyés. Rattachez ensuite l'algorithme aux capteurs biométriques, et l'algorithme saura comment chaque image a influencé notre rythme cardiaque, notre tension ou notre activité cérébrale. Quand nous regardons *Pulp Fiction*, le film de Tarantino, l'algorithme peut noter que la scène du viol a provoqué chez nous une excitation sexuelle presque imperceptible, que quand Vincent tire par accident une balle dans la tête de Marvin nous avons eu un rire coupable, et que nous n'avons rien compris à la blague sur le Big Kahuna Burger, mais que nous avons ri quand même pour ne pas paraître idiot. Quand vous vous forcez à rire, vous n'utilisez pas les mêmes circuits cérébraux ni les mêmes muscles que si vous riez spontanément parce qu'une chose est réellement drôle. Habituellement, les êtres humains ne détectent pas la différence. Un capteur biométrique le pourrait[9].

Le mot télévision vient du grec *télé*, « loin », et du latin *visio*, « vue ». À l'origine, c'était une invention destinée à nous permettre de voir à distance. Bientôt, elle pourrait nous permettre d'*être vus* à distance. Comme l'imaginait George Orwell dans *1984*, la télévision nous regardera pendant que nous la regardons. Après avoir vu toute la filmographie de Tarantino, il est fort possible que nous en oubliions la majeure partie. En revanche, Netflix, Amazon ou qui possède notre algorithme TV connaîtra notre type de personnalité et saura presser sur nos boutons émotionnels. Ces données pourraient permettre à Netflix et Amazon de choisir des films pour nous avec une mystérieuse précision, mais il pourrait aussi leur permettre de prendre pour nous les décisions les plus importantes de la vie : qu'étudier, où travailler et qui épouser.

Bien entendu, Amazon ne réussira pas tout le temps. C'est impossible. Les algorithmes répéteront donc des erreurs à cause de données insuffisantes, de programmation défaillante, d'objectifs confusément définis et de la nature chaotique de la vie[10]. Mais Amazon n'aura pas besoin d'être parfait. Il lui suffira de faire mieux, en moyenne, que nous autres, humains. Et ce n'est pas si difficile parce que la plupart des gens ne se connaissent pas très bien, et que la plupart commettent de terribles erreurs dans les décisions les plus importantes de leur vie. Plus encore que les algorithmes, les hommes souffrent de données insuffisantes, de programmation (génétique et culturelle) défaillante, de définitions embrouillées et du chaos de la vie.

Vous pouvez dresser la liste des nombreux problèmes qui assaillent les algorithmes et en conclure que les gens ne leur feront jamais confiance. Mais c'est un peu comme si l'on cataloguait tous les inconvénients de la démocratie pour en conclure qu'aucune personne saine ne choisirait jamais de soutenir un tel système. On connaît le mot de Winston Churchill : la démocratie est le pire des systèmes politiques, à l'exception de tous les autres. À tort ou à raison, les gens pourraient en arriver aux mêmes conclusions sur les algorithmes Big Data : les anicroches ne manquent pas, mais nous n'avons pas de meilleure solution de rechange.

Les scientifiques comprenant toujours mieux la façon dont les hommes prennent leurs décisions, la tentation de se fier aux algorithmes a toute chance d'augmenter. Non seulement le piratage de la décision humaine rendra plus fiables les algorithmes Big Data, mais il rendra simultanément *moins* fiables les sentiments humains. Les États et les sociétés réussissant à pirater le système d'exploitation humain, nous serons exposés de plein fouet aux manipulations, aux publicités et à une propagande calibrées avec précision. Il pourrait devenir si facile de manipuler nos opinions et nos émotions que nous serons forcés de nous en remettre aux algorithmes de la même façon qu'un pilote victime d'une crise de vertige doit ignorer ce que ses sens lui disent pour mettre toute sa confiance dans la machine.

Dans certains pays et dans certaines situations, les gens pourraient bien ne pas avoir le choix : force leur sera d'obéir aux décisions des algorithmes Big Data. Même dans les sociétés prétendument libres, les algorithmes pourraient gagner en autorité parce que l'expérience nous apprendra à nous fier à eux sur un nombre toujours plus grand de sujets, et que nous perdrons progressivement notre capacité de prendre des décisions par nous-mêmes. Pensez simplement à la façon dont, en l'espace de deux petites décennies, des milliards de gens en sont venus à se fier à l'algorithme de recherche de Google dans l'une des tâches les plus importantes : rechercher des informations pertinentes et dignes de foi. Nous ne cherchons plus les informations, nous googlisons. Et plus nous nous en remettons aux réponses de Google, plus notre capacité de chercher des informations par nous-mêmes diminue. D'ores et déjà, la « vérité » se définit par les premiers résultats de la recherche sur Google[11].

De même en va-t-il avec les capacités physiques telles que la navigation dans l'espace. Les gens demandent à Google de les guider. Arrivés à un carrefour, leur instinct pourrait leur dire « Tournez à gauche », mais Google Maps leur dit « Tournez à droite ». Ils commencent par écouter leur intuition, tournent à gauche et se trouvent pris dans un embouteillage qui leur fait louper un rendez-vous important. La fois suivante, ils écoutent Google, tournent à droite et arrivent à temps. Ils apprennent d'expérience à se fier à Google. En l'espace d'un an ou deux, ils s'en remettront aveuglément à ce que leur dira Google Maps. Que leur smartphone tombe en panne, et ils seront totalement perdus.

En mars 2012, en Australie, trois touristes japonais décidèrent de passer une journée sur un îlot côtier et plongèrent en voiture directement dans le Pacifique. La conductrice, Yuzu Noda, vingt et un ans, expliqua par la suite qu'elle avait tout simplement suivi les instructions du GPS : « Il nous disait que nous pouvions poursuivre en voiture jusque-là. Il ne cessait de répéter qu'il nous conduisait à la route. Nous nous sommes enlisés[12]. » Il y a eu divers incidents similaires : des gens s'enfonçant dans un lac, ou tombant d'un pont démoli, apparemment en suivant les instructions du GPS[13]. La capacité de s'orienter est pareille à un muscle : qui ne s'en sert pas la perd[14]. De même en va-t-il pour la capacité de choisir un conjoint ou une profession.

Chaque année, des millions de jeunes doivent décider ce qu'ils vont étudier à l'université. Une décision aussi importante que difficile. Ils subissent les pressions de leurs parents, de leurs amis et de leurs professeurs, dont les intérêts et les opinions divergent. Mais ils doivent aussi faire avec leurs peurs et leurs rêves. Leur jugement est brouillé et manipulé par les superproductions de Hollywood, les romans de pacotille et les campagnes de publicité sophistiquées. Il est particulièrement difficile de prendre une décision avisée quand on ne sait pas vraiment ce qu'il faut pour réussir dans les différentes professions et que l'on n'a pas une vision réaliste de ses atouts et de ses points faibles. Que faut-il pour réussir dans la profession d'avocat ? Comment je réagis sous pression ? Suis-je bon dans le travail en équipe ?

Une étudiante pourrait s'inscrire en fac de droit parce qu'elle a une image inexacte de ses talents, et une vision encore plus déformée de ce qu'implique véritablement la profession d'avocat (on ne passe pas son temps à prononcer des discours dramatiques et à crier « Objection, Votre Honneur ! »). Dans le même temps, son amie décide d'accomplir un rêve d'enfant et d'entrer dans une école de ballet alors même qu'elle n'a ni la morphologie ni la discipline nécessaires. Des années après, toutes deux regrettent amèrement leur choix. À l'avenir, nous pourrions laisser Google décider pour nous. Google pourrait me dire que je perdrais mon temps en droit ou dans l'école de danse, mais que je ferais un psychologue ou un plombier excellent (et très heureux)[15].

Dès lors que l'IA prendra de meilleures décisions que nous sur nos carrières, voire nos relations, nous devrons revoir notre conception de l'humanité et de la vie. Les hommes sont habitués à envisager la vie comme un drame de la décision. Pour la démocratie libérale et le capitalisme de marché, l'individu est un agent autonome qui ne cesse de faire des choix au sujet du monde. Les œuvres d'art – qu'il s'agisse des pièces de Shakespeare, des romans de Jane Austen ou des comédies hollywoodiennes ringardes – tournent habituellement autour d'un héros en plein dilemme. *To be or not to be ?* Écouter ma femme et tuer le roi Duncan, ou écouter ma conscience et l'épargner ? Épouser Mr Collins ou Mr Darcy ? La théologie chrétienne et musulmane se concentre pareillement sur le drame de la décision, en affirmant que le bon choix est la clé du salut ou de la damnation éternelle.

Qu'adviendra-t-il de cette vision de la vie alors que nous laisserons de plus en plus l'IA choisir pour nous ? Pour l'heure, nous faisons confiance à Netflix pour nous recommander des films et à Google Maps pour choisir de tourner à droite ou à gauche. Du jour où nous commencerons à compter sur l'IA pour décider quelle discipline étudier, où travailler et qui épouser, la vie humaine cessera d'être un drame de la décision. Les élections démocratiques et le marché n'auront plus guère de sens. De même que la plupart des religions et des œuvres d'art. Imaginez Anna Karénine prenant son smartphone et demandant à l'algorithme de Facebook si elle doit rester avec Karénine ou s'enfuir avec le fringant comte Vronski. Ou imaginez votre pièce de Shakespeare préférée où toutes les décisions capitales seraient prises par l'algorithme de Google. Hamlet et Macbeth auront une vie bien plus confortable, mais quel genre de vie exactement ? Avons-nous des modèles pour donner du sens à une vie de ce genre ?

L'autorité glissant des hommes aux algorithmes, nous ne verrons sans doute plus le monde tel un terrain de jeu où des individus autonomes s'efforcent de faire les bons choix. Nous pourrions plutôt percevoir tout l'univers comme un flux de données, voir dans les organismes à peine plus que des algorithmes biochimiques, et croire que la vocation cosmique de l'humanité est de créer un système de traitement des données qui englobe tout – puis de se fondre en lui. Nous devenons d'ores et déjà de minuscules puces dans un système géant de traitement de données que personne ne comprend vraiment. Chaque jour, j'absorbe d'innombrables bits de données à travers des emails, des tweets et des articles ; je traite ces données et transmets de nouveaux bits par d'autres emails, tweets et articles. Je ne sais pas vraiment où je me situe dans le grand ordre des choses, ni comment mes bits de données se rattachent aux bits produits par des milliards d'autres humains et ordinateurs. Le temps me manque pour m'en assurer tant je suis occupé à répondre à tous ces emails.

LA VOITURE PHILOSOPHE

On pourrait sans doute objecter que jamais les algorithmes ne pourront prendre des décisions importantes à notre place parce que celles-ci comportent habituellement une dimension éthique, et que les algorithmes ne comprennent rien à l'éthique. Il n'y a pourtant aucune raison de penser que les algorithmes ne pourront surpasser les êtres humains moyens même dans ce domaine. D'ores et déjà, alors que les smartphones et les véhicules autonomes prennent des décisions qui étaient habituellement un monopole humain, ils commencent à être aux prises avec le même genre de problèmes éthiques qui tourmentent les hommes depuis des millénaires.

Imaginez deux gamins qui courent après un ballon juste devant une voiture autonome. Se fondant sur ses calculs éclair, l'algorithme qui pilote le véhicule en conclut que le seul moyen d'éviter de renverser les deux enfants est de faire une embardée sur la voie opposée, au risque d'entrer en collision avec un camion qui approche. L'algorithme calcule que, dans un cas de cette espèce, il y a 70 % de chances que le propriétaire du véhicule – qui dort à poings fermés sur la banquette arrière – soit tué. Que devrait faire l'algorithme[16] ?

Voici des millénaires que les philosophes débattent du « dilemme du tramway » (l'appellation vient de ce que les manuels modernes de philosophie prennent l'exemple d'un trolley qui fonce sur ses voies plutôt que d'une voiture autonome[17]). Jusqu'ici, ces disputes ont eu fâcheusement peu d'impact sur les comportements concrets : dans les moments de crise, les êtres humains oublient en effet trop souvent leurs vues philosophiques pour suivre plutôt leurs émotions et leurs instincts.

L'une des expériences les plus cruelles de l'histoire des sciences sociales a été conduite en décembre 1970 sur un groupe d'étudiants du Princeton Theological Seminary destinés à devenir pasteurs de l'Église presbytérienne. On invita chacun d'eux à se dépêcher de rejoindre une lointaine salle de cours pour y parler de la parabole du Bon Samaritain, l'histoire d'un Juif se rendant de Jérusalem à Jéricho, détroussé et frappé par des brigands qui le laissèrent pour mort au bord de la route. Un prêtre et un Lévite passant à proximité firent mine de ne rien voir. À l'opposé, un Samaritain – membre d'une secte que méprisaient les Juifs – s'arrêta en l'apercevant, prit soin de lui et lui sauva la vie. La morale de la parabole est qu'il faut juger des mérites des gens à leur comportement réel plutôt qu'à leur affiliation religieuse et à leurs vues philosophiques.

Les jeunes séminaristes impatients se précipitèrent vers la salle indiquée tout en songeant à la meilleure façon d'expliquer la morale de cette parabole du Bon Samaritain. Mais les auteurs de l'expérience avaient placé sur leur chemin une personne dépenaillée et affalée dans l'embrasure d'une porte, tête penchée, yeux clos. Chaque fois qu'un séminariste, ne se doutant de rien, passait au pas de course, la « victime » toussait et gémissait pitoyablement. La plupart des séminaristes ne prirent même pas la peine de s'arrêter pour demander à l'homme ce qui n'allait pas, encore moins lui offrir une aide. Le stress émotionnel créé par la nécessité de rejoindre au plus vite la salle de cours primait sur l'obligation morale d'aider un inconnu en détresse[18].

Les émotions humaines prévalent sur les théories philosophiques dans d'innombrables autres situations. Ce qui fait de l'histoire éthique et philosophique du monde un récit assez déprimant d'idéaux merveilleux et de comportements loin d'être idéaux. Combien de chrétiens tendent réellement l'autre joue ? Combien de bouddhistes s'élèvent réellement au-dessus d'obsessions égoïstes ? Combien de juifs aiment réellement leurs prochains comme eux-mêmes ? C'est ainsi que la sélection naturelle a façonné *Homo sapiens*. Comme tous les mammifères, *Homo sapiens* se sert des émotions pour prendre rapidement des décisions de vie et de mort. Nous avons hérité notre colère, notre peur et notre désir de millions d'ancêtres, qui tous passèrent les tests les plus rigoureux de contrôle de la qualité propres à la sélection naturelle.

Par malheur, ce qui était favorable à la survie et à la reproduction dans la savane africaine il y a un million d'années n'est pas nécessairement la garantie d'un comportement responsable sur les autoroutes du XXIe siècle. Chaque année, les conducteurs distraits, énervés ou anxieux font plus d'un million de morts par an dans les accidents de la route. Nous pouvons envoyer tous nos philosophes, prophètes et prêtres prêcher l'éthique à ces conducteurs, mais sur la route, les émotions mammaliennes et les instincts de la savane prendront le dessus. Aussi les séminaristes pressés ne prêteront-ils pas attention aux gens en détresse, de même que les conducteurs en crise renverseront les malheureux piétons.

Cette disjonction entre le séminaire et la route est un des plus grands problèmes pratiques de l'éthique. Dans le confort d'une salle de cours à l'université, Emmanuel Kant, John Stuart Mill et John Rawls peuvent bien disserter des jours durant des problèmes théoriques de l'éthique, mais leurs conclusions seraient-elles pour autant mises en œuvre en une fraction de seconde par des conducteurs stressés dans une situation d'urgence ? Peut-être Michael Schumacher – le champion de Formule 1 parfois salué comme le meilleur pilote de l'histoire – avait-il la capacité de philosopher tout en conduisant, mais la plupart d'entre nous ne sommes pas Schumacher.

Les algorithmes d'ordinateurs, en revanche, ne doivent rien à la sélection naturelle ; ils n'ont ni émotions ni instincts viscéraux. Dans les moments critiques, ils pourraient donc suivre les directives éthiques bien mieux que les êtres humains, sous réserve que nous trouvions le moyen de coder l'éthique en chiffres précis et en statistiques. Si nous demandions à Kant, Mill et Rawls d'écrire le code, ils pourraient programmer soigneusement la voiture autonome dans le confort de leur laboratoire, et nous serions certains que la voiture suivrait leurs commandements sur la route. En fait, chaque voiture serait pilotée par Michael Schumacher et Emmanuel Kant réunis.

Si vous programmez une voiture autonome pour qu'elle s'arrête et secoure les inconnus en détresse, elle le fera quoi qu'il arrive (à moins bien sûr que vous n'insériez une clause d'exception pour les scénarios-catastrophes). De même, si votre voiture autonome est programmée pour faire une embardée sur la voie opposée afin de sauver deux gosses qui se trouvent sur son chemin, vous pouvez parier votre vie qu'elle le fera. Autrement dit, en mettant au point leur voiture autonome, Toyota ou Tesla transformeront un problème théorique de philosophie de l'éthique en problème technique d'ingénierie.

Certes, les algorithmes philosophiques ne seront jamais parfaits. Il se produira encore des erreurs, lesquelles se solderont par des blessures, des morts et des poursuites judiciaires extrêmement compliquées. (Pour la première fois de l'histoire, vous pourriez poursuivre un philosophe pour les résultats malheureux de ses théories, parce que pour la première fois de l'histoire vous pourriez prouver l'existence d'un lien causal direct entre les idées philosophiques et des événements concrets.) Toutefois, les algorithmes n'auront pas à être parfaits pour prendre la relève des conducteurs humains. Il leur suffira d'être meilleurs. Puisque les conducteurs humains tuent plus d'un million de gens chaque année, ce n'est pas vraiment une gageure. Tout compte fait, préféreriez-vous une voiture conduite par un adolescent ivre ou par l'équipe Schumacher-Kant[19] ?

La même logique vaut pour bien d'autres situations que la conduite. Prenons l'exemple des candidatures à un emploi. Au XXIᵉ siècle, la décision d'embaucher quelqu'un sera de plus en plus abandonnée à des algorithmes. Nous ne pouvons demander à la machine de fixer les normes éthiques pertinentes : on aura encore besoin d'hommes pour cela. Mais une fois fixée la norme éthique qui doit prévaloir sur le marché du travail – par exemple, la discrimination contre les Noirs ou les femmes est répréhensible –, nous pouvons nous fier aux machines pour l'appliquer et la faire respecter mieux que ne le feront les hommes[20].

Un manager peut bien savoir et admettre que la discrimination contre les Noirs et les femmes est contraire à l'éthique, lorsqu'une femme noire postule à un poste, son subconscient le pousse à la discrimination et il décide de ne pas la recruter. Si nous laissons un ordinateur évaluer les candidatures, et le programmons pour qu'il fasse abstraction de la couleur et du sexe, nous pouvons être sûrs qu'il ne tiendra aucun compte de ces facteurs parce que les ordinateurs n'ont pas de subconscient. Bien entendu, il ne sera pas facile d'écrire un code pour évaluer les candidatures, et il existe toujours un risque que les ingénieurs intègrent au logiciel leurs travers subconscients[21]. Ces erreurs découvertes, cependant, il serait probablement bien plus aisé de déboguer le logiciel que de débarrasser les êtres humains de leurs préjugés racistes et misogynes.

L'essor de l'intelligence artificielle, on l'a vu, pourrait bien chasser la plupart des hommes du marché du travail, y compris les conducteurs et les agents de la circulation (le jour où les humains bagarreurs seront remplacés par des algorithmes dociles, il n'y aura plus besoin d'agents de police). En revanche, il pourrait y avoir de nouvelles ouvertures pour les philosophes, parce que leurs compétences – jusqu'ici dépourvues de valeur marchande – seront soudain très demandées. Si vous cherchez une matière à étudier qui garantisse un bon emploi à l'avenir, peut-être la philosophie n'est-elle pas un si mauvais pari ?

Naturellement, les philosophes ne s'entendent guère sur la ligne de conduite à suivre. Rares sont les « dilemmes du tramway » résolus à la satisfaction de tous les philosophes, et les penseurs conséquentialistes comme John Stuart Mill (ceux qui jugent les actions à leurs conséquences) ont des opinions très différentes de celles des déontologistes comme Emmanuel Kant (qui jugent les actions à partir de règles absolues). Tesla devrait-il réellement prendre position sur ces questions épineuses pour produire une automobile ?

Peut-être Tesla s'en remettra-t-il simplement au marché. Le constructeur produira deux modèles de voiture autonome : la Tesla Altruiste et la Tesla Égoïste. En cas d'urgence, l'Altruiste sacrifie son propriétaire pour un plus grand bien, tandis que l'Égoïste fait tout ce qui est en son pouvoir pour sauver son propriétaire, quitte à tuer les deux gamins. Les acheteurs pourront alors choisir le véhicule qui correspond le mieux à leur optique philosophique préférée. Si la Tesla Égoïste trouve davantage d'acquéreurs, il ne faudra pas en faire le reproche à Tesla. Après tout, le client est roi.

Ce n'est pas une plaisanterie. Dans une étude pionnière de 2015, on a soumis aux gens le scénario hypothétique d'une voiture autonome sur le point de renverser des piétons. La plupart ont répondu que, dans un cas de ce genre, la voiture devait sauver les piétons, même si cela coûtait la vie à son propriétaire. Quand on leur a demandé si, personnellement, ils achèteraient une voiture programmée pour sacrifier son propriétaire au nom d'un bien supérieur, la plupart ont répondu non. Pour eux-mêmes, ils préféreraient la Tesla Égoïste[22].

Imaginez la situation : vous venez d'acheter une voiture neuve, mais avant de vous en servir vous devez ouvrir le menu des réglages et cocher une case. En cas d'accident, voulez-vous que la voiture sacrifie votre vie ou tue la famille de l'autre véhicule ? Est-ce vraiment un choix que vous avez envie de faire ? Songez un instant aux discussions que vous allez avoir avec votre conjoint à ce propos...

Peut-être l'État devrait-il donc intervenir pour réglementer le marché et édicter un code éthique qui s'imposerait à tous les véhicules autonomes ? Certains législateurs seraient sans doute ravis de l'occasion de voter enfin des lois qui seraient toujours *suivies* à la lettre. D'autres pourraient s'alarmer d'une telle responsabilité sans précédent et totalitaire. Après tout, tout au long de l'histoire, les limites de l'application de la loi ont été un frein salutaire aux partis pris, aux erreurs et aux excès des législateurs. Il est heureux que les lois contre l'homosexualité et le blasphème n'aient été que partiellement appliquées. Voulons-nous véritablement un système dans lequel les décisions de politiciens faillibles deviennent aussi inexorables que la gravité ?

DICTATURES DIGITALES

L'IA effraie souvent les gens, qui ne sont pas très sûrs qu'elle demeure obéissante. Nous avons trop vu de films de science-fiction sur des robots qui se rebellent contre leurs maîtres humains, sont pris d'accès de folie furieuse et massacrent tout le monde. Le vrai problème avec les robots est exactement le contraire. Si nous devons avoir peur d'eux, c'est probablement parce qu'ils obéiront toujours à leurs maîtres et ne se rebelleront jamais.

L'obéissance aveugle n'est pas un mal en soi, bien entendu, du moment que les robots servent des maîtres bienveillants. Le recours à des robots tueurs pourrait par exemple garantir le respect des lois de la guerre sur le champ de bataille pour la première fois de l'histoire. Il arrive que leurs émotions poussent les soldats à tuer gratuitement, à piller et violer au mépris des lois de la guerre. Nous associons habituellement les émotions à la compassion, à l'amour et à l'empathie, mais en temps de guerre les émotions qui dominent sont trop souvent la peur, la haine et la cruauté. Les robots étant privés d'émotions, on pourrait compter sur eux pour s'en tenir à la lettre au code militaire et ne jamais se laisser emporter par des peurs et des haines personnelles[23].

Le 16 mars 1968, une compagnie de soldats américains se déchaîna dans le village sud-vietnamien de My Lai et massacra environ quatre cents civils. Ce crime de guerre fut le fruit de l'initiative locale d'hommes engagés depuis des mois dans une guerre de guérilla en pleine jungle. Il ne servait aucun dessein stratégique et contrevenait au code légal des États-Unis aussi bien qu'aux règles de la police militaire. La faute en était aux émotions humaines[24]. Si les États-Unis avaient déployé des robots tueurs au Vietnam, jamais ce massacre ne se serait produit.

Néanmoins, avant de nous précipiter et de déployer des robots tueurs, il nous faut rappeler que les robots reflètent et amplifient toujours les qualités de leur code. Que celui-ci soit mesuré et bienveillant, les robots marqueront probablement un immense progrès sur le soldat humain moyen. Pourtant, si le code est implacable et cruel, les résultats seront catastrophiques. Le vrai problème des robots, ce n'est pas leur intelligence artificielle, mais plutôt la bêtise et la cruauté naturelles de leurs maîtres humains.

En juillet 1995, les troupes serbes de Bosnie massacrèrent plus de huit mille Bosniaques musulmans autour de la ville de Srebrenica. À la différence du massacre désordonné de My Lai, les tueries de Srebrenica furent une opération prolongée et bien organisée répondant à la politique serbe bosniaque de « nettoyage ethnique » visant à éliminer les musulmans de Bosnie[25]. Si les Serbes de Bosnie avaient disposé de robots tueurs en 1995, les atrocités auraient été pires encore. Pas un robot n'aurait hésité un seul instant à exécuter les ordres reçus et n'aurait épargné la vie d'un seul enfant musulman sous l'effet de la compassion, de la répugnance ou simplement de la léthargie.

Un dictateur implacable armé de semblables robots tueurs n'aura jamais à craindre que ses soldats se retournent contre lui, si insensibles et déments que soient ses ordres. Une armée de robots eût probablement étouffé la Révolution française dans l'œuf en 1789 ; en 2011, si Hosni Moubarak avait disposé d'un contingent de robots tueurs, il aurait pu les lâcher sur la population sans crainte de défection. De même, un gouvernement impérialiste s'appuyant sur une armée de robots pourrait mener des guerres impopulaires sans craindre que ses robots ne perdent leur motivation, ou que leurs familles organisent des manifestations. Si les États-Unis avaient eu des robots tueurs au Vietnam, le massacre de My Lai aurait sans doute été empêché, mais la guerre aurait pu traîner encore de longues années, parce que le gouvernement américain n'aurait pas craint la démoralisation de ses soldats, les manifestations massives contre la guerre ou un mouvement de « robots vétérans contre la guerre » (des citoyens américains auraient pu encore s'y opposer, mais sans craindre d'être eux-mêmes conscrits, sans le souvenir des atrocités commises personnellement, sans la perte douloureuse d'un parent, les contestataires eussent probablement été à la fois moins nombreux et moins engagés[26]).

Les problèmes de ce genre sont beaucoup moins pertinents pour les véhicules autonomes civils parce que aucun constructeur automobile n'aura la malveillance de programmer ses véhicules pour cibler et tuer des gens. En revanche, les systèmes d'armes autonomes sont une catastrophe imminente, car trop de gouvernements sont éthiquement corrompus, sinon carrément malfaisants.

Le danger ne se limite pas aux machines à tuer. Les systèmes de surveillance pourraient être également risqués. Entre les mains d'un gouvernement bienveillant, les algorithmes de surveillance puissants peuvent être la meilleure chose qui soit jamais arrivée à l'humanité. Mais les mêmes algorithmes Big Data pourraient aussi laisser les coudées franches à un futur Big Brother, au point que nous nous retrouverions avec un régime de surveillance orwellien dans lequel tous les individus sont en permanence tenus à l'œil[27].

En vérité, nous pourrions nous retrouver avec une chose qu'Orwell lui-même n'aurait guère pu imaginer : un régime de surveillance totale qui suit non seulement toutes nos activités extérieures et nos propos, mais se glisse aussi sous notre peau pour observer nos expériences intérieures. Songez, par exemple, à ce que le régime de Kim Jong-un, en Corée du Nord, pourrait faire de cette nouvelle technologie. À l'avenir, chaque citoyen nord-coréen pourrait être astreint au port d'un bracelet biométrique surveillant chacun de ses faits et gestes, chacune de ses paroles, mais aussi sa tension et son activité cérébrale. Pour la première fois de l'histoire, utilisant notre compréhension croissante du cerveau ainsi que les pouvoirs immenses de l'apprentissage automatique, le régime pourrait jauger ce que pense chaque citoyen à chaque instant. Si vous regardez une photo de Kim Jong-un et que les capteurs biométriques repèrent des signes révélateurs de colère (hausse de la tension, activité accrue des amygdales), le lendemain vous n'échapperez pas au goulag.

Certes, du fait de son isolement, le régime nord-coréen pourrait avoir du mal à mettre au point tout seul la technologie requise. Elle pourrait cependant être créée par des nations technologiquement plus avancées, puis copiée ou achetée par les Nord-Coréens ou d'autres dictatures rétrogrades. La Chine et la Russie améliorent constamment leurs outils de surveillance, tout comme un certain nombre de pays démocratiques – des États-Unis à Israël, mon pays natal. Surnommé la «nation start-up», Israël a un secteur hi-tech extrêmement dynamique et une industrie de la cybersécurité de pointe. Dans le même temps, le pays est pris dans un conflit meurtrier avec les Palestiniens, et au moins une partie de ses dirigeants, de ses généraux et de ses citoyens seraient sans doute heureux de créer un régime de surveillance totale en Cisjordanie dès qu'ils disposeront de la technologie nécessaire.

D'ores et déjà, chaque fois que les Palestiniens passent un coup de fil, postent quelque chose sur Facebook ou se déplacent d'une ville à l'autre, ils ont toutes les chances d'être surveillés par des micros, des caméras, des drones et des logiciels espions israéliens. Les données recueillies sont ensuite analysées avec l'aide des algorithmes Big Data. Cela aide les forces de sécurité israéliennes à repérer et neutraliser les menaces potentielles sans déployer trop d'hommes au sol. Les Palestiniens peuvent bien administrer des villes et des villages en Cisjordanie, mais le ciel, les ondes hertziennes et le cyberespace appartiennent aux Israéliens. Il faut donc étonnamment peu de soldats israéliens pour contrôler efficacement les 2,5 millions de Palestiniens en Cisjordanie[28].

Un incident tragicomique est survenu en octobre 2017, quand un ouvrier palestinien a posté sur son compte Facebook une photo de lui au travail devant un bulldozer. À côté de l'image, il avait écrit *Ysabechhum!*, «Bonjour!». Un algorithme automatique commit une petite erreur de translittération des lettres arabes et lut *Ydbachhum!*, «Tuez-les!». Soupçonnant que l'homme pouvait être un terroriste envisageant d'écraser des gens avec son bulldozer, les forces de sécurité israéliennes s'empressèrent de l'arrêter. Il fut libéré sitôt qu'ils s'aperçurent que l'algorithme avait commis une erreur. Mais l'image litigieuse de Facebook n'en fut pas moins retirée. On n'est jamais trop prudent[29]. Ce que les Palestiniens vivent aujourd'hui en Cisjordanie pourrait bien n'être qu'un aperçu rudimentaire de ce qui attend des milliards de gens sur la planète.

À la fin du XXe siècle, les démocraties l'emportaient habituellement sur les dictatures parce qu'elles étaient meilleures dans le traitement des données. La démocratie diffuse le pouvoir de traiter l'information et les décisions sont partagées entre une multitude de gens et d'institutions, tandis que la dictature concentre l'information et le pouvoir au même endroit. Compte tenu de la technologie du XXe siècle, il était peu efficace de concentrer tant d'information et de pouvoir en un seul lieu. Personne n'avait les moyens de traiter toute l'information assez vite pour prendre les bonnes décisions. Telle est, en partie, la raison pour laquelle l'Union soviétique prenait des décisions bien pires que les États-Unis, et son économie accusait un net retard sur l'économie américaine.

Avec l'IA, cependant, le balancier pourrait bientôt repartir dans la direction opposée. L'IA permet de traiter centralement d'énormes quantités d'informations. De fait, elle pourrait rendre les systèmes centralisés bien plus efficaces que les systèmes diffus, parce que l'apprentissage automatique marche d'autant mieux qu'il peut analyser davantage d'informations. Si, au mépris de toutes les règles concernant le respect de la vie privée, vous concentrez toute l'information dans une seule base de données, vous pouvez élaborer de bien meilleurs algorithmes que si vous respectez l'intimité des individus et n'entrez dans votre base de données que des informations partielles sur un million de gens. Par exemple, si un gouvernement autoritaire ordonne à tous ses citoyens de scanner leur ADN et de partager leur dossier médical avec une autorité centrale, cela lui conférerait un avantage immense en matière de génétique et de recherche médicale sur les sociétés où les données médicales sont strictement privées. Le principal handicap des régimes autoritaires au XXe siècle – la velléité de concentrer toute l'information au même endroit – pourrait devenir leur avantage décisif au XXIe siècle.

Les algorithmes apprenant à nous connaître, les gouvernements autoritaires pourraient prendre le contrôle absolu de leurs citoyens, plus encore que dans l'Allemagne nazie, et la résistance à ces régimes pourrait devenir rigoureusement impossible. Non content de savoir exactement ce que vous ressentez, le régime pourrait vous faire éprouver ce qu'il veut. Le dictateur pourrait bien être incapable de fournir aux citoyens des soins de santé ou d'assurer l'égalité, mais il pourrait les amener à l'aimer et à détester ses adversaires. Sous sa forme présente, la démocratie ne saurait survivre à la fusion de l'infotech et de la biotech. Ou la démocratie réussira à se réinventer sous une forme radicalement nouvelle, ou les hommes seront condamnés à vivre dans des « dictatures digitales ».

Ce ne sera pas un retour au temps de Hitler et de Staline. Les dictatures digitales seront aussi différentes de l'Allemagne nazie que celle-ci l'était de la France de l'Ancien Régime. Louis XIV était un autocrate centralisateur, mais il ne disposait pas de la technologie pour construire un État totalitaire moderne. Il ne souffrait aucune opposition à son autorité, mais en l'absence de radios, de téléphones et de trains, il n'avait guère de contrôle sur le quotidien des paysans dans de lointains villages bretons ou même des citadins au cœur de Paris. Il n'avait ni la volonté ni la capacité de créer un parti de masse, un mouvement de la jeunesse couvrant tout le pays ou un système éducatif national[30]. Ce sont les nouvelles technologies du XXe siècle qui donnèrent à Hitler la motivation et le pouvoir de faire des choses pareilles. Nous ne saurions prédire quels seront les mobiles et les pouvoirs des dictatures digitales en 2084, mais il est fort peu probable qu'elles se contentent de copier Hitler et Staline. Ceux qui s'apprêtent à revivre les batailles des années 1930 pourraient se laisser surprendre par une attaque venant d'une tout autre direction.

Même si la démocratie réussit à s'adapter et à survivre, les gens pourraient devenir les victimes de nouvelles sortes d'oppression et de discrimination. D'ores et déjà, de plus en plus de banques, de sociétés et d'institutions utilisent des algorithmes pour analyser des données sur nous et prendre des décisions en conséquence. Quand vous sollicitez un prêt de votre banque, probablement votre dossier est-il traité par un algorithme plutôt que par un employé. L'algorithme analyse quantité de données sur vous et des statistiques portant sur des millions de personnes avant de décider si vous êtes assez fiable pour qu'on vous accorde le prêt. Souvent l'algorithme travaille mieux qu'un banquier humain. Le problème est que si l'algorithme se rend coupable d'une discrimination injuste envers certaines personnes, il est difficile de le savoir. Si la banque vous signifie un refus et que vous demandiez pourquoi, elle répond : « L'algorithme a dit non. – Et pourquoi a-t-il dit non ? Qu'est-ce qui ne va pas dans mon dossier ? » Réponse :

« Nous ne savons pas. Aucun être humain ne comprend cet algorithme parce qu'il repose sur l'apprentissage automatique avancé. Mais nous faisons confiance à notre algorithme. Donc, nous ne vous accorderons pas de prêt[31]. »

Quand des groupes entiers, comme les femmes ou les Noirs, sont victimes de partis pris, ceux-ci peuvent s'organiser et protester contre leur discrimination collective. Désormais, cependant, un algorithme pourrait vous discriminer personnellement sans que vous sachiez pourquoi. Peut-être a-t-il trouvé quelque chose qui ne lui plaît pas dans votre ADN, votre histoire personnelle ou votre compte Facebook. L'algorithme vous a dans le collimateur non parce que vous êtes une femme ou un Afro-Américain, mais parce que c'est vous. Il y a quelque chose en vous qu'il n'aime pas. Vous ne savez pas de quoi il retourne. Le sauriez-vous que vous ne pourriez pas vous organiser avec d'autres pour manifester parce que personne d'autre ne souffre exactement du même préjugé. C'est uniquement vous. Plutôt qu'une simple discrimination collective, nous pourrions connaître au XXIe siècle un problème croissant de discrimination individuelle[32].

Aux plus hauts niveaux d'autorité, probablement conserverons-nous des figures de proue humaines, qui nous donneront l'illusion que les algorithmes ne sont que des conseillers, que l'autorité ultime reste entre des mains humaines. Une IA ne sera pas nommée chancelière en Allemagne ni PDG de Google. En revanche, leurs décisions seront façonnées par l'IA. La chancelière pourrait encore choisir entre différentes options, mais celles-ci seraient le fruit d'une analyse du Big Data, et refléteront la façon dont l'IA, plutôt que les hommes, voit le monde.

Prenons une analogie. De nos jours, les responsables du monde entier peuvent choisir entre plusieurs politiques économiques. Dans presque tous les cas, cependant, l'offre en question reflète une vision capitaliste de l'économie. Les hommes politiques ont l'illusion du choix, mais les décisions qui importent réellement ont été prises beaucoup plus tôt par les économistes, les banquiers et les hommes d'affaires qui ont élaboré les différentes options au menu. D'ici une vingtaine d'années, les politiciens pourraient se retrouver à choisir dans un menu écrit par l'IA.

INTELLIGENCE ARTIFICIELLE ET BÊTISE NATURELLE

Bonne nouvelle ! Dans les prochaines décennies, tout au moins, nous ne serons pas confrontés de plein fouet à la science-fiction cauchemardesque d'une IA douée de conscience qui décide d'asservir l'humanité, voire de l'éliminer. Nous demanderons toujours plus aux algorithmes de décider pour nous, mais il est peu probable qu'ils se mettent sciemment à nous manipuler. Ils n'auront pas la moindre conscience.

La science-fiction a tendance d'une part à confondre intelligence et conscience et d'autre part à supposer que, pour égaler ou surpasser l'intelligence humaine, les ordinateurs devront développer une conscience. L'intrigue de base de presque tous les films et romans sur l'IA tourne autour du moment magique où un ordinateur ou un robot s'éveille à la conscience. À peine cela arrive-t-il que le héros humain s'amourache du robot, ou que celui-ci essaie de tuer tous les humains, ou que les deux choses se produisent simultanément.

En réalité, cependant, il n'y a aucune raison de penser que l'intelligence artificielle acquerra une conscience : l'intelligence et la conscience sont très différentes. L'intelligence est la capacité de résoudre des problèmes ; la conscience, la capacité d'éprouver de la douleur et de la joie, de l'amour et de la colère. Nous avons tendance à les confondre parce que, chez les humains et autres mammifères, l'intelligence va de pair avec la conscience. Les mammifères résolvent la plupart des problèmes en sentant les choses. Les ordinateurs, quant à eux, résolvent les problèmes d'une tout autre manière.

Le fait est simplement que les voies menant à la grande intelligence sont diverses, et qu'une partie seulement impliquent l'acquisition de la conscience. De même que les avions volent plus vite que les oiseaux sans jamais acquérir de plumage, les ordinateurs peuvent résoudre les problèmes beaucoup mieux que les mammifères sans jamais acquérir de sentiments. Certes, l'IA devra analyser précisément les sentiments humains pour traiter les maladies, identifier les terroristes, recommander des partenaires et naviguer dans une rue pleine de piétons. Mais elle pourrait le faire sans avoir elle-même le moindre sentiment. Un algorithme n'a pas besoin d'éprouver de la joie, de la colère ou de la peur pour reconnaître les diverses configurations biochimiques de singes joyeux, coléreux ou effrayés.

Bien entendu, il n'est pas absolument impossible que l'IA acquière des sentiments. Nous n'en savons pas encore assez sur la conscience. D'une manière générale, il y a trois possibilités à envisager :

1. La conscience est d'une certaine façon liée à la biochimie organique en sorte qu'il ne sera jamais possible de créer une conscience dans des systèmes non organiques.
2. La conscience n'est pas liée à la biochimie organique, mais elle est liée à l'intelligence de telle façon que les ordinateurs pourraient acquérir une conscience, et qu'ils *devront* le faire pour franchir un certain seuil d'intelligence.
3. Aucun lien essentiel ne rattache la conscience à la biochimie organique ou à la grande intelligence. Les ordinateurs pourraient donc acquérir une conscience, mais pas nécessairement. Ils pourraient devenir super-intelligents tout en restant au niveau zéro de la conscience.

Dans l'état actuel de nos connaissances, nous ne saurions exclure aucune de ces options. Mais précisément parce que nous en savons si peu sur la conscience, il est improbable que nous puissions sous peu programmer des ordinateurs conscients. Dans un avenir prévisible, et malgré son pouvoir immense, l'intelligence artificielle restera dépendante jusqu'à un certain point de la conscience humaine.

Mais il y a un danger. Si nous investissons trop dans le développement de l'IA et trop peu dans celui de la conscience humaine, l'IA trop sophistiquée des ordinateurs pourrait simplement servir à amplifier la bêtise naturelle des humains. Il y a peu de risques d'une rébellion robotique dans les prochaines décennies, mais nous pourrions avoir des hordes de *bots* sachant appuyer sur les boutons de nos émotions mieux que ne le ferait notre mère, et utiliser cette mystérieuse capacité pour essayer de nous vendre quelque chose : une voiture, un politicien ou carrément une idéologie. Les *bots* pourraient identifier nos peurs, nos haines et nos aspirations les plus profondes, et utiliser ces moyens de pression intérieurs contre nous. Les élections et les référendums de ces derniers temps à travers le monde nous en ont déjà donné un avant-goût, quand des hackers ont appris à manipuler les électeurs en analysant les données les concernant et en exploitant leurs préjugés[33]. Loin des apocalypses dramatiques de feu et de fumée des thrillers de science-fiction, nous pourrions être en réalité confrontés à une banale apocalypse à portée de clic.

Si l'on veut éviter de pareilles issues, pour chaque dollar et chaque minute investis dans l'amélioration de l'intelligence artificielle, il serait sage d'investir un dollar et une minute pour faire avancer la conscience humaine. À l'heure actuelle, malheureusement, nous ne faisons pas grand-chose en matière de recherche-développement (R & D) de la conscience humaine. La R & D autour des capacités humaines répond essentiellement aux besoins immédiats du système économique et politique plutôt qu'à nos besoins à long terme d'êtres conscients. Mon patron souhaite que je réponde aux emails aussi vite que possible, mais il ne se soucie guère que je goûte et apprécie la nourriture que j'avale. De ce fait, je consulte mes emails en prenant mes repas, tout en perdant la capacité de prêter attention à mes sensations. Le système économique me presse d'étoffer et de diversifier mon portefeuille de placements, mais ne m'incite aucunement à étendre et diversifier ma compassion. Je m'efforce donc de comprendre les mystères de la Bourse, tout en faisant beaucoup moins d'efforts pour comprendre les causes profondes de la souffrance.

À cet égard, les hommes sont semblables aux autres animaux domestiqués. Nous avons élevé des vaches dociles qui produisent d'énormes quantités de lait, mais sont par ailleurs très inférieures à leurs ancêtres sauvages. Moins agiles et moins curieuses, elles ont aussi moins de ressources[34]. Nous créons aujourd'hui des êtres humains apprivoisés qui produisent d'énormes quantités de données et fonctionnent comme des puces très efficaces dans un immense mécanisme de traitement de données, mais ces vaches à data ne maximisent guère le potentiel humain. Nous en savons si peu sur l'esprit que nous n'avons en vérité aucune idée des dimensions du potentiel humain. Et pourtant nous investissons fort peu dans l'exploration de l'esprit humain et cherchons plutôt à augmenter la vitesse de nos connexions Internet et l'efficacité de nos algorithmes Big Data. Si nous n'y prenons garde, nous nous retrouverons avec des êtres humains déclassés utilisant à mauvais escient des ordinateurs améliorés, faisant des ravages parmi eux et dans le monde.

Les dictatures digitales ne sont pas le seul danger qui nous guette. Outre la liberté, l'ordre libéral fait aussi grand cas de la valeur de l'égalité. Le libéralisme a toujours chéri l'égalité politique, et s'est progressivement rendu compte que l'égalité économique est presque aussi importante. Sans sécurité sociale et un minimum d'égalité économique, en effet, la liberté n'a pas de sens. Or, de même que les algorithmes Big Data risquent d'éteindre la liberté, ils pourraient en même temps créer les sociétés les plus inégales qui aient jamais existé. La richesse et le pouvoir seraient entièrement concentrés entre les mains d'une minuscule élite tandis que la plupart des gens souffriraient non pas de l'exploitation, mais d'un sort bien pire : l'inutilité.

4.

Égalité

Le futur appartient à qui possède les data

Au cours des toutes dernières décennies, on a seriné aux habitants du monde entier que l'humanité était sur la voie de l'égalité, et que la mondialisation et les nouvelles technologies nous en rapprochaient à grands pas. En réalité, le XXIe siècle pourrait bien créer les sociétés les plus inégales de l'histoire. Si la mondialisation et l'Internet comblent l'écart entre les pays, ils menacent de creuser le fossé entre les classes, et au moment même où l'humanité paraît au seuil de l'unification globale, l'espèce elle-même pourrait se diviser en différentes castes biologiques.

L'inégalité remonte à l'âge de pierre. Voici trente mille ans, les bandes de chasseurs-cueilleurs enterraient certains de leurs membres dans des tombes somptueuses avec des milliers de perles d'ivoire, des bracelets, des bijoux et autres objets d'art, alors que d'autres n'avaient droit qu'à un simple trou dans le sol. Ces bandes de chasseurs-cueilleurs n'en étaient pas moins plus égalitaires que toutes les sociétés humaines qui ont suivi, parce que la propriété y était très rare. La propriété est une condition préalable de l'inégalité à long terme.

À la suite de la révolution agricole, la propriété s'est multipliée et, avec elle, l'inégalité. Les humains devenant propriétaires de la terre, des animaux, des plantes et des outils, sont apparues des sociétés hiérarchiques rigides avec de petites élites monopolisant le gros des richesses et le pouvoir de génération en génération. Les hommes ont fini par juger cet arrangement naturel, voire voulu par les dieux. La hiérarchie n'était pas seulement la norme, mais aussi l'idéal. Comment peut-il y avoir un ordre sans une hiérarchie claire entre aristocrates et roturiers, hommes et femmes ou parents et enfants ? Prêtres, philosophes et poètes du monde entier devaient l'expliquer patiemment : de même que dans le corps humain tous les membres ne sont pas égaux – les pieds doivent obéir à la tête –, dans la société humaine l'égalité n'apportera que le chaos.

Dans les Temps modernes, cependant, l'égalité a fini par devenir un idéal dans presque toutes les sociétés humaines. Cela tient en partie à l'essor des idéologies nouvelles du communisme et du libéralisme. Mais la révolution industrielle y est aussi pour quelque chose dans la mesure où elle a rendu les masses plus importantes que jamais. Les économies industrielles se sont appuyées sur les masses de travailleurs ordinaires, les armées industrielles sur les masses de simples soldats. Les gouvernements des démocraties et des dictatures ont lourdement investi dans la santé, l'enseignement et le bien-être des masses, parce qu'elles avaient besoin de millions de travailleurs en bonne santé pour faire tourner les chaînes de production et de millions de soldats loyaux pour combattre dans les tranchées.

Aussi l'histoire du XXe siècle a-t-elle largement tourné autour de la réduction des inégalités entre les classes, les races et les sexes. Même si le monde de l'an 2000 avait encore sa part de hiérarchies, il n'en était pas moins bien plus égalitaire que le monde de 1900. Dans les premières années du XXIe siècle, les gens espéraient que le processus égalitaire se poursuivrait, voire s'accélérerait. En particulier, ils espéraient que la mondialisation propagerait la prospérité économique à travers le monde et que, de ce fait, l'Inde et l'Égypte finiraient par jouir des mêmes opportunités et privilèges que les habitants de la Finlande et du Canada. Toute une génération a grandi avec cette promesse.

Il semble aujourd'hui que cette promesse ne pouvait être tenue. La mondialisation a certainement profité à de larges segments de l'humanité, mais on observe des signes d'inégalité croissante entre sociétés et en leur sein. Certains groupes monopolisent de plus en plus les fruits de la mondialisation, tandis que des milliards de gens restent à la traîne. Mais il y a plus alarmant encore : les 100 personnes les plus riches possèdent plus que les 4 milliards les plus pauvres[1].

Ce pourrait être bien pire. L'essor de l'IA, on l'a vu, pourrait éliminer la valeur économique et le pouvoir politique de la plupart des hommes.

Dans le même temps, les progrès de la biotechnologie pourraient permettre de traduire l'inégalité économique en inégalité biologique. Leur prodigieuse fortune finira par permettre aux super-riches de faire une chose qui en vaut vraiment la peine. Jusqu'ici, ils ne pouvaient acquérir guère plus que des symboles de leur statut ; bientôt, c'est la vie même qu'ils pourraient acheter. Si les nouveaux traitements permettant de prolonger la vie et d'augmenter les capacités physiques et cognitives se révèlent onéreux, l'humanité pourrait se trouver fracturée en castes biologiques.

Tout au long de l'histoire, les riches et les aristocrates ont toujours imaginé qu'ils possédaient des talents supérieurs à tous les autres, ce qui expliquait pourquoi ils étaient aux commandes. Pour autant qu'on puisse le dire, ce n'était pas vrai. Le duc moyen n'avait pas plus de talents que le paysan moyen : il ne devait sa supériorité qu'à une discrimination légale et économique injuste. En 2100, cependant, les riches pourraient bien être réellement plus talentueux, plus créatifs et plus intelligents que les habitants des bidonvilles. Dès lors qu'un écart de capacités s'ouvrira entre riches et pauvres, il deviendra presque impossible de le fermer. Si les riches se servent de leurs capacités supérieures pour s'enrichir encore, et que leur argent supplémentaire leur permet d'acheter des corps et des cerveaux améliorés, avec le temps l'écart ne fera que se creuser. En 2100, le 1 % le plus riche possédera non seulement le gros de la richesse mondiale, mais aussi la majeure partie de la beauté, de la créativité et de la richesse.

Les deux processus réunis – le génie biologique associé à l'essor de l'IA – pourraient donc aboutir à la séparation de l'humanité en une petite classe de surhommes et une sous-classe massive d'*Homo sapiens* inutiles. Mais cette situation inquiétante pourrait être pire encore : alors que les masses perdront leur importance économique et leur pouvoir politique, l'État pourrait perdre au moins une partie de l'incitation à investir dans la santé, l'éducation et le bien-être. Il est très dangereux d'être en surnombre. L'avenir des masses dépendra alors de la bonne volonté d'une petite élite. Peut-être cette bonne volonté existe-t-elle pour quelques décennies. Mais en temps de crise – comme la catastrophe climatique – il serait très tentant et facile de balancer par-dessus bord les gens superflus.

Dans des pays comme la France et la Nouvelle-Zélande, riches d'une longue tradition de croyances libérales et de pratiques de l'État-providence, peut-être l'élite continuera-t-elle de s'occuper des masses même quand elle n'en aura plus besoin. Dans un pays plus capitaliste tel que les États-Unis, cependant, l'élite pourrait saisir la première occasion pour démanteler ce qu'il reste de l'État-providence. Un problème plus grave encore se profile dans les grands pays en voie de développement comme l'Inde, la Chine, l'Afrique du Sud et le Brésil. Du jour où les gens ordinaires perdront leur valeur économique, l'inégalité pourrait monter en flèche.

Dès lors, loin de favoriser l'unité générale, la mondialisation risque de se traduire par une « spéciation » : la divergence de l'humanité en castes biologiques, voire en espèces différentes. La globalisation unifiera le monde horizontalement en effaçant les frontières nationales mais divisera en même temps l'humanité verticalement. Les oligarchies dominantes de pays aussi divers que les États-Unis et la Russie pourraient fusionner et faire cause commune contre la masse des Sapiens ordinaires. Dans cette perspective, le ressentiment populiste actuel envers « les élites » est parfaitement fondé. Si nous n'y prenons garde, les petits-enfants des magnats de la Silicon Valley et des milliardaires moscovites deviendront une espèce supérieure aux petits-enfants des ploucs des Appalaches et des villageois sibériens.

À la longue, ce scénario pourrait même dé-globaliser le monde, avec une caste supérieure qui se réunirait au sein d'une « civilisation » autoproclamée et construirait des murs et des douves pour s'isoler des hordes de « barbares » extérieurs. Au XXe siècle, la civilisation industrielle dépendait des « barbares » pour la main-d'œuvre peu coûteuse, les matières premières et les marchés. Elle les a donc conquis et absorbés. Au XXIe siècle, cependant, une civilisation postindustrielle s'appuyant sur l'IA, le génie biologique et les nanotechnologies pourrait bien être beaucoup plus indépendante et autonome. Des classes entières, mais aussi des pays, voire des continents risquent de devenir inutiles. Des fortifications gardées par des drones et des robots pourraient séparer la zone civilisée autoproclamée – avec des cyborgs qui s'affronteraient à coups de bombes logiques – des pays barbares où des sauvages se combattraient avec des machettes et des kalachnikovs.

Tout au long de ce livre, j'emploie souvent la première personne du pluriel pour évoquer l'avenir de l'humanité. Je parle de ce que « nous » devons faire pour traiter « nos » problèmes. Mais peut-être n'y a-t-il pas de « nous ». Peut-être un de « nos » plus gros problèmes est-il que les différents groupes humains ont des avenirs complètement différents. Peut-être, dans certaines parties du monde, enseignerez-vous à vos gosses à écrire des codes informatiques, alors qu'en d'autres mieux vaudra leur apprendre à tirer vite et à viser juste.

QUI POSSÈDE LES DATA ?

Si nous voulons empêcher la concentration de la richesse et du pouvoir entre les mains d'une petite élite, la clé est de réglementer la propriété des data. Dans l'ancien temps, la terre était l'actif le plus important, et la politique se résumait à un combat pour le contrôle de la terre. Si elle était par trop concentrée entre quelques mains, la société se divisait en aristocrates et en roturiers. Dans les Temps modernes, les machines et les usines sont devenues plus importantes que la terre, et la lutte s'est concentrée sur le contrôle de ces moyens de production vitaux. Si un trop grand nombre de machines étaient concentrées en trop peu de mains, la société se scindait en capitalistes et en prolétaires. Au XXIe siècle, les data éclipseront à la fois la terre et les machines pour devenir l'actif le plus important ; et la politique sera un combat pour contrôler les flux de data. Si celles-ci se concentrent en un trop petit nombre de mains, l'humanité se scindera en espèces différentes.

La course aux data est déjà engagée, avec en tête des géants comme Google, Facebook, Baidu et Tencent. Jusqu'ici, nombre de ceux-ci paraissent avoir adopté le modèle économique des « marchands d'attention[2] ». Ils attirent notre attention en nous offrant des informations, des services et des divertissements gratuits, puis ils revendent notre attention aux publicitaires. Mais l'ambition de ces géants ne se limite pas à la vente de publicités. En captant notre attention, ils réussissent à accumuler sur nous d'énormes quantités de données qui valent bien plus que n'importe quelles recettes publicitaires. Nous ne sommes pas leurs clients : nous sommes leurs produits.

À moyen terme, ces réserves de data ouvrent la voie à un modèle économique radicalement différent dont la première victime sera l'industrie publicitaire elle-même. Le nouveau modèle repose sur le transfert de l'autorité des hommes aux algorithmes, dont l'autorité de choisir et d'acheter. Du jour où les algorithmes choisiront et achèteront pour nous, le secteur de la publicité traditionnelle fera faillite. Prenons le cas de Google. Google souhaite atteindre le stade où nous pourrons *tout* lui demander et où il nous donnera la meilleure réponse du monde. Que se passera-t-il quand nous lui demanderons : « Hi, Google, sur la foi de tout ce que tu sais des automobiles, et de tout ce que tu sais de moi (mes besoins, mes habitudes, mes vues sur le réchauffement climatique, voire mes opinions sur la situation politique au Moyen-Orient), quelle est la meilleure voiture pour moi ? » Si Google nous apporte une bonne réponse à cette question, et si l'expérience nous apprend à nous fier à Google plutôt qu'à nos sentiments si faciles à manipuler, à quoi pourraient bien servir les publicités d'automobiles[3] ?

À plus long terme, en rassemblant assez de données et avec une puissance de calcul suffisante, les géants des data pourraient pirater les secrets les plus intimes et se servir de ce savoir pour choisir à notre place ou nous manipuler, mais aussi remanier la vie organique et créer des formes de vie inorganique. Vendre des publicités peut bien être nécessaire pour soutenir les géants à court terme, mais souvent ceux-ci évaluent les applications, les produits et les sociétés selon les data moissonnées plutôt qu'en fonction de l'argent qu'ils rapportent. Une application populaire peut bien manquer d'un modèle économique, voire perdre de l'argent à court terme, mais valoir des milliards dès lors qu'elle aspire des data[4]. Même si vous ne savez pas tirer profit de ces data aujourd'hui, l'opération en vaut la peine parce qu'elle pourrait vous donner la clé permettant de contrôler et façonner la vie à l'avenir. Je ne suis pas certain que les géants des data pensent en ces termes, mais leurs actions indiquent qu'ils prisent l'accumulation de données plus que la seule accumulation de dollars.

Les hommes ordinaires auront le plus grand mal à résister à ce processus. Pour l'heure, les gens sont heureux d'abandonner leur actif le plus précieux – leurs données personnelles – en échange de messageries électroniques gratuites et de vidéos de chat amusantes. Un peu comme les tribus africaines ou les indigènes d'Amérique qui vendirent inconsciemment des pays entiers aux impérialistes européens en échange de perles de couleur et de colifichets. Si, par la suite, les gens ordinaires décident d'essayer de bloquer le flux de données, cela pourrait leur être d'autant plus difficile qu'ils seront devenus dépendants du réseau pour leurs décisions, voire leur santé et leur survie physique.

Hommes et machines pourraient fusionner si complètement que les humains ne pourront survivre s'ils sont déconnectés du réseau. Ils seront connectés dès le ventre de leur mère. Si, par la suite, vous essayez de vous déconnecter, les compagnies d'assurances pourraient refuser de vous assurer, les entreprises de vous employer, et les services de santé de vous soigner. Dans la grande bataille entre santé et vie privée, la santé a toute chance de l'emporter haut la main.

Le flux de data allant de votre corps et de votre cerveau aux machines intelligentes *via* des capteurs biométriques, il deviendra facile aux sociétés et aux organismes publics de vous connaître, de vous manipuler et de prendre les décisions à votre place. Qui plus est, ils pourraient déchiffrer les mécanismes de tous les corps et cerveaux, et ce faisant acquérir le pouvoir de fabriquer la vie. Si nous voulons empêcher une petite élite de monopoliser ces pouvoirs divins, et éviter la scission de l'humanité en castes biologiques, la question est de savoir qui possède les data. Les données sur mon ADN, mon cerveau et ma vie sont-elles mon bien ou celui de l'État, d'une société ou d'un collectif humain ?

Donner à l'État mandat de nationaliser les data freinera probablement le pouvoir des grandes sociétés, mais risque aussi d'aboutir à de sinistres dictatures digitales. Les responsables politiques sont un peu comme des musiciens, dont l'instrument serait le système émotionnel et biochimique humain. Ils font un discours, et une vague de peur déferle sur le pays. Ils tweetent, et se produit une explosion de haine. Je ne pense pas qu'on doive confier à ces musiciens un instrument plus sophistiqué. Du jour où des politiciens pourront appuyer directement sur les boutons de nos émotions, engendrant à volonté angoisse, haine, joie et ennui, la politique ne sera plus qu'un cirque émotionnel. Autant nous sommes fondés à craindre le pouvoir des grandes sociétés, autant l'histoire suggère que nous ne sommes pas nécessairement mieux pourvus entre les mains de gouvernements superpuissants. À compter de mars 2018, je préférerais confier mes données à Mark Zuckerberg plutôt qu'à Vladimir Poutine (même si le scandale de Cambridge Analytica a révélé que ce n'était peut-être pas vraiment un choix puisque toutes les données confiées à Zuckerberg pouvaient finir entre les mains de Poutine).

La propriété privée de ses données peut paraître plus attrayante que ces deux options, mais on ne voit pas trop ce que cela signifie vraiment. Notre expérience de régulation de la propriété de la terre est riche de plusieurs millénaires. Nous savons disposer une clôture autour d'un champ, poster un garde à la porte et surveiller les entrées. Au cours des deux siècles passés, nous sommes devenus experts dans la réglementation de la propriété industrielle : aujourd'hui, je peux posséder ainsi une partie de General Motors et une parcelle de Toyota en achetant leurs actions. Mais nous avons peu d'expérience dans la régulation de la propriété des données, qui est par nature une tâche bien plus difficile car, à la différence de la terre et des machines, les data sont partout et nulle part en même temps, elles peuvent circuler à la vitesse de la lumière et créer autant de copies qu'on le souhaite.

Nous gagnerions à demander à nos avocats, nos hommes politiques, nos philosophes et même nos poètes de se pencher sur cette énigme : comment réglementer la propriété des data ? Ce pourrait bien être la question politique la plus importante de notre époque. Faute de répondre à cette question sans tarder, notre système politique pourrait s'effondrer. Les gens perçoivent déjà le cataclysme imminent. Peut-être est-ce pour cette raison que le monde perd la foi dans le récit libéral, qui voici encore une décennie paraissait irrésistible.

Dès lors, comment avancer et affronter les immenses défis que représente la révolution de la biotech et de l'infotech ? Peut-être les mêmes hommes de science et entrepreneurs qui ont commencé par perturber le monde pourraient-ils trouver une solution technique ? Par exemple, des algorithmes de réseaux pourraient-ils former l'échafaudage permettant à la communauté humaine mondiale de posséder collectivement les data et de surveiller le développement futur de la vie ? Avec la montée de l'inégalité et l'accroissement des tensions sociales à travers le monde, Mark Zuckerberg pourrait-il appeler ses deux milliards d'amis à unir leurs forces et à faire quelque chose ensemble ?

Deuxième partie

LE DÉFI POLITIQUE

La fusion de l'infotech et de la biotech menace les valeurs modernes centrales que sont la liberté et l'égalité. Toute solution au défi technologique passe par une coopération mondiale. Le nationalisme, la religion et la culture divisent cependant l'humanité en camps hostiles au point de rendre très difficile la coopération à l'échelle planétaire.

5.

Communauté

Les humains ont des corps

La Californie est habituée aux tremblements de terre, mais la secousse sismique des élections américaines de 2016 n'en a pas moins été un choc rude pour la Silicon Valley. Se rendant compte qu'ils pouvaient être une partie du problème, les magiciens de l'informatique ont réagi en faisant ce que les ingénieurs font le mieux : ils ont recherché une solution technique. Nulle part la réaction n'a été plus vigoureuse qu'au siège de Facebook, à Menlo Park. Ce qui est compréhensible : les réseaux sociaux étant l'activité de Facebook, c'est la société la plus sensible aux perturbations sociales.

Le 16 février 2017, après trois mois de réflexion, Mark Zuckerberg a publié un audacieux manifeste sur la nécessité de construire une communauté mondiale et le rôle de Facebook dans ce projet[1]. Le 22 juin 2017, dans un second discours prononcé à la réunion inaugurale du Communities Summit, il a expliqué que les bouleversements sociopolitiques de notre temps – des progrès de la toxicomanie aux régimes totalitaires meurtriers – résultent largement de la désintégration des communautés humaines. Il a déploré que, « depuis des décennies, l'appartenance à toute sorte de groupes ait décliné d'au moins un quart. Cela fait quantité de gens qui ont besoin de trouver quelque part un sentiment de finalité et de soutien[2] ». Il a promis que Facebook allait être en tête des efforts pour reconstruire ces communautés et que ses ingénieurs se chargeraient du fardeau dont les curés de paroisse se sont délestés : « Nous allons nous mettre à déployer des outils qui aident à construire des communautés. »

Et d'expliquer : « Nous avons lancé un projet pour voir si nous pourrions mieux suggérer des groupes qui aient du sens pour vous. Nous avons commencé à recourir à l'intelligence artificielle à cette fin. Et ça marche. Dans les six premiers mois, nous avons aidé 50 % de gens en plus à rejoindre des communautés qui aient du sens. » Son but ultime est d'« aider un milliard de gens » à en faire autant : « Si nous y parvenons, cela ne contrera pas seulement le déclin de l'appartenance à une communauté que nous observons depuis des décennies, mais pourrait aussi renforcer notre tissu social et rapprocher le monde. » L'objectif a tant d'importance que Zuckerberg a juré de « changer toute la mission de Facebook à cette fin[3] ». Zuckerberg a certainement raison de déplorer la dislocation des communautés humaines. Pourtant, plusieurs mois après qu'il a fait son serment, et alors que ce livre était sous presse, le scandale de Cambridge Analytica a révélé que les données confiées à Facebook étaient moissonnées par des tierces parties et utilisées pour manipuler des élections à travers le monde. Cela a fait paraître dérisoires les nobles promesses de Zuckerberg et ébranlé la confiance publique dans Facebook. On peut seulement espérer qu'avant d'entreprendre de construire de nouvelles communautés humaines, Facebook s'engage d'abord à protéger l'intimité et la sécurité des communautés existantes.

Il n'en vaut pas moins la peine d'examiner en profondeur la vision communautaire de Facebook et de voir si, dès lors que la sécurité sera renforcée, les réseaux sociaux en ligne peuvent aider à construire une communauté humaine mondiale. Si, au XXIe siècle, les humains pourraient être promus au rang de dieux, en 2018, nous sommes encore des animaux de l'âge de pierre. Pour nous épanouir, nous avons encore besoin de nous enraciner dans des communautés intimes. Depuis des millions d'années, nous nous sommes adaptés à la vie en petites bandes de quelques douzaines de personnes, pas plus. Aujourd'hui encore, la plupart d'entre nous estimons impossible de connaître vraiment plus de cent cinquante individus, indépendamment du nombre d'amis que nous nous vantons d'avoir sur Facebook[4]. Sans ces groupes, les hommes se sentent solitaires et aliénés.

Au cours des deux derniers siècles, hélas, les communautés intimes se sont bel et bien désintégrées. Les efforts pour remplacer les petits groupes de gens qui se connaissent vraiment par des communautés imaginaires de nations et de partis politiques ne sauraient jamais réussir pleinement. Vos millions de frères de la famille nationale et vos millions de camarades du Parti communiste ne sauraient vous procurer la chaleur intime d'un frère, d'une sœur ou d'un véritable ami. De ce fait, les gens sont plus solitaires que jamais sur une planète toujours plus connectée. Nombre des désordres sociaux et politiques de notre temps trouvent leur source dans ce malaise[5].

L'idée chère à Zuckerberg de reconnecter les humains les uns aux autres est donc une vision opportune. Mais les mots coûtent moins cher que les actions, et pour mettre en œuvre cette vision, Facebook pourrait bien devoir changer tout son modèle économique. On ne peut guère construire une communauté mondiale quand on gagne son argent en captant l'attention des gens pour la vendre aux annonceurs publicitaires. Malgré tout, l'empressement de Zuckerberg à formuler une telle vision mérite d'être loué. La plupart des entreprises croient devoir se concentrer sur le profit, pour elles l'État doit en faire le moins possible, et l'humanité s'en remettre aux forces du marché pour prendre les décisions vraiment importantes à leur place[6]. Dès lors, si Facebook prend réellement l'engagement idéologique de construire des communautés humaines, ceux qui craignent son pouvoir feraient mieux de ne pas le repousser dans le cocon des sociétés en criant au « Big Brother ! ». Il conviendrait plutôt de presser d'autres sociétés, institutions et États de concurrencer Facebook en prenant à leur tour des engagements idéologiques.

Bien entendu, il ne manque pas d'organisations pour déplorer l'effondrement des communautés et s'efforcer de les reconstruire. Des militantes féministes aux fondamentalistes islamiques, tout le monde s'y emploie : nous aurons l'occasion d'y revenir dans les chapitres suivants. Ce qui rend unique la manœuvre de Facebook, c'est son champ global, le soutien du monde des affaires et sa foi profonde dans la technologie. Zuckerberg paraît convaincu que la nouvelle IA de Facebook peut non seulement identifier des « communautés qui aient du sens », mais aussi « renforcer notre tissu social et rapprocher le monde ». C'est un projet autrement plus ambitieux que d'utiliser l'IA pour conduire une voiture ou diagnostiquer le cancer.

La vision de la communauté de Facebook est le premier effort explicite pour utiliser l'IA à des fins de planification centrale du génie social à l'échelle mondiale. Il s'agit donc d'un test crucial. Si l'essai réussit, probablement verrons-nous se multiplier les efforts en ce sens, et les algorithmes seront reconnus comme les nouveaux maîtres des réseaux sociaux humains. S'il échoue, cela mettra en évidence les limites des nouvelles technologies : les algorithmes peuvent être bons pour piloter des véhicules et soigner des maladies ; mais quand il s'agit de résoudre des problèmes sociaux, mieux vaudrait encore s'en remettre à des hommes politiques et à des prêtres.

EN-LIGNE CONTRE HORS-LIGNE

Ces dernières années, Facebook a connu un succès étonnant. Il compte actuellement plus de 2 milliards d'utilisateurs actifs en ligne. Pour mettre en œuvre sa nouvelle vision, cependant, il lui faudra combler le fossé qui sépare le *en-ligne* du *hors-ligne*. Une communauté peut se former à l'occasion d'une rencontre en ligne mais, pour s'épanouir réellement, elle devra aussi s'enraciner dans le monde hors ligne. Si un jour un dictateur interdit Facebook dans son pays, ou débranche complètement Internet, les communautés vont-elles s'évaporer ou se regrouper et riposter ? Vont-elles pouvoir organiser une manifestation sans communication en ligne ?

Dans son manifeste de février 2017, Zuckerberg explique que les communautés en ligne favorisent les communautés hors ligne. C'est parfois vrai. Dans bien des cas, cependant, le en-ligne prospère aux dépens du hors-ligne, et il existe une différence fondamentale entre les deux. Les communautés physiques ont une profondeur que les communautés virtuelles ne sauraient égaler, du moins dans un proche avenir. Si je tombe malade chez moi en Israël, mes amis en ligne de Californie peuvent me parler, mais pas m'apporter un bol de soupe ou une tasse de thé.

Les humains ont des corps. Au cours du siècle passé, la technologie nous a distanciés de nos corps. Nous avons perdu notre capacité de prêter attention à ce que nous sentons et goûtons. Nous sommes plutôt plongés dans nos smartphones et nos ordinateurs. Nous sommes plus intéressés par ce qui se passe dans le cyberespace que par ce qui se produit dans la rue. Il m'est plus facile que jamais de parler avec mon cousin en Suisse, mais il m'est devenu plus difficile de parler avec mon mari au petit déjeuner, parce qu'il ne cesse de regarder son smartphone plutôt que moi[7].

Jadis, les humains ne pouvaient se permettre pareille négligence. Nos ancêtres en quête de nourriture étaient toujours en alerte et attentifs. Errant dans la forêt en quête de champignons, ils scrutaient le sol à l'affût de tout renflement révélateur. Ils écoutaient le moindre bruissement de l'herbe pour deviner si un serpent y était tapi. Découvraient-ils un champignon comestible qu'ils le mangeaient avec la plus extrême attention pour le distinguer de ses cousins vénéneux. De nos jours, les membres des sociétés d'abondance n'ont pas besoin d'une telle vigilance. Nous pouvons errer dans les rayons des supermarchés en envoyant des textos, et nous avons le choix entre des milliers de plats, tous supervisés par les autorités sanitaires. Quel que soit notre choix, nous finirons sans doute par l'avaler à la hâte devant un écran en consultant nos mails ou en regardant la télévision, sans vraiment prêter attention au goût.

Selon Zuckerberg, Facebook s'engage « à continuer d'améliorer ses outils pour nous donner le pouvoir de partager notre expérience » avec d'autres[8]. Ce qu'il faudrait, pourtant, ce sont des outils permettant aux gens de se connecter à leurs propres expériences. Au nom du « partage des expériences », on encourage les gens à comprendre ce qui leur arrive en fonction de la manière dont les autres voient les choses. S'il se produit quelque chose d'excitant, l'instinct des utilisateurs de Facebook est de sortir leur smartphone, de prendre une photo, de la poster et d'attendre les « j'aime ». Pendant ce temps, c'est à peine s'ils font attention à ce qu'ils ressentent. En fait, les réactions en ligne déterminent de plus en plus ce qu'ils éprouvent.

Les gens étrangers à leur corps, à leurs sens et à leur environnement physique ont toute chance de se sentir aliénés et désorientés. Des experts imputent souvent ces sentiments d'aliénation au déclin des liens religieux et nationaux, mais ils sont probablement davantage liés à la perte de contact avec son corps. Les êtres humains ont vécu des millions d'années sans religions ni nations ; ils vivent sans doute heureux sans elles au XXIe siècle aussi. En revanche, ils ne sauraient vivre heureux s'ils sont déconnectés de leur corps. Si je ne suis pas à l'aise dans mon corps, jamais je ne me sentirai bien dans le monde.

Jusqu'ici, le modèle économique de Facebook encourageait les gens à passer de plus en plus de temps en ligne même si, de ce fait, ils avaient moins de temps et d'énergie à consacrer à leurs activités hors ligne. Facebook peut-il adopter un nouveau modèle qui encourage les gens à ne se mettre en ligne que si c'est réellement nécessaire pour faire plus attention à leur environnement physique ainsi qu'à leur corps et à leurs sens ? Que penseraient les actionnaires de ce modèle ? (Ex de Google et « tech-philosophe », Tristan Harris a dernièrement suggéré un autre modèle avec une nouvelle métrique du « temps bien utilisé[9] ».)

Les limites des relations en ligne minent aussi la solution proposée par Zuckerberg à la polarisation sociale. Il observe à juste titre que connecter les gens et les exposer à des opinions différentes ne suffira pas à combler les divisions sociales parce que « présenter aux gens un article du point de vue opposé accentue en fait la polarisation en soulignant le caractère étranger des autres perspectives ». À l'en croire, « les meilleures solutions pour améliorer le discours pourraient être d'apprendre à nous connaître les uns les autres dans notre globalité, plutôt que simplement par nos opinions. Facebook est singulièrement équipé à cette fin. Si nous connectons les gens à propos de ce qu'ils ont en commun – équipes de sport, émissions de télévision, centres d'intérêt –, il est plus facile d'ouvrir un dialogue sur les sujets de désaccord[10] ».

Il est cependant extrêmement difficile d'acquérir une vision d'ensemble de l'autre : cela demande du temps et requiert une interaction physique directe. L'*Homo sapiens* moyen, on le sait, est probablement incapable de connaître plus de cent cinquante individus. Dans l'idéal, construire des communautés ne devrait pas être un jeu à somme nulle. Les humains peuvent se sentir loyaux à différents groupes en même temps. Les relations intimes, hélas, sont probablement un jeu à somme nulle. Au-delà d'un certain point, le temps et l'énergie nécessaires pour apprendre à connaître ses amis en ligne d'Iran ou du

Nigeria seront dépensés au détriment de notre capacité à connaître nos voisins de palier.

Pour Facebook, le test crucial surviendra le jour où un ingénieur inventera un nouvel outil qui amènera les gens à passer moins de temps à acheter en ligne, et plus à des activités hors ligne et riches de sens avec des amis. Facebook adoptera-t-il cet outil ou le supprimera-t-il? Facebook fera-t-il un véritable saut de la foi pour privilégier les préoccupations sociales plutôt que les intérêts financiers? S'il le fait – et qu'il parvienne à éviter la faillite –, ce sera une transformation capitale.

Consacrer plus d'attention au monde hors ligne qu'à ses résultats trimestriels a aussi une incidence sur la politique de Facebook face à l'impôt. Comme Amazon, Google, Apple et d'autres géants de la tech, Facebook a été maintes fois accusé d'évasion fiscale[11]. Les difficultés propres à la taxation des activités en ligne font qu'il est plus facile à ces sociétés globales de se livrer à des formes de comptabilité créative de toute sorte. Si vous pensez que les gens vivent surtout en ligne, et que vous leur offrez tous les outils nécessaires à leur existence en ligne, vous pouvez vous considérer comme un service social bénéfique quand bien même vous évitez de payer des impôts aux États hors ligne. Mais dès que vous vous souvenez que les humains ont un corps, et qu'ils ont donc besoin de routes, d'hôpitaux et d'égouts, l'évasion fiscale est bien moins justifiable. Comment vanter les vertus de la communauté et refuser de soutenir financièrement les services collectifs les plus importants?

Il ne reste plus qu'à espérer que Facebook puisse changer de modèle économique, adopter une politique fiscale plus favorable au hors-ligne, aider à unir le monde… et demeurer profitable. Mais gardons-nous de nourrir des espérances irréalistes quant à sa capacité de réaliser sa vision d'une communauté globale. Historiquement, les entreprises n'ont jamais été le vecteur idéal pour conduire des révolutions sociales et politiques. Une vraie révolution exige tôt ou tard des sacrifices que les sociétés, leurs employés et leurs actionnaires ne sont pas disposés à faire. Voilà pourquoi les révolutionnaires créent des églises, des partis politiques et des armées. Dans le monde arabe, les révolutions Facebook et Twitter sont nées de communautés en ligne pleines d'espoir, mais sitôt qu'elles ont émergé dans le désordre du monde hors ligne, des religieux fanatiques et des juntes militaires les ont récupérées. Si Facebook entend être l'instigateur d'une révolution mondiale, il lui faudra réussir beaucoup mieux à combler l'écart entre le en-ligne et le hors-ligne. Comme les autres géants en ligne, il a tendance à voir dans les hommes des animaux audiovisuels : deux yeux et deux oreilles rattachés à dix doigts, un écran et une carte de crédit. Une étape décisive de l'unification de l'humanité sera de comprendre que les humains ont un corps.

Naturellement, cette prise de conscience a aussi un inconvénient. Mesurer les limites des algorithmes en ligne pourrait pousser les géants de la technologie à étendre leur champ d'action. Des appareils comme les Google Glass et des jeux comme Pokémon Go sont conçus pour effacer la distinction entre le en-ligne et le hors-ligne et les fusionner en une seule réalité augmentée. À un niveau encore plus profond, les capteurs biométriques et les interfaces directes cerveau-ordinateur visent à éroder la frontière entre machines et corps organiques pour s'insinuer littéralement sous notre peau. Dès lors que les géants de la tech auront pris acte de l'existence du corps humain, ils pourront manipuler nos corps de la même façon qu'ils manipulent nos yeux, nos doigts et nos cartes de crédit. Le bon vieux temps de la séparation en-ligne/hors-ligne pourrait bien nous manquer.

6.

Civilisation

Il n'y a qu'une seule civilisation dans le monde

Tandis que Mark Zuckerberg rêve d'unir l'humanité en ligne, des événements récents du monde hors ligne semblent donner un nouveau souffle à la thèse du « choc des civilisations ». Beaucoup d'experts, d'hommes politiques et de citoyens ordinaires pensent que la guerre civile en Syrie, l'essor de l'État islamique, la pagaille du Brexit et l'instabilité de l'Union européenne sont tous le fruit d'un choc entre la « civilisation occidentale » et la « civilisation islamique ». Les efforts des Occidentaux pour imposer la démocratie et les droits de l'homme aux pays musulmans se sont soldés par un contrecoup violent, et la vague d'immigration musulmane associée à des attentats terroristes islamiques a conduit les électeurs européens à abandonner les rêves multiculturels au profit d'identités locales xénophobes.

Suivant cette thèse, l'humanité a toujours été divisée en civilisations aux visions du monde inconciliables. Ces visions incompatibles rendent inévitables les conflits entre civilisations. De même que dans la nature les espèces luttent pour la survie suivant les lois implacables de la sélection naturelle, les civilisations se sont heurtées à maintes reprises au fil de l'histoire ; seules les plus aptes ont survécu pour le raconter. Ceux qui négligent ce fait sinistre – qu'il s'agisse des hommes politiques libéraux ou des ingénieurs qui ont la tête dans les nuages – le font à leurs risques et périls [1].

La thèse du « choc des civilisations » a des implications politiques de grande portée. Pour ses tenants, tout effort en vue de concilier « l'Occident » et « le monde musulman » est voué à l'échec. Jamais les pays musulmans n'adopteront les valeurs occidentales, et jamais les pays occidentaux ne réussiront à assimiler les minorités musulmanes. En conséquence, les États-Unis ne devraient pas admettre les migrants de Syrie et d'Irak, et l'Union européenne devrait renoncer à son sophisme multiculturel en faveur d'une identité occidentale imperturbable. À la longue, une civilisation seulement peut survivre aux tests impitoyables de la sélection naturelle. Si les bureaucrates de Bruxelles refusent de sauver l'Occident du péril islamique, la Grande-Bretagne, le Danemark ou la France feraient mieux de faire cavalier seul.

Largement partagée, cette thèse est pourtant trompeuse. Le fondamentalisme islamique incarne bel et bien un défi radical, mais la « civilisation » qu'il défie est une civilisation mondiale plutôt qu'un phénomène uniquement occidental. Ce n'est pas pour rien que l'État islamique a réussi à unir contre lui l'Iran et les États-Unis. Et malgré leurs fantaisies moyenâgeuses, même les fondamentalistes islamiques sont bien plus enracinés dans la culture globale contemporaine que dans l'Arabie du VIIe siècle. Ils s'adressent aux peurs et aux espoirs d'une jeunesse moderne aliénée plutôt qu'à ceux de paysans et de marchands du Moyen Âge. Comme Pankaj Mishra et Christopher de Bellaigue en ont fait la démonstration convaincante, les islamistes radicaux ont été influencés par Marx et Foucault autant que par Muhammad, et leur héritage est celui des anarchistes européens du XIXe siècle autant que celui des califes omeyyades et abbassides[2]. Il est donc plus juste de voir dans l'État islamique la ramification erratique d'une culture mondiale qui est notre lot commun que la branche d'un mystérieux arbre étranger.

Qui plus est, l'analogie entre histoire et biologie qui sous-tend la thèse du « choc des civilisations » est fausse. Les groupes humains – des petites tribus aux immenses civilisations – sont foncièrement diffé-rents des espèces animales, et les conflits historiques diffèrent considérablement des processus de la sélection naturelle. Les espèces animales ont des identités objectives qui persistent au fil de milliers et de milliers de générations. Que vous soyez chimpanzé ou gorille dépend de vos gènes plutôt que de vos croyances, et les gènes différents dictent des comportements sociaux distincts. Les chimpanzés vivent en groupes mixtes de mâles et de femelles. Ils se disputent le pouvoir en formant des coalitions de supporters des deux sexes. Chez les gorilles, en revanche, un seul mâle dominant instaure un harem de femelles et chasse habituellement tout mâle adulte susceptible de contester sa position. Les chimpanzés ne sauraient adopter des dispositifs sociaux pareils à ceux des gorilles ; ceux-ci ne peuvent se mettre à s'organiser comme les chimpanzés, et pour autant que nous le sachions, les systèmes sociaux des chimpanzés et des gorilles sont restés les mêmes au cours des dernières années, mais aussi depuis des centaines de milliers d'années.

On n'observe rien de tel chez les humains. Oui, les groupes humains peuvent avoir des systèmes sociaux distincts, mais ceux-ci ne sont pas déterminés génétiquement, et ils durent rarement plus de quelques siècles. Pensez aux Allemands du XXᵉ siècle. En moins d'une centaine d'années, les Allemands ont adopté six systèmes très différents : l'empire Hohenzollern, la république de Weimar, le Troisième Reich, la République démocratique allemande (l'Allemagne de l'Est communiste), la République fédérale d'Allemagne (l'Allemagne de l'Ouest) et, pour finir, l'Allemagne réunifiée. Bien entendu, les Allemands ont gardé leur langue et leur goût de la bière et des *Bratwurst* (saucisses grillées). Pour autant, existe-t-il une essence allemande unique qui les distingue de toutes les autres nations, inchangée de Guillaume II à Angela Merkel ? Et si vous l'identifiez, remonte-t-elle à mille ans, à cinq mille ans ?

Le préambule (non ratifié) de la Constitution européenne commence par déclarer que le texte tire son inspiration « des héritages culturels, religieux et humanistes de l'Europe, à partir desquels se sont déve-loppées les valeurs universelles que constituent les droits inviolables et inaliénables de la personne humaine, ainsi que la liberté, la démocratie, l'égalité et l'État de droit[3] ». Cela peut facilement donner l'impression que la civilisation européenne se définit par les valeurs des droits de l'homme, de la démocratie, de l'égalité et de la liberté. D'innombrables discours et documents tracent une ligne qui va directement de la démocratie athénienne antique à l'Union européenne actuelle pour célébrer deux mille cinq cents ans de liberté et de démocratie. Cela fait penser à l'aveugle proverbial qui, touchant la queue d'un éléphant, en conclut que cet animal est une sorte de brosse. Les idées démocratiques font partie de la culture européenne depuis des siècles, mais celle-ci ne s'est jamais résumée à eux. La démocratie athénienne était une expérience timide qui a survécu à peine deux siècles dans un petit coin des Balkans. Si la civilisation européenne des vingt-cinq derniers siècles se définit par la démocratie et les droits de l'homme, que faire de Sparte et de Jules César, des croisés et des conquistadors, de l'Inquisition et de la traite des esclaves, de Louis XIV et de Napoléon, de Hitler et de Staline ? Étaient-ils tous les intrus de quelque civilisation étrangère ?

En vérité, la civilisation européenne est tout ce que les Européens en font, de même le christianisme est tout ce que les chrétiens en font, l'islam ce que les musulmans en font, et le judaïsme ce que les juifs en font. Et ils en ont fait des choses remarquablement différentes au fil des siècles. Les groupes humains se définissent plus par les changements qu'ils traversent que par une quelconque continuité, mais ils n'en réussissent pas moins à se créer des identités anciennes par leurs talents de conteurs. Qu'importent les révolutions dont ils font l'expérience, ils sont habiles à tisser l'ancien et le nouveau en une seule longue histoire.

Même un individu peut tisser des changements personnels révolutionnaires en un récit de vie cohérent et fort : « Je suis cette personne qui après avoir été socialiste est devenue ensuite capitaliste ; je suis né en France et vis maintenant aux États-Unis ; je me suis marié et j'ai divorcé ; j'ai eu le cancer, mais je vais bien de nouveau. » De même, un groupe humain comme les Allemands peut se définir par les changements mêmes qu'il a traversés : « Nous avons été nazis autrefois, mais nous en avons tiré les leçons, et nous sommes désormais des démocrates pacifiques. » Il n'est pas nécessaire de rechercher quelque essence allemande unique qui se serait manifestée en Guillaume II, puis en Hitler et finalement en Merkel. Ces transformations radicales sont précisément ce qui définit l'identité allemande. Être allemand en 2018 signifie se colleter avec le difficile héritage du nazisme tout en défendant les valeurs libérales et démocratiques. Qui sait ce que cela signifiera en 2050 ?

Les gens refusent souvent de voir ces changements, surtout quand il s'agit du noyau dur des valeurs politiques et religieuses. Nous soulignons que nos valeurs sont un héritage précieux de nos ancêtres de l'Antiquité. Or, la seule chose qui nous permette de le dire, c'est que nos ancêtres sont morts depuis longtemps et ne sauraient parler par eux-mêmes. Prenons, par exemple, l'attitude des Juifs envers les femmes. De nos jours, les ultra-orthodoxes bannissent les images de femmes de la sphère publique. Les panneaux d'affichage et les publicités visant les Juifs ultra-orthodoxes ne représentent habituellement que des hommes et des garçons, jamais des femmes et des filles[4].

En 2011, un scandale a éclaté quand un journal ultra-orthodoxe de Brooklyn, *Di Tzeitung*, publia une photo d'officiels américains observant le raid sur la redoute d'Oussama ben Laden, mais en prenant soin d'effacer digitalement toutes les femmes, dont la secrétaire d'État Hillary Clinton. Le journal expliqua y être obligé par les « lois de la pudeur » juives[5]. Un scandale identique éclata quand le journal *HaMevaseré* élimina Angela Merkel d'une photo de la manifestation contre le massacre de *Charlie Hebdo*, de crainte que son image n'éveille des pensées lubriques dans l'esprit de lecteurs dévots. L'éditeur d'un troisième journal ultra-orthodoxe, *Hamodia*, justifia cette politique en expliquant : « Nous avons des millénaires de tradition juive derrière nous. »

L'interdit de voir des femmes n'est nulle part plus strict qu'à la synagogue. Dans les synagogues orthodoxes, les femmes sont soigneusement séparées des hommes et cantonnées dans une zone restreinte où elles sont cachées derrière un rideau en sorte qu'aucun homme ne puisse voir par accident une silhouette féminine quand il dit ses prières ou lit les Écritures. Or, si tout cela est étayé par des millénaires de tradition juive et des lois divines immuables, comment expliquer qu'en Israël, fouillant des synagogues de l'époque de la Mishnah et du Talmud, les archéologues n'aient trouvé aucun signe de séparation des sexes, mais plutôt de belles mosaïques au sol et des peintures murales avec des femmes parfois à peine vêtues ? Alors que les rabbis qui ont couché par écrit la Mishnah et le Talmud priaient et étudiaient régulièrement dans ces synagogues, les Juifs orthodoxes actuels y verraient une profanation blasphématoire de traditions antiques[6].

De semblables distorsions des traditions anciennes caractérisent toutes les religions. L'État islamique s'est vanté d'être revenu à la version originelle et pure de l'islam ; en réalité, son approche de l'islam est totalement nouvelle. Si ses adeptes citent quantité de textes vénérables, ils choisissent à leur guise les textes à citer ou à ignorer et comment les interpréter. En fait, leur bricolage dans l'interprétation des textes saints est en soi très moderne. Traditionnellement, l'interprétation était le monopole des *ulémas*, des savants qui étudiaient le droit et la théologie islamiques dans des institutions réputées comme Al-Azhar au Caire. Peu de dirigeants de l'État islamique ont de telles lettres de créance, et les *ulémas* les plus respectés ont qualifié Abu Bakr al-Baghdadi et consorts d'ignares doublés de criminels[7].

Non que l'État islamique soit étranger à l'islam, voire « anti-islamique », comme certains le prétendent. Il est particulièrement ironique de voir des dirigeants chrétiens comme Barack Obama avoir la témérité de dire à des musulmans déclarés comme Abu Bakr al-Baghdadi ce qu'être musulman veut dire[8]. La discussion enflammée sur la véritable essence de l'islam est purement et simplement absurde. L'islam n'a pas d'ADN fixe. Il est ce que les musulmans en font[9].

ALLEMANDS ET GORILLES

Il est une différence encore plus profonde qui distingue les groupes humains des espèces animales. Si les espèces se scindent souvent, jamais elles ne fusionnent. Il y a 7 millions d'années, chimpanzés et gorilles avaient des ancêtres communs. Cette espèce ancestrale unique se scinda en deux populations qui finirent par suivre des voies évolutives distinctes. Dès lors, il n'y eut plus de retour en arrière. Comme les individus appartenant à des espèces différentes ne peuvent produire ensemble des rejetons fertiles, les espèces ne fusionnent jamais. Les gorilles ne peuvent pas plus fusionner avec les chimpanzés que les girafes avec les éléphants ou les chiens avec les chats.

Les tribus humaines, en revanche, ont tendance à se fondre au fil du temps en groupes toujours plus larges. Les Allemands modernes sont nés de la fusion des Saxons, des Prussiens, des Souabes et des Bavarois, qui il n'y a pas si longtemps ne s'aimaient guère. Ayant lu *De l'origine des espèces* de Darwin, Otto von Bismarck aurait remarqué que le

Bavarois est le chaînon manquant entre l'Autrichien et l'humain[10]. Les Français sont nés de la fusion des Francs, des Normands, des Bretons, des Gascons et des Provençaux. Dans le même temps, outre-Manche, Anglais, Écossais, Gallois et Irlandais se fondaient progressivement (volontiers ou pas) pour former les Britanniques. Dans un avenir pas très lointain, Allemands, Français et Britanniques pourraient encore fusionner en Européens.

Les fusions ne durent pas toujours : les habitants de Londres, d'Édimbourg ou de Bruxelles sont bien placés pour le savoir. Le Brexit pourrait amorcer le démantèlement simultané du Royaume-Uni et de l'Union européenne. À long terme, cependant, la direction de l'histoire est claire et nette. Voici dix mille ans, l'humanité était divisée en innombrables tribus isolées. À chaque millénaire, elles ont fusionné en groupes toujours plus larges, créant des civilisations distinctes de moins en moins nombreuses. Au cours des dernières générations, les quelques civilisations restantes se sont mélangées en une seule civilisation globale. Les divisions politiques, ethniques, culturelles et économiques perdurent, elles ne minent pas l'unité fondamentale. De fait, certaines divisions ne sont possibles que par l'existence d'une structure générale commune. En économie, par exemple, la division du travail ne peut réussir que si tout le monde a accès à un marché unique. Un pays ne saurait se spécialiser dans la production de voitures ou de pétrole à moins de pouvoir acheter des vivres à d'autres pays qui cultivent du blé et du riz.

L'unification de l'humanité est un processus qui a pris deux formes distinctes : la création de liens entre groupes distincts et l'homogénéisation des pratiques d'un groupe à l'autre. Des liens peuvent se former entre groupes qui continuent de se conduire très différemment. Des liens peuvent même se former entre ennemis jurés. La guerre elle-même peut engendrer quelques-uns des liens humains les plus forts. Les historiens observent souvent que la mondialisation a atteint un premier sommet en 1913, puis a amorcé un long déclin à l'époque des guerres mondiales et de la guerre froide, pour ne reprendre qu'après 1989[11]. Sans doute est-ce vrai de la mondialisation économique. C'est pourtant faire fi de la dynamique différente mais tout aussi importante de la mondialisation militaire. La guerre répand les idées, les technologies et les hommes bien plus rapidement que le commerce. En 1918, les États-Unis étaient plus étroitement liés à l'Europe qu'en 1913 ; s'ils se sont éloignés dans l'entre-deux-guerres, leurs destins sont sortis inextricablement liés de la Seconde Guerre mondiale et de la guerre froide.

La guerre amène aussi les gens à s'intéresser bien davantage les uns aux autres. Jamais les États-Unis n'ont été en contact plus étroit avec la Russie qu'au cours de la guerre froide, quand la moindre toux dans un couloir de Moscou mettait tout le monde en émoi dans les escaliers de Washington. Les gens se soucient bien davantage de leurs ennemis que de leurs partenaires commerciaux. Pour chaque film américain sur Taïwan, il y en a probablement cinquante sur le Vietnam.

OLYMPIADES MÉDIÉVALES

À l'aube du XXIᵉ siècle, le monde est allé bien au-delà de simples liens noués entre différents groupes. Non contents d'être en contact les uns avec les autres, les gens partagent de plus en plus des croyances et des pratiques identiques. Voici un millier d'années, la planète Terre offrait un terrain fertile à des douzaines de modèles politiques différents. En Europe, on trouvait des principautés féodales rivalisant avec des cités-États indépendantes et de minuscules théocraties. Si le monde musulman avait son califat, revendiquant une souveraineté universelle, il connut aussi des royaumes, des sultanats et des émirats. Les empires chinois croyaient être l'unique entité politique légitime, tandis qu'au nord et à l'ouest des confédérations tribales se combattaient allègrement. L'Inde et l'Asie du Sud-Est contenaient un kaléidoscope de régimes, alors qu'en Amérique, en Afrique et en Australasie, les formes d'organisation allaient des infimes bandes de chasseurs-cueilleurs aux empires tentaculaires. Il ne faut pas s'étonner que même les groupes humains voisins aient eu du mal à s'entendre sur des procédures diplomatiques communes, sans parler de lois internationales. Chaque société avait son propre paradigme politique et avait du mal à comprendre et à respecter des concepts politiques étrangers.

Aujourd'hui, en revanche, un seul et même paradigme politique est partout accepté. La planète est divisée entre deux cents États souverains qui s'accordent généralement sur les mêmes protocoles diplomatiques et des lois internationales communes. La Suède, le Nigeria, la Thaïlande et le Brésil figurent tous sur nos atlas avec le même genre de formes colorées ; tous sont membres des Nations unies ; malgré des myriades de différences, tous sont reconnus comme États souverains jouissant de droits et de privilèges similaires. En vérité, ils partagent bien d'autres idées et pratiques politiques, dont au moins une croyance symbolique dans des organismes représentatifs, les partis politiques, le suffrage universel et les droits de l'homme. Il y a des parlements à Téhéran, Moscou, Le Cap et New Delhi aussi bien qu'à Londres et à Paris. Quand les Israéliens et les Palestiniens, les Russes et les Ukrainiens, les Kurdes et les Turcs se disputent les faveurs de l'opinion publique mondiale, tous emploient le même discours des droits de l'homme, de la souveraineté étatique et du droit international.

Le monde peut bien être parsemé de divers types d'« États faillis », mais il ne connaît qu'un seul paradigme de réussite étatique. La politique mondiale suit donc le principe d'Anna Karénine : tous les États qui réussissent se ressemblent, mais chaque État failli échoue à sa façon, faute de posséder tel ou tel ingrédient du « package » politique dominant. L'État islamique s'est dernièrement distingué par son rejet complet de ce package et son effort pour instaurer une entité politique d'une tout autre espèce : un califat universel. Précisément pour cette raison, cependant, il a échoué. Nombreuses sont les forces de guérilla ou organisations terroristes qui ont réussi à conquérir des pays ou à en créer de nouveaux. Mais tous l'ont fait en acceptant les principes fondamentaux de l'ordre politique mondial. Même les talibans ont cherché à être internationalement reconnus en tant que gouvernement légitime d'un pays souverain : l'Afghanistan. Jusqu'ici, aucun groupe rejetant les principes de la politique mondiale n'a acquis le moindre contrôle durable d'un territoire significatif.

Peut-être peut-on mieux mesurer la force du paradigme politique mondial en examinant non pas les questions politiques centrales de la guerre et de la diplomatie, mais un événement comme les Jeux olympiques de Rio, en 2016. Réfléchissez un instant à l'organisation des Jeux. Les 11 000 athlètes étaient regroupés en délégations par nationalité plutôt que par religion, classe ou langue. Pas de délégation bouddhiste, prolétarienne ou anglophone. Hormis dans une poignée de cas – notamment Taïwan et la Palestine –, rien n'était plus simple que de déterminer la nationalité des athlètes.

Le 5 août 2016, à la cérémonie d'ouverture, les athlètes défilèrent par groupes, chacun sous ses couleurs nationales. À chaque médaille d'or de Michael Phelps, on hissa le drapeau américain en jouant *La Bannière étoilée*. Quand Émilie Andéol remporta la médaille d'or en judo, on hissa le drapeau tricolore en jouant *La Marseillaise*.

Assez commodément, chaque pays possède un hymne qui se conforme au même modèle universel. Presque tous les hymnes sont des pièces pour orchestre de quelques minutes, plutôt qu'un chant de vingt minutes que seule peut chanter une caste spéciale de prêtres héréditaires. Même des pays tels que l'Arabie saoudite, le Pakistan et le Congo ont adopté à cet égard des conventions musicales occidentales. La plupart ressemblent vaguement à une composition d'un Beethoven en panne d'inspiration. (À l'occasion d'une soirée entre amis, passez les divers hymnes sur YouTube et essayez de deviner les pays.) Même les paroles sont presque identiques à travers le monde, indiquant des conceptions communes en matière de politique et de loyauté envers le groupe. Par exemple, à quelle nation appartient l'hymne suivant ? (J'ai simplement remplacé le nom du pays par un titre générique, « Mon pays ».)

Mon pays, mon pays natal,
La terre où j'ai versé mon sang,
C'est là que je me tiens,
Pour garder ma patrie.
Mon pays, ma nation,
Mon peuple et mon pays natal,
Proclamons :
« Mon pays uni ! »
Vive ma terre, vive mon État,
Ma nation, mon pays natal, dans sa totalité.

Que mon âme se fortifie, que mon corps s'éveille
Pour mon grand pays !
Mon grand pays, indépendant et libre
Mon foyer et mon pays que j'aime.
Mon grand pays, indépendant et libre,
Vive mon grand pays !

Réponse : l'Indonésie. Mais auriez-vous été surpris si je vous avais répondu la Pologne, le Nigeria ou le Brésil ?

On retrouve la même morne conformité dans les drapeaux. À l'exception d'un seul, tous sont des morceaux de tissu rectangulaires marqués par un répertoire extrêmement limité de couleurs, de bandes et de formes géométriques. Le Népal se distingue avec un drapeau formé de deux triangles. (Mais il n'a jamais gagné de médaille olympique.) Le drapeau indonésien consiste en une bande rouge au-dessus d'une bande blanche ; celui de la Pologne, en une bande blanche au-dessus d'une bande rouge. Monaco a le même drapeau que l'Indonésie. Un daltonien aurait du mal à faire la différence entre les drapeaux de la Belgique, du Tchad, de la Côte-d'Ivoire, de la France, de la Guinée, de l'Irlande, de l'Italie, du Mali et de la Roumanie. Tous ont trois bandes verticales de diverses couleurs.

Certains de ces pays se sont combattus dans des guerres farouches. Au cours du tumultueux XXe siècle, cependant, les Jeux n'ont été annulés que trois fois pour cause de guerre (en 1916, 1940 et 1944). En 1980, les États-Unis et certains de leurs alliés boycottèrent les Jeux olympiques de Moscou ; en 1984, le bloc soviétique boycotta les Jeux de Los Angeles ; et à plusieurs reprises les Jeux olympiques se retrouvèrent au centre d'une tempête politique (notamment en 1936, quand sous le régime nazi Berlin accueillit les Jeux, et en 1972, quand des terroristes palestiniens massacrèrent la délégation israélienne aux Jeux olympiques de Munich). Dans l'ensemble, pourtant, les controverses politiques n'ont pas fait dérailler le projet olympique.

Revenons maintenant mille ans en arrière. Imaginez que vous vouliez organiser des Olympiades à Rio en 1016. Oubliez un instant que Rio était alors un petit village d'Indiens Tupi[12], et que les Asiatiques, les Africains et les Européens ne connaissaient pas même l'existence de l'Amérique. Oubliez les problèmes logistiques qu'aurait posés le transport des meilleurs athlètes du monde à Rio en l'absence d'avions. Oubliez aussi que peu de sports étaient partagés à travers le monde et que, même si tous les humains savaient courir, tout le monde ne s'entendait pas sur les règles de la course. Demandez-vous simplement comment regrouper les délégations rivales. De nos jours, le Comité olympique international passe des heures et des heures à discuter de la question de Taïwan et de celle de la Palestine. Multipliez ce nombre par dix mille et vous aurez une estimation du nombre d'heures qu'il faudrait consacrer à la politique des Olympiades médiévales.

Pour commencer, en 1016 l'Empire chinois des Song ne reconnaissait aucune entité politique de la terre comme son égale. Donner à sa délégation olympique le même statut qu'aux délégations du royaume coréen de Koryŏ ou du royaume vietnamien de Dai Co Viet, sans parler des délégations des barbares primitifs d'outre-mer, eût été une humiliation impensable.

Le calife de Bagdad revendiquait lui aussi une hégémonie universelle, et la plupart des musulmans sunnites reconnaissaient en lui leur chef suprême. En termes pratiques cependant, c'est à peine si le calife régnait sur sa ville. Dès lors, tous les athlètes sunnites feraient-ils partie d'une seule délégation du califat ou seraient-ils séparés en plusieurs douzaines de délégations des émirats et sultanats du monde sunnite ? Mais pourquoi s'arrêter aux émirats ou aux sultanats ? Le désert d'Arabie grouillait de tribus de Bédouins libres, qui ne reconnaissaient d'autres seigneurs qu'Allah. Chacune d'elles serait-elle autorisée à envoyer une délégation indépendante dans les compétitions de tir à l'arc ou de course de chameaux ? L'Europe ne vous donnerait pas moins de migraines comparables. Un athlète de la ville normande d'Ivry concourrait-il sous la bannière du comte d'Ivry, de son seigneur duc de Normandie ou du faible roi de France ?

Nombre de ces entités politiques apparaissaient et disparaissaient en l'espace de quelques années. Alors que vous vous prépariez aux Olympiades de 1016, vous n'aviez aucune idée des délégations qui se présenteraient, parce que personne ne pouvait savoir avec certitude quelles entités politiques existeraient encore l'année suivante. Si le royaume d'Angleterre avait envoyé une délégation aux Jeux de 1016, les médaillés eussent découvert à leur retour que les Danois venaient de prendre Londres et que l'Angleterre avait été absorbée dans l'empire de la mer du Nord du roi Knut le Grand avec le Danemark, la Norvège et des parties de la Suède. Vingt ans plus tard, cet empire se désintégrait mais trente ans après l'Angleterre était à nouveau conquise, cette fois par le duc de Normandie.

Il va sans dire que l'immense majorité de ces entités politiques éphémères n'avaient ni hymne à jouer ni drapeau à hisser. Les symboles politiques étaient bien entendu d'une grande importance, mais le langage symbolique de la politique européenne était très différent des langages symboliques de la politique indonésienne, chinoise ou tupi. S'entendre sur un protocole commun pour marquer la victoire eût été quasiment impossible.

Quand vous regarderez les Jeux olympiques de Tokyo en 2020, souvenez-vous que cette compétition apparente entre nations représente un accord étonnamment global. Malgré la fierté nationale que ressentent les spectateurs quand leur délégation gagne une médaille d'or et que l'on hisse leur drapeau, on a bien plus de raisons d'être fier que l'humanité soit capable d'organiser un tel événement.

Un dollar pour les gouverner tous

Dans les temps prémodernes, les hommes ont expérimenté non seulement toute sorte de régimes politiques, mais aussi une diversité ahurissante de modèles économiques. Les boïars russes, les maharajas hindous, les mandarins chinois et les chefs de tribus amérindiennes avaient tous des idées très différentes sur l'argent, le commerce, l'impôt et l'emploi. De nos jours, en revanche, tout le monde ou presque croit à des variations légèrement différentes sur le même thème capitaliste, et nous sommes tous les rouages d'une seule et même chaîne de production mondiale. Que vous viviez au Congo ou en Mongolie, en Nouvelle-Zélande ou en Bolivie, vos routines quotidiennes et vos fortunes économiques dépendent des mêmes théories économiques, des mêmes banques ou sociétés, et des mêmes flux de capitaux. Si les ministres des Finances d'Israël et de l'Iran devaient se rencontrer à déjeuner, ils auraient un langage économique commun et pourraient aisément se comprendre et compatir à leurs malheurs respectifs.

Quand l'État islamique a conquis de vastes parties de la Syrie et de l'Irak, il a tué des dizaines de milliers de gens, démoli des sites archéologiques, renversé des statues et systématiquement détruit les symboles des régimes antérieurs et de l'influence culturelle occidentale[13]. Mais quand ses combattants sont entrés dans les banques locales et y ont trouvé des stocks de dollars américains ornés des visages des présidents américains et de slogans en anglais louant les idéaux politiques et religieux des États-Unis, ils n'ont pas brûlé ces symboles de l'impérialisme américain. Car le billet vert inspire une vénération universelle par-delà les fractures politiques et religieuses. Bien que le billet n'ait aucune valeur intrinsèque – il ne se mange ni ne se boit –, la confiance dans le dollar et la sagesse de la Réserve fédérale est si solide qu'elle est même partagée par les fondamentalistes islamiques, les seigneurs de la drogue mexicains et les tyrans nord-coréens.

L'homogénéité de l'humanité contemporaine n'est pourtant nulle part plus évidente que dans notre vision du monde naturel et du corps humain. Si vous tombiez malade voici un millier d'années, l'endroit où vous viviez était de la plus haute importance. En Europe, le prêtre résident vous expliquait probablement que vous aviez mis Dieu en colère et que pour recouvrer la santé vous deviez faire une offrande à l'Église, accomplir un pèlerinage sur un lieu saint et implorer avec ferveur le pardon de Dieu. Inversement, la sorcière du village pouvait expliquer qu'un démon avait pris possession de vous et se proposer de le chasser par des incantations, une danse et le sang d'un coquelet noir.

Au Moyen-Orient, les médecins formés aux traditions classiques expliquaient votre état par un déséquilibre entre les quatre humeurs de votre corps et suggéraient de rétablir l'harmonie par un régime approprié et des potions nauséabondes. En Inde, les experts ayur-védiques y allaient de leurs théories sur l'équilibre entre les trois éléments corporels connus sous le nom de *doshas*, et recommandaient un traitement à base d'herbes, de massages et de postures de yoga. Les médecins chinois, les chamans sibériens, les guérisseurs africains et les hommes-médecines amérindiens – chaque empire, chaque royaume, chaque tribu avait ses traditions, ses experts, chacun adhérant à une vision différente du corps humain et de la nature de la maladie, et chacune offrant sa corne d'abondance de rituels, de concoctions et de remèdes. Certains marchaient étonnamment bien, d'autres étaient quasiment une condamnation à mort. Une seule chose unissait les pratiques médicales européennes, chinoises, africaines et américaines : partout, au moins un tiers des enfants mouraient avant d'atteindre l'âge adulte, et l'espérance de vie moyenne était très en deçà de cinquante ans[14].

De nos jours, si vous tombez malade, où vous habitez ne change pas grand-chose. À Toronto, Tokyo, Téhéran ou Tel-Aviv, vous serez conduit dans des hôpitaux qui se ressemblent tous, où vous serez reçu par des médecins en blouse blanche qui ont assimilé les mêmes théories scientifiques dans les mêmes facultés de médecine. Ils suivront des protocoles identiques et recourront aux mêmes tests pour aboutir à des diagnostics très voisins. Ils prescriront alors les mêmes médicaments des mêmes compagnies pharmaceutiques internationales. Il existe encore de petites différences culturelles, mais les médecins canadiens, japonais, iraniens et israéliens partagent largement les mêmes vues sur le corps humain et ses maladies. Quand l'État islamique s'empara de Raqqa et de Mossoul, il ne détruisit pas les hôpitaux locaux mais lança un appel aux infirmières et médecins musulmans du monde entier[15]. Vraisemblablement, même eux croient que le corps est composé de cellules, que les maladies sont causées par des agents pathogènes, et que les antibiotiques tuent les bactéries.

Et de quoi ces cellules et ces bactéries sont-elles faites ? De quoi est fait le monde ? Voici un millénaire, chaque culture avait son récit concernant l'univers et les ingrédients fondamentaux de la soupe cosmique. De nos jours, les gens instruits à travers le monde croient exactement les mêmes choses sur la matière, l'énergie, le temps et l'espace. Prenons l'exemple des programmes nucléaires iranien et nord-coréen. Tout le problème est que les Iraniens et les Nord-Coréens ont exactement la même conception de la physique que les Israéliens et les Américains. Si les Iraniens et les Nord-Coréens pensaient que $E = MC^4$, Israël et les États-Unis se soucieraient comme d'une guigne de leurs programmes nucléaires.

Nous avons encore des religions et des identités nationales différentes, mais quand il s'agit de choses pratiques – comment construire un État, une économie, un hôpital, une bombe –, nous appartenons presque tous à la même civilisation. Sans doute y a-t-il des désaccords, mais toutes les civilisations ont leurs conflits internes. De fait, ce sont ces conflits qui les définissent. Quand ils essaient de définir leur identité, les gens dressent souvent une liste de traits communs. C'est une erreur. Ils s'en tireraient beaucoup mieux en établissant une liste des conflits et dilemmes communs. En 1618, par exemple, l'Europe n'avait pas une seule identité religieuse, mais se définissait par ses conflits religieux. Être européen en 1618 signifiait être obsédé par d'infimes différences doctrinales entre catholiques et protestants ou entre calvinistes et luthériens, et être prêt à tuer ou à être tué en raison de ces différences. Pour se désintéresser de ces conflits en 1618, il fallait être turc ou hindou, certainement pas européen.

De même, en 1940, Grande-Bretagne et Allemagne avaient des valeurs politiques très différentes mais toutes deux faisaient partie intégrante de la « civilisation européenne ». Hitler n'était pas moins européen que Churchill. Le conflit même qui les opposait définissait ce que signifiait être européen à ce tournant de l'histoire. En 1940, en revanche, un chasseur-cueilleur !Kung n'était pas européen parce que le déchirement intérieur de l'Europe en matière de race et d'empire n'aurait pas eu grand sens pour lui.

Les gens que nous combattons le plus sont souvent les membres de notre famille. L'identité se définit par des conflits et des dilemmes plus que par des accords. Que signifie être européen en 2018 ? Non pas avoir la peau blanche, croire en Jésus-Christ ou défendre la liberté. C'est plutôt débattre avec véhémence de l'immigration, de l'Union européenne et des limites du capitalisme. C'est aussi se demander jusqu'à l'obsession « Qu'est-ce qui définit mon identité ? » et s'inquiéter d'une population vieillissante, du consumérisme effréné et du réchauffement climatique. Dans leurs conflits et dilemmes, les Européens du XXIe siècle sont différents de leurs ancêtres de 1618 et 1940, mais de plus en plus proches de leurs partenaires commerciaux chinois et indiens.

Les changements qui nous attendent dans le futur, quels qu'ils soient, sont susceptibles d'impliquer un combat entre frères au sein d'une même civilisation plutôt qu'un choc entre civilisations étrangères. Les grands défis du XXIᵉ siècle seront de nature globale. Qu'arrivera-t-il quand le changement climatique déclenchera des catastrophes écologiques ? Que se produira-t-il quand les ordinateurs surpasseront les hommes dans un nombre toujours plus grand de tâches et les remplaceront dans un nombre croissant d'emplois ? Qu'adviendra-t-il quand la biotechnologie nous permettra d'améliorer les humains et de prolonger la durée de vie ? Ces questions susciteront sans nul doute de grandes disputes et des conflits acharnés. Mais il y a peu de chances que ces disputes et conflits nous isolent les uns des autres. Au contraire. Ils nous rendront plus interdépendants. Bien que l'humanité soit fort loin de constituer une communauté harmonieuse, nous sommes tous membres d'une seule civilisation mondiale bagarreuse.

Mais alors, comment expliquer la vague nationaliste qui balaie une bonne partie du monde ? Peut-être dans notre enthousiasme pour la mondialisation avons-nous été trop prompts à rejeter les bonnes vieilles nations ? Un retour au nationalisme traditionnel pourrait-il être la solution à nos crises mondiales désespérées ? Si la mondialisation charrie tant de problèmes, pourquoi ne pas l'abandonner purement et simplement ?

7.

Nationalisme

*Les problèmes mondiaux
appellent des réponses mondiales*

Puisque l'humanité tout entière constitue désormais une seule et même civilisation, où tous partagent opportunités et défis communs, pourquoi les Britanniques, les Américains, les Russes et de nombreux autres groupes se replient-ils sur un isolement nationaliste ? Le retour au nationalisme offre-t-il de vraies solutions aux problèmes sans précédent de notre monde globalisé, ou s'agit-il d'une forme de dérobade complaisante qui pourrait vouer l'humanité et toute la biosphère à la catastrophe ?

Pour répondre à cette question, il nous faut d'abord dissiper un mythe largement répandu. Contrairement à des idées reçues, le nationalisme n'est pas un élément naturel et éternel de la psyché humaine ; il ne s'enracine pas dans la biologie. Certes, les hommes sont de part en part des animaux sociaux, et la loyauté envers le groupe est imprimée dans les gènes. Depuis des centaines de milliers d'années, cependant, *Homo sapiens* et ses ancêtres hominidés vivent au sein de petites communautés intimes ne comptant pas plus de quelques douzaines de personnes. Les hommes acquièrent aisément une loyauté envers de petits groupes intimes – tribu, compagnie d'infanterie, entreprise familiale –, mais il ne leur est guère naturel d'être loyaux envers des millions de parfaits inconnus. Ces loyautés de masse ne sont apparues qu'au cours des derniers millénaires – hier matin, en termes d'évolution – et requièrent d'immenses efforts de construction sociale.

Les hommes se sont donné la peine de construire des collectivités nationales parce qu'ils se trouvèrent confrontés à des défis qu'aucune tribu isolée ne pouvait relever. Prenons l'exemple des tribus qui vivaient le long du Nil voici des milliers d'années. Le fleuve était leur élément vital. Il arrosait les champs et facilitait le commerce. Mais c'était un allié imprévisible. Trop peu de pluie, et les gens mouraient de faim ; trop, et le fleuve en crue sortait de son lit et détruisait des villages entiers. Aucune tribu seule ne pouvait résoudre ce problème, parce que chacune ne commandait qu'une petite section du fleuve et ne pouvait mobiliser plus de quelques centaines d'ouvriers. Seul un effort commun pour construire d'immenses barrages et creuser des canaux sur des centaines de kilomètres pouvait espérer contenir et domestiquer le fleuve puissant. C'est une des raisons pour lesquelles les tribus finirent par se fondre en une seule nation qui avait le pouvoir de construire des barrages et des canaux, de réguler le débit du fleuve, de constituer des réserves de céréales pour les années maigres et de mettre en place un réseau général de transports et de communication.

Malgré ces avantages, la transformation des tribus et des clans en une seule nation n'a jamais été facile, pas plus dans l'Antiquité que de nos jours. Pour mesurer à quel point il est difficile de s'identifier à une nation, il suffit de se demander : « Est-ce que je connais ces gens ? » Je connais le nom de mes deux sœurs et de mes onze cousins, je peux passer la journée à parler de leurs personnalités, de leurs manies et de leurs relations. J'ignore le nom des 8 millions d'habitants qui partagent ma citoyenneté israélienne ; pour la plupart, je ne les ai jamais rencontrés et mes chances de les rencontrer à l'avenir sont très minces. Ma capacité d'éprouver néanmoins de la loyauté envers cette masse nébuleuse n'est pas un héritage de mes ancêtres chasseurs-cueilleurs, mais un miracle de l'histoire récente. Un biologiste martien qui ne connaîtrait que l'anatomie et l'évolution de l'*Homo sapiens* ne pourrait deviner que ces singes sont capables de développer des liens communautaires avec des millions d'inconnus. Pour me convaincre d'être loyal envers « Israël » et ses 8 millions d'habitants, le mouvement sioniste et l'État israélien ont dû créer un appareil éducatif géant, sans oublier la propagande et les drapeaux à agiter, ainsi que des systèmes nationaux de sécurité, de santé et de protection sociale.

Non qu'il y ait quoi que ce soit à redire aux liens nationaux. Les systèmes immenses ne sauraient fonctionner sans loyautés de masse, et élargir le cercle de l'empathie humaine a certainement des mérites. Les formes plus tempérées de patriotisme comptent parmi les créations humaines les plus bienfaisantes. Croire que ma nation est unique, qu'elle mérite mon allégeance et que j'ai des obligations spéciales envers ses membres me pousse à me soucier des autres et à faire des sacrifices dans leur intérêt. Imaginer que sans le nationalisme nous vivrions tous dans un paradis libéral serait une dangereuse erreur. Plus probablement serions-nous plongés dans un chaos tribal. Les pays pacifiques, prospères et libéraux comme la Suède, l'Allemagne et la Suisse se distinguent tous par un nationalisme prononcé. L'Afghanistan, la Somalie, le Congo et la plupart des autres États faillis figurent tous sur la liste des pays qui manquent de solides liens nationaux[1].

Le problème survient quand le patriotisme bienveillant se transforme en ultranationalisme chauvin. Au lieu de croire que ma nation est unique – ce qui est vrai de toutes les nations –, je pourrais commencer à me dire que ma nation est suprême, que je lui dois toute ma loyauté et que je n'ai d'obligation significative envers personne d'autre. C'est un terrain fertile pour des conflits violents. Depuis des générations, la critique la plus fondamentale du nationalisme est qu'il mène à la guerre. Pourtant, le lien entre nationalisme et violence n'a guère tempéré les excès nationalistes, d'autant que chaque nation a justifié son expansion militaire par la nécessité de se protéger des machinations des pays voisins. Tant que la nation offrait à la plupart de ses citoyens des niveaux sans précédent de sécurité et de prospérité, ils étaient prêts à en payer le prix de leur sang. Au XIXᵉ et au début du XXᵉ siècle, le contrat nationaliste semblait très alléchant. Même si le nationalisme conduisait à d'horribles conflits d'une ampleur inédite, les États-nations modernes édifièrent aussi des systèmes massifs de santé, d'éducation et de protection sociale. Les services nationaux de santé donnent l'impression que Passchendaele et Verdun en valaient la peine.

Tout a changé en 1945. L'invention des armes nucléaires a bouleversé l'équilibre du contrat nationaliste. Après Hiroshima, les gens ont cessé de craindre que le nationalisme débouche sur une simple guerre : ils se sont mis à craindre qu'il ne mène à une guerre *nucléaire*. La perspective d'un anéantissement total a le don d'aiguiser l'esprit. Largement du fait de la bombe atomique, l'impossible s'est produit, et le génie nationaliste est resté coincé au milieu de son flacon. De même que, dans l'Antiquité, les villageois du bassin du Nil redirigèrent partiellement leur loyauté des clans locaux vers un royaume bien plus vaste capable de contenir le fleuve dangereux, à l'ère nucléaire une communauté mondiale s'est peu à peu développée au-dessus des nations parce qu'elle seule pouvait contenir le démon nucléaire.

Lors de la campagne présidentielle américaine de 1964, Lyndon B. Johnson diffusa la fameuse publicité « Daisy », l'une des opérations de propagande les plus réussies des annales de la télévision. On voit une petite fille qui arrache en les comptant les pétales d'une marguerite. Quand elle arrive à dix, une voix mâle et métallique prend la relève et commence le compte à rebours de dix jusqu'à zéro, comme pour le lancement d'un missile. Quand il arrive à zéro, le flash aveuglant d'une explosion nucléaire emplit l'écran. Le candidat Johnson s'adresse alors à la population américaine : « Voici les enjeux. Construire un monde dans lequel tous les enfants de Dieu puissent vivre, ou sombrer dans les ténèbres. Nous devons nous aimer les uns les autres ou mourir[2]. » Nous avons tendance à associer le slogan « Faites l'amour, pas la guerre » à la contre-culture de la fin des années 1960 alors qu'il avait cours dès 1964 jusque parmi les politiciens à la carapace dure comme Johnson.

De ce fait, durant la guerre froide, le nationalisme a cédé le pas à une approche plus globale de la politique internationale, puis, à la fin de cette période, il a semblé que la mondialisation fût la vague irrésistible du futur. On s'est pris à espérer que l'humanité délaisserait totalement la politique nationaliste telle une relique de temps primitifs qui peut séduire tout au plus les habitants mal informés de quelques pays sous-développés. Les événements des dernières années ont cependant prouvé que le nationalisme garde une forte emprise sur les citoyens de l'Europe et des États-Unis, pour ne rien dire de la Russie, de l'Inde et de la Chine. Aliénée par les forces impersonnelles du capitalisme mondial et craignant pour l'avenir des systèmes nationaux de santé, d'éducation et de protection sociale, la population du monde entier cherche sens et assurances dans le giron de la nation.

La question posée par Johnson dans la publicité « Daisy » est plus pertinente encore aujourd'hui qu'elle ne l'était en 1964. Allons-nous construire un monde dans lequel tous les hommes puissent vivre ensemble ou allons-nous nous enfoncer dans les ténèbres ? Donald Trump, Theresa May, Vladimir Poutine, Narendra Modi et leurs collègues sauvent-ils le monde en attisant nos sentiments nationaux, ou la vague nationaliste actuelle est-elle une manière de fuir les problèmes globaux irréductibles auxquels nous sommes confrontés ?

LE DÉFI NUCLÉAIRE

Commençons par la némésis familière de l'espèce humaine : la guerre nucléaire. En 1964, deux ans après la crise des missiles de Cuba, quand fut diffusée cette publicité « Daisy », la menace d'un anéantissement nucléaire était tangible. Experts et profanes redoutaient pareillement que l'humanité n'eût pas la sagesse nécessaire pour éviter la destruction et que l'embrasement de la guerre froide ne fût qu'une affaire de temps. En fait, l'humanité a réussi à relever le défi nucléaire. Américains, Soviétiques, Européens et Chinois ont changé la façon dont on pratiquait la géopolitique depuis des millénaires si bien que la guerre froide a peu fait couler le sang et qu'un nouvel ordre mondial internationaliste a favorisé une période de paix sans précédent. Non seulement la guerre nucléaire a été évitée, mais les guerres de toute sorte ont décliné. Depuis 1945, étonnamment peu de frontières ont été redessinées par une agression ouverte, et la plupart des pays ont cessé de recourir à la guerre comme à un outil politique standard. En 2016, malgré les guerres en Syrie, en Ukraine et dans divers autres points chauds, les violences humaines ont fait moins de morts que l'obésité, les accidents de voiture ou le suicide[3]. Ce pourrait bien être le plus grand acquis politique et moral de notre temps.

Malheureusement, nous nous y sommes si bien habitués que nous le tenons pour acquis. C'est en partie pour cela que des gens se laissent aller à jouer avec le feu. La Russie et les États-Unis se sont dernièrement lancés dans une nouvelle course aux armements nucléaires, mettant au point de nouvelles machines d'apocalypse qui menacent de ruiner les gains chèrement acquis des dernières décennies et de nous ramener au bord de l'anéantissement nucléaire[4]. Dans le même temps, l'opinion a appris à cesser de s'en inquiéter, voire à aimer la bombe (ainsi que le suggère *Docteur Folamour*), ou en a tout simplement oublié l'existence.

Ainsi en Grande-Bretagne – grande puissance nucléaire – le débat sur le Brexit a-t-il essentiellement tourné autour de questions d'économie et d'immigration, alors qu'il a largement été fait abstraction de la contribution vitale de l'Union européenne à la paix en Europe et dans le monde. Après des siècles de terrible bain de sang, Français, Allemands, Italiens et Britanniques avaient réussi à mettre en place un mécanisme assurant l'harmonie continentale à seule fin de voir aujourd'hui les Britanniques mettre des bâtons dans les roues de la machine miracle.

Il a été extrêmement difficile de construire le régime internationaliste qui a empêché la guerre nucléaire et a préservé la paix mondiale. Sans doute nous faut-il adapter ce régime aux évolutions du monde, par exemple en nous appuyant moins sur les États-Unis et en donnant un rôle accru aux puissances non occidentales telles que la Chine et l'Inde[5]. Mais abandonner complètement ce régime pour revenir à la politique nationaliste des puissances serait un pari irresponsable. Certes, au XIXᵉ siècle, les pays jouèrent le jeu nationaliste sans détruire la civilisation humaine. Mais c'était avant Hiroshima. Depuis lors, les armes nucléaires ont fait monter les enjeux et changé la nature fondamentale de la guerre et de la politique. Tant que les humains sauront enrichir l'uranium et le plutonium, leur survie exigera qu'ils privilégient la prévention de la guerre nucléaire sur les intérêts d'une nation particulière. Les fervents nationalistes qui crient « Notre pays d'abord ! » devraient se demander si leur pays livré à lui-même, sans un robuste système de coopération internationale, peut protéger le monde, ou se protéger, de la destruction nucléaire.

Le défi écologique

En plus de la guerre nucléaire, l'humanité va affronter dans les prochaines décennies une nouvelle menace existentielle, qui apparaissait à peine sur les radars politiques de 1964 : l'effondrement écologique. Les hommes déstabilisent la biosphère globale sur de multiples fronts. Nous prélevons toujours plus de ressources dans l'environnement, tout en rejetant d'énormes quantités de déchets et de poisons, modifiant ainsi la composition du sol, de l'eau et de l'atmosphère.

C'est à peine si nous avons conscience des multiples façons dont nous perturbons le délicat équilibre écologique qui s'est installé au fil de millions d'années. Prenons l'exemple du phosphore utilisé comme engrais. À petite dose, c'est un nutriment essentiel pour la croissance des plantes. À haute dose, il devient toxique. L'agriculture industrielle moderne repose sur la fertilisation artificielle des champs avec quantité de phosphore, mais les rejets riches en phosphore des fermes empoisonnent ensuite les rivières, les lacs et les océans avec un effet dévastateur sur la vie marine. Un cultivateur de maïs dans l'Iowa pourrait bien tuer sans le vouloir les poissons du golfe du Mexique.

Du fait de ces activités, les habitats sont dégradés, les animaux et les plantes s'éteignent, des écosystèmes entiers comme la Grande Barrière de corail, en Australie, ou la forêt tropicale amazonienne pourraient être détruits. Depuis des millénaires *Homo sapiens* se conduit en *serial killer* écologique ; le voici qui se conduit en meurtrier de masse écologique. Si nous persistons sur cette voie, non seulement nous anéantirons un fort pourcentage de toutes les formes de vie, mais cela pourrait aussi miner les fondements de la civilisation humaine[6].

La plus grande menace est de loin la perspective du changement climatique. Les hommes sont dans les parages depuis des centaines de milliers d'années. Ils ont survécu à de nombreux épisodes glaciaires ou périodes de réchauffement. En revanche, l'agriculture, les villes et les sociétés complexes n'ont pas plus de dix mille ans. Au cours de cette période, connue comme l'Holocène, le climat de la Terre a été relativement stable. Toute déviation par rapport aux normes de l'Holocène lancera aux sociétés humaines d'énormes défis qu'elles n'ont encore jamais affrontés. Comme si l'on menait une expérience illimitée sur des milliards de cobayes humains. Même si la civilisation finit par s'adapter aux nouvelles conditions, qui sait combien de victimes pourraient périr au cours de l'adaptation.

Cette expérience terrifiante est déjà engagée. À la différence de la guerre nucléaire – qui est un futur potentiel – le changement climatique est une réalité présente. Un consensus scientifique existe sur le fait que les activités humaines, en particulier l'émission de gaz à effet de serre comme le dioxyde de carbone, changent le climat de la Terre à un rythme effrayant[7]. Personne ne sait exactement combien de dioxyde de carbone nous pouvons continuer de rejeter dans l'atmosphère sans déclencher un cataclysme irréversible. Les meilleures estimations scientifiques suggèrent cependant, que sauf à réduire spectaculairement l'émission de gaz à effet de serre au cours des vingt prochaines années, les températures mondiales moyennes augmenteront de plus de 2° C[8], se traduisant par l'extension des déserts, la fonte des calottes glaciaires, la montée du niveau des océans et une plus forte fréquence des événements météorologiques extrêmes comme les ouragans et les typhons. Ces changements perturberont à leur tour la production agricole, inonderont les villes, rendront inhabitable une bonne partie du monde et pousseront des centaines de millions de réfugiés à partir en quête de nouveaux foyers[9].

De plus, nous approchons rapidement d'un certain nombre de points de basculement, au-delà desquels même une chute spectaculaire des émissions de gaz à effet de serre ne suffira pas à inverser la tendance et à éviter une tragédie mondiale. Par exemple, alors que le réchauffement global fait fondre les nappes de glace polaires, la planète Terre réfléchit moins la lumière du soleil vers le cosmos. Autrement dit, la planète absorbe plus de chaleur, les températures ne cessent d'augmenter et la fonte des glaces est toujours plus rapide. Du jour où cette boucle de rétroaction aura franchi un seuil critique, elle prendra un élan irrésistible, et toute la glace des pôles fondra même si les hommes cessent de brûler du charbon, du pétrole et du gaz. Il ne suffit donc pas de prendre conscience du danger. Il est décisif d'agir dès *maintenant*.

En 2018, hélas, loin de diminuer, les émissions de gaz à effet de serre continuent d'augmenter. Il reste fort peu de temps à l'humanité pour se sevrer des carburants fossiles. Nous avons besoin dès aujourd'hui de nous désintoxiquer. Non pas l'année prochaine ni le mois prochain, mais aujourd'hui : « Hello, c'est moi *Homo sapiens*, je suis accro aux carburants fossiles. »

Où situer le nationalisme dans ce tableau alarmant ? Existe-t-il une réponse nationaliste à la menace écologique ? Une nation, si puissante

soit-elle, peut-elle arrêter toute seule le réchauffement de la planète ?
Les différents pays peuvent certainement adopter toute sorte de
politiques vertes, dont beaucoup ont du sens d'un point de vue tant
économique qu'environnemental. Les États peuvent taxer les émissions
de carbone, ajouter le coût des externalités au prix du pétrole et du gaz,
adopter des règles plus contraignantes en matière d'environnement,
réduire les subventions aux industries polluantes et donner des
incitations au passage aux énergies renouvelables. Ils peuvent aussi
investir davantage dans la recherche-développement au profit de
technologies révolutionnaires respectueuses de l'environnement dans
une sorte de Projet Manhattan écologique. Il faut remercier le moteur à
combustion interne de nombreux progrès accomplis au cours des cent
cinquante dernières années, mais si nous voulons garder un
environnement physique et économique stable, il faut maintenant lui
dire adieu pour lui substituer de nouvelles technologies qui ne brûlent
pas de carburants fossiles [10].

Des percées technologiques peuvent être utiles dans bien d'autres
domaines que l'énergie. Arrêtons-nous, par exemple, sur le potentiel du
développement de la « viande propre ». Pour l'heure, l'industrie de la
viande n'inflige pas seulement des souffrances inouïes à des millions d'êtres
sensibles. Elle est aussi une des principales causes du réchauffement
climatique, un des grands consommateurs d'antibiotiques et de poison et
un des premiers pollueurs de l'air, de la terre et de l'eau. Selon un rapport
de 2013 de l'Institution of Mechanical Engineers, il faut environ
15 000 litres d'eau fraîche pour produire un kilo de bœuf, contre 287 pour
produire un kilo de pommes de terre [11].

La pression sur l'environnement est susceptible d'empirer alors que
la prospérité croissante de pays comme la Chine et le Brésil permet à
des centaines de millions de gens supplémentaires de consommer
régulièrement du bœuf plutôt que des pommes de terre. Il serait
difficile de convaincre les Chinois et les Brésiliens – sans parler des
Américains et des Allemands – de cesser de consommer steaks,
hamburgers et saucisses. Mais si les ingénieurs trouvaient le moyen de
produire de la viande à partir de cellules ? Vous désirez un hamburger ?
Vous n'avez qu'à le « faire pousser », plutôt que d'élever une vache

entière puis de l'abattre (et de transporter la carcasse à des milliers de kilomètres).

Cela peut sembler relever de la science-fiction, mais le premier hamburger propre du monde produit à partir de cellules – puis consommé – date de 2013. Il a coûté 330 000 dollars. Quatre années de recherche-développement en ont fait baisser le prix à 11 dollars pièce. Encore dix ans, et la production industrielle de viande propre sera sans doute meilleur marché que la viande sortie des abattoirs. Ce progrès technologique pourrait arracher des milliards d'animaux à une vie innommable, aider à nourrir des milliards d'humains sous-alimentés et, dans le même temps, contribuer à éviter la débâcle écologique[12].

Il y a donc quantité de choses que les États, les entreprises et les individus peuvent faire afin d'éviter le changement climatique. Pour être efficaces, elles doivent cependant se faire au niveau global. Quand il s'agit du climat, les pays ne sont pas souverains. Ils sont à la merci des actions engagées par des habitants à l'autre bout de la planète. La république des Kiribati – nation insulaire de l'océan Pacifique – pourrait réduire ses émissions de gaz à effet de serre à zéro et être néanmoins submergée sous les vagues montantes si d'autres pays n'en font pas autant. Le Tchad pourrait mettre un panneau solaire sur chaque toit du pays et devenir pourtant un désert stérile du fait des politiques environnementales irresponsables de lointains pays étrangers. Même des nations puissantes comme la Chine et le Japon ne sont pas écologiquement souveraines. Pour protéger Shanghai, Hong Kong et Tokyo d'inondations et de typhons destructeurs, Chinois et Japonais devront convaincre les gouvernements russe et américain d'abandonner leur approche *business as usual*, « comme si de rien n'était ».

L'isolationnisme nationaliste est probablement plus dangereux encore dans le contexte du changement climatique que dans celui de la guerre nucléaire. Une guerre nucléaire totale menace de détruire toutes les nations, et toutes ont donc également intérêt à la prévenir. Le réchauffement global, en revanche, aura probablement un impact différent suivant les nations. Certains pays, à commencer par la Russie, pourraient bien en bénéficier. La Russie a relativement peu d'actifs côtiers et a donc moins à craindre la montée du niveau des mers que la Chine ou les Kiribati. Et alors que la hausse des températures risque de transformer le Tchad en désert, elle pourrait en même temps transformer la Sibérie en grenier du monde. De plus, avec la fonte des glaces au Grand Nord, les axes maritimes de l'Arctique sous domination russe pourraient devenir l'artère du commerce mondial, le Kamchatka remplaçant Singapour comme carrefour du monde[13].

De même, remplacer des carburants fossiles par des sources d'énergie renouvelable est susceptible de séduire certains pays plus que d'autres. La Chine, le Japon et la Corée du Sud ont besoin d'importer d'immenses quantités de pétrole et de gaz. Ils seront ravis de se délester de ce fardeau. La Russie, l'Iran et l'Arabie saoudite ont besoin d'en exporter. Leurs économies s'effondreront si le solaire et l'éolien remplacent subitement le pétrole et le gaz.

Aussi des pays comme la Chine, le Japon et les Kiribati sont susceptibles de militer pour une réduction des émissions globales de carbone au plus vite, quand d'autres, tels la Russie et l'Iran, pourraient se montrer moins enthousiastes. Même dans des pays qui ont beaucoup à perdre au réchauffement climatique comme les États-Unis, les nationalistes pourraient bien être trop myopes et égocentriques pour mesurer le danger. On en a eu un petit exemple révélateur en janvier 2018, quand ils ont institué un droit de douane de 30 % sur les panneaux et équipements solaires de fabrication étrangère, préférant soutenir les producteurs solaires américains quitte à ralentir le passage aux énergies renouvelables[14].

Une bombe atomique est une menace évidente et immédiate que personne ne peut ignorer. Le réchauffement climatique, en revanche, est une menace plus vague et prolongée. Dès lors, chaque fois que des considérations environnementales à long terme requièrent un sacrifice à court terme douloureux, les nationalistes pourraient être tentés de faire passer d'abord les intérêts immédiats de leur pays en se disant, histoire de se rassurer, qu'ils pourront toujours s'inquiéter de l'environnement plus tard, voire laisser ce soin à d'autres. À moins qu'ils ne nient simplement le problème. Que le climatoscepticisme soit l'apanage de la droite nationaliste ne doit rien au hasard. Vous verrez rarement un socialiste tweeter que « le changement climatique est un canular chinois ». Puisqu'il n'y a pas de réponse nationale au problème du réchauffement global, certains politiciens nationalistes préfèrent croire que le problème n'existe pas[15].

Les mêmes dynamiques sont susceptibles de gâter tout antidote nationaliste à la troisième menace existentielle du XXIᵉ siècle : la disruption technologique. La fusion de l'infotech et de la biotech, on l'a vu, ouvre la porte à une foison de scénarios-catastrophes – des dictatures digitales à la création d'une classe mondiale d'inutiles.

Quelle est la réponse nationaliste à ces menaces ?

Il n'y a pas de réponse nationaliste. Pour la disruption technologique, comme dans le cas du changement climatique, l'État-nation n'est tout simplement pas le bon cadre pour affronter la menace. La recherche-développement n'étant le monopole d'aucun pays, même une superpuissance comme les États-Unis ne saurait la contenir toute seule. Si l'État américain interdit le génie génétique sur des embryons humains, cela n'empêche pas des chercheurs chinois d'y travailler. Et si les résultats confèrent à la Chine un avantage économique ou militaire crucial, les États-Unis seront tentés d'enfreindre l'interdit. En particulier dans un monde xénophobe du chacun pour soi, qu'un seul pays s'engage sur une voie technologique à hauts risques et à gains élevés, et les autres seront forcés d'en faire autant, parce que personne ne peut se permettre de rester à la traîne. Pour éviter une telle course à l'abîme, probablement l'humanité aura-t-elle besoin d'une sorte d'identité et de loyauté globales.

De surcroît, alors que la guerre nucléaire et le changement climatique menacent uniquement la survie physique de l'humanité, des technologies de rupture pourraient changer la nature même de l'humanité et sont donc enchevêtrées avec les croyances éthiques et religieuses les plus profondes des êtres humains. Si tout le monde admet que nous devons éviter la guerre nucléaire et la débâcle écologique, les opinions diffèrent amplement sur l'usage du génie biologique et de l'IA pour améliorer les humains et créer de nouvelles formes de vie. Si l'humanité ne parvient pas à concevoir et à administrer des directives éthiques globalement acceptées, ce sera carte blanche au Dr Frankenstein.

Pour l'élaboration de directives éthiques de ce genre, le nationalisme souffre surtout d'une faillite de l'imagination. Les nationalistes pensent en termes de conflits territoriaux séculaires alors que les révolutions technologiques du XXIe siècle devraient être envisagées en termes cosmiques. Après 4 milliards d'années d'évolution de la vie organique par la sélection naturelle, la science entre dans l'ère de la vie inorganique façonnée par le dessein intelligent.

En cours de route, *Homo sapiens* lui-même va probablement disparaître. Aujourd'hui, nous sommes encore des singes de la famille des hominidés. Nous partageons encore avec les Neandertal et les chimpanzés l'essentiel de nos structures corporelles, de nos capacités physiques et de nos facultés mentales. Non seulement nos mains, nos yeux et nos cerveaux sont nettement ceux d'hominidés, mais tel est aussi le cas de nos désirs, de nos amours, de nos colères et de nos liens sociaux. En l'espace d'un siècle ou deux, la combinaison de la biotechnologie et de l'IA pourrait se traduire par des traits corporels, physiques et mentaux en rupture totale avec le moule des hominidés. D'aucuns pensent que la conscience pourrait même être coupée de toute structure organique et pourrait surfer dans le cyberespace en échappant à toute contrainte biologique et physique. Par ailleurs, nous pourrions assister au découplage complet de l'intelligence et de la conscience, tandis que le développement de l'IA pourrait aboutir à un monde dominé par des entités surintelligentes mais sans aucune conscience.

Le nationalisme israélien, russe ou français a-t-il quelque chose à dire à ce propos ? Pour faire des choix avisés sur l'avenir de la vie, il faut dépasser le point de vue nationaliste et considérer la situation dans une perspective globale, voire cosmique.

VAISSEAU SPATIAL TERRE

Chacun de ces trois problèmes – guerre nucléaire, effondrement écologique et disruption technologique – suffit à menacer l'avenir de la civilisation humaine. Au total, ils forment une crise existentielle sans précédent, d'autant qu'ils sont susceptibles de se renforcer et de s'aggraver mutuellement.

Par exemple, bien que la crise écologique menace la survie de la civilisation humaine telle que nous la connaissons, il est peu probable qu'elle arrête le développement de l'IA et du génie biologique. Si vous comptez sur la montée du niveau des océans, l'amenuisement des ressources alimentaires et les migrations massives pour détourner notre attention des algorithmes et des gènes, prenez encore le temps d'y réfléchir. Avec l'approfondissement de la crise écologique, le développement de technologies à hauts risques et à gains élevés va probablement s'accélérer.

En effet, le changement climatique pourrait remplir la même fonction que les deux guerres mondiales. Entre 1914 et 1918, puis entre 1939 et 1945, le rythme du développement technologique s'est envolé parce que les pays engagés dans une guerre totale oublièrent toute idée de prudence et d'économie et investirent d'énormes ressources dans toute sorte de projets audacieux et fantastiques. Beaucoup échouèrent, mais certains produisirent des chars, des radars, des gaz toxiques, des supersoniques, des missiles intercontinentaux et des bombes nucléaires. De même, les nations confrontées à un cataclysme climatique pourraient être tentées de placer leurs espoirs dans des paris technologiques désespérés. L'humanité ne manque pas de raisons de s'inquiéter de l'IA et du génie biologique, mais en temps de crise, les gens prennent des risques. Quoi que vous pensiez de l'idée de réguler les technologies de rupture, demandez-vous si ces réglementations ont une chance de tenir même si le changement climatique produit des pénuries alimentaires mondiales, inonde des villes et envoie des centaines de millions de réfugiés à travers les frontières.

À leur tour, les disruptions technologiques pourraient augmenter le danger de guerres apocalyptiques en accroissant les tensions dans le monde, mais aussi en déstabilisant le rapport de force nucléaire. Depuis les années 1950, les superpuissances ont évité les conflits frontaux parce que toutes savaient qu'une guerre serait synonyme de destruction mutuelle assurée. Avec l'apparition de nouvelles espèces d'armes offensives et défensives, cependant, une superpuissance technologique montante pourrait conclure qu'elle peut détruire ses ennemis impunément. Inversement, une puissance déclinante pourrait craindre que ses armes nucléaires traditionnelles ne deviennent bientôt obsolètes et se dire qu'elle ferait mieux de les utiliser avant de les perdre. Traditionnellement, les confrontations nucléaires ressemblaient à une partie d'échecs hyper-rationnelle. Qu'adviendra-t-il quand des joueurs pourront lancer des cyberattaques pour enlever à l'adversaire le contrôle de ses pièces, que des tierces parties anonymes pourront déplacer un pion sans que personne ne sache qui le déplace, ou quand AlphaZero passera des échecs ordinaires aux échecs nucléaires ?

De même que les différents défis sont susceptibles de s'aggraver mutuellement, la bonne volonté nécessaire pour relever un défi peut être minée par les problèmes rencontrés sur un autre front. Des pays enfermés dans une compétition armée ont peu de chances de s'entendre pour restreindre le développement de l'IA, et les pays s'efforçant de dépasser les réalisations technologiques de leurs rivaux auront le plus grand mal à s'entendre sur un plan commun pour arrêter le changement climatique. Tant que le monde demeurera divisé en nations rivales, il sera très dur de relever simultanément les trois défis – et l'échec, ne fût-ce que sur un front, pourrait se révéler catastrophique.

Pour conclure, la vague nationaliste qui déferle sur le monde ne saurait nous ramener en 1939 ou en 1914. La technologie a tout changé en créant un ensemble de menaces existentielles qu'aucune nation ne saurait résoudre toute seule. Un ennemi commun est le meilleur catalyseur pour forger une identité commune, et l'humanité a maintenant au moins trois ennemis de ce genre : guerre nucléaire, changement climatique et disruption technologique. Si, malgré ces menaces communes, les hommes choisissent de faire passer leurs loyautés nationales particulières avant toute autre chose, le résultat pourrait être bien pire qu'en 1914 et 1939.

Bien meilleure est la voie esquissée dans la Constitution de l'Union européenne, quand elle déclare que « les peuples d'Europe, tout en restant fiers de leur identité et de leur histoire nationales, sont résolus à dépasser leurs anciennes divisions et, unis d'une manière sans cesse plus étroite, à forger leur destin commun[16] ». Cela ne veut pas dire abolir toutes les identités nationales, abandonner toutes les traditions locales et transformer l'humanité en un magma gris et homogène. Il ne s'agit pas non plus de dénigrer toutes les expressions de patriotisme. De fait, en assurant une carapace militaire et économique continentale protectrice, l'Union européenne a sans doute favorisé les patriotismes locaux dans la Flandre, en Lombardie, en Catalogne et en Écosse. L'idée de créer une Écosse ou une Catalogne indépendante semble plus attrayante quand on n'a pas à craindre une invasion allemande ou qu'on peut compter sur un front européen commun contre le réchauffement climatique et les sociétés mondiales.

Les nationalistes européens agissent donc en douceur. Malgré le discours sur le retour de la nation, peu d'Européens sont prêts à tuer ou à mourir pour elle. Quand les Écossais cherchèrent à se soustraire à l'emprise de Londres au temps de William Wallace et de Robert Bruce, il leur fallut lever une armée. En revanche, pas une seule personne n'a été tuée lors du référendum écossais de 2014, et si la prochaine fois les Écossais se prononcent pour l'indépendance, il est très peu probable qu'ils doivent rejouer la bataille de Bannockburn. Les efforts de la Catalogne pour se détacher de l'Espagne ont occasionné beaucoup plus de violences mais on reste très loin du carnage que Barcelone a connu en 1939 ou en 1714.

Espérons que le reste du monde puisse apprendre de l'exemple européen. Même une planète unie continuera de faire une large place au genre de patriotisme qui célèbre le caractère unique de ma nation et souligne mes obligations particulières envers elle. Pour survivre et prospérer, cependant, l'humanité n'a guère d'autre choix que de compléter ces loyautés locales par des obligations substantielles envers une communauté mondiale. Une personne peut et doit être simultanément loyale envers sa famille, ses proches, ses collègues et sa nation. Pourquoi ne pas ajouter à la liste l'humanité et la planète Terre ? Certes, quand vous avez des loyautés multiples, les conflits sont parfois inévitables. Mais qui a dit que la vie était simple ? Il faut faire face.

Dans les siècles passés, la formation des identités nationales venait de ce que les hommes étaient confrontés à des problèmes et à des opportunités hors de portée des tribus locales que seule permettait d'aborder une coopération à l'échelle du pays. Au XXIᵉ siècle, les nations se retrouvent dans la même situation que les tribus jadis : elles ne sont plus le cadre adéquat pour relever les défis les plus importants de l'époque. Nous avons besoin d'une nouvelle identité globale parce que les institutions nationales sont incapables de gérer un ensemble de situations mondiales délicates et sans précédent. Alors que nous avons désormais une écologie mondiale, une économie mondiale et une science mondiale, nous nous accrochons à la seule politique nationale. Ce décalage empêche le système politique de s'attaquer efficacement à nos grands problèmes. L'efficacité politique requiert soit de démondialiser l'écologie, l'économie et la marche de la science, soit de mondialiser notre politique. Puisqu'il est impossible de démondialiser l'écologie et la marche de la science, et que le coût d'une démondialisation de l'économie serait certainement prohibitif, la seule véritable solution consiste à mondialiser la politique. Cela ne signifie pas instaurer un « gouvernement mondial » : vision aussi douteuse qu'irréaliste. Mondialiser la politique signifie plutôt que la dynamique politique au sein des pays, voire des villes, devrait donner bien plus de poids aux problèmes et intérêts mondiaux.

Les sentiments nationalistes nous seront sans doute de peu d'utilité à cet égard. Peut-être pouvons-nous alors compter sur les traditions religieuses universelles de l'humanité pour nous aider à unir le monde ? Il y a des siècles de cela, des religions comme le christianisme et l'islam pensaient déjà en termes mondiaux plutôt que locaux, et elles ont toujours porté un vif intérêt aux grandes questions de la vie plutôt qu'aux seuls combats politiques de telle ou telle nation. Mais les religions traditionnelles ont-elles encore la moindre pertinence ? Gardent-elles le pouvoir de façonner le monde ou ne sont-elles que les reliques inertes de notre passé, ballottées de-ci, de-là par les forces puissantes des États, des économies et des technologies modernes ?

8.

Religion

Dieu sert désormais la nation

Jusqu'ici, les idéologies modernes, les experts scientifiques et les gouvernements nationaux n'ont pas réussi à créer une vision viable de l'avenir de l'humanité. Peut-on puiser une telle vision aux puits profonds des traditions religieuses humaines ? Peut-être la réponse nous attend-elle depuis le début entre les pages de la Bible, du Coran ou des Védas.

Les laïques trouveront cette idée ridicule, voire dangereuse. Les Saintes Écritures ont sans doute été pertinentes au Moyen Âge, mais comment peuvent-elles nous guider à l'ère de l'intelligence artificielle, du génie biologique, du réchauffement climatique et de la cyberguerre ? Les laïques restent cependant minoritaires. Des milliards d'êtres humains ont encore plus confiance dans le Coran et la Bible que dans la théorie de l'évolution ; des mouvements religieux façonnent la vie politique de pays aussi divers que l'Inde, la Turquie et les États-Unis ; et des animosités religieuses alimentent les conflits, du Nigeria aux Philippines.

Quelle est donc la pertinence de religions comme le christianisme, l'islam et l'hindouisme ? Peuvent-elles nous aider à résoudre les grands problèmes auxquels nous sommes confrontés ? Pour bien comprendre le rôle des religions traditionnelles dans le monde du XXIe siècle, il nous faut distinguer trois types de problèmes :

1. Problèmes techniques. Par exemple, comment les paysans des régions arides doivent-ils affronter les graves sécheresses provoquées par le réchauffement climatique ?

2. Problèmes politiques. Par exemple, quelles mesures les gouvernements doivent-ils commencer par adopter pour empêcher le réchauffement climatique ?
3. Problèmes d'identité. Par exemple, dois-je me soucier des problèmes des paysans à l'autre bout du monde ou uniquement des
problèmes de ma tribu et de mon pays ?

Les religions traditionnelles, nous le verrons dans les pages suivantes,
sont largement sans intérêt pour les problèmes techniques et politiques.
En revanche, elles sont extrêmement pertinentes pour les problèmes
d'identité. Dans la plupart des cas, cependant, elles sont une partie
majeure du problème plutôt qu'une solution potentielle.

PROBLÈMES TECHNIQUES : AGRICULTURE CHRÉTIENNE

Dans les temps prémodernes, il appartenait aux religions de résoudre
un large éventail de problèmes techniques dans des domaines pratiques
tels que l'agriculture. Des calendriers divins déterminaient quand
planter et quand moissonner, tandis que les rituels du temple assuraient
la pluie et protégeaient contre les nuisibles. Quand une crise agricole se
profilait en raison de la sécheresse ou d'une invasion de sauterelles, les
paysans demandaient aux prêtres d'intercéder auprès des dieux. La
médecine relevait elle aussi du domaine religieux. Chaque prophète,
gourou et chaman, ou presque, se doublait d'un guérisseur. Ainsi Jésus
passa-t-il une bonne partie de son temps à guérir les malades, à rendre
la vue aux aveugles, à faire parler les muets et à ramener les fous à la
raison. Dans l'Égypte ancienne comme dans l'Europe médiévale, le
malade s'adressait au sorcier plutôt qu'au médecin et accomplissait un
pèlerinage dans un temple renommé plutôt que de se rendre à l'hôpital.

Dernièrement, les biologistes et les chirurgiens ont pris la relève des
prêtres et des faiseurs de miracles. Si des nuées de sauterelles s'abattent
aujourd'hui sur leur pays, les Égyptiens peuvent bien demander l'aide
d'Allah – pourquoi pas ? –, mais ils n'oublieront pas de demander à des
chimistes, des entomologistes et des généticiens de mettre au point

des pesticides plus puissants et des variétés de blé qui résistent aux insectes. Si l'enfant d'un hindou très pieux souffre d'une rougeole, le père ne manquera pas de réciter une prière à Dhanvantari et d'offrir fleurs et sucreries au temple local, mais seulement après avoir conduit au plus vite son bambin à l'hôpital le plus proche et l'avoir confié aux soins des médecins. Même la maladie mentale, ultime bastion des guérisseurs religieux, passe progressivement entre les mains des hommes de science tandis que la neurologie remplace la démonologie, et que le Prozac supplante l'exorcisme.

La science a remporté une victoire si complète que notre idée même de la religion a changé. Nous n'associons plus la religion à l'agriculture et à la médecine. De nombreux bigots souffrent même d'amnésie collective et préfèrent oublier que les religions traditionnelles revendiquaient une autorité dans ces domaines : « Nous nous tournons vers les ingénieurs et les médecins, et après ? Cela ne prouve rien. Et d'abord, quel rapport la religion a-t-elle avec l'agriculture ou la médecine ? »

Les religions traditionnelles ont perdu beaucoup de terrain parce que, franchement, elles n'excellaient pas dans l'agriculture ni dans les soins médicaux. Le vrai domaine d'expertise des prêtres et des gourous n'a jamais été la pluie et la guérison, la prophétie ou la magie, mais l'interprétation. Un prêtre n'est pas un homme qui sait accomplir la danse de la pluie et mettre fin à la sécheresse, mais un homme qui sait dire pourquoi cette danse a échoué et pourquoi nous devons continuer de croire en notre Dieu quand bien même il paraît sourd à nos prières.

Pourtant, c'est précisément leur génie de l'interprétation qui handicape les chefs religieux dans leur compétition avec les hommes de science. Eux aussi savent prendre des raccourcis et déformer des preuves mais, finalement, la marque de la science est l'empressement à reconnaître l'échec et à adopter une approche différente. C'est bien pourquoi les chercheurs apprennent progressivement à cultiver de meilleures récoltes et à produire de meilleurs médicaments, alors que prêtres et gourous apprennent seulement à trouver de meilleures excuses. Au fil des siècles, même les vrais croyants ont perçu la différence, ce qui explique que l'autorité religieuse ait décliné dans de plus en plus de domaines techniques. C'est aussi pour cette raison que le monde est devenu de plus en plus une seule civilisation. Quand les choses marchent vraiment, tout le monde les adopte.

PROBLÈMES POLITIQUES : ÉCONOMIE MUSULMANE

Si la science apporte des réponses tranchées à des questions techniques comme le traitement de la rougeole, les questions politiques suscitent de profonds désaccords entre scientifiques. Presque tous admettent que le réchauffement climatique est une réalité, mais aucun consensus n'existe sur la meilleure réaction économique à cette menace. Ce qui ne veut pas dire pour autant que les religions traditionnelles puissent nous aider à résoudre le problème. Les Écritures anciennes ne sont tout simplement pas un bon guide de l'économie moderne, et les grandes lignes de faille – par exemple entre capitalistes et socialistes – ne correspondent pas aux divisions entre religions traditionnelles.

Certes, dans des pays comme Israël et l'Iran, rabbis et ayatollahs ont leur mot à dire sur la politique économique ; même dans des pays plus laïques comme les États-Unis et le Brésil les chefs religieux influencent l'opinion publique sur diverses questions, de la fiscalité aux réglementations environnementales. Un examen plus attentif fait cependant apparaître que dans la plupart des cas les religions jouent les seconds violons par rapport aux théories scientifiques modernes. Quand l'ayatollah Khamenei a besoin de prendre une décision capitale pour l'économie iranienne, il ne saurait trouver la réponse dans le Coran parce que les Arabes du VIIᵉ siècle ne savaient pas grand-chose des problèmes et opportunités des économies industrielles modernes ou des marchés financiers mondiaux. Lui-même ou ses acolytes doivent donc se tourner vers Karl Marx, Milton Friedman, Friedrich Hayek et la science économique moderne pour trouver des réponses. S'étant résolu à relever les taux d'intérêt, baisser les impôts, privatiser des monopoles d'État ou signer un accord tarifaire international, Khamenei peut ensuite utiliser ses connaissances et son autorité religieuses pour envelopper la réponse scientifique dans tel ou tel verset coranique et présenter les choses aux masses comme l'expression de la volonté d'Allah. Mais l'habillage importe peu. Comparez donc les politiques économiques de l'Iran chiite, de l'Arabie saoudite sunnite, de l'Inde hindoue et de l'Amérique chrétienne : vous ne trouverez pas grande différence.

Aux XIXe et XXe siècles, des penseurs musulmans, juifs, hindous et chrétiens fustigèrent le matérialisme moderne, le capitalisme sans âme et les excès de l'État bureaucratique. Ils promirent que, si seulement on leur en donnait l'occasion, ils élimineraient tous les fléaux de la modernité et instaureraient un système socio-économique entièrement différent fondé sur les valeurs spirituelles éternelles de leur credo. Ils n'ont pas manqué d'occasions : le seul changement notable qu'ils aient apporté à l'édifice des économies modernes a consisté à ravaler la façade et à placer sur le toit un immense croissant, une croix, une étoile de David ou un Om.

Il en va en économie de même que pour faire pleuvoir : c'est la longue expertise des religieux en matière de réinterprétation des textes qui enlève toute pertinence à la religion. Peu importe la politique économique que choisit Khamenei : il trouvera toujours le moyen de la faire cadrer avec le Coran. De source de vrai savoir, le Coran est ainsi dégradé en source de simple autorité. Face à un dilemme économique délicat, vous lisez Marx et Hayek de près, et ils vous aident à mieux comprendre le système économique, à voir les choses sous un autre angle et à réfléchir aux solutions potentielles. Quand vous avez trouvé la réponse, il vous reste à feuilleter le Coran pour trouver une sourate qui, interprétée avec assez d'imagination, peut justifier la solution tirée de Hayek ou de Marx. Qu'importe la solution : si vous trouvez un bon savant coranique, vous pourrez toujours la justifier.

Il en va de même du christianisme. Un chrétien peut être aussi aisément capitaliste que socialiste, et même si certains propos de Jésus fleurent carrément le communisme, au cours de la guerre froide de bons capitalistes américains ont lu le Sermon sur la montagne sans en faire grand cas. Il n'existe tout simplement pas d'« économie chrétienne », d'« économie musulmane » ou d'« économie hindoue ».

Non qu'il n'y ait pas d'idées économiques dans la Bible, le Coran ou les Védas : c'est juste que ces idées ne sont pas actualisées. La lecture que le Mahatma Gandhi fit des Védas l'amena à envisager l'Inde indépendante comme une série de communautés agraires autosuffisantes, chacune tissant ses vêtements de *khâdî*, exportant peu et important encore moins. Une photo célèbre le montre en train de filer du coton ; et il fit de l'humble rouet le symbole du mouvement nationaliste indien[1]. Or, cette vision arcadienne était tout simplement incompatible avec les réalités de l'économie moderne : il n'en est donc pas resté grand-chose, hormis l'image radieuse de Gandhi sur des milliards de billets de la roupie.

Les théories économiques modernes sont tellement plus pertinentes que les dogmes traditionnels qu'il est même devenu courant d'interpréter en termes économiques les conflits ostensiblement religieux – alors que personne ne songe à faire l'inverse. Par exemple, d'aucuns soutiennent que les troubles d'Irlande du Nord entre catholiques et protestants ont été largement alimentés par des conflits de classe. Des suites de divers accidents historiques, les classes supérieures se sont pour la plupart ralliées au protestantisme tandis que les classes inférieures restaient essentiellement catholiques. Ce qui ressemble donc à première vue à un conflit théologique sur la nature du Christ était en fait une lutte typique opposant les possédants aux démunis. Inversement, fort peu de gens soutiendraient que les conflits entre guérillas communistes et propriétaires fonciers capitalistes dans l'Amérique du Sud des années 1970 n'étaient que la couverture d'un conflit bien plus profond portant sur la théologie chrétienne.

S'agissant des grandes questions du XXIe siècle, que pourrait changer la religion ? Prenons par exemple la question de savoir s'il faut accorder à l'IA l'autorité de décider de la vie des gens : choisir quelle discipline étudier, où travailler, qui épouser. Quelle est la position musulmane sur cette question ? Quelle est la position juive ? En l'occurrence, il n'y a pas de position « musulmane » ou « juive ». L'humanité est susceptible de se diviser en deux grands camps : ceux qui sont prêts à accorder à l'IA une autorité significative et ceux qui y sont hostiles. Probablement trouvera-t-on dans les *deux* camps des musulmans et des juifs prêts à justifier leur position par des interprétations imaginatives du Coran et du Talmud.

Bien entendu, des groupes religieux pourraient durcir leurs positions sur ces questions au point de les transformer en dogmes prétendument sacrés et éternels. Dans les années 1970, les théologiens d'Amérique latine mirent en avant la théologie de la libération, qui donnait à Jésus des airs de Che Guevara. De même peut-on aisément mettre Jésus à contribution dans le débat sur le réchauffement climatique et donner aux positions politiques actuelles des airs de principes religieux éternels.

Cela commence déjà à arriver. L'opposition aux règles environnementales a sa place dans les sermons apocalyptiques de certains pasteurs évangéliques américains, tandis que le pape François mène la charge contre le réchauffement climatique au nom du Christ (voir sa deuxième encyclique, *Laudato si'*[2]). En 2070 peut-être, que vous soyez évangélique ou catholique sera décisif dans votre position sur la question écologique. Les évangéliques s'opposeront à toute limitation des émissions de carbone, quand les catholiques croiront que Jésus a prêché qu'il fallait protéger l'environnement.

Vous verrez la différence jusque dans leurs voitures. Les évangéliques conduiront d'énormes SUV voraces en carburant, alors que les fervents catholiques circuleront dans des voitures électriques sophistiquées avec des autocollants « Brûlez la planète… brûlez en enfer ! ». Toutefois, bien qu'ils puissent citer divers passages bibliques pour défendre leurs positions, la vraie source de leur différence se situera dans les théories scientifiques modernes et les mouvements politiques, pas dans la Bible. Dans cette perspective, la religion n'a pas grand-chose à apporter aux grands débats politiques de notre temps. Karl Marx l'avait bien vu : elle n'est qu'un vernis.

PROBLÈMES D'IDENTITÉ : LIGNES DANS LE SABLE

En revanche, Marx exagérait en ne voyant dans la religion qu'une simple superstructure dissimulant de puissantes forces technologiques et économiques. Quand bien même l'islam, l'hindouisme ou le christianisme ne seraient que des décorations colorées recouvrant une structure économique moderne, les gens s'identifient souvent au décor, et les identités des peuples sont souvent une force historique cruciale. La puissance humaine dépend de la coopération en masse, laquelle dépend de la fabrique d'identités de masse, elles-mêmes fondées sur des fictions, non pas sur des faits scientifiques ni même sur des nécessités économiques. Au XXIᵉ siècle, la division des hommes en juifs et musulmans ou Russes et Polonais dépend encore de mythes religieux. Il est apparu que les efforts des nazis et des communistes pour déterminer scientifiquement les identités de race et de classe relevaient d'une pseudoscience dangereuse ; depuis lors, les hommes de science ont répugné à aider à définir les identités « naturelles » des êtres humains.

Au XXIᵉ siècle, les religions n'apportent donc pas la pluie, ne soignent pas les maladies et ne fabriquent pas de bombes. En revanche, elles aident à déterminer le « nous » par opposition à « eux », à déterminer qui nous devons soigner et qui nous devons bombarder. Concrètement, on l'a dit, il y a fort peu de différences entre l'Iran chiite, l'Arabie saoudite sunnite et l'État juif d'Israël. Tous trois sont des États-nations, tous trois mènent des politiques plus ou moins capitalistes, tous vaccinent les enfants contre la polio, tous font appel à des chimistes et à des physiciens pour fabriquer des bombes. Il n'existe pas de bureaucratie chiite, de capitalisme sunnite ou de physique juive. Comment faire en sorte que les gens se sentent uniques, loyaux envers une seule tribu et hostiles à une autre ?

Pour tracer des lignes fermes dans les sables mouvants de l'humanité, les religions utilisent des rites, des rituels et des cérémonies. Chiites, sunnites et juifs orthodoxes portent des habits différents, récitent des prières différentes et observent des tabous différents. Ces traditions religieuses emplissent souvent la vie quotidienne de beauté et encouragent les gens à se montrer meilleurs et plus charitables. Cinq fois par jour, la voix mélodieuse du muezzin s'élève au-dessus du brouhaha des bazars, des bureaux et des usines, appelant les musulmans à interrompre l'agitation de leurs activités prosaïques pour essayer de se connecter à la vérité éternelle. Leurs voisins hindous peuvent atteindre le même but à l'aide des *pujas* quotidiennes et la récitation des mantras. Le vendredi soir, les familles juives se retrouvent pour un repas spécial de joie, d'action de grâce et d'intimité. Deux jours plus tard, le dimanche matin, les chorales chrétiennes insufflent de l'espoir dans la vie de millions de fidèles, aidant à forger des liens communautaires de confiance et d'affection.

D'autres traditions religieuses emplissent le monde de laideur et rendent les gens mesquins ou cruels. Il n'y a pas grand-chose à dire, par exemple, pour défendre la misogynie ou la discrimination des castes d'inspiration religieuse. Qu'elles soient belles ou laides, cependant, toutes ces traditions religieuses unissent certaines personnes en les distinguant de leurs voisins. Vues de l'extérieur, les traditions religieuses qui divisent les gens paraissent souvent insignifiantes, et Freud a ridiculisé les obsessions de ce genre sous le nom de « narcissisme des petites différences[3] ». Dans l'histoire et la vie politique, toutefois, ces petites différences peuvent aller très loin. Que vous viviez en Israël, en Iran ou en Arabie saoudite peut être une question de vie ou de mort si vous êtes gay ou lesbienne. En Israël, les LGBT bénéficient de la protection de la loi, et il se trouve même des rabbins pour bénir le mariage de deux femmes. En Iran, gays et lesbiennes sont systématiquement persécutés et à l'occasion exécutés. Avant 2018, en Arabie saoudite, une lesbienne ne pouvait pas même conduire une voiture – du simple fait qu'elle fût une femme, lesbienne ou non.

Peut-être le meilleur exemple de la force et de l'importance persistantes des religions traditionnelles dans le monde moderne nous vient-il du Japon. En 1853, une flotte américaine força le Japon à s'ouvrir au monde moderne. En réponse, l'État japonais se lança dans une modernisation rapide et couronnée de succès. En l'espace de quelques décennies, il devint un puissant État bureaucratique qui s'en remit à la science, au capitalisme et à la technologie militaire la plus moderne pour vaincre la Chine et la Russie, occuper Taïwan et la Corée, pour finir par couler la flotte américaine à Pearl Harbor et détruire les empires européens d'Extrême-Orient. Reste que le Japon ne copia pas aveuglément le modèle occidental. Il était farouchement décidé à protéger son identité unique et à veiller à ce que les Japonais modernes demeurent loyaux au Japon plutôt qu'à la science, à la modernité ou à quelque nébuleuse communauté mondiale.

À cette fin, le Japon a fait du shinto, la religion indigène, la pierre angulaire de l'identité japonaise. En vérité, l'État japonais a réinventé le shinto. Le shinto traditionnel était un méli-mélo de croyances animistes en toute sorte de divinités, esprits et fantômes, chaque village et chaque temple ayant ses esprits favoris et ses coutumes locales. À la fin du XIXe siècle et au début du XXe siècle, l'État japonais créa une version officielle du shinto tout en décourageant les multiples traditions locales.

Ce « shinto officiel » fusionna avec les idées de nation et de race que l'élite japonaise reprit aux impérialistes européens. À ce mélange vint s'ajouter tout élément du bouddhisme, du confucianisme et de l'éthos féodal des samouraïs susceptible d'aider à cimenter la loyauté envers l'État. Pour couronner le tout, le shinto officiel se donna pour principe suprême le culte de l'empereur, censé descendre directement de la déesse du soleil Amaterasu et n'être lui-même ni plus ni moins qu'un dieu vivant[4].

À première vue, cette étrange concoction d'ancien et de nouveau semblait fort mal appropriée pour un État engagé dans une course effrénée à la modernisation. Un dieu vivant ? Des esprits animistes ? Un éthos féodal ? Cela ressemblait davantage à une chefferie néolithique qu'à une puissance industrielle moderne.

Or, cela marcha comme par enchantement. Les Japonais se modernisèrent à un rythme époustouflant tout en vouant à leur État une loyauté fanatique. Le symbole le mieux connu de la réussite du shinto officiel est que le Japon devint la première puissance à mettre au point et à utiliser des missiles guidés avec précision. Des décennies avant que les États-Unis ne lancent la bombe intelligente, et à une époque où l'Allemagne nazie commençait tout juste à déployer ses stupides fusées V2, le Japon coula des douzaines de navires alliés avec des missiles guidés avec précision. Nous connaissons ces missiles sous le nom de kamikaze. Alors que de nos jours le guidage des munitions de précision est assuré par les ordinateurs, les kamikazes étaient des avions ordinaires chargés d'explosifs et guidés par des pilotes humains prêts à se lancer dans des missions sans retour. Cet empressement était le fruit d'un esprit de sacrifice, au mépris de la mort, cultivé par le shinto. Ainsi le kamikaze reposait-il sur l'association de la technologie la plus moderne et de l'endoctrinement religieux moderne[5].

À leur insu ou non, les gouvernements modernes suivent aujourd'hui l'exemple japonais. Ils adoptent les outils et les structures universels de la modernité tout en s'appuyant sur les religions traditionnelles afin de préserver une identité nationale unique. Le rôle du shinto au Japon est plus ou moins assuré par l'orthodoxie en Russie, le catholicisme en Pologne, l'islam chiite en Iran, le wahhabisme en Arabie saoudite et le judaïsme en Israël. Si archaïque que puisse paraître une religion, avec un brin d'imagination et de réinterprétation on peut presque toujours la marier aux tout derniers gadgets technologiques et aux institutions modernes les plus sophistiquées.

Dans certains cas, des États ont pu créer une religion entièrement nouvelle pour étayer une identité unique. L'exemple le plus extrême, de nos jours, est peut-être l'ancienne colonie japonaise de la Corée du Nord. Le régime nord-coréen endoctrine ses sujets avec une religion officielle fanatique, le juche : un mélange de marxisme-léninisme, d'anciennes traditions coréennes, de croyance raciste à la pureté unique de la race coréenne et de déification de la lignée familiale de Kim Il-sung. Personne ne prétend que les Kim descendent d'une déesse du soleil, mais leur culte inspire plus de ferveur que n'importe quel dieu de l'histoire ou presque. Peut-être en pensant à la façon dont l'Empire japonais a finalement été détruit, le juche nord-coréen a aussi longtemps tenu à ajouter les armes nucléaires à ce mélange, présentant leur mise au point tel un devoir sacré digne des sacrifices suprêmes[6].

LES SERVANTES DU NATIONALISME

Peu importe, donc, la façon dont la technologie se développera : nous devons nous attendre à ce que les disputes sur les identités et rituels religieux continuent d'influencer l'utilisation des nouvelles technologies et puissent conserver la force d'embraser le monde. Les missiles nucléaires et les cyber-bombes les plus modernes pourraient bien être employés pour régler un différend doctrinal sur des textes médiévaux. Les religions, les rites et les rituels demeureront importants aussi longtemps que la puissance de l'humanité reposera sur la coopération de masse, et que celle-ci se nourrira de la croyance en des fictions partagées.

Hélas, tout cela fait des religions traditionnelles une partie du problème de l'humanité, non pas du remède. Les religions ont encore beaucoup de pouvoir politique dans la mesure où elles peuvent cimenter des identités nationales et même déclencher la troisième guerre mondiale. En revanche, s'il s'agit non pas d'attiser les problèmes mondiaux du XXIᵉ siècle, mais de les résoudre, elles ne semblent pas avoir grand-chose à offrir. Bien que beaucoup de religions traditionnelles épousent des valeurs universelles et prétendent à une validité cosmique, pour l'heure elles sont essentiellement les servantes du nationalisme moderne – que ce soit en Corée du Nord, en Russie, en Iran ou en Israël. De leur fait, il est plus dur encore de dépasser les différences nationales et de trouver une solution globale aux menaces de la guerre nucléaire, de l'effondrement écologique et de la disruption technologique.

S'agissant du réchauffement climatique ou de la prolifération des armes nucléaires, les clercs chiites encouragent les Iraniens à voir ces problèmes dans une perspective iranienne étroite, les rabbins incitent les Israéliens à se soucier essentiellement de ce qui est bon pour Israël, et les prêtres orthodoxes exhortent les Russes à penser d'abord et avant tout aux intérêts russes. Après tout, nous sommes la nation élue par Dieu : ce qui est bon pour nous plaît aussi à Dieu. Il existe certainement des sages religieux qui rejettent les excès nationalistes et adoptent des visions bien plus universelles. Malheureusement, ces sages n'ont guère de pouvoir politique par les temps qui courent.

Nous sommes donc piégés entre l'enclume et le marteau. L'humanité constitue désormais une seule civilisation, et des problèmes tels que la guerre nucléaire, l'effondrement écologique et la disruption technologique ne peuvent trouver de solution qu'au niveau global. Par ailleurs, le nationalisme et la religion continuent de diviser notre civilisation humaine en camps différents et souvent hostiles. Cette collision entre problèmes mondiaux et identités locales se manifeste dans la crise qui affecte aujourd'hui la plus grande expérience multiculturelle du monde : l'Union européenne. Fondée sur la promesse de valeurs libérales universelles, l'UE chancelle au seuil de la dislocation en raison des difficultés de l'intégration et de l'immigration.

9.

Immigration

*Certaines cultures
pourraient être meilleures que d'autres*

Bien que la mondialisation ait considérablement réduit les différences culturelles à travers la planète, il est devenu simultanément beaucoup plus facile de rencontrer des inconnus et d'être troublé par leurs étrangetés. La différence entre l'Angleterre anglo-saxonne et l'empire indien des Pala était bien plus grande que celle qui existe entre la Grande-Bretagne et l'Inde modernes, mais British Airways ne proposait pas de vols directs entre Delhi et Londres au temps du roi Alfred le Grand.

Les êtres humains étant toujours plus nombreux à traverser de plus en plus de frontières en quête d'emplois, de sécurité et d'un meilleur avenir, la nécessité d'affronter, d'assimiler et d'expulser les étrangers met à rude épreuve des systèmes politiques et des identités collectives façonnés en des temps moins fluides. Nulle part le problème n'est plus poignant qu'en Europe. L'Union européenne s'est construite sur la promesse de dépasser les différences culturelles entre Français, Allemands, Espagnols et Grecs. Elle pourrait bien s'effondrer en raison de son incapacité à maîtriser les différences culturelles entre Européens et migrants d'Afrique et du Moyen-Orient. Paradoxalement, c'est le fait même que l'Europe ait réussi à construire un système multiculturel prospère qui a commencé par attirer tant de migrants. Les Syriens désirent aller en Allemagne plutôt qu'en Arabie saoudite, en Iran, en Russie ou au Japon : non que l'Allemagne soit plus proche ou plus riche que toutes les autres destinations potentielles, mais parce qu'elle a la réputation d'accueillir et d'assimiler beaucoup mieux les immigrés.

La vague croissante de réfugiés et de migrants suscite des réactions mélangées parmi les Européens et provoque d'âpres discussions sur l'identité et le futur de l'Europe. Certains Européens veulent que le Continent claque la porte : trahissent-ils les idéaux multiculturels et tolérants de l'Europe ou prônent-ils simplement des mesures raisonnables pour empêcher la catastrophe ? D'autres voudraient encore ouvrir davantage les portes : sont-ils fidèles aux valeurs centrales de l'Europe ou au contraire coupables de surcharger le projet européen d'espérances impossibles ? Cette discussion sur l'immigration dégénère souvent en engueulade où personne n'écoute l'autre. Pour éclairer le sujet, peut-être serait-il utile de considérer l'immigration comme un accord avec trois conditions ou clauses fondamentales :

Clause 1 : le pays d'accueil laisse entrer les migrants.

Clause 2 : en contrepartie, les immigrés doivent embrasser au moins les normes et valeurs centrales du pays d'accueil, même si cela les oblige à abandonner certaines de leurs normes et valeurs traditionnelles.

Clause 3 : si les immigrés s'assimilent suffisamment, ils deviennent avec le temps des membres égaux et à part entière du pays d'accueil. « Eux » deviennent « Nous ».

Ces trois clauses donnent naissance à trois débats distincts sur le sens exact de chaque proposition. Un quatrième débat porte sur la réalisation des trois points. Quand les gens parlent d'immigration, ils confondent souvent les quatre débats, si bien que personne ne comprend de quoi on discute vraiment. Mieux vaut donc les examiner chacun séparément.

Débat 1 : la première clause du *deal* sur l'immigration indique simplement que le pays d'accueil laisse entrer les migrants. Mais faut-il le comprendre comme un devoir ou une faveur ? Le pays d'accueil est-il obligé d'ouvrir ses portes à tous, ou a-t-il le droit de trier et de choisir, voire d'arrêter totalement l'immigration ? Les partisans de l'immigration semblent penser que les pays ont le devoir moral d'accepter non seulement les réfugiés mais les gens de pays miséreux en quête d'emploi et d'un meilleur avenir. Surtout dans un monde globalisé, tous les êtres humains ont des obligations morales envers tous les autres, et ceux qui s'y dérobent sont des égoïstes, voire des racistes.

En outre, beaucoup d'immigrationnistes soulignent qu'il est impossible d'arrêter totalement l'immigration : nous pourrons construire tous les murs et toutes les clôtures du monde, les gens désespérés trouveront toujours le moyen de passer. Mieux vaut donc légaliser l'immigration et s'en occuper ouvertement que de créer un vaste monde souterrain de trafic humain, de travailleurs clandestins et d'enfants sans papiers.

Pour peu que vous utilisiez une force suffisante, rétorquent les anti-immigrationnistes, et sauf dans le cas de réfugiés fuyant une persécution brutale dans un pays voisin, vous n'êtes jamais obligé d'ouvrir votre porte. La Turquie peut bien avoir le devoir moral de laisser les réfugiés syriens aux abois franchir sa frontière. Si ces réfugiés essaient ensuite de rejoindre la Suède, cependant, les Suédois ne sont pas tenus de les accepter. Quant aux migrants en quête d'emploi et de protection sociale, il appartient au pays d'accueil de savoir s'il en veut ou pas et dans quelles conditions.

Selon les anti-immigrationnistes, l'un des devoirs les plus fondamentaux de toute collectivité humaine est de se défendre contre l'invasion, qu'il s'agisse d'armées ou de migrants. Les Suédois ont travaillé dur et consenti de nombreux sacrifices pour bâtir une démocratie libérale prospère ; si les Syriens ont échoué, ce n'est pas la faute des Suédois. Si, pour une raison ou pour une autre, les électeurs suédois ne veulent pas laisser entrer les immigrés syriens, c'est leur droit. S'ils en acceptent certains, il doit être absolument clair que c'est une faveur que la Suède accorde, plus qu'une obligation dont elle s'acquitte. Autrement dit, les migrants autorisés à venir en Suède devraient être extrêmement reconnaissants de ce qu'on leur accorde, plutôt que de présenter une liste de réclamations comme s'ils étaient chez eux.

De plus, observent les anti-immigrationnistes, un pays peut avoir la politique d'immigration qu'il désire, trier les candidats en fonction de leur casier judiciaire ou de leurs compétences professionnelles mais aussi de leur religion. Si un pays comme Israël ne veut accueillir que des juifs, ou la Pologne ne recevoir de réfugiés du Moyen-Orient que s'ils sont chrétiens, cela peut paraître déplaisant, mais les électeurs israéliens ou polonais sont parfaitement dans leur droit.

Ce qui complique les choses, c'est que dans bien des cas les gens veulent garder le gâteau pour eux. De nombreux pays ferment les yeux sur l'immigration clandestine ou même acceptent des travailleurs étrangers sur une base temporaire parce qu'ils souhaitent bénéficier de leur énergie, de leurs talents et de la main-d'œuvre bon marché qu'ils constituent. Toutefois, ils refusent ensuite de légaliser leur statut en protestant qu'ils ne veulent pas de l'immigration. À la longue, cela pourrait créer des sociétés hiérarchiques avec une classe supérieure de citoyens à part entière exploitant une sous-classe d'étrangers démunis, comme cela arrive aujourd'hui au Qatar et dans plusieurs autres États du Golfe.

Tant que ce débat n'est pas tranché, il est extrêmement difficile de répondre à toutes les autres questions sur l'immigration. Puisque les immigrationnistes pensent que les gens ont le droit d'immigrer s'ils le souhaitent, et que les pays d'accueil ont le devoir de les recevoir, ils s'indignent quand ce droit est bafoué ou que des pays n'accomplissent pas leur devoir d'accueil. Ces vues laissent les anti-immigrationnistes abasourdis. Ils tiennent l'immigration pour un privilège, et l'accueil pour une faveur. Pourquoi traiter de racistes ou de fascistes des gens qui refusent simplement l'entrée dans leur pays ?

Bien entendu, même si laisser entrer les migrants constitue une faveur plutôt qu'un devoir, leur installation dans le pays d'accueil crée peu à peu de nombreux devoirs envers eux et leurs descendants. On ne saurait donc justifier aujourd'hui l'antisémitisme aux États-Unis en tenant ce langage : « Nous avons fait une faveur à votre grand-mère en la laissant entrer dans ce pays en 1910, si bien que nous pouvons maintenant la traiter comme bon nous semble. »

Débat 2 : suivant la deuxième clause du *deal* sur l'immigration, les migrants ont l'obligation de s'assimiler à la culture locale dès lors qu'on les laisse entrer. Mais jusqu'où doit aller l'assimilation ? Si les immigrants passent d'une société patriarcale à une société libérale,

doivent-ils devenir féministes ? S'ils viennent d'une société profondément religieuse, doivent-ils adopter une vision du monde laïque ?
Doivent-ils abandonner leurs codes vestimentaires traditionnels et leurs
tabous alimentaires ? Si les anti-immigrationnistes ont tendance à placer
la barre très haut, les immigrationnistes la situent bien plus bas.

Selon ces derniers, l'Europe elle-même est extrêmement diverse, et
ses populations autochtones se distinguent par un large spectre
d'opinions, de mœurs et de valeurs. C'est précisément ce qui rend
l'Europe dynamique et forte. Pourquoi devrait-on forcer les immigrés à
adopter une identité européenne imaginaire quand peu d'Européens
sont réellement à la hauteur ? Vous voulez forcer les musulmans qui
immigrent au Royaume-Uni à devenir chrétiens quand beaucoup de
citoyens britanniques ne vont guère à l'église ? Vous allez exiger des
immigrés panjabis qu'ils abandonnent le curry et le massala pour le *fish
and chips* et le pudding du Yorkshire ? Si l'Europe a de vraies valeurs
centrales, ce sont les valeurs libérales de tolérance et de liberté,
lesquelles obligent les Européens à se montrer aussi tolérants envers les
immigrés et à leur accorder autant que possible la liberté de suivre leurs
traditions, sous réserve qu'elles ne portent pas atteinte aux libertés et
aux droits des autres.

Les anti-immigrationnistes admettent que la tolérance et la liberté
sont les valeurs européennes les plus importantes et accusent de
nombreux groupes immigrés – notamment des pays musulmans –
d'intolérance, de misogynie, d'homophobie et d'antisémitisme.
Précisément parce que l'Europe chérit la tolérance, elle ne saurait
ouvrir la porte à trop d'intolérants. Une société tolérante peut gérer de
petites minorités illibérales, mais si le nombre d'extrémistes dépasse un
certain seuil, c'est toute la nature de la société qui change. Si l'Europe
accueille trop de migrants du Moyen-Orient, elle finira par ressembler
au Moyen-Orient.

D'autres anti-immigrationnistes vont encore plus loin. Ils font valoir
qu'une communauté nationale est bien plus qu'un ensemble de
personnes qui se tolèrent. Il ne suffit donc pas que les immigrants
adhèrent aux normes européennes de tolérance. Ils doivent adopter
maintes caractéristiques uniques des cultures britannique, allemande ou
suédoise, quelles qu'elles soient. En les laissant entrer, la culture locale

court un grand risque et engage de lourdes dépenses. Il n'y a aucune raison qu'elle se détruise par la même occasion. Offrant à terme une égalité totale, elle exige donc une assimilation totale. Si les immigrants ont un problème avec certaines bizarreries de la culture britannique, allemande ou suédoise, libre à eux d'aller voir ailleurs.

Les deux points clés de ce débat sont le désaccord sur l'intolérance des immigrés et le désaccord sur l'identité européenne. Si les immigrés sont bel et bien coupables d'une intolérance incurable, beaucoup d'Européens libéraux actuellement favorables à l'immigration finiront tôt ou tard par s'y opposer farouchement. Inversement, si la plupart des immigrés se révèlent libéraux et ouverts dans leur attitude envers la religion, le genre et la politique, cela désarmera certains des arguments les plus efficaces contre l'immigration.

La question des identités nationales uniques de l'Europe n'en restera pas moins ouverte. La tolérance est une valeur universelle. Y a-t-il des normes et des valeurs françaises uniques que devrait accepter quiconque immigre en France ? Y a-t-il des normes et des valeurs danoises uniques que doivent embrasser tous les migrants arrivant au Danemark ? Tant que les Européens se déchirent à ce sujet, ils ne peuvent guère avoir de politique claire en matière d'immigration. Inversement, du jour où les Européens sauront qui ils sont, ils ne devraient avoir aucun mal à absorber quelques millions de réfugiés – ou à les éconduire.

Débat 3 : la troisième clause du *deal* sur l'immigration stipule que, si les immigrés consentent un effort sincère pour s'assimiler – en particulier, adopter la valeur de la tolérance –, le pays d'accueil est tenu de les traiter en citoyens de première classe. Mais combien de temps doit-il s'écouler exactement avant que les immigrés ne deviennent membres à part entière de la société ? Les immigrés algériens de la première génération doivent-ils s'estimer lésés si au bout de vingt ans ils ne sont toujours pas considérés comme pleinement français ? Et ceux de la troisième génération dont les grands-parents sont venus en France dans les années 1970 ?

Les immigrationnistes ont tendance à réclamer une acceptation accélérée, quand les anti-immigrationnistes veulent une période d'essai bien plus longue. Pour les premiers, si les immigrants de la troisième génération ne sont pas perçus ni traités comme des citoyens égaux, cela veut dire que le pays d'accueil ne s'acquitte pas de ses obligations ; et son sectarisme est seul en cause si cette situation se traduit par des tensions, de l'hostilité et même de la violence. Pour les anti-immigrationnistes, ces espérances démesurées sont une bonne partie du problème. Les immigrants doivent être patients. Si vos grands-parents ne sont arrivés ici que voici quarante ans, et que vous manifestiez violemment dans les rues parce que vous estimez ne pas être traités comme les indigènes, vous avez raté le test.

La racine du débat est l'écart entre le calendrier personnel et le calendrier collectif. Du point de vue des collectivités, quarante ans est une période courte. Il est difficile d'attendre d'une société qu'elle absorbe pleinement des groupes étrangers en l'espace de quatre décennies. Les civilisations passées qui assimilèrent les étrangers et en firent des citoyens égaux – la Rome impériale, le califat musulman, les empires chinois et les États-Unis – accomplirent cette transformation en plusieurs siècles, plutôt qu'en quelques décennies.

D'un point de vue personnel, cependant, quarante années peuvent être une éternité. Pour une adolescente née en France vingt ans après l'immigration de ses grands-parents, le voyage d'Alger à Marseille relève de l'histoire ancienne. Elle est née ici, comme tous ses amis, elle parle français plutôt qu'arabe, et n'a même jamais mis les pieds en Algérie. La France est le seul foyer qu'elle ait jamais connu. Et voici que les gens lui disent qu'elle n'est pas chez elle et qu'elle devrait « retourner » dans un pays où elle n'a jamais habité ?

C'est comme si vous preniez une graine d'eucalyptus d'Australie pour la planter en France. D'un point de vue écologique, les eucalyptus sont une espèce envahissante, et il faudra des générations avant que les botanistes ne les reclassent parmi les plantes européennes indigènes. Du point de vue de l'arbre en question, il est français. Si vous ne l'arrosez pas avec de l'eau française, il dépérira. Si vous essayez de l'arracher, vous découvrirez qu'il plonge ses racines dans le sol français, de même que les chênes ou les pins locaux.

Débat 4 : en plus de tous ces désaccords sur la définition exacte du *deal* sur l'immigration, la question ultime est de savoir si ce *deal* marche vraiment. Les deux parties sont-elles à la hauteur de leurs obligations ?

Les anti-immigrationnistes ont tendance à dire que les immigrés ne satisfont pas la clause n° 2. Ils ne font aucun effort sincère pour s'assimiler ; ils sont encore trop souvent accrochés à des visions du monde intolérantes et fanatiques. Aussi le pays d'accueil n'a-t-il aucune raison d'honorer la clause n° 3 (les traiter en citoyens de première classe) et a-t-il parfaitement raison de reconsidérer la clause n° 1 (les laisser entrer). Si la population d'une culture particulière s'est systématiquement révélée peu désireuse d'être à la hauteur du *deal* sur l'immigration, pourquoi continuer à la laisser entrer et créer ainsi un problème plus grave encore ?

C'est le pays d'accueil qui n'est pas à la hauteur de ses engagements, rétorquent les immigrationnistes. Alors que l'immense majorité des immigrés font des efforts honnêtes pour s'assimiler, la population ne leur facilite pas la tâche ; pire encore, ceux qui parviennent à s'assimiler sont toujours traités en citoyens de seconde zone, fussent-ils de la deuxième ou de la troisième génération. Il est bien entendu possible que les deux parties ne soient pas à la hauteur des engagements pris, alimentant ainsi suspicions et rancœurs mutuelles dans un cercle de plus en plus vicieux.

On ne saurait trancher ce quatrième débat sans avoir préalablement clarifié la définition exacte des trois clauses. Tant que nous ne savons pas si l'absorption est un devoir ou une faveur, quel niveau d'assimilation est attendu des immigrés, et dans quel délai les pays d'accueil doivent les traiter en égaux, impossible de dire laquelle des parties n'honore pas ses obligations. Un problème supplémentaire est celui de la « comptabilité » : quand on évalue le *deal* sur l'immigration, les deux parties attachent bien plus de poids aux violations qu'aux réalisations. Si un million d'immigrés sont des citoyens respectueux de la loi, mais qu'une centaine rejoigne des groupes terroristes pour commettre des attentats, cela signifie-t-il que dans l'ensemble tous les immigrés respectent les termes de l'accord ou le violent ? Si une immigrée de la troisième génération descend dans la rue sans être molestée mais qu'un jour elle est en butte à des insultes racistes, doit-on en conclure que la population autochtone accepte ou rejette les immigrés ?

Derrière tous ces débats, cependant, se cache une question bien plus fondamentale, qui concerne notre intelligence de la culture humaine. Abordons-nous le débat sur l'immigration dans l'idée que toutes les cultures sont intrinsèquement égales, ou pensons-nous que certaines pourraient être supérieures à d'autres ? Quand les Allemands discutent de l'absorption d'un million de réfugiés syriens, sont-ils en droit de penser que la culture allemande est, par certains côtés, meilleure que la culture syrienne ?

DU RACISME AU CULTURISME*

Voici un siècle, les Européens tenaient pour acquis que certaines races – avant tout, la race blanche – étaient intrinsèquement supérieures aux autres. Après 1945, ces vues ont de plus en plus été frappées d'anathème. Le racisme a été perçu non seulement comme une abomination morale, mais aussi comme une faillite scientifique. Les spécialistes des sciences de la vie, en particulier les généticiens, ont fourni des preuves scientifiques très solides indiquant que les différences biologiques entre Européens, Africains, Chinois et indigènes d'Amérique sont négligeables.

Dans le même temps, cependant, anthropologues, sociologues, historiens, spécialistes d'économie comportementale et même spécialistes du cerveau ont accumulé une masse de données sur l'existence de différences significatives entre cultures humaines. De fait, si toutes les cultures humaines étaient foncièrement identiques, à quoi bon des anthropologues et des historiens ? Pourquoi consacrer des ressources à l'étude de différences négligeables ? À tout le moins, nous devrions cesser de financer ces excursions onéreuses sur le terrain dans le Pacifique sud ou le désert du Kalahari pour nous contenter d'étudier les

---

* L'auteur a choisi d'opposer deux idéologies, le racisme et le culturisme (et non pas le culturalisme). Le mot « culturisme » est ici détourné de son sens courant en français. (*N.d.T.*)

habitants d'Oxford ou de Boston. Si les différences culturelles sont insignifiantes, ce que nous découvrons sur les étudiants de premier cycle à Harvard devrait également être vrai des chasseurs-cueilleurs du Kalahari.

À la réflexion, la plupart des gens reconnaissent l'existence d'au moins certaines différences significatives entre les cultures humaines dans des domaines allant des mœurs sexuelles aux habitudes politiques. Dès lors, comment traiter ces différences ? Selon les tenants du relativisme culturel, différence n'implique pas hiérarchie, et nous ne devrions jamais préférer une culture à une autre. Les êtres humains peuvent penser et se conduire diversement, mais nous devons célébrer cette diversité et attacher une valeur égale à toutes les croyances et pratiques. Malheureusement, cette ouverture d'esprit résiste mal à l'épreuve de la réalité. S'agissant de cuisine ou de poésie, la diversité humaine peut être très appréciable. En revanche, dans le brûlement des sorcières, l'infanticide ou l'esclavage, peu verraient des idiosyncrasies humaines fascinantes à protéger des empiétements du capitalisme global et du coca-colonialisme.

Examinons encore comment différentes cultures voient les étrangers, les immigrés et les réfugiés. Toutes les cultures ne se caractérisent pas exactement par le même niveau d'acceptation. La culture allemande de l'aube du XXIe siècle tolère davantage les étrangers et accueille mieux les immigrés que la culture saoudienne. Il est bien plus facile à un musulman d'immigrer en Allemagne qu'à un chrétien d'immigrer en Arabie saoudite. En fait, même pour un réfugié musulman de Syrie, probablement est-il plus facile d'immigrer en Allemagne qu'en Arabie saoudite, et depuis 2011 l'Allemagne a accueilli bien plus de réfugiés syriens que l'Arabie saoudite[1]. De même, tout indique que la culture californienne de l'aube du XXIe siècle est plus ouverte aux migrants que la culture japonaise. Donc, si vous pensez qu'il est bon de tolérer les étrangers et d'accueillir les immigrés, ne devriez-vous pas penser également que, du moins à cet égard, la culture allemande est supérieure à la culture saoudienne, et la culture californienne meilleure que la culture japonaise ?

De plus, même quand deux normes culturelles sont en théorie d'une valeur égale, il pourrait être justifié de juger la culture d'accueil meilleure dans le contexte concret de l'immigration. Des normes et des valeurs appropriées dans un pays ne marchent pas bien en d'autres circonstances. Examinons de près un exemple concret. Pour ne pas être victimes de préjugés enracinés, imaginons deux pays fictifs : Glacie et Chaudland. Les deux pays comptent de nombreuses différences culturelles, notamment dans leurs attitudes envers les relations humaines et les conflits interpersonnels. Les Glaçons sont dès la petite enfance éduqués dans l'idée qu'en cas de conflit avec quelqu'un à l'école, au travail ou même au sein de sa famille, le mieux est de le refouler : se garder de crier, de se mettre en rogne ou de choisir la confrontation. Les explosions de colère ne font qu'aggraver les choses. Mieux vaut travailler sur ses sentiments, tout en laissant les choses refroidir. Dans le même temps, limitez vos contacts avec la personne en question ; si le contact est inévitable, soyez laconique mais poli, évitez les sujets sensibles.

Les Chaudlandais, au contraire, sont dès la petite enfance éduqués à extérioriser les conflits. En cas de conflit, ne le laissez pas couver, ne refoulez rien. À la première occasion, lâchez la bride à vos émotions. Il est bénéfique de vous mettre en colère, de crier, de dire à l'autre exactement ce que vous ressentez. C'est la seule façon d'avancer ensemble, de manière honnête et directe. Un jour d'engueulades peut résoudre un conflit qui pourrirait autrement des années, et même si le choc frontal n'est jamais plaisant, vous vous sentirez beaucoup mieux par la suite.

Ces deux méthodes ont toutefois leurs pour et leurs contre, et il est difficile de dire que l'une est toujours meilleure que l'autre. Mais que pourrait-il arriver quand un Chaudlandais immigre en Glacie et trouve un emploi dans une société glaçonne ?

Chaque fois qu'un conflit survient avec un collègue, le Chaudlandais tape du poing sur la table, hurle à pleins poumons, dans l'idée que cela va attirer l'attention sur le problème et aider à le résoudre rapidement. Des années plus tard, un poste de responsabilité devient vacant. Bien que le Chaudlandais réunisse toutes les qualifications nécessaires, la patronne préfère promouvoir un Glaçon. Interrogée sur ses raisons, elle explique : « Le Chaudlandais ne manque pas de talents, c'est vrai, mais il a aussi un sérieux problème de relations humaines. Il est bouillant, crée des tensions inutiles autour de lui et perturbe notre culture d'entreprise.» Les autres Chaudlandais immigrés en Glacie connaissent le même sort. La plupart restent à des postes subalternes ou ne trouvent pas de travail, parce que les patrons se disent que, étant chaudlandais, ils seraient probablement des employés au sang chaud et problématiques. Les Chaudlandais n'accédant jamais aux postes de direction, il leur est difficile de changer la culture d'entreprise glaçonne.

Même scénario ou presque pour les Glaçons immigrant en Chaudland. Un Glaçon commençant à travailler dans une entreprise chaudlandaise acquiert vite une réputation de snob ou de pisse-froid et se fait peu d'amis, voire aucun. On le trouve peu sincère, ou dépourvu des qualités élémentaires en matière de relations humaines. Ne se hissant jamais à des postes de responsabilité, il n'a donc aucune occasion de changer la culture d'entreprise. Les patrons chaudlandais concluent que les Glaçons sont pour la plupart peu chaleureux ou farouches, et préfèrent donc ne pas les nommer à des postes exigeant des contacts avec la clientèle ou une étroite collaboration avec d'autres employés.

Dans les deux cas, on peut sentir des relents de racisme. En réalité, ils ne sont pas racistes, mais «culturistes». Les gens continuent de mener un combat héroïque contre le racisme traditionnel sans voir que le front a changé. Si le racisme traditionnel décline, le monde fourmille de «culturistes».

Le racisme traditionnel s'enracinait solidement dans des théories biologiques. Dans les années 1890 ou 1930, il était largement admis en Grande-Bretagne, en Australie ou aux États-Unis que certains traits biologiques héréditaires rendaient les Africains ou les Chinois naturellement moins intelligents, moins entreprenants et moins moraux que les Européens. C'était un problème de sang. Ces points de vue jouissaient d'une respectabilité politique ainsi que d'un large appui scientifique. De nos jours, en revanche, alors que beaucoup d'individus continuent de tenir des propos racistes de ce genre, ceux-ci ont perdu tout fondement scientifique et l'essentiel de leur respectabilité politique – sauf quand ils sont reformulés en termes culturels. On ne dit plus que les Noirs ont tendance à commettre des crimes parce qu'ils ont des gènes de qualité inférieure, mais qu'ils ont tendance à commettre des crimes parce qu'ils sont issus de sous-cultures dysfonctionnelles.

Aux États-Unis, par exemple, certains partis et dirigeants prônent ouvertement des politiques discriminatoires et dénigrent volontiers les Afro-Américains, les Latinos et les musulmans, mais ils diront rarement, sinon jamais, que le problème tient à leur ADN. Le problème serait lié à leur culture. Ainsi quand le président Trump a qualifié Haïti, le Salvador et certaines parties de l'Afrique de « pays de merde », il livrait apparemment au public une réflexion sur la culture de ces contrées plutôt que sur leur patrimoine génétique[2]. Une autre fois, évoquant les immigrés mexicains, le même Trump a déclaré : « Quand le Mexique envoie les siens, ce n'est pas les meilleurs qu'il envoie. Il nous envoie des gens qui ont des tas de problèmes et qui nous les apportent. Ils nous apportent la drogue, ils nous apportent le crime. Ce sont des violeurs mais certains, j'imagine, sont de braves gens. » La déclaration est pour le moins offensante, mais elle relève d'une pensée sociologique plutôt que biologique. Trump ne sous-entend pas que le sang mexicain est un obstacle à la bonne conduite, seulement que les bons Mexicains ont tendance à rester au sud du Rio Grande[3].

Le corps humain – le corps latino, le corps africain, le corps chinois – demeure au centre du débat. La couleur de la peau importe beaucoup. Déambulez dans une rue de New York avec une peau riche en pigment mélanique : où que vous alliez, il y a de fortes chances que la police vous ait à l'œil plus que d'autres. Les présidents Trump et Obama et leurs pareils vous expliqueront cependant la signification de la couleur de la peau en termes culturels et historiques. Si la police regarde avec suspicion la couleur de votre peau, ce n'est pas pour une quelconque raison biologique mais du fait de l'histoire. Le clan Obama expliquera vraisemblablement que les préjugés de la police sont un héritage malheureux de crimes historiques comme l'esclavage, et le clan Trump, que la criminalité des Noirs est un héritage malheureux d'erreurs historiques commises par les libéraux blancs et les communautés noires. Quoi qu'il en soit, même si vous êtes un touriste de Delhi qui ne sait rien de l'histoire des États-Unis, il vous faudra en affronter les conséquences.

Le passage de la biologie à la culture n'est pas simplement un changement de jargon dénué de sens. C'est un changement profond qui a des conséquences pratiques de grande portée, tantôt bonnes, tantôt mauvaises. Pour commencer, la culture est plus malléable que la biologie. Cela signifie, d'une part, que les culturistes actuels pourraient bien être plus tolérants que les racistes traditionnels : si seulement les « autres » adoptent notre culture, nous les accepterons en égaux. D'autre part, cela pourrait se traduire par des pressions assimilationnistes bien plus fortes sur les « autres » et une critique bien plus virulente de leur incapacité de s'assimiler.

Vous ne pouvez guère blâmer une personne à la peau noire de ne pas blanchir sa peau. En revanche, il y a des gens pour accuser les Africains ou les musulmans de ne pas adopter les normes et les valeurs de la culture occidentale. Non que ces accusations soient nécessairement justifiées : souvent, il y a peu de raisons d'adopter la culture dominante. Dans bien d'autres cas, c'est une mission presque impossible. Des Afro-Américains issus d'un bidonville et essayant honnêtement de s'intégrer à la culture hégémonique américaine peuvent se heurter d'abord à la discrimination institutionnelle, pour se voir ensuite accuser de ne pas faire assez d'efforts. S'ils ont des soucis, ils n'ont à s'en prendre qu'à eux-mêmes.

Entre le discours biologique et le discours culturel existe une seconde différence clé : à la différence du sectarisme raciste traditionnel, les arguments culturistes pourraient à l'occasion relever du bon sens, comme dans l'exemple de Chaudland et de Glacie. Les Chaudlandais et les Glaçons ont réellement des cultures différentes qui se distinguent par leurs styles en matière de relations humaines. Celles-ci étant capitales dans de nombreux emplois, une entreprise chaudlandaise manque-t-elle à l'éthique quand elle pénalise les Glaçons sous prétexte qu'ils se conduisent en accord avec leur patrimoine culturel ?

Anthropologues, sociologues et historiens sont très mal à l'aise à ce propos. D'un côté, tout cela paraît dangereusement proche du racisme. De l'autre, le culturisme a une base scientifique bien plus solide que le racisme, et les spécialistes des sciences humaines et sociales, notamment, ne sauraient nier l'existence et l'importance des différences culturelles.

Bien entendu, nous pouvons admettre la validité de certaines thèses culturistes sans être obligés de les accepter toutes. Beaucoup de thèses culturistes souffrent de trois failles communes. Premièrement, les culturistes confondent souvent supériorité locale et supériorité objective. Dans le contexte local de Chaudland, la méthode chaudlandaise de résolution des conflits est sans doute supérieure à la méthode glaçonne, auquel cas une entreprise chaudlandaise implantée en Chaudland a de bonnes raisons de faire de la discrimination contre ses employés introvertis (pénalisant ainsi de façon disproportionnée les immigrés glaçons). Pour autant, cela ne signifie pas que cette méthode soit objectivement supérieure. Les Chaudlandais pourraient peut-être apprendre une chose ou deux des Glaçons : si les circonstances changent – par exemple si l'entreprise se mondialise et ouvre des filiales dans d'autres pays –, la diversité pourrait subitement devenir un atout.

Deuxièmement, quand vous définissez clairement une aune, un temps et un lieu, les thèses culturistes peuvent bien paraître empiriquement solides. Trop souvent, cependant, les gens adoptent des thèses culturistes très générales, ce qui n'a pas grand sens. Par exemple, affirmer que la « culture glaçonne tolère moins les explosions de colère en public que la culture chaudlandaise » est une thèse raisonnable, mais il est bien moins raisonnable d'assurer que « la culture musulmane est très intolérante ». Cette dernière allégation est beaucoup trop vague. Qu'entendons-nous par « intolérant » ? Intolérant à l'égard de qui, de quoi ? Une culture peut être intolérante envers les minorités religieuses et les idées politiques excentriques, mais très tolérante envers les obèses et les vieux. Et qu'entendons-nous par « culture musulmane » ? Parlons-nous de la péninsule arabe au VIIᵉ siècle ? De l'Empire ottoman au XVIᵉ siècle ? Du Pakistan au début du XXIᵉ siècle ? En définitive, quel est le point de référence ? Si nous nous préoccupons de la tolérance envers les minorités religieuses, et que nous comparions l'Empire ottoman au XVIᵉ siècle à l'Europe occidentale à la même époque, nous conclurons que la culture musulmane est d'une extrême tolérance. Comparons l'Afghanistan des talibans au Danemark contemporain, la conclusion sera très différente.

Le pire problème des thèses culturistes est cependant que, malgré leur nature statistique, elles servent trop souvent à préjuger des *individus*. Quand un Chaudlandais de souche et un immigré glaçon postulent au même poste dans une entreprise du Chaudland, le patron peut préférer embaucher le premier parce que « les Glaçons sont glaciaux et peu sociables ». Même si c'est statistiquement vrai, tel ou tel Glaçon peut être bien plus chaleureux et extraverti que ce Chaudlandais. Si la culture est importante, les gens sont aussi façonnés par leurs gènes et leur histoire personnelle unique. Les individus défient souvent les stéréotypes statistiques. On conçoit qu'une entreprise préfère les employés sociables aux impassibles, mais préférer les Chaudlandais aux Glaçons n'a pas de sens.

Tout cela modifie cependant les thèses culturistes sans discréditer le culturisme dans sa totalité. À la différence du racisme, qui est un préjugé peu scientifique, les arguments culturistes sont parfois très solides. Si nous examinons les statistiques et constatons que les entreprises chaudlandaises comptent peu de Glaçons aux postes de responsabilité, cela peut être le fruit d'un jugement sain plutôt que d'une discrimination raciale. Les immigrés glaçons doivent-ils s'en offusquer et plaider que le Chaudland enfreint le *deal* sur l'immigration ? Doit-on forcer les entreprises chaudlandaises à embaucher plus de cadres glaçons par des lois de « discrimination positive » dans l'espoir de refroidir la culture d'entreprise bouillante du Chaudland ? À moins que la faute n'incombe aux immigrés glaçons incapables de s'assimiler à la culture locale et qu'il faille donc consentir des efforts plus énergiques pour inculquer aux enfants glaçons les normes et valeurs chaudlandaises.

Pour revenir du domaine de la fiction à celui des faits, nous voyons que le débat européen sur l'immigration est loin d'être une bataille tranchée entre le bien et le mal. On aurait tort de qualifier tous les anti-immigrationnistes de « fascistes », de même qu'on aurait tort d'accuser tous les immigrationnistes d'être responsables d'un « suicide culturel ». Gardons-nous de mener le débat sur l'immigration comme une lutte sans compromis autour d'un impératif moral non négociable. C'est une discussion entre deux positions politiques légitimes, qui doit être tranchée à travers les procédures démocratiques classiques.

Pour l'heure, il est loin d'être clair que l'Europe puisse trouver une voie moyenne qui lui permettrait de garder les portes ouvertes aux étrangers sans être déstabilisée par des gens qui ne partagent pas ses valeurs. Si elle y parvient, peut-être sa formule pourrait-elle être copiée au niveau mondial. Si le projet européen échoue, en revanche, cela indiquerait que la croyance aux valeurs libérales de la liberté et de la tolérance ne suffit pas à résoudre les conflits culturels du monde et à unir l'humanité en face de la guerre nucléaire, de l'effondrement écologique et de la disruption technologique. Si les Grecs et les Allemands ne peuvent s'entendre sur une destinée commune, et si 500 millions d'Européens aisés ne peuvent absorber quelques millions de réfugiés démunis, quelles chances les hommes ont-ils de surmonter les conflits autrement plus profonds qui assaillent notre civilisation globale ?

Minimiser l'hystérie suscitée par le terrorisme serait de nature à aider l'Europe et le monde à intégrer mieux et à garder les frontières et les esprits ouverts. Il serait extrêmement regrettable que l'expérience européenne de liberté et de tolérance s'effiloche en raison d'une peur exagérée des terroristes. Non content de servir les buts de ces derniers, cela donnerait aussi à cette poignée de fanatiques un poids beaucoup trop grand quand il s'agit de décider de l'avenir de l'humanité. Le terrorisme est l'arme d'un segment marginal et faible de l'humanité. Comment en est-il arrivé à dominer la politique mondiale ?

Troisième partie

DÉSESPOIR ET ESPOIR

Confrontée à des défis sans précédent, et à des désaccords intenses, l'humanité peut cependant être à la hauteur des circonstances si nous parvenons à dominer nos peurs et sommes un peu plus humbles dans l'expression de nos opinions.

10.

Terrorisme

Pas de panique

Les terroristes sont maîtres dans l'art de manipuler les esprits. Ils tuent très peu, mais n'en réussissent pas moins à terrifier des milliards de gens et font trembler d'immenses appareils politiques tels que l'Union européenne ou les États-Unis. Depuis le 11 septembre 2001, les terroristes ont tué chaque année une cinquantaine de personnes dans l'Union européenne, une dizaine aux États-Unis et autour de sept en Chine, soit un total de 25 000 dans le monde (pour la plupart en Irak, en Afghanistan, au Pakistan, au Nigeria et en Syrie[1]). En revanche, les accidents de la circulation tuent autour de 80 000 Européens, 40 000 Américains, 270 000 Chinois – au total 1,25 million de gens[2]. Le diabète et le niveau élevé de sucre tuent jusqu'à 3,5 millions de gens chaque année, la pollution de l'air autour de 7 millions[3]. Dès lors, pourquoi craindre le terrorisme plus que le sucre ? Pourquoi des gouvernements perdent-ils les élections à la suite d'attentats sporadiques mais pas à cause de la pollution chronique de l'air ?

Comme l'indique le sens littéral du mot, le terrorisme est une stratégie militaire qui espère changer la situation politique en propageant la peur plutôt qu'en causant des dommages matériels. Cette stratégie est presque toujours le fait de groupes très faibles qui ne peuvent infliger de gros dommages matériels à leurs ennemis. Bien entendu, toute action militaire inspire la peur. Dans la guerre classique, la peur est toujours un sous-produit des pertes matérielles, et elle est habituellement proportionnelle à la force qui inflige les pertes. Dans le terrorisme, la peur devient l'essentiel, et il existe une disproportion flagrante entre la force effective des terroristes et la peur qu'ils parviennent à inspirer.

Il n'est pas toujours facile de changer la situation politique par la violence. Au premier jour de la bataille de la Somme, le 1er juillet 1916, les troupes britanniques déplorèrent 19 000 morts et 40 000 blessés. En novembre, à la fin de la bataille, les deux camps comptaient plus d'un million de victimes, dont 300 000 morts[4]. Pourtant, ce carnage horrifique ne changea guère le rapport de force politique en Europe. Il fallut encore deux années et demie de pertes supplémentaires pour que quelque chose finisse par craquer.

En comparaison de l'offensive de la Somme, le terrorisme est dérisoire. En novembre 2015, les attentats de Paris ont tué quelque 130 personnes ; ceux de Bruxelles, en mars 2016, trente-deux ; et celui du Manchester Arena, en mai 2017, vingt-deux. En 2002, au faîte de la campagne de terreur palestinienne contre Israël, alors que bus et restaurants étaient bombardés chaque jour, le bilan annuel s'éleva à 451 morts parmi les Israéliens[5]. La même année, 542 Israéliens trouvaient la mort dans des accidents de la route[6]. Quelques attentats, comme la bombe qui fit exploser le vol Pan Am 103 au-dessus de Lockerbie en 1988, font des centaines de victimes[7]. Les attentats du 11-Septembre établirent un nouveau record avec près de 3 000 personnes[8]. Malgré tout, le bilan semble minuscule en comparaison de celui de la guerre classique. Si l'on ajoute tous les morts et blessés par des attentats terroristes en Europe depuis 1945 – y compris les victimes de groupes nationalistes, religieux, d'extrême droite ou d'extrême gauche –, le total reste très en deçà des victimes de toute une série d'obscures batailles de la Première Guerre mondiale, comme la troisième bataille de l'Aisne (250 000 victimes) ou la dixième bataille de l'Isonzo (225 000)[9].

Dès lors, comment les terroristes peuvent-ils espérer obtenir grand-chose ? À la suite d'un attentat, l'ennemi garde le même nombre de soldats, de chars et de navires qu'avant. Son réseau de communication, de routes et de voies ferrées demeure largement intact. Ses usines, ses ports et ses bases ne sont guère touchés. Même s'ils ne peuvent guère entamer la puissance matérielle de l'ennemi, l'espoir des terroristes est que la peur et la confusion l'amènent à abuser de sa force et à surréagir.

Leur calcul est que, l'ennemi enragé déployant contre eux ses forces massives, il déclenche un orage politique et militaire bien plus violent que tout ce que les terroristes eux-mêmes pourraient jamais provoquer. À chaque tempête, se produisent des choses imprévues. Des erreurs sont faites, des atrocités commises, l'opinion publique vacille, les neutres changent d'attitude, le rapport de force évolue.

Les terroristes ressemblent donc à une mouche qui essaie de détruire un magasin de porcelaines. Elle est si faible qu'elle ne peut pas même déplacer une tasse de thé. Alors comment fait-elle ? Elle trouve un taureau, se glisse dans son oreille et se met à vrombir. Le taureau panique, s'énerve et détruit le magasin. C'est ce qui est arrivé après le 11-Septembre, quand les fondamentalistes islamiques ont incité le taureau américain à détruire le magasin de porcelaines du Moyen-Orient. Ils prospèrent désormais dans les décombres. Il ne manque pas de taureaux colériques dans le monde.

Rebattre les cartes

Le terrorisme est une stratégie militaire fort peu attrayante parce qu'il laisse toutes les décisions importantes entre les mains de l'ennemi. Puisque celui-ci garde toutes les options qu'il avait à sa disposition avant l'attentat, il est totalement libre de son choix. Les armées essaient habituellement d'éviter à tout prix les situations de ce genre. Quand elles attaquent, elles ne veulent pas produire un spectacle effrayant qui mettrait l'ennemi en colère et le pousserait à riposter. Elles cherchent plutôt à infliger des dommages matériels significatifs et à réduire sa capacité de représailles. Elles s'efforcent notamment d'éliminer ses armes et options les plus dangereuses.

C'est par exemple ce que fit le Japon, en décembre 1941, quand il lança une attaque-surprise contre les États-Unis et coula la flotte américaine du Pacifique à Pearl Harbor. Ce n'était pas du terrorisme, c'était la guerre. Les Japonais ne pouvaient être sûrs de la forme que prendraient les représailles, sauf d'une chose : quelle que fût leur décision, les Américains ne pourraient envoyer une flotte dans les Philippines ou à Hong Kong en 1942.

Pousser l'ennemi à l'action sans éliminer aucune de ses armes ou de ses options est un acte désespéré, auquel on ne recourt que faute d'autre option. Chaque fois qu'il est possible d'infliger de sérieux dégâts matériels, personne n'y renonce au profit du terrorisme pur et simple. En décembre 1941, c'eût été pure folie de la part des Japonais de torpiller un bateau de transport de passagers pour provoquer les États-Unis, tout en laissant intacte la flotte du Pacifique à Pearl Harbor.

Mais les terroristes n'ont guère le choix. Ils sont trop faibles pour engager une guerre. Ils choisissent plutôt de produire un spectacle théâtral dans l'espoir de provoquer l'ennemi et le pousser à surréagir. Les terroristes mettent en scène un spectacle terrifiant de violence qui capte notre imagination puis la retournent contre nous. En tuant une poignée de gens, les terroristes en amènent des millions à craindre pour leur vie. Pour calmer ces peurs, les gouvernements réagissent au théâtre de la terreur par un étalage sécuritaire et orchestrent d'immenses déploiements de force comme la persécution de populations entières ou l'invasion de pays étrangers. Dans la plupart des cas, cette surréaction au terrorisme menace bien davantage notre sécurité que les terroristes eux-mêmes.

Les terroristes ne pensent donc pas de la même façon que les généraux. Ils raisonnent plutôt en producteurs de spectacles. La mémoire publique des attentats du 11-Septembre prouve que tout le monde le comprend intuitivement. Si vous demandez aux gens ce qui est arrivé ce jour-là, probablement répondront-ils qu'Al-Qaïda a fait tomber les *twin towers* du World Trade Center. Or, l'attaque ne visait pas seulement les tours, mais comportait deux autres actions, notamment une attaque réussie contre le Pentagone. Comment se fait-il que si peu s'en souviennent ?

Si l'opération du 11-Septembre avait été une campagne militaire classique, l'attaque visant le Pentagone eût été au centre de l'attention. Elle a permis à Al-Qaïda de détruire partiellement le QG central de l'ennemi, tuant et blessant des officiers et des analystes de haut rang. Pourquoi la mémoire publique attache-t-elle bien plus d'importance à la destruction de deux bâtiments civils et à la tuerie d'agents de change, de comptables et d'employés de bureau ?

Parce que le Pentagone est un bâtiment relativement plat et discret, alors que le World Trade Center était un grand totem phallique dont l'effondrement a produit un immense effet audiovisuel. Qui en a vu les images ne saurait les oublier. Parce que nous comprenons intuitivement que le terrorisme est de l'ordre du théâtre, nous le jugeons à son impact émotionnel plutôt que matériel.

De même que les terroristes, ceux qui combattent le terrorisme doivent penser davantage en producteurs de théâtre qu'en généraux. Surtout, si nous voulons combattre le terrorisme efficacement, nous devons comprendre que rien de ce que font les terroristes ne peut nous vaincre. Nous seuls pouvons le faire, si nous surréagissons à mauvais escient aux provocations terroristes.

Les terroristes s'engagent dans une mission impossible : changer le rapport de force politique par la violence, alors même qu'ils n'ont aucune armée. Pour atteindre leur objectif, ils lancent à l'État un défi impossible : prouver qu'il peut protéger tous ses citoyens de la violence politique, partout, à tout moment. Leur espoir est qu'en essayant de remplir cette mission impossible l'État soit amené à rebattre les cartes politiques et leur tende un as imprévu.

Certes, quand l'État relève le défi, il parvient habituellement à écraser les terroristes. Au cours des dernières décennies, divers États ont effacé des centaines d'organisations terroristes. En 2002-2004, Israël a prouvé qu'il était possible de venir à bout par la force brute des campagnes de terreur les plus féroces[10]. Les terroristes savent fort bien que, dans une telle confrontation, toutes les chances sont contre eux. Mais puisqu'ils sont très faibles, et n'ont pas d'autre option militaire, ils n'ont rien à perdre et beaucoup à gagner. De temps à autre, les campagnes contre-terroristes créent une tempête politique qui bénéficie aux terroristes. C'est pour cela que le pari a du sens. Un terroriste ressemble à un joueur qui a une main particulièrement mauvaise et essaie de convaincre ses adversaires de rebattre les cartes. Il n'a rien à perdre, mais tout à gagner.

UNE PETITE PIÈCE DANS UN GRAND POT VIDE

Pourquoi l'État devrait-il accepter de rebattre les cartes ? Les dommages matériels causés par le terrorisme étant négligeables, l'État pourrait théoriquement ne rien faire, ou prendre des mesures fortes mais discrètes, loin des caméras et des micros. De fait, souvent, c'est exactement ce que font les États. De temps en temps, cependant, ils se mettent en rogne et réagissent publiquement de manière beaucoup trop vigoureuse, faisant ainsi le jeu des terroristes. Pourquoi les États sont-ils à ce point sensibles aux provocations terroristes ?

Les États ont du mal à résister à ces provocations parce que la légitimité de l'État moderne repose sur sa promesse de préserver la sphère publique des violences politiques. Un régime peut résister à de terribles catastrophes, voire les ignorer, du moment que sa légitimité ne suppose pas qu'il les empêche. En revanche, un problème mineur peut sceller sa perte s'il semble saper sa légitimité. Au XIVe siècle, la peste noire tua entre un quart et la moitié des populations européennes, sans que cela ne coûtât son trône à aucun roi ; au demeurant, aucun ne fit beaucoup d'efforts pour venir à bout de l'épidémie. À l'époque, personne n'estimait que prévenir les épidémies était de la responsabilité d'un monarque. Mais les souverains qui laissaient l'hérésie religieuse se répandre dans leurs dominions risquaient d'y perdre leur couronne, voire la tête.

De nos jours, un gouvernement peut combattre les violences domestiques et sexuelles moins énergiquement que le terrorisme. En effet, malgré l'impact de mouvements comme #MeToo, le viol ne sape pas sa légitimité. En France, par exemple, plus de dix mille plaintes pour viol sont déposées chaque année, et les cas non déclarés se comptent probablement en dizaines de milliers[11]. Les violeurs et les maris abusifs ne sont cependant pas perçus comme une menace existentielle pour l'État français parce que, historiquement, l'État ne s'est pas construit sur la promesse d'éliminer les violences sexuelles. À l'opposé, les cas bien plus rares de terrorisme sont considérés comme une menace mortelle pour la République française parce qu'au fil des derniers siècles les États modernes ont progressivement assis leur légitimité sur la promesse explicite de ne tolérer aucune violence politique à l'intérieur de leurs frontières.

Au Moyen Âge, la violence politique régnait dans la sphère publique. La capacité d'utiliser la violence était en fait le billet d'entrée dans le jeu politique ; qui était dépourvu de cette capacité n'avait aucune voix au chapitre. De nombreuses familles de la noblesse conservaient des forces en armes, tout comme les villes, les corporations, les églises et les monastères. Quand un abbé mourait et qu'une dispute surgissait à propos de sa succession, les factions rivales – moines, notables du pays et voisins concernés – recouraient souvent à la force pour trancher le différend.

Dans ce monde, le terrorisme n'avait aucune place. Quiconque n'était pas assez puissant pour provoquer de substantiels dommages matériels n'avait aucun poids. Si en 1150 une poignée de fanatiques musulmans avaient assassiné quelques civils à Jérusalem, exigeant que les croisés quittent la Terre sainte, le résultat eût été le ridicule, plutôt que la terreur. Si vous vouliez être pris au sérieux, il fallait au moins vous rendre maîtres d'un château fort ou deux. Le terrorisme ne tracassait pas nos ancêtres du Moyen Âge parce qu'ils avaient des problèmes autrement plus importants à affronter.

Dans les Temps modernes, les États centralisés ont progressivement réduit le niveau de violence politique au sein de leurs territoires ; dans les dernières décennies, les pays occidentaux sont parvenus à l'éradiquer presque totalement. Les citoyens français, britanniques ou américains peuvent se battre pour le contrôle des villes, des entreprises, des organisations et même de l'État sans avoir besoin de la moindre force armée. La maîtrise de billions de dollars, de millions de soldats et de milliers de navires, d'avions ou de missiles nucléaires passe d'un groupe de responsables politiques à l'autre sans qu'un seul coup de feu ne soit tiré. Les populations s'y sont vite habituées au point d'y voir un droit naturel. Dès lors, même des actes de violence politique sporadiques qui tuent quelques douzaines de personnes sont perçus comme une menace mortelle pour la légitimité, voire la survie de l'État. Une petite pièce dans un grand pot vide peut faire beaucoup de bruit.

Ainsi s'explique le succès du théâtre terroriste. L'État a créé un immense espace vide de toute violence politique qui fait office de caisse de résonance, amplifiant l'impact de toute attaque armée, si modeste soit-elle. Le terrorisme produit un choc public d'autant plus fort que la violence politique est rare. Tuer quelques personnes en Belgique attire beaucoup plus l'attention qu'en tuer des centaines au Nigeria ou en Irak. Paradoxalement, les États modernes ont si bien réussi à prévenir la violence politique qu'ils sont particulièrement vulnérables au terrorisme.

L'État a souligné maintes fois qu'il ne tolérera pas la moindre violence politique au sein de ses frontières. Les citoyens, quant à eux, se sont habitués à la violence politique zéro. Aussi le théâtre de la terreur engendre-t-il des peurs viscérales d'anarchie, comme si l'ordre social était sur le point de s'effondrer. Après des siècles de luttes sanglantes, nous nous sommes extirpés du trou noir de la violence, mais nous avons le sentiment qu'il est encore là, attendant patiemment de nous engloutir. Quelques atrocités macabres, et nous imaginons y sombrer de nouveau.

Pour apaiser ces craintes, l'État est conduit à répondre au théâtre de la terreur par son propre théâtre de la sécurité. La réponse la plus efficace au terrorisme pourrait être de bons services de renseignement et une action clandestine contre les réseaux financiers qui alimentent le terrorisme. Mais ce ne sont pas des choses que les citoyens voient à la télévision, alors qu'ils ont vu le drame terroriste de l'effondrement du World Trade Center. L'État se sent donc obligé de mettre en scène un contre-drame tout aussi spectaculaire, avec encore plus de feu et de fumée. Au lieu d'agir tranquillement et efficacement, l'État déclenche une puissante tempête, qui assez souvent accomplit les rêves les plus chers des terroristes.

Comment l'État devrait-il donc traiter le terrorisme ? Pour réussir, le contre-terrorisme doit se battre sur trois fronts. Premièrement, l'État doit concentrer les actions clandestines contre les réseaux de terreur. Deuxièmement, les médias doivent mettre les choses en perspective et éviter l'hystérie. Sans publicité, le théâtre de la terreur ne saurait réussir. Par malheur, les médias assurent trop souvent cette publicité gratuitement. Ils rapportent jusqu'à l'obsession les attaques terroristes et en exagèrent considérablement le danger parce que les articles sur le terrorisme font davantage vendre les journaux que les articles sur le diabète ou la pollution de l'air.

Le troisième front est l'imagination de chacun d'entre nous. Les terroristes captent notre imagination et la retournent contre nous. Sur la scène de notre esprit, nous ne cessons de rejouer l'attaque terroriste – de nous remémorer le 11-Septembre ou les tout derniers attentats-suicides. Les terroristes tuent une centaine de personnes et en poussent 100 millions à imaginer qu'un meurtrier se tapit derrière chaque arbre. Il appartient à chaque citoyen de libérer son imagination des terroristes et de se rappeler les dimensions réelles de la menace. C'est notre terreur intime qui nourrit l'obsession médiatique du terrorisme et pousse l'État à surréagir.

Le succès ou l'échec du terrorisme dépend donc de nous. Si nous laissons les terroristes s'emparer de notre imagination et surréagissons à nos peurs, le terrorisme réussira. Libérons notre imagination des terroristes, réagissons de manière équilibrée et froide, et il échouera.

TERRORISME NUCLÉAIRE

Cette analyse vaut pour le terrorisme tel que nous l'avons connu au cours des deux siècles passés et tel qu'il se manifeste actuellement dans les rues de New York, Londres, Paris et Tel-Aviv. Toutefois, si les terroristes acquièrent des armes de destruction massive, la nature du terrorisme, mais aussi de l'État et de la politique mondiale, va changer du tout au tout. Si de minuscules organisations représentant une poignée de fanatiques peuvent détruire des villes entières et tuer des millions de gens, aucune sphère publique n'échappera à la violence politique.

Si le terrorisme actuel est surtout du théâtre, le futur terrorisme nucléaire, le cyberterrorisme ou le bioterrorisme représenteraient une menace beaucoup plus sérieuse et exigeaient des États une réaction plus draconienne. De ce fait, précisément, il nous faut prendre grand soin de différencier ces scénarios d'avenir hypothétiques des attentats terroristes dont nous avons été témoins jusqu'ici. Craindre qu'un jour des terroristes ne mettent la main sur une bombe nucléaire et détruisent New York ou Londres ne justifie pas une surréaction hystérique à un terroriste qui tue une douzaine de passants avec un fusil automatique ou un camion. Les États doivent être attentifs à ne pas se mettre à persécuter tous les groupes dissidents sous prétexte qu'ils pourraient un jour chercher à se procurer des armes nucléaires ou pirater nos voitures autonomes pour les transformer en une flotte de robots tueurs.

De même, si les États doivent bien entendu surveiller les groupes radicaux et agir pour les empêcher de prendre le contrôle d'armes de destruction massive, il leur faut trouver un équilibre entre la peur du terrorisme nucléaire et d'autres scénarios menaçants. Au cours des deux dernières décennies, les États-Unis ont dilapidé des billions de dollars et une bonne partie de leur capital politique dans leur « Guerre contre la Terreur ». George W. Bush, Tony Blair, Barack Obama et leurs administrations peuvent plaider, non sans raison, qu'en traquant les terroristes, ils les ont forcés à penser davantage à leur survie qu'au moyen d'acquérir des bombes nucléaires. Ainsi auraient-ils sauvé le monde d'un 11-Septembre nucléaire. Comme il s'agit d'une thèse contrefactuelle – « si nous n'avions pas lancé la Guerre contre la Terreur, Al-Qaïda aurait acquis des armes nucléaires » –, il est difficile de dire si elle est vraie ou fausse.

Nous pouvons être certains, cependant, qu'en menant la Guerre contre la Terreur les Américains et leurs alliés ont non seulement causé d'immenses destructions à travers le monde, mais aussi encouru ce que les économistes appellent des « coûts d'opportunité ». L'argent, le temps et le capital politique investis pour combattre le terrorisme ne l'ont pas été dans la lutte contre le réchauffement climatique, le sida et la pauvreté, pour apporter la paix et la prospérité dans l'Afrique subsaharienne ou pour forger de meilleurs liens avec la Russie et la Chine. Si New York ou Londres finit par être submergée par l'océan Atlantique, ou si les tensions avec la Russie débouchent sur une guerre ouverte, Bush, Blair et Obama pourraient se voir reprocher de s'être concentrés sur le mauvais front.

Autant il est difficile d'établir les priorités en temps réel, autant il est trop facile de dire rétrospectivement ce qu'elles auraient dû être. Nous accusons les dirigeants de n'avoir su empêcher les catastrophes qui se sont produites, tout en demeurant béatement inconscients de désastres qui ne se sont jamais matérialisés. Des gens se retournent ainsi sur l'administration Clinton des années 1990 et lui reprochent d'avoir négligé la menace d'Al-Qaïda. Dans ces années-là, cependant, peu de gens imaginaient que des terroristes islamiques pourraient déclencher un conflit mondial en lançant des avions de ligne contre des gratte-ciel à New York. En revanche, beaucoup redoutaient que la Russie ne s'effondre entièrement et ne perde le contrôle non seulement de son immense territoire, mais aussi de milliers de bombes nucléaires et biologiques. On craignait aussi que les guerres sanglantes de l'ancienne Yougoslavie ne se propagent à d'autres parties de l'Europe orientale et n'entraînent des conflits entre la Hongrie et la Roumanie, la Bulgarie et la Turquie, ou la Pologne et l'Ukraine.

La réunification de l'Allemagne en mettait beaucoup encore plus mal à l'aise. Quarante-cinq ans après la chute du Troisième Reich, quantité de gens nourrissaient encore une peur viscérale de la puissance allemande. La menace soviétique disparue, l'Allemagne ne deviendra-t-elle pas une superpuissance qui dominera le continent européen ? Et la Chine ? Alarmée par l'effondrement du bloc soviétique, la Chine pourrait abandonner ses réformes, retourner à la politique maoïste pure et dure et devenir une version agrandie de la Corée du Nord.

Nous pouvons nous moquer aujourd'hui de ces scénarios effrayants, parce que nous savons qu'ils ne se sont pas matérialisés. La situation de la Russie s'est stabilisée, l'Union européenne a paisiblement absorbé la majeure partie de l'Europe orientale, on salue aujourd'hui dans l'Allemagne réunifiée le leader du monde libre, et la Chine est devenue le moteur économique du globe. Tout cela, du moins en partie, grâce aux politiques constructives des États-Unis et de l'Union européenne. Eût-il été plus sage de leur part, dans les années 1990, de se focaliser sur les extrémistes islamiques plutôt que sur la situation dans l'ancien bloc soviétique ou en Chine ?

Nous ne pouvons tout simplement pas nous préparer à toute éventualité. Dès lors, même si nous devons certainement empêcher le terrorisme nucléaire, cet objectif ne saurait être numéro un à l'ordre du jour de l'humanité. Et nous ne devons certainement pas invoquer la menace théorique du terrorisme nucléaire pour justifier une surréaction au terrorisme ordinaire. Ce sont des problèmes différents qui requièrent des solutions différentes.

Si, malgré nos efforts, des groupes terroristes finissent par mettre la main sur des armes de destruction massive, il est difficile de savoir comment ces luttes politiques seront menées, mais elles seront en tout cas très différentes des campagnes de terreur et de contre-terreur du début du XXIᵉ siècle. Si, en 2050, le monde fourmille de terroristes nucléaires et de bioterroristes, leurs victimes se retourneront sur 2018 avec une nostalgie teintée d'incrédulité : comment des gens qui vivaient dans des conditions aussi sûres pouvaient-ils se sentir à ce point menacés ?

Bien entendu, le terrorisme n'est pas seul à alimenter notre sentiment actuel du danger. Beaucoup d'experts et de profanes craignent que la troisième guerre mondiale ne soit au coin de la rue, comme si nous avions déjà vu ce film avant, un siècle plus tôt. De même qu'en 1914, la montée des tensions entre les grandes puissances va de pair en 2018 avec des problèmes mondiaux irréductibles et semble nous entraîner vers une guerre mondiale. Cette angoisse est-elle plus justifiée que notre peur démesurée du terrorisme ?

11.

Guerre

Ne jamais sous-estimer la bêtise humaine

Les dernières décennies ont été l'ère la plus pacifique de toute l'histoire humaine. Alors que dans les premières sociétés agricoles la violence humaine causait jusqu'à 15 % des morts, elle n'en a causé que 5 % au XXe siècle ; aujourd'hui, ce pourcentage est de 1 % seulement[1]. Depuis la crise financière mondiale de 2008, cependant, la situation internationale se dégrade à vue d'œil, le bellicisme est de nouveau en vogue et les dépenses militaires explosent[2]. Profanes et experts redoutent que, de même qu'en 1914 le meurtre d'un archiduc autrichien a déclenché la Première Guerre mondiale, un incident dans le désert syrien ou une imprudence dans la péninsule coréenne ne déclenche en 2018 un conflit mondial.

Compte tenu de la montée des tensions dans le monde, et de la personnalité des dirigeants de Washington, de Pyongyang et d'ailleurs, il y a vraiment lieu de s'inquiéter. Entre 2018 et 1914, existent cependant plusieurs différences clés. En 1914, notamment, la guerre séduisait les élites à travers le monde parce qu'il ne manquait pas d'exemples concrets de victoires militaires contribuant à la prospérité économique et au pouvoir politique. En 2018, en revanche, les guerres victorieuses ont tout l'air d'une espèce menacée.

Depuis les Assyriens et les Qin, les grands empires se sont habituellement construits par la violence et la conquête. En 1914, aussi, toutes les grandes puissances devaient leur statut à des guerres victorieuses. Par exemple, le Japon impérial devint une puissance régionale à la faveur de ses victoires sur la Chine et la Russie ;

l'Allemagne devint le chef de file de l'Europe après ses triomphes sur l'Autriche-Hongrie et la France ; et la Grande-Bretagne créa l'empire le plus vaste et le plus prospère par une série de « splendides petites guerres » à travers le monde. Ainsi, en 1882, la Grande-Bretagne envahit et occupa l'Égypte, ne perdant que cinquante-sept soldats dans la bataille décisive de Tell el-Kébir[3]. Alors que de nos jours occuper un pays musulman est le cauchemar des Occidentaux, à la suite de cette victoire les Britanniques rencontrèrent assez peu de résistance armée et, plus de six décennies durant, gardèrent le contrôle de la vallée du Nil et de l'axe vital qu'est le canal de Suez. D'autres puissances européennes imitèrent les Britanniques. Chaque fois qu'à Paris, Rome ou Bruxelles un gouvernement envisageait de mettre les pieds au Vietnam, en Libye ou au Congo, sa seule crainte était d'être pris de vitesse par un autre.

Les États-Unis eux-mêmes devaient leur statut de grande puissance à l'action militaire plutôt qu'à leur seul dynamisme économique. En 1846, ils envahirent le Mexique et conquirent la Californie, le Nevada, l'Utah, l'Arizona, le Nouveau-Mexique ainsi que des parties du Colorado, du Kansas, du Wyoming et de l'Oklahoma. Le traité de paix confirma aussi l'annexion du Texas. Autour de 13 000 soldats américains tombèrent au cours de cette guerre qui ajouta 2,3 millions de kilomètres carrés aux États-Unis (plus que la superficie combinée de la France, de la Grande-Bretagne, de l'Espagne et de l'Italie[4]). Ce fut la bonne affaire du millénaire.

En 1914, les élites de Washington, Londres et Berlin savaient donc exactement à quoi ressemblait une guerre victorieuse et les gains qu'on pouvait en tirer. En 2018, en revanche, les élites mondiales ont de bonnes raisons de soupçonner que ce type de guerre pourrait bien appartenir au passé. Même si certains dictateurs du tiers monde et acteurs non étatiques parviennent encore à prospérer à la faveur de la guerre, il semble que les grandes puissances ne sachent plus comment faire.

De mémoire d'homme, la plus grande victoire – celle des États-Unis sur l'Union soviétique – fut obtenue sans grande confrontation militaire. Les États-Unis eurent un goût éphémère de la gloire militaire d'antan au cours de la première guerre du Golfe, mais cela ne fit que les inciter à gaspiller des billions de dollars qui les conduisirent à des fiascos militaires humiliants en Irak et en Afghanistan. La Chine, puissance montante au début du XXIᵉ siècle, a pris soin d'éviter tous les conflits armés depuis l'échec de son invasion au Vietnam en 1979, et elle doit exclusivement son ascension à des facteurs économiques. Ce faisant, elle a imité non pas les empires japonais, allemand et italien d'avant 1914, mais les miracles économiques japonais, allemand et italien d'après 1945. Dans tous ces cas, la prospérité économique et le poids géopolitique ont été obtenus sans tirer un seul coup de feu.

Même au Moyen-Orient – le champ de bataille du monde –, les puissances régionales ne savent pas mener des guerres victorieuses. L'Iran n'a rien gagné au long bain de sang de la guerre avec l'Irak et a évité par la suite toutes les confrontations militaires. De l'Irak au Yémen, Téhéran finance et arme des mouvements locaux et a envoyé ses Gardiens de la Révolution aider ses alliés en Syrie et au Liban, mais s'est bien gardé jusqu'ici d'envahir un pays. L'Iran est dernièrement devenu la puissance régionale dominante par défaut, plutôt qu'à la suite d'une victoire éclatante sur le champ de bataille. Ses deux principaux ennemis – les États-Unis et Bagdad – se sont laissé entraîner dans une guerre qui a détruit l'Irak mais aussi le goût américain pour les bourbiers moyen-orientaux, laissant ainsi Téhéran s'emparer des dépouilles.

On peut en dire largement autant d'Israël. Sa dernière guerre victorieuse remonte à 1967. Le pays a depuis prospéré malgré ses nombreuses guerres, non pas grâce à elles. La plupart des territoires occupés le grèvent de fardeaux économiques et d'un passif politique écrasant. Tout comme l'Iran, Israël a dernièrement amélioré sa situation géopolitique en évitant les aventures militaires, plutôt qu'en menant des guerres victorieuses. Alors que la guerre ravageait ses anciens ennemis en Irak, en Syrie et en Libye, il s'est tenu à distance. On peut dire que la plus grande réussite politique de Netanyahu (à ce jour, en mars 2018) aura été de ne pas se laisser entraîner dans la guerre civile syrienne. S'il l'avait voulu, les forces de défense israéliennes (FDI) auraient pris Damas dans la semaine, mais qu'y aurait gagné Israël ? Il eût été plus facile encore aux FDI de conquérir Gaza et de renverser le régime du Hamas, mais Israël s'est maintes fois refusé à le faire, car malgré ses prouesses militaires et la rhétorique belliciste des politiciens israéliens,

Israël sait qu'il n'aurait pas grand-chose à gagner à une guerre. Comme les États-Unis, la Chine, l'Allemagne, le Japon et l'Iran, Israël paraît comprendre qu'au XXIe siècle la stratégie la plus payante est de rester neutre en laissant les autres combattre à sa place.

Vu du Kremlin

Jusqu'ici, la seule invasion d'une grande puissance couronnée de succès au début du XXIe siècle a été la conquête russe de la Crimée. En février 2014, les forces russes envahirent l'Ukraine voisine et occupèrent la péninsule de Crimée, par la suite annexée à la Russie. Sans guère combattre, celle-ci acquit un territoire stratégiquement vital, inspira la peur à ses voisins et redevint une puissance mondiale. Cependant, le succès de la conquête s'explique par un extraordinaire concours de circonstances. Ni l'armée ukrainienne ni la population locale n'opposèrent une grande résistance aux Russes, alors que les autres puissances s'abstinrent d'intervenir directement dans la crise. Pareille conjoncture sera difficile à reproduire ailleurs dans le monde. Si la condition préalable d'une guerre victorieuse est l'absence d'ennemis prêts à résister à l'agresseur, cela limite sérieusement les opportunités disponibles.

De fait, quand la Russie a cherché à reproduire son succès de Crimée dans d'autres parties de l'Ukraine, elle s'est heurtée à une opposition nettement plus coriace, et la guerre de l'Est ukrainien s'est enlisée dans une impasse improductive. Pis encore, dans la perspective de Moscou, la guerre a attisé des sentiments antirusses en Ukraine et, d'alliée, a fait de celle-ci un ennemi juré. De même qu'après leur victoire dans la première guerre du Golfe les États-Unis ont cédé à la tentation d'en faire trop en Irak, le succès de Crimée a sans doute poussé Moscou à vouloir aller trop loin en Ukraine.

Au total, on ne saurait guère qualifier les interventions de la Russie au Caucase ou en Ukraine au début du XXIe siècle de grandes réussites. Si elles ont rehaussé le prestige de grande puissance de la Russie, elles ont aussi accru la méfiance et l'animosité envers Moscou et, en termes économiques, elles ont été une opération à perte. Les stations touristiques de Crimée et les usines décrépites de l'époque soviétique de Lougansk et de Donetsk ne couvrent guère le coût du financement des opérations, et ne compensent certainement pas celui de la fuite des capitaux et des sanctions internationales. Pour mesurer les limites de la politique russe, il suffit de comparer les immenses progrès économiques de la Chine pacifique des vingt dernières années à la stagnation économique de la Russie « victorieuse » au cours de la même période[5].

Nonobstant les discours valeureux de Moscou, l'élite russe elle-même a probablement conscience des coûts et bénéfices réels de ses aventures militaires, ce qui explique qu'elle ait jusqu'ici pris grand soin d'éviter l'escalade. La Russie a suivi le principe de la brute dans la cour de récréation : « Tu t'en prends au plus chétif et tu ne le tabasses pas trop, de crainte que le prof n'intervienne. » Si Poutine avait poursuivi ses guerres dans l'esprit de Staline, Pierre le Grand ou Gengis Khan, il y a longtemps que les chars russes auraient foncé sur Tbilissi et Kiev, sans parler de Varsovie et de Berlin. Mais Poutine n'est ni Gengis ni Staline. Il semble savoir mieux que quiconque que jusqu'ici, au XXIe siècle, la puissance militaire ne saurait mener bien loin et que pour gagner une guerre, il faut qu'elle reste limitée. Même en Syrie, et malgré le caractère implacable des bombardements aériens russes, il a veillé à limiter la présence russe au sol, pour laisser aux autres les combats sérieux, et à empêcher le conflit de s'étendre aux pays voisins.

De fait, dans la perspective russe, toutes les initiatives prétendument agressives des dernières années ne furent pas des manœuvres d'ouverture d'une nouvelle guerre mondiale, mais un effort pour étayer des défenses exposées. Les Russes peuvent à juste titre faire valoir qu'après leurs retraites pacifiques de la fin des années 1980 et du début des années 1990, on les a traités comme des vaincus. Les États-Unis et l'OTAN ont profité de la faiblesse russe et, après avoir promis le contraire, ont étendu l'OTAN à l'Europe orientale et même à d'anciennes républiques soviétiques. L'Occident a continué d'ignorer les intérêts russes au Moyen-Orient, attaqué la Serbie et l'Irak sous des prétextes douteux et, d'une manière générale, indiqué clairement à la Russie qu'elle ne pouvait compter que sur sa puissance militaire pour protéger sa sphère d'influence des incursions occidentales. Dans cette perspective, les récentes initiatives militaires de la Russie sont imputables à Bill Clinton et à George W. Bush autant qu'à Vladimir Poutine.

Bien entendu, on ne saurait encore exclure que les actions militaires russes en Géorgie, en Ukraine et en Syrie ne se transforment en premières salves d'une campagne impériale bien plus hardie. Même si Poutine n'a pas jusqu'ici nourri de sérieux projets de conquête mondiale, le succès pourrait attiser ses ambitions. Toutefois, il serait bon de se rappeler que la Russie de Poutine est bien plus faible que l'URSS de Staline et que, sauf à obtenir le concours d'autres pays comme la Chine, elle n'a pas les moyens d'une nouvelle guerre froide, encore moins d'une véritable guerre mondiale. La Russie compte 150 millions d'habitants pour un PIB de 4 billions de dollars. En matière de population comme de production, elle ne pèse pas grand-chose en comparaison des États-Unis (325 millions d'habitants et 19 billions de dollars) et de l'Union européenne (500 millions d'habitants et 21 billions de dollars[6]). Au total, les États-Unis et l'Union européenne ont cinq fois plus d'habitants que la Russie et dix fois plus de dollars.

De récents développements technologiques ont rendu cet écart encore plus grand qu'il n'y paraît. L'URSS a atteint son zénith au milieu du XXe siècle, quand l'industrie lourde était la locomotive de l'économie mondiale et que le système soviétique centralisé excellait dans la production massive de tracteurs, de camions, de chars et de missiles intercontinentaux. Aujourd'hui, la technologie de l'information et la biotechnologie ont plus d'importance que l'industrie lourde, mais la Russie n'excelle dans aucun de ces deux domaines. Si ses capacités de cyberguerre sont impressionnantes, elle manque d'un secteur civil de technologie de l'information, et son économie repose massivement sur les ressources naturelles, notamment le pétrole et le gaz. Sans doute est-ce suffisant pour enrichir quelques oligarques et maintenir Poutine au pouvoir, mais pas pour gagner une course aux armements digitaux ou biotechnologiques.

Qui plus est, il manque à la Russie de Poutine une idéologie universelle. Au cours de la guerre froide, l'URSS comptait sur la séduction globale du communisme autant que sur la portée mondiale de l'Armée rouge. Le poutinisme, en revanche, n'a pas grand-chose à offrir aux Cubains, aux Vietnamiens ou aux intellectuels français. Le nationalisme autoritaire peut bien se répandre à travers le monde ; par sa nature même, cependant, il n'est pas propice à l'instauration de blocs internationaux cohérents. Alors que les communismes polonais et russe étaient tous deux attachés, du moins en théorie, aux intérêts universels d'une classe ouvrière mondiale, les nationalismes polonais et russe sont, par définition, attachés à des intérêts opposés. L'ascension de Poutine provoquant une montée du nationalisme polonais, cela ne fera que rendre la Pologne plus antirusse que jamais.

Dès lors, bien que la Russie se soit lancée dans une campagne mondiale de désinformation et de subversion qui vise à faire éclater l'OTAN et l'UE, il est peu probable qu'elle soit sur le point de se lancer dans une campagne mondiale de conquête. On peut espérer, non sans raison, que la prise de la Crimée et les incursions russes en Géorgie et dans l'est de l'Ukraine resteront des épisodes isolés plutôt que les signes avant-coureurs d'une nouvelle ère de guerre.

L'ART PERDU DE GAGNER LES GUERRES

Pourquoi est-il si difficile aux grandes puissances de mener des guerres couronnées de succès au XXIᵉ siècle ? Une des raisons est que l'économie a changé de nature. Par le passé, les actifs économiques étaient surtout matériels, et il était donc relativement simple de s'enrichir par la conquête. Si vous vainquiez vos ennemis sur le champ de bataille, vous pouviez vous payer en pillant les villes, en vendant les civils sur le marché aux esclaves ou en occupant des champs de blé précieux et des mines d'or. Les Romains s'enrichirent en vendant des captifs grecs et gaulois ; au XIXᵉ siècle, les Américains prospérèrent en exploitant les mines d'or de Californie et les ranchs du Texas.

Au XXIᵉ siècle, cependant, on ne peut attendre de ces pratiques que des profits dérisoires. Les principaux actifs économiques consistent désormais en savoir technique et institutionnel plutôt qu'en champs de blé ou même de pétrole : or, le savoir ne se conquiert pas par la guerre. Une organisation telle que l'État islamique peut encore prospérer en pillant les villes et les puits de pétrole du Moyen-Orient : elle a saisi plus de 500 millions de dollars dans les banques irakiennes et, en 2015, en a gagné autant en vendant du pétrole[7] ; pour une grande puissance comme la Chine ou les États-Unis, ce sont des bagatelles. Avec un PIB annuel de plus de 20 billions de dollars, on voit mal la Chine engager une guerre pour quelques malheureux milliards. Quant à dépenser des billions de dollars dans une guerre contre les États-Unis, comment la Chine pourrait-elle rentrer dans ses frais et compenser les dommages de guerre et les opportunités commerciales perdues ? Victorieuse, l'Armée populaire de libération pillerait-elle les richesses de la Silicon Valley ? Certes, des sociétés telles que Apple, Facebook et Google valent des milliards de dollars, mais on ne s'empare pas de ces fortunes par la force. Il n'y a pas de mines de silice dans la Silicon Valley.

Théoriquement, une guerre victorieuse pourrait encore rapporter d'immenses profits en permettant au vainqueur de réorganiser le système commercial mondial en sa faveur, comme le firent la Grande-Bretagne après sa victoire sur Napoléon et les États-Unis après leur victoire sur Hitler. Avec les changements de la technologie militaire, il est cependant difficile de répéter cette prouesse au XXIe siècle. La bombe atomique a transformé en suicide collectif la victoire dans une guerre mondiale. Ce n'est nullement un hasard si, depuis Hiroshima, jamais les superpuissances ne se sont combattues directement pour ne s'engager que dans des conflits à enjeux modestes (pour elles) où la tentation de recourir aux armes nucléaires pour éviter la défaite était faible. En vérité, même attaquer une puissance nucléaire de seconde zone comme la Corée du Nord reste une option fort peu attrayante. Il est angoissant de songer à ce que la famille Kim pourrait faire si elle était confrontée à une défaite militaire.

La cyberguerre rend les choses pires encore pour les impérialistes potentiels. Au bon vieux temps de la reine Victoria et de la mitrailleuse Maxim, l'armée britannique pouvait massacrer les guerriers de quelque lointain désert sans mettre en danger la paix de Manchester et de Birmingham. Même au temps de George W. Bush, les États-Unis pouvaient faire des ravages à Bagdad et à Falloujah, tandis que les Irakiens n'avaient aucun moyen d'exercer des représailles contre San Francisco ou Chicago. Mais si les États-Unis attaquent aujourd'hui un pays qui possède des moyens de cyberguerre, même limités, il suffirait de quelques minutes pour transporter la guerre en Californie ou en Illinois. Des logiciels malveillants et des bombes logiques pourraient paralyser le trafic aérien à Dallas, provoquer des collisions ferroviaires à Philadelphie et couper le réseau électrique du Michigan.

À la grande époque des conquérants, l'art de la guerre pouvait rapporter gros avec des dégâts minimes. À la bataille d'Hastings, en 1066, Guillaume le Conquérant prit le contrôle de toute l'Angleterre en un jour au cours d'un affrontement qui lui coûta quelques milliers de morts. Les armes nucléaires et la cyberguerre, en revanche, sont des technologies à dommages élevés mais à faibles profits. On peut utiliser ces outils pour détruire des pays entiers, pas pour construire des empires rentables.

Dès lors, dans un monde plein de bruits de sabre et de mauvaises vibrations, notre meilleure garantie de paix est peut-être que les grandes puissances manquent d'exemples récents de guerres victorieuses. Alors que Gengis Khan ou Jules César envahissaient un pays étranger pour un oui ou pour un non, les dirigeants nationalistes actuels comme Erdogan, Modi et Netanyahu parlent fort mais font montre d'une extrême prudence quand il s'agit d'engager les hostilités. Bien entendu, si quelqu'un trouvait une formule pour mener une guerre victorieuse dans les conditions du XXIe siècle, les portes de l'enfer pourraient s'ouvrir brusquement. C'est ce qui fait de la réussite russe en Crimée un présage particulièrement effrayant. Espérons qu'elle demeure une exception.

LA MARCHE DE LA FOLIE

Hélas, même si les guerres restent une affaire peu rentable au XXIe siècle, cela ne devrait pas nous donner une garantie de paix absolue. Ne sous-estimons jamais la bêtise humaine. Tant sur le plan personnel que collectif, les hommes sont enclins aux activités auto-destructrices.

En 1939, la guerre était probablement une initiative contre-productive pour les puissances de l'Axe, mais elle n'a pas épargné le monde. Ce qui est stupéfiant, c'est qu'à la suite de la Seconde Guerre mondiale, les pays ont prospéré comme jamais auparavant. Vingt ans après l'anéantissement de leurs armées et l'effondrement de leurs empires, Allemands, Italiens et Japonais jouissaient de niveaux d'abondance sans précédent. Dès lors, pourquoi sont-ils entrés en guerre ? Pourquoi avoir infligé morts et destructions par millions ? Tout cela ne fut qu'une stupide erreur de calcul. Dans les années 1930, au Japon, généraux, amiraux, économistes et journalistes s'accordaient à penser que, sans le contrôle de la Corée, de la Mandchourie et de la côte chinoise, le Japon était condamné à la stagnation économique[8]. Tous se trompaient. En vérité, le fameux miracle économique japonais n'a commencé que le jour où le Japon a perdu toutes ses conquêtes continentales.

La bêtise humaine est une des forces les plus importantes de l'histoire, mais nous avons tendance à en faire peu de cas. Politiciens, généraux et savants traitent le monde comme une grande partie d'échecs, où chacun s'en tient à des calculs rationnels prudents. C'est juste jusqu'à un certain point. Dans l'histoire, rares ont été les dirigeants fous au sens strict du mot, déplaçant au hasard les pions et les chevaliers. Le général Tōjō, Saddam Hussein et Kim Jong-il agissaient à chaque coup pour des raisons rationnelles. Le problème est que le monde est bien plus compliqué qu'un échiquier et que la rationalité humaine n'a pas les moyens de le comprendre réellement. Même les dirigeants rationnels finissent donc souvent par faire des choses très sottes.

Dans quelle mesure devons-nous craindre une guerre mondiale ? Mieux vaut éviter deux extrêmes. D'un côté, la guerre n'est absolument pas inévitable. L'issue pacifique de la guerre froide prouve que, quand les humains prennent les bonnes décisions, même les conflits de superpuissances peuvent être résolus pacifiquement. De surcroît, il est excessivement dangereux de penser qu'une nouvelle guerre mondiale est inévitable. Ce serait une prophétie autoréalisatrice. Si des pays croient la guerre inéluctable, ils renforcent leurs armées, se lancent dans la spirale de la course aux armements, refusent tout compromis en cas de conflit et soupçonnent que les gestes de bonne volonté ne sont que des pièges. C'est la garantie que la guerre finira par éclater.

D'autre part, il serait naïf de penser que la guerre est impossible. Même si la guerre est catastrophique pour tout le monde, aucun dieu ni aucune loi naturelle ne nous protègent de la bêtise humaine.

Un remède éventuel à la bêtise des hommes est une dose d'humilité. Les tensions nationales, religieuses et culturelles ne peuvent qu'empirer du fait du sentiment grandiose que ma nation, ma religion et ma culture sont les plus importantes du monde, et que mes intérêts doivent passer avant ceux de tous les autres, voire de l'humanité dans son ensemble. Comment rendre les nations, les religions et les cultures un peu plus réalistes et modestes sur leur vraie place dans le monde ?

12.

Humilité

Vous n'êtes pas le centre du monde

La plupart des peuples ont tendance à croire qu'ils sont le centre du monde, et que leur culture est le pivot de l'histoire humaine. Beaucoup de Grecs croient que l'histoire a commencé avec Homère, Sophocle et Platon, que toutes les idées et inventions importantes sont nées à Athènes, Sparte, Alexandrie ou Constantinople. Les nationalistes chinois rétorquent qu'en réalité l'histoire a commencé avec l'Empereur Jaune et les dynasties Xia et Shang, et que tout ce qu'ont pu réaliser les Occidentaux, les musulmans ou les Indiens n'est qu'une pâle copie des percées chinoises originelles.

Les nativistes hindous rejettent ces vantardises chinoises et prétendent que même les avions et les bombes nucléaires ont été inventés par d'anciens sages du sous-continent indien bien avant Confucius ou Platon, sans parler d'Einstein et des frères Wright. Saviez-vous, par exemple, que c'est Maharishi Bhardwaj qui a inventé les fusées et les avions, que Vishvamitra a non seulement inventé les missiles mais les a utilisés, qu'Acharya Kanad est le père de la théorie atomique, et que le Mahabharata décrit exactement les armes nucléaires[1] ?

Pour les dévots musulmans, toute l'histoire antérieure au prophète Muhammad est largement dépourvue d'intérêt ; et toute l'histoire qui suit la révélation du Coran tourne autour de l'*Oumma* musulmane. Les principales exceptions sont les nationalistes turcs, iraniens et égyptiens ; pour eux, dès avant Muhammad, leur nation était la source de tout ce qui était bon pour l'humanité et même après la révélation du Coran, c'est leur peuple qui a préservé la pureté de l'islam et a propagé sa gloire.

Il va sans dire que les Britanniques, les Français, les Allemands, les Américains, les Russes, les Japonais et d'innombrables autres groupes sont pareillement convaincus que l'humanité aurait croupi dans l'ignorance barbare et immorale sans les réalisations spectaculaires de leur nation. Certains peuples sont allés jusqu'à imaginer que leurs institutions politiques et leurs pratiques religieuses étaient essentielles pour les lois mêmes de la physique. Les Aztèques ont ainsi cru fermement que, sans les sacrifices accomplis chaque année, le soleil ne se lèverait pas et que l'univers tout entier se désintégrerait.

Toutes ces allégations sont fausses. L'ignorance délibérée de l'histoire s'y mêle à plus qu'un soupçon de racisme. Aucune des religions ou des nations actuelles n'existait quand les hommes ont colonisé le monde, domestiqué les plantes et les animaux, bâti les premières cités, ou inventé l'écriture et l'argent. La morale, l'art, la spiritualité et la créativité sont des facultés humaines universelles inscrites dans notre ADN, dont la genèse remonte à l'âge de pierre en Afrique. Leur attribuer une origine plus récente en d'autres lieux, que ce soit la Chine de l'Empereur Jaune, la Grèce de Platon ou l'Arabie au temps de Muhammad, relève donc d'un égotisme crasse.

Personnellement, ce dernier ne m'est que trop familier parce que les Juifs – mon peuple – croient aussi être la chose la plus importante du monde. Nommez n'importe quelle réalisation ou invention humaine, ils s'empresseront d'en revendiquer le mérite. Pour les connaître intimement, je sais aussi qu'ils en sont sincèrement convaincus. Un jour, je suis allé voir un professeur de yoga en Israël. Dans son cours d'introduction, il expliquait avec le plus grand sérieux que le yoga était une invention d'Abraham, et que toutes les postures de base dérivaient de la forme des lettres de l'alphabet hébreu ! (Ainsi, la posture *trikonasana* – du triangle – imite la forme de la lettre *aleph* ; celle de *tuladandasana* – du bâton en équilibre – la lettre *dalet*, etc.) Abraham enseigna ces postures au fils de l'une de ses concubines, qui se rendit en Inde et initia les Indiens au yoga. Quand je lui demandai des preuves, le maître cita un passage de la Bible : « Il fit des dons aux fils de ses concubines ; et, tandis qu'il vivait encore, il les envoya loin de son fils Isaac du côté de l'orient, dans le pays d'Orient » (Genèse, 25,6). À votre avis, quels étaient ces dons ? Vous voyez bien ! Même le yoga est une invention des Juifs !

Tenir Abraham pour l'inventeur du yoga reste une idée excentrique. Le judaïsme traditionnel affirme pourtant solennellement que tout le cosmos existe uniquement pour que les rabbins puissent étudier les Saintes Écritures : que les Juifs cessent de pratiquer, ce sera la fin de l'univers. La Chine, l'Inde, l'Australie et même les lointaines galaxies seront toutes anéanties si les rabbins de Jérusalem et de Brooklyn cessent de débattre du Talmud. C'est là un article central de la foi des Juifs orthodoxes, et quiconque ose en douter passe pour un ignorantin et un sot. Cette grandiose allégation laisse sans doute un peu plus sceptiques les Juifs laïques, mais eux aussi croient que le peuple juif est le héros central de l'histoire et la source ultime de la morale, de la spiritualité et du savoir.

Ce qui lui manque en termes d'effectifs et d'influence réelle, mon peuple fait plus que le compenser en *hutzpah*, en toupet ! Puisqu'il est plus séant de critiquer les siens que de critiquer les étrangers, je prendrai l'exemple du judaïsme pour montrer combien ces récits suffisants sont ridicules, et je laisserai aux lecteurs du monde entier le soin de percer les baudruches gonflées par leurs tribus.

LA MÈRE DE FREUD

Sapiens. Une brève histoire de l'humanité a initialement été écrit en hébreu, pour un public israélien, et a été publié en 2011. La question la plus fréquente des lecteurs israéliens a alors été de savoir pourquoi j'avais à peine mentionné le judaïsme dans mon histoire de l'espèce humaine. Pourquoi m'être étendu longuement sur le christianisme, l'islam et le bouddhisme pour ne dire que quelques mots de la religion juive et du peuple juif ? Avais-je choisi délibérément d'ignorer leur immense contribution à l'histoire humaine ? Étais-je motivé par quelque sombre ordre du jour politique ?

Ces questions viennent naturellement aux Juifs israéliens éduqués depuis le jardin d'enfants dans l'idée que le judaïsme est la superstar de l'histoire humaine. Les enfants achèvent habituellement leurs douze années de scolarité sans avoir reçu la moindre idée claire des processus historiques mondiaux. On ne leur apprend quasiment rien de la Chine, de l'Inde ou de l'Afrique, et même si on leur parle de l'Empire romain, de la Révolution française et de la Seconde Guerre mondiale, ce sont des pièces de puzzle isolées qui ne forment pas un récit d'ensemble. L'unique histoire cohérente qu'offre le système éducatif israélien commence par l'Ancien Testament hébreu, se poursuit avec l'époque du Second Temple, navigue entre les différentes communautés juives de la Diaspora pour culminer avec l'essor du sionisme, l'Holocauste et l'instauration de l'État d'Israël. La plupart des élèves quittent l'école convaincus que ce doit être l'intrigue principale de toute l'histoire humaine. Car même quand on parle aux élèves de l'Empire romain ou de la Révolution française, la discussion porte sur la façon dont Rome traitait les Juifs ou sur le statut légal et politique des Juifs dans la République française. Abreuvés de cette histoire, ils ont ensuite beaucoup de mal à digérer l'idée que le judaïsme a eu relativement peu d'impact sur le monde dans son ensemble.

La vérité est pourtant que le judaïsme n'a joué qu'un rôle modeste dans les annales de notre espèce. À la différence de religions universelles comme le christianisme, l'islam et le bouddhisme, le judaïsme n'a été qu'un credo tribal. Il se focalise sur le destin d'une petite nation et d'un minuscule territoire, et ne s'intéresse guère au destin de tous les autres peuples et de tous les autres pays. Par exemple, il se soucie peu des événements au Japon ou de la population du sous-continent indien. Il n'est donc nullement étonnant que son rôle historique ait été limité.

Certes, il est exact que le judaïsme engendra le christianisme et influença la naissance de l'islam, deux des religions les plus importantes de l'histoire. Toutefois, le crédit des réalisations mondiales du christianisme et de l'islam – mais aussi la culpabilité de leurs nombreux crimes – revient aux chrétiens et aux musulmans plutôt qu'aux juifs. De même qu'il serait injuste d'imputer au judaïsme les massacres des croisades (le christianisme en est coupable à cent pour cent), il n'y a aucune raison de créditer le judaïsme de l'idée chrétienne importante que tous les êtres humains sont égaux devant Dieu (une idée en contradiction directe avec l'orthodoxie juive qui, aujourd'hui encore, persiste à croire que les Juifs sont intrinsèquement supérieurs à tous les autres êtres humains).

Le rôle du judaïsme dans l'histoire de l'humanité est un peu comme celui de la mère de Freud dans l'histoire moderne de l'Occident. Pour le meilleur ou pour le pire, Sigmund Freud a eu une influence immense sur la science, la culture, l'art et la sagesse populaire de l'Occident moderne. Il est aussi vrai que, sans la mère de Freud, nous n'aurions pas eu Sigmund Freud et que la personnalité, les ambitions et les opinions de ce dernier ont été sans doute largement façonnées par ses relations avec sa mère. Il eût été le premier à le reconnaître. Mais, quand on écrit l'histoire de l'Occident moderne, personne ne s'attend à tout un chapitre sur la mère de Freud. De même, sans le judaïsme, pas de christianisme, mais cela ne mérite pas de donner tant d'importance au judaïsme quand on écrit l'histoire du monde. Le problème crucial est ce que le christianisme a fait de l'héritage de sa mère juive.

Il va sans dire que le peuple juif est un peuple unique, riche d'une histoire étonnante (même si c'est vrai de tous les peuples). Il va également sans dire que la tradition juive fourmille d'intuitions profondes et de valeurs nobles (mais est aussi pleine d'idées contestables, et d'attitudes racistes, misogynes et homophobes). Il est encore vrai que, au regard de leurs effectifs, les Juifs ont eu un impact disproportionné sur l'histoire des deux derniers millénaires. Mais si vous considérez le grand tableau de l'histoire de notre espèce, depuis l'émergence d'*Homo sapiens* voici plus de cent mille ans, il est clair que la contribution juive à l'histoire a été très limitée. Les hommes ont colonisé la planète, adopté l'agriculture, construit les premières villes et inventé l'écriture et la monnaie des millénaires avant l'apparition du judaïsme.

Même dans les deux derniers millénaires, si on considère l'histoire du point de vue des Chinois ou des Amérindiens, on peine à voir la moindre contribution juive majeure si ce n'est par le truchement des chrétiens et des musulmans. L'Ancien Testament hébreu a fini par devenir une pierre angulaire de la culture mondiale parce que le christianisme s'en est chaleureusement emparé pour l'intégrer à la Bible. En revanche, le Talmud – dont l'importance pour la culture juive dépasse de loin celle de l'Ancien Testament – a été rejeté par le christianisme et, de ce fait, reste un texte ésotérique à peine connu des Arabes, des Polonais ou des Hollandais, pour ne rien dire des Japonais ou des Mayas. (Ce qui est bien dommage, parce que le Talmud est un livre bien plus riche en réflexion et en compassion que l'Ancien Testament.)

Pouvez-vous citer une grande œuvre d'art inspirée par l'Ancien Testament ? Oh, c'est facile : le *David* de Michel-Ange, *Nabucco* de Verdi, *Les Dix Commandements* de Cecil B. DeMille. Et une œuvre célèbre inspirée du Nouveau Testament ? Du gâteau ! *La Cène* de Leonard de Vinci, *La Passion selon saint Matthieu* de Bach, *La Vie de Brian* des Monty Python. Et maintenant, l'épreuve de vérité : une liste de quelques chefs-d'œuvre inspirés par le Talmud ?

Bien que les communautés juives étudiant le Talmud aient essaimé dans une bonne partie du monde, elles n'ont pas joué de rôle important dans la construction des empires chinois, les voyages de découverte européens, l'instauration du système démocratique ou la révolution industrielle. La monnaie, l'université, le parlement, la banque, la boussole, la presse à imprimer et la machine à vapeur sont tous des inventions des Gentils.

L'ÉTHIQUE AVANT LA BIBLE

L'expression « les trois grandes religions » revient souvent dans la bouche des Israéliens, pour qui il s'agit du christianisme (2,3 milliards de fidèles), de l'islam (1,8 milliard) et du judaïsme (15 millions). L'hindouisme avec son milliard de croyants, et le bouddhisme, avec ses 500 millions de fidèles, sans parler du shintoïsme (50 millions) et des Sikhs (25 millions) – restent sur la touche[2]. Cette idée fausse des « trois grandes religions » implique souvent, dans l'esprit des Israéliens, que toutes les grandes traditions religieuses et éthiques sont issues de la matrice du judaïsme, qui a été la première religion à prêcher des règles éthiques universelles. Comme si les hommes, avant Abraham et Moïse, avaient vécu dans un état de nature hobbesien sans le moindre engagement moral, et comme si toute la morale contemporaine dérivait des Dix Commandements. Une idée dénuée de fondement et insolente qui fait fi de nombre des traditions éthiques les plus importantes du monde.

Les tribus de chasseurs-cueilleurs de l'âge de pierre avaient des codes moraux des dizaines de milliers d'années avant Abraham. Quand les premiers colons européens atteignirent l'Australie, à la fin du XVIIIe siècle, ils y trouvèrent des tribus aborigènes qui avaient une conception éthique élaborée alors même qu'elles ignoraient tout de Moïse, Jésus et Muhammad. Il serait difficile de plaider que les colons chrétiens qui dépossédèrent les indigènes par la violence témoignaient de normes morales supérieures.

Les chercheurs font valoir aujourd'hui que la morale a en fait des racines évolutives profondes antérieures de millions d'années à l'apparition de l'humanité. Tous les mammifères sociaux comme les loups, les dauphins et les singes ont des codes éthiques que l'évolution a adaptés pour promouvoir la coopération au sein du groupe[3]. Par exemple, quand des louveteaux se chamaillent, ils suivent les règles d'un « jeu équitable ». Si l'un mord trop fort, ou continue à mordre un adversaire sur le dos, et qui s'avoue vaincu, les autres louveteaux ne joueront plus avec lui[4].

Dans les bandes de chimpanzés, les membres dominants sont censés respecter les droits de propriété des plus faibles. Si une petite femelle trouve une banane, même le mâle alpha se gardera habituellement de l'en déposséder. À enfreindre cette règle, il risque de perdre son statut[5]. Non contents d'éviter de profiter de la faiblesse de certains membres, il arrive que les singes les aident activement. Kidogo, chimpanzé pygmée mâle du zoo du comté de Milwaukee, souffrait d'un grave problème cardiaque au point d'être faible et perdu. À son arrivée au zoo, il ne pouvait ni s'orienter ni comprendre les instructions de ses gardiens. Comprenant sa triste situation, les autres chimpanzés intervinrent. Ils le prirent par la main et le conduisirent partout où il avait besoin d'aller. Quand Kidogo se perdait, il émettait de bruyants signaux de détresse, et certains singes volaient à son secours.

Un de ses principaux aides était le mâle du plus haut rang de la bande, Lody, qui non seulement le guidait, mais aussi le protégeait. Alors que la quasi-totalité des singes étaient bons avec Kidogo, un jeune mâle, Murph, le tourmentait souvent sans merci. Quand Lody s'en apercevait, il chassait la brute ou passait un bras protecteur autour de Kidogo[6].

On a pu observer un cas encore plus touchant dans la jungle de la Côte-d'Ivoire. Un jeune chimpanzé, surnommé Oscar, avait perdu sa mère et se démenait tout seul pour survivre. Aucune des autres femelles ne voulait l'adopter et prendre soin de lui tant elles avaient à faire avec leurs petits. Oscar perdit progressivement du poids au détriment de sa santé et de sa vitalité. Tout semblait perdu quand le mâle alpha de la bande, Freddy, l'adopta. Il veilla à ce qu'il se nourrît bien et le trimballa même sur son dos. Des tests génétiques prouvèrent que Freddy n'était pas apparenté à Oscar[7]. Nous en sommes réduits à imaginer ce qui poussa le vieux chef bourru à prendre soin du petit orphelin, mais apparemment les singes dominants développèrent une tendance à aider les pauvres, les nécessiteux et les orphelins des millions d'années avant que la Bible n'appelât les anciens Israélites à ne pas « maltraiter la veuve ni l'orphelin » (Exode 22,21) et que le prophète Amos ne se plaignît des élites « qui oppriment les faibles et écrasent les pauvres » (Amos 4,1).

Même parmi les *Homo sapiens* du Moyen-Orient ancien, les prophètes bibliques ne sont pas sans précédent. « Tu ne tueras pas » et « Tu ne voleras pas » étaient des principes bien connus des codes légaux et éthiques des cités-États sumériennes, de l'Égypte pharaonique et de l'Empire babylonien. Les journées de repos périodiques sont bien antérieures au shabbat juif. Un millénaire avant que le prophète Amos ne tance les élites israélites oppressives, le roi de Babylone Hammurabi expliqua que les grands dieux lui avaient donné pour consigne de « proclamer le droit dans le Pays, pour éliminer le mauvais et le pervers, pour que le fort n'opprime pas le faible[8] ».

À la même époque en Égypte – des siècles avant la naissance de Moïse – des scribes couchèrent par écrit *Le Conte du paysan éloquent* dont un propriétaire cupide vola la propriété. Le paysan comparut devant les fonctionnaires corrompus de Pharaon. Ceux-ci refusant de le protéger, il se mit à leur expliquer pourquoi ils devaient rendre la justice et, notamment, défendre les pauvres des riches. Dans une allégorie colorée, ce paysan égyptien explique que les maigres biens des pauvres sont leur souffle même, et que la corruption officielle les étouffe en leur bouchant les narines[9].

De nombreuses lois bibliques copient des règles qui étaient acceptées en Mésopotamie, en Égypte ou à Canaan des siècles, voire des millénaires, avant l'instauration des royaumes de Juda et d'Israël. Si le judaïsme biblique imprima à ces lois une inflexion unique, c'est en les transformant de préceptes universels applicables à tous les hommes en codes tribaux destinés essentiellement aux Juifs. La morale juive fut initialement une affaire tribale exclusive ; dans une certaine mesure, elle l'est restée. L'Ancien Testament, le Talmud et beaucoup de rabbins (pas tous) assuraient que la vie d'un Juif est plus précieuse que celle d'un Gentil. Ainsi s'explique, par exemple, que les Juifs soient autorisés à profaner le shabbat pour sauver un Juif de la mort, mais pas pour sauver un Gentil (Talmud de Babylone, Yoma 84,2 [10]).

Certains sages juifs ont soutenu que même le fameux commandement, « Aime ton prochain comme toi-même », ne concerne que les Juifs ; il n'existe aucun commandement d'aimer les Gentils. De fait, voici le texte original du Lévitique : « Tu ne te vengeras point, et tu ne garderas point de rancune contre les enfants de ton peuple. Tu aimeras ton prochain comme toi-même » (Lévitique 19,18). La formulation laisse soupçonner que « ton prochain » renvoie uniquement aux membres de « ton peuple ». Que la Bible commande aux Juifs d'exterminer des peuples tels que les Amalécites et les Cananéens renforce considérablement ce soupçon : « Tu ne laisseras la vie à rien de ce qui respire », décrète le livre saint. « Tu les détruiras entièrement [...] : les Hittites, les Amorrites, les Cananéens, les Phéréziens, les Héviens et les Jébuséens – comme l'Éternel ton Dieu te l'a commandé » (Deutéronome 20,16-17). Dans toute l'histoire humaine, c'est un des premiers exemples de génocide présenté comme un devoir religieux contraignant.

C'est aux chrétiens qu'il revint de sélectionner dans le code moral juif des morceaux de choix pour les transformer en commandements universels et les propager à travers le monde. En vérité, le christianisme s'est précisément scindé du judaïsme à ce propos. Alors que beaucoup de Juifs croient, aujourd'hui encore, que le « peuple élu » est plus proche de Dieu que les autres nations, le fondateur du christianisme, l'apôtre Paul, stipula dans sa fameuse lettre aux Galates (3,28) : « Il n'y a plus ni Juif ni Grec, il n'y a plus ni esclave ni libre, il n'y a plus ni homme ni femme, car tous vous êtes un en Jésus-Christ. »

Et il faut une fois encore rappeler que, malgré l'impact considérable du christianisme, ce n'est pas la première fois qu'un homme prêcha une éthique universelle. La Bible est loin d'être la source exclusive de la morale humaine (et c'est heureux, vu la multitude des attitudes racistes, misogynes et homophobes qu'elle contient). Confucius, Lao-tseu, Bouddha et Mahāvīra ont instauré des codes éthiques bien avant Paul et Jésus sans rien savoir du pays de Canaan ni des prophètes d'Israël. Confucius enseigna que chacun doit aimer les autres comme soi-même près de cinq cents ans avant que rabbi Hillel l'Ancien ait dit que telle était l'essence de la Torah. Et à une époque où le judaïsme imposait encore le sacrifice des animaux et l'extermination systématique de populations humaines entières, le Bouddha et Mahāvīra appelaient déjà leurs adeptes à éviter de nuire aux êtres humains, mais aussi à tout être sensible, quel qu'il fût, même aux insectes. Il n'y a donc absolument aucun sens à créditer le judaïsme et ses rejetons chrétien et musulman de la création de la morale humaine.

Naissance du sectarisme

Qu'en est-il donc du monothéisme ? Le judaïsme ne mérite-t-il pas au moins des éloges particuliers en tant que pionnier de la croyance en un Dieu unique – sans parallèle ailleurs dans le monde (même si ce sont les chrétiens et les musulmans, plus que les juifs, qui ont répandu cette croyance aux quatre coins de la Terre) ? Même à ce propos, nous pouvons formuler des objections, puisque les premiers signes clairs de monothéisme viennent de la révolution religieuse du pharaon Akhenaton autour de 1350 avant notre ère, et des documents comme la stèle de Mesha (érigée par le roi moabite Mesha) indiquent que la religion de l'Israël biblique n'était pas tellement différente de la religion de royaumes voisins comme Moab. Mesha décrit son grand dieu, Kamosh, de la même façon que l'Ancien Testament décrit Yahvé. Mais le vrai problème, avec l'idée que le judaïsme a apporté le monothéisme au monde, est qu'il n'y a guère lieu d'en être fier. D'un point de vue éthique, on peut soutenir que le monothéisme a été une des pires idées de l'histoire des hommes.

Le monothéisme a peu amélioré les normes morales des hommes :
vous pensez vraiment que les musulmans ont intrinsèquement plus
d'éthique que les hindous pour la simple raison qu'ils croient en un
dieu unique tandis que les hindous croient à plusieurs dieux ? Les
conquistadors chrétiens étaient-ils plus éthiques que les tribus païennes
des indigènes d'Amérique ? Il est incontestable que le monothéisme a
rendu beaucoup de gens bien plus intolérants qu'avant, contribuant
ainsi à l'essor des persécutions religieuses et des guerres saintes. Les
polythéistes jugeaient parfaitement acceptable que des peuples
différents vouent un culte à des dieux différents et accomplissent des
rites et des rituels différents. Rarement, sinon jamais, ils persécutèrent
ou tuèrent des gens en raison de leurs croyances religieuses. Les
monothéistes, en revanche, croyaient que leur Dieu était l'unique dieu
et qu'Il exigeait une obéissance universelle. Dès lors, avec l'essor du
christianisme et de l'islam augmenta la fréquence des croisades, du
djihad, de l'inquisition et des discriminations religieuses[11].

Comparons, par exemple, l'attitude de l'empereur indien Ashoka, au
IIIe siècle avant notre ère, à celle des empereurs chrétiens de la fin de
l'Empire romain. L'empereur Ashoka dirigeait un empire grouillant
d'une myriade de religions, de sectes et de gourous. Il se donna pour
titre officiel « Ami des dieux » et « Celui qui considère chacun avec
affection ». Autour de 250 avant notre ère, il publia un édit de tolérance
impériale ainsi formulé :

Le roi ami des dieux au regard amical honore toutes les sectes, les
samanes et les laïques [...]. L'ami des dieux n'attache [à rien] autant
de prix qu'au progrès dans l'essentiel de toutes les sectes. Le progrès
de l'essentiel est de diverses sortes : mais le fond, c'est la retenue du
langage, de façon qu'on s'abstienne d'honorer sa propre secte ou de
dénigrer les autres sectes hors de propos [...]. Quiconque en effet
rend honneur à sa propre secte ou en dénigre une autre, toujours
par foi à sa propre secte, dans l'idée de la mettre en bonne lumière,
celui-là au contraire nuit le plus à sa propre secte. C'est la réunion
qui est bonne, de façon qu'on écoute la Loi les uns des autres et
qu'on y obéisse. C'est là en effet ce que veut l'ami des dieux, pour
que toutes les sectes soient instruites et enseignent à bien agir[12].

Cinq siècles plus tard, le Bas-Empire romain était aussi divers que l'Inde d'Ashoka mais, avec le triomphe du christianisme, les empereurs adoptèrent une approche très différente de la religion. Dès Constantin le Grand et son fils Constance II, les empereurs fermèrent tous les temples non chrétiens et interdirent, sous peine de mort, les rituels « païens ». La persécution culmina sous le règne de l'empereur Théodose – dont le nom signifie « Don de Dieu » –, lequel publia en 391 les décrets théodosiens qui rendirent de fait illégales toutes les religions sauf le christianisme et le judaïsme (celui-ci eut aussi à subir diverses persécutions, mais sa pratique demeura légale[13]). En vertu des lois nouvelles, on pouvait être exécuté même pour adorer Jupiter ou Mithra dans l'intimité de son foyer[14]. Dans le cadre de leur campagne pour nettoyer l'Empire de tout héritage infidèle, les empereurs chrétiens supprimèrent aussi les Jeux olympiques. Après plus d'un millénaire d'existence, les dernières Olympiades eurent lieu à la fin du IVe siècle ou au début du Ve siècle[15].

Bien entendu, tous les souverains monothéistes ne furent pas aussi intolérants que Théodose, alors que de nombreux souverains rejetèrent le monothéisme sans que leur politique ne témoigne pour autant de l'ouverture d'esprit d'Ashoka. Néanmoins, en affirmant qu'« il n'y a de dieu que Notre Dieu », l'idée monothéiste a eu tendance à encourager le fanatisme. Les Juifs seraient bien inspirés de minimiser leur rôle dans la dissémination de ce dangereux mème, et de laisser les chrétiens et les musulmans en supporter le blâme.

PHYSIQUE JUIVE, BIOLOGIE CHRÉTIENNE

C'est seulement aux XIXe et XXe siècles que nous voyons les Juifs apporter une extraordinaire contribution à l'ensemble de l'humanité à travers leur rôle démesuré dans la science moderne. Outre des noms célèbres comme Einstein et Freud, autour de 20 % des Nobel de science sont juifs alors que les Juifs représentent moins de 0,2 % de la population mondiale[16]. Il faut cependant souligner qu'il s'agit d'une contribution d'individus juifs plutôt que du judaïsme considéré comme

religion ou culture. La plupart des savants juifs des deux siècles passés
ont agi hors de la sphère religieuse juive. De fait, les Juifs n'ont
commencé à apporter cette remarquable contribution à la science que
le jour où ils ont délaissé la *yeshivah* pour le laboratoire.

Avant 1800, l'impact juif en matière de science demeura limité. Assez
naturellement, les Juifs ne jouèrent aucun rôle significatif dans les
progrès de la science en Chine, en Inde ou dans la civilisation maya. En
Europe et au Moyen-Orient, des penseurs juifs comme Maïmonide
eurent une influence considérable sur leurs collègues gentils mais,
globalement, l'impact des Juifs demeura plus ou moins proportionnel à
leur poids démographique. Au cours des XVIe, XVIIe et XVIIIe siècles, le
judaïsme n'a guère joué de rôle dans le déclenchement de la révolution
scientifique. Hormis Spinoza (frappé d'excommunication par la
communauté juive), on ne peut guère nommer un seul Juif qui ait joué
un rôle critique dans la naissance de la physique, de la chimie, de la
biologie ou des sciences sociales modernes. On ne sait pas ce que les
ancêtres d'Einstein faisaient au temps de Galilée et de Newton, mais
très probablement se souciaient-ils bien davantage d'étudier le Talmud
que la lumière.

Le grand changement ne se produisit qu'aux XIXe et XXe siècles, quand
la sécularisation et les Lumières juives conduisirent de nombreux Juifs à
adopter la vision du monde et le mode de vie de leurs voisins gentils. Les
Juifs commencèrent alors à rejoindre les universités et les centres de
recherche de pays comme l'Allemagne, la France ou les États-Unis. Les
savants juifs apportèrent des ghettos et des shtetls des héritages culturels
importants. La valeur centrale de l'éducation dans la culture juive est
l'une des principales raisons de l'extraordinaire réussite des savants juifs.
Il y eut aussi d'autres facteurs : le désir d'une minorité persécutée de
prouver sa valeur, ainsi que les barrières empêchant les Juifs talentueux
de s'élever dans des institutions plus antisémites comme l'armée et
l'administration publique.

Reste que si les savants juifs apportèrent de la *yeshivah* une discipline
forte et une foi profonde dans la valeur du savoir, ils n'arrivèrent avec
aucun bagage d'idées ou d'intuitions concrètes. Einstein était juif, mais
la théorie de la relativité n'est pas de la « physique juive ». Quel rapport
entre le caractère sacré de la Torah et l'intuition que l'énergie est égale

au produit de la masse par la vitesse de la lumière au carré ? À titre de comparaison, Darwin était chrétien et commença même ses études à Cambridge dans l'intention de devenir prêtre anglican. La théorie de l'évolution est-elle pour autant une théorie chrétienne ? Il serait ridicule de présenter la théorie de la relativité comme une contribution juive à l'humanité, de même qu'il serait ridicule de mettre la théorie de l'évolution au crédit du christianisme.

De même serait-il difficile de trouver quelque chose de proprement juif dans l'invention du procédé de synthèse de l'ammoniaque par Fritz Haber (Prix Nobel de chimie en 1918), dans la découverte de la streptomycine par Selman Waksman (Nobel de physiologie ou de médecine, 1952), ou encore dans la découverte des quasi-cristaux par Dan Shechtman (Nobel de chimie, 2011). Dans le cas des spécialistes des sciences humaines et sociales – comme Freud –, leur héritage juif a probablement eu un impact plus profond sur leurs intuitions. Même dans ces cas, pourtant, les discontinuités sont plus flagrantes que les liens survivants. Les vues de Freud sur la psyché humaine sont très différentes de celles du rabbi Joseph Caro ou du rabbi Yochanan ben Zakkaï et ce n'est pas en épluchant le *Shulhan Arukh* (code de la loi juive) qu'il a découvert le complexe d'Œdipe.

En résumé, bien que l'insistance juive sur le savoir soit probablement pour beaucoup dans l'exceptionnelle réussite des savants juifs, ce sont des penseurs gentils qui ont jeté les bases des réalisations d'Einstein, de Haber et de Freud. La révolution scientifique n'était pas un projet juif, et les Juifs n'y trouvèrent leur place qu'en quittant la *yeshivah* pour l'université. En vérité, l'habitude juive de rechercher des réponses à toutes les questions en lisant des textes anciens a été un obstacle significatif à l'intégration des Juifs dans le monde de la science moderne, où les réponses viennent des observations et de l'expérience. Si quelque chose, dans la religion juive, devait conduire nécessairement à des percées scientifiques, pourquoi est-ce entre 1905 et 1933 que dix Juifs allemands laïques décrochèrent le Nobel de chimie, de médecine ou de physique, mais qu'au cours de la même période pas un seul Juif orthodoxe ni un seul Juif bulgare ou yéménite n'obtint le moindre Nobel ?

Pour qu'on n'aille pas me soupçonner de « haine de soi juive » ou d'antisémitisme, je tiens à insister : je ne prétends pas que le judaïsme soit une religion spécialement mauvaise ou obscurantiste. Je dis simplement qu'elle n'a pas été particulièrement importante dans l'histoire de l'humanité. Des siècles durant, le judaïsme a été l'humble religion d'une petite minorité persécutée qui préférait lire et contempler plutôt que conquérir des pays lointains et brûler des hérétiques sur un bûcher.

Les antisémites pensent habituellement que les Juifs sont très importants. Ils imaginent que les Juifs contrôlent le monde, ou le système bancaire, ou au moins les médias, ou qu'ils sont à blâmer de tout, du réchauffement climatique aux attentats du 11-Septembre. Cette paranoïa antisémite est aussi risible que la mégalomanie juive. Les Juifs sont sans doute un peuple fort intéressant, mais prenez un peu de recul, et force vous sera de constater qu'ils ont eu un impact très limité sur le monde.

Tout au long de l'histoire, les hommes ont créé des centaines de religions et de sectes différentes. Une poignée d'entre elles – le christianisme, l'islam, l'hindouisme, le confucianisme et le bouddhisme – ont influencé des milliards de gens (pas toujours pour le meilleur). L'immense majorité des credo – comme la religion des Bon, la religion des Yoruba et la religion juive – ont eu un impact bien moindre. Personnellement, j'aime l'idée de ne pas descendre de brutes qui ont conquis le monde, mais d'un peuple insignifiant qui a rarement fourré son nez dans les affaires des autres. Beaucoup de religions louent la valeur de l'humilité, mais imaginent qu'il n'y a rien de plus important qu'elles dans l'univers. Elles mêlent les appels à la modestie personnelle à une arrogance collective éhontée. Les hommes de toute confession feraient bien de prendre plus au sérieux l'humilité.

Et parmi toutes les formes d'humilité, la plus importante est peut-être l'humilité devant Dieu. Quand ils parlent de Dieu, les hommes professent trop souvent un auto-effacement pitoyable, mais se servent ensuite du nom de Dieu pour traiter de haut leurs frères.

13.

Dieu

Ne prononce pas le nom de Dieu en vain

Dieu existe-t-il ? Tout dépend du Dieu auquel vous pensez. Le mystère cosmique ou le législateur de ce monde ? Parfois quand ils évoquent Dieu, les gens parlent d'une énigme grandiose et imposante dont nous ne savons absolument rien. Nous invoquons ce Dieu mystérieux pour expliquer les énigmes les plus profondes du cosmos. Pourquoi y a-t-il quelque chose plutôt que rien ? Qu'est-ce qui a formé les lois fondamentales de la physique ? Qu'est-ce que la conscience ? D'où vient-elle ? Nous ne connaissons pas les réponses à ces questions et nous donnons à notre ignorance le nom grandiose de Dieu. La caractéristique la plus fondamentale de ce Dieu mystérieux est que nous n'avons rien de concret à dire de Lui. C'est le Dieu des philosophes, le Dieu dont nous parlons la nuit autour d'un feu de camp quand nous nous demandons quel est le sens de la vie.

En d'autres occasions, les gens voient en Dieu un législateur austère et terrestre, dont nous ne savons que trop de choses. Nous savons exactement ce qu'il pense de la mode, de la nourriture, du sexe et de la politique, et nous invoquons cet Homme du ciel en courroux afin de justifier un million de règles, de décrets et de conflits. Il se met dans tous ses états quand des femmes portent des chemises à manches courtes, quand deux hommes ont des relations sexuelles ou que des adolescents se masturbent. D'aucuns disent qu'il n'aime pas du tout qu'on boive de l'alcool ; pour d'autres, au contraire, il exige positivement que nous buvions du vin le vendredi soir ou le dimanche matin. Des bibliothèques entières ont été écrites pour expliquer jusque dans les moindres détails ce qu'Il veut exactement et ce qui Lui déplaît. La caractéristique la plus fondamentale de ce législateur mondain est que nous puissions dire des choses extrêmement concrètes sur Lui. C'est le Dieu des croisés et des djihadistes, des inquisiteurs, des misogynes et des homophobes. C'est le Dieu dont nous parlons autour d'un bûcher tout en lançant des pierres et des injures sur les hérétiques qui y sont brûlés.

Quand on demande aux fidèles si Dieu existe réellement, ils commencent souvent par parler des mystères de l'univers et des limites de l'entendement humain. « La science ne peut expliquer le Big Bang, ce doit être le fait de Dieu », s'exclament-ils. Pourtant, tel un magicien qui dupe le public en remplaçant subrepticement une carte par une autre, les fidèles s'empressent de remplacer le mystère cosmique par le législateur de ce monde. Après avoir donné le nom de « Dieu » aux secrets inconnus du cosmos, ils s'en servent pour condamner d'une manière ou d'une autre le bikini ou le divorce. « Nous ne comprenons pas le Big Bang, donc vous devez vous couvrir les cheveux en public et voter contre le mariage gay. » Non seulement il n'y a pas de lien logique entre les deux propositions, mais elles sont en fait contradictoires. Plus les mystères de l'univers sont profonds, plus il est probable que ce qui en est responsable se moque totalement des codes vestimentaires féminins ou du comportement sexuel.

Le chaînon manquant entre le mystère cosmique et le législateur terrestre est habituellement assuré par quelque livre saint. Le livre est plein de règles insignifiantes, mais il n'en est pas moins attribué au mystère cosmique. C'est le créateur de l'espace et du temps qui l'aurait composé, mais Il s'est surtout préoccupé de nous éclairer sur d'obscurs rituels du Temple ou tabous alimentaires. En vérité, il n'existe pas la moindre preuve que la Bible, le Coran, le Livre de Mormon ou les Védas ou un autre livre saint aient été composés par la force qui a déterminé que l'énergie est égale au produit de la masse et de la vitesse de la lumière au carré, et que les protons sont 1 837 fois plus massifs que les électrons. Pour autant que les chercheurs le sachent, tous ces textes sacrés ont été écrits par un *Homo sapiens* imaginatif. Ce ne sont que des histoires inventées par nos ancêtres pour légitimer les normes sociales et les structures politiques.

Personnellement, je ne cesse de m'émerveiller du mystère de

l'existence, mais je n'ai jamais compris le rapport avec les lois chicanières du judaïsme, du christianisme ou de l'hindouisme. Ces lois ont certainement été très utiles pour instaurer et perpétuer l'ordre social durant plusieurs milliers d'années. À cet égard, cependant, elles ne sont pas foncièrement différentes des lois des États et institutions laïques.

Le troisième des Dix Commandements ordonne aux hommes de ne jamais faire un mauvais usage du nom de Dieu. Beaucoup ont tendance à en donner une interprétation puérile, y voyant une interdiction de prononcer explicitement le nom de Dieu (comme dans la fameuse scène des Monty Python, « Si tu dis Jéhovah… »). Le sens le plus profond de ce commandement est peut-être qu'il ne faut jamais utiliser le nom de Dieu pour justifier nos intérêts politiques, nos ambitions économiques ou nos haines personnelles. Les gens haïssent quelqu'un et disent « Dieu le hait » ; ils convoitent un morceau de terre et disent « Dieu le veut ». Le monde serait bien meilleur si nous observions plus scrupuleusement le troisième commandement. Vous voulez faire la guerre à vos voisins et voler leur terre ? Laissez Dieu de côté et trouvez-vous une autre excuse.

En fin de compte, c'est une affaire de sémantique. Quand j'emploie le mot « Dieu », je pense au Dieu de l'État islamique, des croisades, de l'Inquisition et aux banderoles du style « Dieu hait les pédés ». Quand je pense au mystère de l'existence, je préfère employer d'autres mots afin d'éviter toute confusion. Et à la différence du Dieu de l'État islamique et des croisades – qui se soucie des noms et par-dessus tout de Son très saint Nom – le mystère de l'existence n'a cure des noms que nous, singes, lui donnons.

ÉTHIQUE SANS DIEU

Le mystère cosmique, bien entendu, ne nous aide pas à maintenir l'ordre social. Souvent, des gens disent que nous devons croire en un dieu qui a donné des lois très concrètes aux hommes, sans quoi la société s'effondrera dans le chaos primordial.

Il est de fait incontestable que la croyance aux dieux a été vitale pour divers ordres sociaux et qu'elle a eu parfois des conséquences positives.

En vérité, les mêmes religions qui inspirent haine et sectarisme à certains inspirent amour et compassion à d'autres. Au début des années 1960, par exemple, le révérend méthodiste Ted McIlvenna a pris conscience du sort des LGBT au sein de sa communauté. Il s'est alors intéressé à la situation des gays et des lesbiennes dans la société en général puis, en mai 1964, a fait œuvre de pionnier en organisant trois jours durant un dialogue entre ecclésiastiques et militants gay et lesbiennes au White Memorial Retreat Center en Californie. Les participants créèrent par la suite un « Conseil sur la religion et les homosexuels » (CRH) qui, outre des militants, réunissait des pasteurs méthodistes, épiscopaliens, luthériens et de l'Église unie du Christ. C'est la première organisation américaine qui ait osé employer le mot « homosexuel » dans son titre officiel.

Dans les années suivantes, le CRH diversifia ses activités, de l'organisation de fêtes costumées à l'organisation d'actions juridiques contre les discriminations et les persécutions. Il portait en germe le mouvement des droits des gays en Californie. Le révérend McIlvenna et les autres hommes de Dieu qui le rejoignirent avaient parfaitement connaissance des injonctions bibliques contre l'homosexualité. Ils pensaient cependant qu'il était plus important d'être fidèle à l'esprit de compassion du Christ que de s'en tenir strictement à la lettre de la Bible[1].

Si les dieux peuvent nous pousser à faire preuve de compassion, la foi religieuse n'est pas la condition nécessaire d'une conduite morale. L'idée que nous aurions besoin d'un être surnaturel pour agir moralement suppose qu'il y ait quelque chose de contre nature dans la morale. Mais pourquoi ? La morale, sous une forme ou sous une autre, est quelque chose de naturel. Des chimpanzés aux rats, tous les mammifères sociaux ont des codes éthiques qui limitent des pratiques telles que le vol et le meurtre. Chez les êtres humains, la morale est présente dans toutes les sociétés, alors même que toutes ne croient pas au même dieu ni même en un dieu. Les chrétiens pratiquent la charité même sans croire au panthéon hindou, les musulmans prisent l'honnêteté tout en rejetant la divinité du Christ, et des pays laïques comme le Danemark et la République tchèque ne sont pas plus violents que des pays religieux comme l'Iran et le Pakistan.

La morale ne veut pas dire « suivre les commandements divins », mais « réduire la souffrance ». Pour agir moralement, il n'est donc pas nécessaire de croire à un mythe ou à une histoire. Il suffit de développer une appréciation profonde de la souffrance. Si vous comprenez vraiment comment une action cause des souffrances inutiles à vous ou à d'autres, vous vous en abstiendrez naturellement. Si des gens tuent, violent et volent quand même, c'est qu'ils n'ont qu'une appréciation superficielle de la misère que cela cause. Ils ne pensent qu'à satisfaire leur désir ou leur cupidité immédiate sans se soucier de l'effet sur les autres – ni même des effets à long terme sur eux. Même les inquisiteurs qui infligent délibérément le plus de souffrance possible à leurs victimes recourent habituellement à diverses techniques de désensibilisation et de déshumanisation pour se distancier de ce qu'ils font[2].

Chaque être humain, m'objecterez-vous peut-être, cherche à éviter d'être affreusement malheureux, mais pourquoi se soucierait-il de la misère des autres, à moins qu'un dieu ne l'exige ? Une réponse évidente est que les humains sont des animaux sociaux, et que leur bonheur dépend donc dans une très large mesure de leurs relations avec les autres. Sans amour, sans amitié ni communauté, qui pourrait être heureux ? Si vous menez une vie solitaire et égocentrique, vous êtes presque certains d'être malheureux. Pour être heureux, il faut donc à tout le moins se soucier de sa famille, de ses amis et des membres de sa communauté.

Qu'en est-il alors des parfaits inconnus ? Pourquoi ne pas les tuer et m'emparer de leurs biens pour m'enrichir, moi et ma tribu ? De nombreux penseurs ont élaboré des théories sociales expliquant pourquoi, à la longue, pareil comportement est contre-productif. Vous n'aimeriez pas vivre dans une société où les étrangers sont régulièrement détroussés et assassinés. Non seulement vous y seriez constamment en danger, mais vous seriez par exemple privés des bénéfices du commerce dont dépend la confiance entre inconnus. Habituellement, les marchands évitent les nids de voleurs. C'est ainsi que les théoriciens laïques, de la Chine antique à l'Europe moderne, ont justifié la règle d'or du « Ne fais pas aux autres ce que tu ne voudrais pas qu'on te fasse ».

Nous n'avons pourtant pas besoin de théories à long terme aussi complexes pour trouver une base naturelle à la compassion universelle. Oublions un instant le commerce. À un niveau bien plus immédiat, blesser les autres me blesse toujours moi aussi. Tout acte de violence dans le monde commence par un désir violent qui germe dans l'esprit de quelqu'un, qui trouble sa paix et son bonheur avant de troubler ceux d'un autre. Il est rare que les gens volent s'ils n'ont préalablement laissé la cupidité et l'envie s'emparer de leur esprit. Habituellement, les gens ne tuent pas s'ils ne laissent d'abord s'installer la colère et la haine. Des émotions comme la cupidité, l'envie, la colère et la haine sont très déplaisantes. On ne connaît ni la joie ni l'harmonie quand on bout de colère ou d'envie. Bien avant de tuer qui que ce soit, votre colère a déjà tué la paix dans votre esprit.

À vrai dire, vous pourriez continuer de bouillir de colère des années durant sans jamais tuer l'objet de votre haine. En ce cas, vous n'avez fait de tort à personne sauf à vous. Loin de tout commandement divin, il est donc dans votre intérêt naturel de vous pousser à vous occuper de votre colère. Si vous en étiez totalement libéré, vous vous sentiriez bien mieux qu'en assassinant un ennemi odieux.

La croyance profonde en un dieu compatissant qui nous ordonne de tendre l'autre joue peut en aider certains à contenir leur rage. C'est là une contribution considérable de la croyance religieuse à la paix et à l'harmonie du monde. Chez d'autres, hélas, la croyance religieuse attise la colère et la justifie, surtout si quelqu'un insulte leur dieu ou feint d'ignorer ses vœux. La valeur du dieu législateur dépend donc en fin de compte du comportement de ses adeptes. S'ils se conduisent bien, ils peuvent croire tout ce qui leur plaît. De même, la valeur des rites religieux et des lieux sacrés dépend du genre de sentiments et de comportements qu'ils inspirent. Si la visite au temple procure un sentiment de paix et d'harmonie, c'est merveilleux. Si un temple est source de violences et de conflits, à quoi bon ? C'est simplement un temple dysfonctionnel. De même qu'il est absurde de se battre à propos d'un arbre malade qui produit des épines plutôt que des fruits, il ne rime à rien de se battre à propos d'un temple défaillant qui produit de l'hostilité plutôt que de l'harmonie.

Ne visiter aucun temple et ne croire à aucun dieu législateur est aussi une option viable. Comme l'ont prouvé les tout derniers siècles, nous n'avons aucun besoin d'invoquer le nom de Dieu pour mener une vie morale. La laïcité peut nous offrir toutes les valeurs dont nous avons besoin.

14.

Laïcité

Connais ton ombre

Que signifie être laïque ? La laïcité est parfois définie comme la négation de la religion. Les laïques se définissent donc par ce qu'ils ne croient pas et ne font pas. Selon cette définition, ils ne croient ni aux dieux ni aux anges, ne fréquentent ni les églises ni les temples et n'accomplissent ni rites ni rituels. Dépeint ainsi, le monde profane paraît creux, nihiliste et amoral : une boîte vide qui attend d'être remplie par quelque chose.

Peu adopteraient cette identité négative. Les laïcistes déclarés conçoivent la laïcité autrement. Pour eux, il s'agit d'une vision du monde positive et active, qui se définit par un code de valeurs cohérent plutôt que par l'opposition à telle ou telle religion. De fait, diverses traditions religieuses partagent nombre de valeurs profanes. Alors que certaines sectes revendiquent le monopole de la sagesse et de la bonté, une des principales caractéristiques des laïques est de ne revendiquer aucun monopole de cette nature. Ils ne croient pas que la morale et la sagesse soient descendues du ciel à une époque ou en un lieu particuliers. Pour eux, elles sont plutôt le patrimoine naturel de tous les hommes. Il faut donc s'attendre à ce qu'au moins certaines valeurs surgissent dans les sociétés humaines à travers le monde et soient communes aux musulmans, aux chrétiens, aux hindous et aux athées.

Les chefs religieux offrent souvent aux fidèles un choix tranché : ou bien / ou bien : ou vous êtes musulman, ou vous ne l'êtes pas. Si vous l'êtes, vous devez rejeter toutes les autres doctrines. Les laïques, en revanche, sont à l'aise avec des identités hybrides et multiples. Pour un tenant de la laïcité, vous pouvez bien vous dire musulman et continuer de prier Allah, de manger halal, de faire le *hadj* à La Mecque tout en étant un bon membre de la société laïque sous réserve que vous adhériez au code éthique laïque. Ce code – que des millions de musulmans, de chrétiens et d'hindous mais aussi d'athées acceptent – consacre les valeurs de la vérité, de la compassion, de l'égalité, de la liberté, du courage et de la responsabilité. Il est le fondement des institutions scientifiques et démocratiques modernes.

Comme tous les codes éthiques, le code laïque est un idéal auquel on aspire, plutôt qu'une réalité sociale. De même que les sociétés et institutions chrétiennes s'écartent souvent de l'idéal chrétien, les sociétés et institutions laïques ne sont souvent pas à la hauteur de leur idéal. La France médiévale était un royaume chrétien autoproclamé mais elle se livrait à toutes sortes d'activités pas très chrétiennes (demandez à la paysannerie opprimée). La France moderne est un État laïque autoproclamé, mais dès le temps de Robespierre il a pris des libertés troublantes avec la définition même de la liberté (demandez aux femmes). Cela ne signifie pas que les laïques – en France ou ailleurs – manquent d'une boussole morale ou d'un engagement éthique, mais seulement qu'il est difficile d'être à la hauteur d'un idéal.

L'IDÉAL LAÏQUE

Qu'est-ce donc que l'idéal laïque ? Les laïques sont d'abord et avant tout attachés à la vérité, laquelle repose sur l'observation et la preuve plutôt que sur la simple foi. Les laïques s'efforcent de ne pas confondre vérité et croyance. Si vous croyez très profondément à une histoire, cela peut en dire long sur votre psychologie, votre enfance et votre structure cérébrale. (Souvent, les croyances fortes sont précisément nécessaires quand l'histoire n'est pas vraie.)

De plus, les laïques ne sanctifient aucun groupe, aucune personne ni aucun livre comme s'il était le seul gardien de la vérité. Ils préfèrent sanctifier la vérité partout où elle peut se révéler, qu'il s'agisse d'ossements fossilisés, d'images de lointaines galaxies, de tableaux statistiques ou des écrits de diverses traditions humaines. Cet attachement à la vérité sous-tend la science moderne qui a permis à l'humanité de fissurer l'atome, de déchiffrer le génome, de retracer l'évolution de la vie et de comprendre l'histoire de l'humanité.

Les laïques sont aussi profondément attachés à la compassion. L'éthique laïque repose non pas sur l'obéissance aux édits de tel ou tel dieu mais sur une profonde appréciation de la souffrance. Par exemple, les laïques ne s'abstiennent pas de tuer parce qu'un ancien livre l'interdit, mais parce que la tuerie inflige d'immenses souffrances à des êtres sensibles. Il y a quelque chose de profondément troublant et dangereux chez les gens qui évitent de tuer pour la simple raison que « Dieu le veut ». Ils sont motivés par l'obéissance plutôt que par la compassion : que feront-ils s'ils se persuadent que leur dieu leur ordonne de tuer les hérétiques, les sorcières, les adultères ou les étrangers ?

Bien entendu, en l'absence de commandements divins absolus, l'éthique laïque est souvent confrontée à des dilemmes épineux. Que se passe-t-il si la même action blesse une personne mais fait du bien à une autre ? Est-il éthique de soumettre les riches à des impôts élevés pour aider les pauvres ? De mener une guerre sanglante pour écarter un dictateur brutal ? De laisser entrer dans le pays un nombre illimité de réfugiés ? Quand les laïques se heurtent à de tels dilemmes, ils ne se demandent pas : « Qu'ordonne Dieu ? », mais pèsent méticuleusement les sentiments de toutes les parties concernées, examinent un large éventail d'observations et de possibilités et recherchent une voie moyenne qui causera aussi peu de tort que possible.

Prenez, par exemple, les attitudes envers la sexualité. Comment les laïques décident-ils d'approuver ou de réprouver le viol, l'homo-sexualité, la bestialité ou l'inceste ? En examinant les sentiments. Le viol est manifestement contraire à l'éthique : non pas parce qu'il enfreint un commandement divin, mais parce qu'il blesse des gens. En revanche, une relation amoureuse entre deux hommes ne fait de tort à personne, et il n'y a donc aucune raison de l'interdire.

Qu'en est-il de la bestialité ? J'ai participé à de nombreux débats privés et publics sur le mariage gay. Trop souvent, un petit malin demande : « Si le mariage entre deux hommes est accepté, alors pourquoi pas le mariage entre un homme et une bique ? » D'un point de vue laïque, la réponse est évidente. Des relations saines requièrent une profondeur émotionnelle, intellectuelle, voire spirituelle. Un mariage dépourvu de cette profondeur vous laissera frustré, solitaire et psychologiquement rabougri. Alors que deux hommes peuvent satisfaire mutuellement leurs besoins émotionnels, intellectuels et spirituels, ce n'est pas possible avec une chèvre. Dès lors, si le mariage est pour vous, comme pour les laïques, une institution destinée à promouvoir le bien-être humain, il ne vous viendrait pas à l'idée un seul instant de poser une question aussi saugrenue. Seuls peuvent le faire ceux qui voient dans le mariage une sorte de rituel miraculeux.

Qu'en est-il maintenant des relations entre un père et sa fille ? Puisque tous deux sont humains, qu'est-ce qui ne va pas ? De nombreuses études psychologiques ont démontré que ces relations infligent à l'enfant des torts immenses et en général irréparables. En outre, elles reflètent et intensifient des tendances destructrices chez le parent. L'évolution a façonné la psyché de Sapiens de telle sorte que les liens romantiques ne font pas bon ménage avec les liens parentaux. Vous n'avez donc aucunement besoin de Dieu ou de la Bible pour vous opposer à l'inceste : il suffit de lire les études psychologiques traitant de la question[1].

Telle est la raison profonde pour laquelle les laïques chérissent la vérité scientifique. Il ne s'agit pas d'assouvir leur curiosité, mais de connaître les meilleurs moyens de réduire la souffrance dans le monde. Sans les orientations que nous donnent les études scientifiques, notre compassion est souvent aveugle.

Ces attachements jumeaux à la vérité et à la compassion se traduisent aussi par un attachement à l'égalité. Si les opinions diffèrent concernant les questions d'égalité économique et politique, les laïques se méfient foncièrement de toutes les hiérarchies *a priori*. La souffrance reste la souffrance, peu importe qui la subit ; la connaissance est la connaissance, peu importe qui la découvre. Privilégier les expériences ou les découvertes d'une nation, d'une classe ou d'un sexe est susceptible de nous rendre à la fois insensibles et ignares. Les laïques sont certainement fiers du caractère unique de leur nation, de leur pays ou de leur culture, mais ils ne confondent pas « unicité » et

« supériorité ». Dès lors, bien que les laïques reconnaissent leurs devoirs envers leur nation et leur pays, ils ne pensent pas que ces devoirs soient exclusifs, et ils reconnaissent en même temps leurs devoirs envers l'humanité dans son ensemble.

Nous ne saurions rechercher la vérité et une façon de sortir de la souffrance sans la liberté de penser, de chercher et d'expérimenter. Aussi les laïques chérissent-ils la liberté et s'abstiennent-ils d'investir un texte, une institution ou un chef d'une autorité suprême, d'en faire le juge ultime de ce qui est vrai et juste. Les hommes devraient toujours garder la liberté de douter, de vérifier, d'entendre une seconde opinion ou d'essayer une autre voie. Les laïques admirent Galilée qui a osé contester que la Terre demeure immobile au centre de l'univers ; ils admirent les masses de gens ordinaires qui ont pris la Bastille en 1789 et fait tomber le régime despotique de Louis XVI ; et ils admirent Rosa Parks qui, dans un bus, a eu le courage de s'asseoir sur un siège réservé aux passagers blancs.

Il faut beaucoup de courage pour combattre les partis pris et les régimes oppressifs ; il en faut encore plus pour admettre son ignorance et s'aventurer dans l'inconnu. L'éducation laïque nous apprend que, si nous ne savons pas quelque chose, nous ne devons pas avoir peur de reconnaître notre ignorance et de rechercher des preuves nouvelles. Même si nous pensons savoir quelque chose, nous ne devons pas avoir peur de douter de nos opinions et de vérifier par nous-mêmes. Beaucoup de gens ont peur de l'inconnu et désirent des réponses tranchées à toutes les questions. La peur de l'inconnu peut nous paralyser plus que n'importe quel tyran. Tout au long de l'histoire, d'aucuns ont craint que la société des hommes ne s'effondre à moins que nous ne mettions notre foi dans quelque ensemble de réponses absolues. En vérité, l'histoire moderne a démontré qu'une société de gens courageux prêts à admettre leur ignorance et à soulever des questions difficiles est habituellement plus prospère mais aussi plus pacifique que les sociétés où tout le monde accepte aveuglément une seule réponse. Les gens qui ont peur de perdre leur vérité ont tendance à être plus violents que ceux qui sont habitués à examiner le monde de divers points de vue. Les questions auxquelles vous n'avez pas de réponse sont en général bien meilleures pour vous que les réponses qui n'admettent aucune question.

Enfin, les laïques chérissent la responsabilité. Ils ne croient pas à une puissance supérieure qui prend soin du monde, châtie les méchants, récompense les justes, et nous protège de la famine, des épidémies ou de la guerre. Nous autres, mortels de chair et de sang, devons donc assumer la responsabilité de tout ce que nous faisons ou ne faisons pas. Si la misère règne dans le monde, il est de notre devoir de trouver des solutions. Les laïques s'enorgueillissent des réalisations immenses des sociétés modernes, qui ont combattu les épidémies, nourri les affamés et apporté la paix dans de vastes parties du monde. Nul n'est besoin de porter ces acquis au crédit de quelque protecteur divin : ils sont l'œuvre des hommes qui ont développé leurs connaissances et leur compassion. Précisément pour cette même raison, nous devons assumer pleinement la responsabilité des crimes et des échecs de la modernité, des génocides à la dégradation écologique. Plutôt que d'implorer des miracles, nous devons demander ce que nous pouvons faire pour aider.

Telles sont les principales valeurs du monde laïque. Aucune de ces valeurs, on l'a vu, n'est exclusivement laïque. Les juifs aussi apprécient la vérité, les chrétiens la compassion, les musulmans l'égalité, les hindous la responsabilité, et ainsi de suite. Les sociétés et institutions laïques n'ont aucun mal à reconnaître ces liens et à ouvrir les bras aux juifs religieux, aux chrétiens, aux musulmans et aux hindous, sous réserve que la doctrine religieuse s'incline devant le code laïque en cas de conflit entre les deux. Par exemple, pour être acceptés dans la société laïque, les juifs orthodoxes doivent traiter les non-juifs en égaux, les chrétiens éviter de brûler les hérétiques sur des bûchers, les musulmans respecter la liberté d'expression, et les hindous abandonner le système discriminatoire des castes.

En revanche, on n'attend pas des esprits religieux qu'ils renient Dieu ou délaissent les rites et rituels traditionnels. Le monde laïque juge les gens sur la base de leur conduite plutôt que de leurs vêtements et cérémonies préférés. Une personne peut suivre le code vestimentaire le plus sectaire et participer aux cérémonies religieuses les plus étranges tout en se montrant profondément attachée aux valeurs laïques essentielles. Il ne manque pas d'hommes de science juifs, d'environnementalistes chrétiens, de féministes musulmans et de militants des droits de l'homme hindous. S'ils sont dévoués à la vérité scientifique, à la compassion, à l'égalité et à la liberté, ils sont membres à part entière du monde laïque, et il n'y a donc aucune raison d'exiger qu'ils retirent leurs kippas, leurs croix, leurs hijabs ou leurs tilakas.

Pour la même raison, l'enseignement laïque n'implique pas un endoctrinement négatif qui apprendrait aux gosses à ne pas croire en Dieu et à ne prendre part à aucune cérémonie religieuse. L'enseignement laïque apprend plutôt aux enfants à distinguer la vérité de la croyance ; à développer leur compassion pour tous les êtres souffrants ; à apprécier la sagesse et les expériences de tous les habitants de la Terre ; à penser librement sans avoir peur de l'inconnu ; et à assumer la responsabilité de leurs actions et du monde dans son ensemble.

STALINE ÉTAIT-IL LAÏQUE ?

On n'est donc pas fondé à reprocher à la laïcité son manque d'engagements éthiques ou de responsabilités sociales. En vérité, le gros problème de la laïcité est précisément le contraire : probablement place-t-elle la barre éthique trop haut. La plupart des gens ne peuvent être à la hauteur d'un code aussi exigeant, et on ne saurait diriger de grandes sociétés sur la base de la quête sans fin de la vérité et de la compassion. Surtout en des temps d'urgence – de guerre ou de crise économique –, les sociétés doivent agir rapidement ou énergiquement, même si elles ne savent trop ce qu'est la vérité ni ce que la compassion devrait nous conduire à faire. Elles ont besoin de directives claires, de slogans accrocheurs et de cris de bataille qui inspirent. Puisqu'il est difficile d'envoyer des soldats au combat ou d'imposer des réformes économiques radicales au nom de conjectures douteuses, il est fréquent que des mouvements laïques accouchent de credo dogmatiques.

Par exemple, Karl Marx commença par soutenir que les religions étaient toutes des impostures oppressives et encouragea ses disciples à étudier par eux-mêmes la vraie nature de l'ordre mondial. Dans les décennies suivantes, les pressions de la révolution et de la guerre durcirent le marxisme. Au temps de Staline, la ligne officielle du Parti communiste soviétique était que l'ordre mondial était trop compliqué et hors de portée de l'entendement des gens ordinaires : mieux valait donc toujours se fier à la sagesse du Parti et faire ce qu'il vous disait de faire, même quand il orchestrait l'internement et l'extermination de dizaines de millions d'innocents. Cela peut paraître affreux, mais les idéologues du Parti ne se lassèrent jamais de l'expliquer, la révolution n'est pas un pique-nique, et on ne fait pas d'omelette sans casser des œufs.

Faut-il donc voir en Staline un leader laïque ? Tout dépend de la définition de la laïcité. Si nous employons une définition minimaliste négative – « les laïques ne croient pas en Dieu » –, Staline était clairement laïque. Si nous adoptons une définition positive – « les laïques rejettent tous les dogmes scientifiques et sont attachés à la vérité, à la compassion et à la liberté » –, Marx était une lumière de la laïcité, mais Staline tout sauf un laïque. Il était un prophète de la religion stalinienne, athée mais dogmatique à l'extrême.

Le stalinisme n'est pas un exemple isolé. À l'autre extrême du spectre politique, le capitalisme est né lui aussi sous la forme d'une théorie scientifique très ouverte, avant de se pétrifier progressivement en dogme. Beaucoup de capitalistes ne cessent de répéter le mantra du marché ouvert à la concurrence et de la croissance économique sans se soucier des réalités du terrain. Qu'importent les conséquences affreuses qui résultent parfois de la modernisation, de l'industrialisation ou de la privatisation, les vrais-croyants capitalistes n'y voient que « douleurs de croissance » et promettent que tout finira par s'arranger avec un peu plus de croissance.

Les démocrates libéraux modérés ont été plus fidèles à la quête laïque de la vérité et de la compassion, même s'il leur arrive de l'abandonner au profit de dogmes rassurants. Ainsi, face au gâchis de dictatures brutales et d'États faillis, les libéraux professent souvent une foi aveugle dans le rituel imposant des élections. Ils font la guerre et dépensent des milliards dans des pays comme l'Irak, l'Afghanistan et le Congo dans la conviction que des élections législatives les transformeront comme par enchantement en versions ensoleillées du Danemark. Tout cela malgré des échecs répétés, et alors que même dans les pays héritiers d'une longue tradition électorale ces rituels portent parfois au pouvoir des populistes autoritaires et n'aboutissent jamais qu'à des dictatures majoritaires. Essayez de contester la prétendue sagesse des élections : on ne vous expédiera pas au goulag, mais vous subirez probablement une douche glaciale d'insultes dogmatiques.

Bien entendu, tous les dogmes ne sont pas également nocifs. Certains dogmes laïques, de même que certaines croyances religieuses, ont bénéficié à l'humanité. C'est particulièrement vrai de la doctrine des droits de l'homme. Les droits n'existent jamais que dans les histoires que les hommes inventent et se racontent les uns aux autres. Ces histoires ont été consacrées sous la forme d'un dogme qui va de soi au fil des combats contre le sectarisme religieux et les autocraties. Certes, il n'est pas vrai que les humains aient un droit naturel à la vie ou à la liberté, mais la croyance dans ce récit a bridé le pouvoir des régimes autoritaires, protégé les minorités et préservé des milliards d'humains des pires conséquences de la pauvreté et de la violence. Ainsi a-t-il probablement contribué au bonheur et au bien-être de l'humanité plus que toute autre doctrine dans l'histoire.

Il n'en reste pas moins un dogme. L'article 19 de la Déclaration universelle des droits de l'homme des Nations unies précise ainsi que « tout individu a droit à la liberté d'opinion et d'expression ». Si nous l'entendons comme un impératif politique – « tout individu *devrait avoir* droit à la liberté d'opinion et d'expression » –, c'est parfaitement raisonnable. En revanche, si nous croyons que chaque Sapiens, sans exception, est naturellement doué d'un « droit à la liberté d'opinion », et que la censure viole donc une loi naturelle, nous passons à côté de la vérité sur l'humanité. Tant que vous vous définirez comme un « individu possédant des droits naturels inaliénables », vous ne saurez pas vraiment qui vous êtes et vous ne comprendrez pas les forces historiques qui ont façonné votre société et votre esprit (y compris votre croyance aux « droits naturels »).

Peut-être cette ignorance importait-elle peu au XXe siècle, quand les gens étaient occupés à combattre Hitler et Staline. Elle pourrait devenir fatale au XXIe siècle, parce que la biotechnologie et l'intelligence artificielle cherchent désormais à changer le sens même de l'humanité. Si nous sommes attachés au droit à la vie, cela implique-t-il que nous devions utiliser la biotechnologie pour triompher de la mort ? Si nous sommes attachés au droit à la liberté, devons-nous habiliter des algorithmes à déchiffrer et à satisfaire nos désirs cachés ? Si tous les êtres humains jouissent de droits égaux, les surhommes ont-ils des super-droits ? Les laïques auront du mal à aborder les questions de ce genre tant qu'ils demeureront attachés à la croyance dogmatique aux « droits de l'homme ».

Ce dogme s'est élaboré au fil des siècles comme une arme contre l'Inquisition, l'Ancien Régime, les nazis et le KKK. Il est mal armé face aux surhommes, aux cyborgs et aux ordinateurs super-intelligents. Alors que les mouvements des droits de l'homme ont élaboré un arsenal très impressionnant d'arguments et de défenses contre les partis pris religieux et les tyrans humains, celui-ci ne nous protège guère contre les excès consuméristes et les utopies technologiques.

CONNAÎTRE L'OMBRE

Il ne faut pas confondre la laïcité avec le dogmatisme stalinien ni avec les fruits amers de l'impérialisme occidental ou l'industrialisation galopante. Pourtant, elle ne saurait non plus décliner toute responsabilité en la matière. Les mouvements laïques et les institutions scientifiques ont hypnotisé des milliards d'êtres humains en promettant de parfaire l'humanité et d'utiliser l'abondance de la planète Terre au bénéfice de notre espèce. Ces promesses ont conduit au triomphe sur les épidémies et les famines, mais aussi aux goulags et à la fonte des calottes glaciaires. Vous pourriez objecter que tout cela est la faute de gens qui comprennent mal et dénaturent les idéaux laïques essentiels et les faits vrais de la science. Vous auriez parfaitement raison. C'est un problème commun à tous les mouvements influents.

Par exemple, le christianisme a été responsable de grands crimes : l'Inquisition, les croisades, l'oppression des cultures indigènes à travers le monde et l'abaissement des femmes. Un chrétien pourrait s'offusquer et rétorquer que tous ces crimes résultent d'une complète incompréhension du christianisme. Jésus ne prêcha que l'amour, et l'Inquisition se fonda sur une déformation horrifique de ses enseignements. Nous pouvons avoir de la sympathie pour cette idée, mais nous aurions tort de penser que le christianisme en est quitte pour autant. Les chrétiens effarés par les croisades et l'Inquisition ne sauraient se laver les mains de ces atrocités, mais doivent se poser des questions très rudes. Comment leur « religion d'amour » s'est-elle laissé dénaturer ainsi, non pas une seule fois, mais à de nombreuses reprises ? Les protestants tentés de tout imputer au fanatisme catholique feraient bien de lire un livre sur la conduite des colons protestants en Irlande ou en Amérique du Nord. De même, les marxistes devraient se demander ce qui, dans les écrits de Marx, a ouvert la voie au goulag ; les hommes de science, comment le projet scientifique s'est prêté si facilement à la déstabilisation de l'écosystème global ; et les généticiens, en particulier, tirer les leçons du détournement des théories darwiniennes par les nazis.

Chaque religion, idéologie ou credo a son ombre. Quel que soit le credo que vous suivez, il vous faut reconnaître votre ombre et éviter de vous rassurer naïvement par un « ça ne peut pas nous arriver ». La science laïque a au moins un gros avantage sur la plupart des religions traditionnelles : elle n'est pas terrifiée par son ombre et, en principe, elle est disposée à admettre ses erreurs et ses points aveugles. Si vous croyez en une vérité absolue révélée par une puissance transcendante, vous ne pouvez vous permettre de reconnaître la moindre erreur car cela réduirait à néant votre récit. En revanche, si vous croyez à la quête de la vérité par des êtres faillibles, reconnaître ses bévues fait naturellement partie du jeu.

C'est précisément pour cette raison que les mouvements laïques non dogmatiques ont tendance à se contenter de promesses relativement modestes. Conscients de leurs imperfections, ils espèrent effectuer de petits changements progressifs, relever le salaire minimum d'une poignée d'euros ou faire baisser le taux de mortalité infantile de quelques points. La marque des idéologies dogmatiques est précisément l'excès d'assurance qui les pousse, de matière routinière, à jurer l'impossible. Leurs chefs de file parlent bien trop librement d'« éternité », de « pureté » et de « rédemption », comme si en promulguant une loi, en bâtissant un temple ou en conquérant un territoire ils pouvaient d'un seul geste grandiose sauver le monde entier.

S'agissant des décisions les plus importantes dans l'histoire de la vie, je me fierais personnellement davantage à ceux qui font aveu d'ignorance qu'à ceux qui revendiquent l'infaillibilité. Si vous désirez que votre religion, votre idéologie ou votre vision du monde dirige le monde, voici la première question que je vous adresserai : « Quelle est la plus grosse erreur que votre religion, votre idéologie ou votre vision du monde ait commise ? Qu'est-ce qui a mal tourné ? » Si vous êtes incapable d'apporter une réponse sérieuse, je ne vous ferai pas confiance.

Quatrième partie

VÉRITÉ

*Le triste sort du monde vous terrasse et vous laisse perplexe ? Vous êtes
sur la bonne voie. Les processus globaux deviennent trop compliqués
pour qu'une seule personne les comprenne. Mais alors comment
connaître la vérité sur le monde et éviter d'être victime
de la propagande et de la désinformation ?*

15.

Ignorance

Vous en savez moins que vous ne le pensez

Les chapitres précédents ont passé en revue une partie des problèmes et développements les plus importants de notre époque, de la menace surfaite du terrorisme à la menace sous-estimée de la disruption technologique. Si vous souffrez du sentiment lancinant que c'est trop, que vous ne pouvez faire face, vous avez absolument raison. Personne ne le peut.

Dans les derniers siècles, la pensée libérale a acquis une confiance immense dans l'individu rationnel. Elle a décrit les individus comme des agents rationnels indépendants et a fait de ces créatures mythiques la base de la société moderne. La démocratie se fonde sur l'idée que l'électeur sait à quoi s'en tenir ; le capitalisme du marché croit que le client a toujours raison ; et l'enseignement libéral que les étudiants pensent par eux-mêmes.

Or, on a tort de placer une telle confiance dans l'individu rationnel. Les penseurs postcoloniaux et féministes ont fait observer que cet « individu rationnel » pouvait bien être une chimère du chauvinisme occidental glorifiant l'autonomie et le pouvoir des hommes blancs de la classe supérieure. Les spécialistes d'économie comportementale et de psychologie évolutionniste, on l'a vu, ont démontré que la plupart des décisions humaines reposent sur des réactions émotionnelles et des raccourcis heuristiques plutôt que sur l'analyse rationnelle ; si nos émotions et notre heuristique étaient peut-être adaptées à la vie de l'âge de pierre, elles laissent cruellement à désirer à l'âge du silicium.

De même que la rationalité, l'individualité aussi est un mythe. Les humains pensent rarement par eux-mêmes. Nous pensons plutôt en groupes. Tout comme il faut une tribu pour élever un enfant, il faut également une tribu pour inventer un outil, résoudre un conflit ou guérir une maladie. Aucun individu n'a toutes les connaissances nécessaires pour bâtir une cathédrale ou fabriquer une bombe atomique ou un avion. Ce qui a donné à *Homo sapiens* l'avantage sur les autres animaux et a fait de nous les maîtres de la planète, ce n'est pas notre rationalité individuelle, mais notre capacité sans parallèle de penser ensemble en vastes groupes[1].

Les individus savent terriblement peu de chose du monde. Au fil de l'histoire, ils en ont su de moins en moins. Un chasseur-cueilleur de l'âge de pierre savait faire ses vêtements, allumer le feu, chasser des lapins et échapper aux lions. Nous croyons en savoir bien plus de nos jours mais, en tant qu'individus, nous en savons beaucoup moins. Pour presque tous nos besoins, nous comptons sur le savoir-faire des autres. Dans une expérience humiliante, on a demandé aux sujets d'évaluer leur compréhension du fonctionnement d'une fermeture éclair. La plupart ont répondu avec assurance qu'ils le comprenaient parfaitement : après tout, ils s'en servent tout le temps. On leur a demandé ensuite de décrire le plus minutieusement possible chacune des étapes du fonctionnement. La plupart n'en avaient aucune idée[2]. C'est ce que Steven Sloman et Philip Fernbach ont qualifié d'« illusion de la connaissance ». Nous nous croyons très savants, alors même qu'à titre individuel nous en savons fort peu, parce que nous faisons comme si le savoir présent dans l'esprit des autres était aussi le nôtre.

Ce n'est pas nécessairement un mal. Notre dépendance envers la pensée de groupe a fait de nous les maîtres du monde, et l'illusion de la connaissance nous permet de traverser la vie sans être astreint à un effort impossible pour tout comprendre nous-mêmes. D'un point de vue évolutionniste, se fier au savoir d'autrui a été extrêmement profitable à *Homo sapiens*.

Comme tant d'autres traits humains qui avaient du sens dans le passé mais sont devenus une source de problèmes à l'époque moderne, l'illusion de la connaissance a son revers. Le monde devient toujours plus complexe, et souvent les gens ne mesurent pas à quel point ils sont ignorants de ce qui se passe. En conséquence, d'aucuns ne connaissent quasiment rien à la météorologie ou à la biologie mais n'en proposent pas moins une politique concernant le changement climatique et la culture des OGM, tandis que d'autres ont des idées très arrêtées sur ce qu'il convient de faire en Irak ou en Ukraine sans être capables de situer ces pays sur une carte. Les gens mesurent rarement leur ignorance parce qu'ils s'enferment dans une chambre d'écho d'amis qui partagent leurs opinions et de flux d'actualités à sens unique, où leurs croyances sont constamment renforcées et rarement remises en question[3].

Il est peu probable que fournir des informations plus nombreuses et plus fiables arrange les choses. Les chercheurs espèrent dissiper les points de vue erronés par un meilleur enseignement scientifique, et les grands pontes influencer l'opinion publique sur des sujets tels que l'Obamacare ou le réchauffement climatique en présentant des faits exacts et des rapports d'experts. Ces espoirs s'enracinent dans une incompréhension de la façon dont pensent vraiment les humains. La plupart de nos opinions sont façonnées par la pensée collective plutôt que par la rationalité individuelle, et notre attachement à ces opinions tient à la loyauté envers le groupe. Bombarder les gens de faits et dénoncer leur ignorance personnelle aura probablement un effet contraire au but recherché. La plupart des gens n'aiment pas l'excès de faits et ont horreur de passer pour des idiots. Ne soyez pas si sûrs de pouvoir convaincre les adeptes du Tea Party de la réalité du réchauffement climatique en leur présentant des liasses de statistiques[4].

La force de la pensée de groupe est si envahissante qu'il est difficile de briser son emprise même quand ses vues semblent assez arbitraires. Ainsi, aux États-Unis, la droite conservatrice a moins tendance à se soucier de la pollution ou des espèces menacées que la gauche progressiste : ainsi s'explique que la Louisiane ait des réglementations écologiques bien moins draconiennes que le Massachusetts. Nous sommes si habitués à cette situation que nous la tenons pour acquise ; elle est en réalité très surprenante. On aurait cru que les conservateurs se soucieraient bien davantage de conserver l'ancien ordre écologique et de protéger leurs terres, leurs forêts et leurs rivières ancestrales. En revanche, on aurait pu s'attendre à ce que les progressistes fussent bien plus ouverts aux changements radicaux dans les campagnes, surtout si le but est d'accélérer le progrès et de relever le niveau de vie humain.

Toutefois, dès lors que la ligne du parti a été arrêtée sur ces problèmes à la suite de divers caprices de l'histoire, il est devenu une seconde nature chez les conservateurs de balayer d'un revers de main les inquiétudes relatives à la pollution des rivières et des oiseaux en voie de disparition, tandis que la gauche progressiste a tendance à redouter toute perturbation de l'ancien ordre écologique[5].

Même les chercheurs ne sont pas insensibles à la force de la pensée de groupe. Ainsi les hommes de science qui croient les faits capables de changer l'opinion publique peuvent eux-mêmes être victimes de la pensée de groupe scientifique. La communauté scientifique croit à l'efficacité des faits ; dès lors, ceux qui lui sont loyaux continuent de croire qu'ils peuvent avoir le dessus dans les débats publics en lançant des faits à la volée malgré la masse de données empiriques en sens contraire.

De même, la croyance libérale en la rationalité individuelle pourrait bien être le produit de la pensée de groupe libérale. Dans un des moments les plus forts de *La Vie de Brian* des Monty Python, une foule immense de disciples crédules prend Brian pour le Messie. Brian dit alors à ses disciples : « Vous n'avez pas besoin de me suivre, vous n'avez besoin de suivre personne ! Vous devez penser par vous-mêmes ! Vous êtes tous des individus ! Tous différents ! » La foule enthousiaste scande alors à l'unisson : « Oui ! Nous sommes tous des individus ! Oui, nous sommes tous différents ! » Les Monty Python parodiaient l'orthodoxie de la contre-culture des années 1960, mais sans doute cela vaut-il pour la croyance dans l'individualisme rationnel en général. Les démocraties modernes sont pleines de foules qui crient à l'unisson : « Oui, l'électeur sait à quoi s'en tenir ! Oui, le client a toujours raison ! »

LE TROU NOIR DU POUVOIR

Le problème de la pensée de groupe et de l'ignorance individuelle affecte non seulement les électeurs et les clients ordinaires, mais aussi les présidents et les PDG. Ils peuvent bien avoir à leur disposition quantité de conseillers et d'immenses agences de renseignement, cela n'améliore pas nécessairement les choses. Il est extrêmement difficile de déceler la vérité quand vous dirigez le monde. Vous êtes bien trop occupé. La plupart des chefs politiques et des nababs du monde des affaires sont toujours pressés. Or, si vous voulez creuser un sujet, il faut beaucoup de temps et, notamment, avoir le privilège de pouvoir perdre son temps. Il faut pouvoir explorer des sentiers peu productifs, s'enfoncer dans des impasses, faire place aux doutes et à l'ennui, et laisser germer et s'épanouir de petites graines d'intuition. Si vous ne pouvez vous permettre de perdre du temps, jamais vous ne découvrirez la vérité.

Pis encore, le pouvoir dénature immanquablement la vérité. Son objet est de changer la réalité plutôt que de la voir telle qu'elle est. Quand vous avez un marteau en main, tout ressemble à un clou ; quand vous disposez d'un grand pouvoir, tout vous pousse à vous mêler de tout. Même si vous dominez plus ou moins cette démangeaison, votre entourage n'oubliera jamais le marteau géant que vous brandissiez. Votre interlocuteur aura un agenda conscient ou inconscient, et vous ne pourrez jamais lui faire entièrement confiance. Aucun sultan ne peut jamais être sûr que ses courtisans et subalternes lui diront la vérité.

Le pouvoir agit ainsi comme un trou noir qui déforme l'espace autour de lui. Plus on s'en rapproche, plus tout est déformé. Chaque mot pèse d'un poids supplémentaire quand il entre dans votre orbite, chaque personne que vous voyez essaie de vous flatter, de vous apaiser ou d'obtenir quelque chose de vous. Ils savent que vous ne pouvez leur consacrer plus d'une minute ou deux et, craignant de dire quelque chose de déplacé ou de confus, ils finissent par débiter des slogans creux ou des clichés éculés.

Voici deux ans, le Premier ministre israélien Benjamin Netanyahu m'a invité à dîner. Des amis m'avaient conseillé de ne pas y aller, mais je n'ai pu résister à la tentation. Je me disais que je pourrais enfin entendre quelques grands secrets qui ne sont divulgués qu'à des gens importants derrière des portes closes. Quelle déception ! Nous étions une trentaine, et chacun essayait de retenir l'attention du Grand Homme, de l'impressionner par un trait d'esprit, de s'attirer ses bonnes grâces ou d'obtenir quelque chose de lui. Si toutes les personnes présentes avaient connaissance d'un grand secret, elles ont parfaitement réussi à le garder pour elles. Ce n'était guère la faute de Netanyahu ou de quiconque, mais de la force de gravitation du pouvoir.

Si vous désirez réellement la vérité, il vous faut échapper au trou noir du pouvoir et vous autoriser à perdre beaucoup de temps à errer de-ci, de-là à la périphérie. La connaissance révolutionnaire surgit rarement au centre, parce que le centre est construit sur le savoir existant. Les gardiens de l'ordre ancien déterminent habituellement qui parvient à atteindre le centre du pouvoir et ont tendance à filtrer pour exclure les porteurs d'idées non conventionnelles et dérangeantes. Bien entendu, ils éliminent aussi une incroyable quantité d'âneries. Ne pas être invité au Forum économique mondial de Davos n'est guère une garantie de sagesse. C'est bien pourquoi il faut perdre beaucoup de temps à la périphérie : il peut y avoir de brillantes intuitions révolutionnaires, mais il y a aussi pléthore de conjectures dénuées de fondements, de modèles discrédités, de dogmes superstitieux et de ridicules théories du complot.

Les dirigeants sont ainsi piégés dans un *double bind*, un dilemme : s'ils demeurent au centre du pouvoir, ils auront une vision du monde très déformée ; s'ils s'aventurent dans les marges, ils perdront une trop grande partie de leur temps précieux. Et le problème ne fera qu'empirer. Au cours des prochaines décennies, le monde deviendra plus complexe encore qu'il ne l'est aujourd'hui. De ce fait, les individus – simples pions ou rois – en sauront moins encore sur les gadgets techniques, les courants économiques et la dynamique politique qui façonnent le monde. Ainsi que l'observait Socrate voici plus de deux millénaires, le mieux que nous puissions faire dans ces conditions est de reconnaître notre ignorance. Mais qu'en est-il de la morale et de la justice ? Si nous ne pouvons comprendre le monde, comment espérer faire la différence entre le bien et le mal, la justice et l'injustice ?

16.

Justice

Notre sens de la justice pourrait bien être périmé

Comme tous nos autres sens, notre sens de la justice a aussi de lointaines racines évolutionnistes. La morale humaine s'est construite au fil de millions d'années d'évolution, s'adaptant pour faire face aux dilemmes éthiques et sociaux qui affleuraient dans la vie des petites bandes de chasseurs-cueilleurs. Si j'allais à la chasse avec vous et tuais un cerf alors que vous ne preniez rien, devais-je partager mon butin avec vous ? Si vous alliez à la cueillette aux champignons et en reveniez avec une corbeille pleine, ma force supérieure me permettait-elle de m'en emparer ? Si je sais que vous projetez de me tuer, m'est-il permis d'agir préventivement et de vous trancher la gorge au cœur de la nuit[1] ?

En apparence, pas grand-chose n'a changé depuis que nous avons quitté la savane africaine pour la jungle des villes. On pourrait penser que les questions qui se posent à nous aujourd'hui – la guerre civile en Syrie, les inégalités dans le monde, le réchauffement climatique – sont les mêmes questions qu'autrefois, mais poussées à l'extrême. Ce n'est qu'une illusion. La taille importe, et du point de vue de la justice, comme de tant d'autres, nous ne sommes guère adaptés au monde dans lequel nous vivons.

Et ce n'est pas un problème de valeurs. Laïques ou religieux, les citoyens ne manquent pas de valeurs. Le problème est l'application de ces valeurs dans un monde global complexe. Tout est la faute des nombres. Le sens de la justice des chasseurs-cueilleurs était structuré pour faire face aux dilemmes relatifs à la vie de quelques douzaines de citoyens dans une zone de quelques douzaines de kilomètres carrés.

Quand nous essayons de comprendre les relations entre des millions de gens sur des continents entiers, notre sens moral est submergé.

La justice requiert non seulement un ensemble de valeurs abstraites, mais aussi la compréhension de relations concrètes de cause à effet. Si vous avez cueilli des champignons pour nourrir vos enfants et que je me saisisse de force de votre panier, vous aurez travaillé pour rien et vos enfants iront se coucher le ventre creux, ce qui est inique. C'est facile à comprendre parce qu'il est facile de voir les relations de cause à effet. Hélas, un trait inhérent au monde global moderne est que ses relations causales sont éminemment ramifiées et complexes. Je peux vivre en paix chez moi, ne jamais faire de tort à personne et pourtant, à en croire les militants de gauche, je suis partie prenante des torts que les soldats et colons israéliens infligent en Cisjordanie. D'après les socialistes, ma vie confortable repose sur le travail des enfants exploités dans les sinistres ateliers du tiers monde. Les défenseurs du bien-être animal me rappellent que ma vie est entremêlée à l'un des crimes les plus effarants de l'histoire : l'assujettissement de milliards d'animaux de ferme à un brutal régime d'exploitation.

Suis-je réellement à blâmer pour tout cela ? Difficile à dire. Puisque, dans mon existence, je dépends d'un ahurissant réseau de liens économiques et politiques, et que les relations causales globales sont très emmêlées, il m'est difficile de répondre même aux questions les plus simples du style : d'où me vient mon repas ? qui a fait les chaussures que je porte ? et que fait de mon argent ma caisse de retraite[2] ?

VOLER LES RIVIÈRES

Une chasseuse-cueilleuse primitive savait fort bien d'où venait son repas (elle le trouvait elle-même), qui faisait ses mocassins (il couchait à vingt mètres d'elle) et ce que faisait sa caisse de retraite (il jouait dans la boue : en ce temps-là, on ne connaissait qu'un seul fonds de pension qu'on appelait les enfants). Je suis beaucoup plus ignorant que les chasseurs-cueilleurs. Des années de recherche pourraient m'apprendre que le gouvernement pour lequel j'ai voté vend secrètement des armes à un dictateur véreux à l'autre bout du monde. Mais le temps que je consacre à cette enquête pourrait me manquer pour des découvertes autrement plus importantes, comme le sort des poules dont j'ai mangé les œufs au dîner.

Le système est structuré de telle sorte que ceux qui ne font aucun effort pour savoir peuvent demeurer dans une ignorance béate, tandis que ceux qui en font auront le plus grand mal à découvrir la vérité. Comment est-il possible d'éviter de voler quand le système économique global ne cesse de voler en mon nom et à mon insu ? Peu importe que vous jugiez les actions à leurs conséquences (il est mal de voler parce que cela rend les victimes misérables) ou que vous croyiez aux impératifs catégoriques qu'il faut suivre indépendamment des conséquences (il est mal de voler, c'est Dieu qui l'a dit). Le problème est qu'il est devenu extrêmement compliqué de saisir ce que nous faisons réellement.

Le commandement de ne pas voler a été formulé à une époque où voler signifiait s'emparer concrètement d'une chose qui ne vous appartenait pas. De nos jours, cependant, les discussions réellement importantes sur le vol concernent des scénarios entièrement différents. Supposez que j'investisse 10 000 dollars en actions d'une grande société pétrochimique, qui m'assure un retour sur investissement de 5 % par an. La société est très rentable parce qu'elle ne paie pas les externalités. Elle se débarrasse des déchets toxiques dans la rivière voisine sans se soucier des dommages pour l'approvisionnement régional en eau, la santé publique ou la faune et la flore locales. Elle se sert de sa richesse pour enrôler une légion d'avocats qui la protègent de toute demande d'indemnisation. Elle engage aussi des lobbyistes qui bloquent toute velléité d'imposer des règles écologiques plus strictes.

Pouvons-nous accuser la société de « voler une rivière » ? Et qu'en est-il de moi personnellement ? Je ne m'introduis chez personne par effraction ni ne vole dans le porte-monnaie de quiconque. Je ne sais pas vraiment comment cette société engrange ses profits. C'est à peine si je me souviens qu'une partie de mon portefeuille y est investie. Suis-je donc coupable de vol ? Comment agir moralement quand nous n'avons aucun moyen de connaître tous les faits pertinents ?

On peut essayer de se dérober en adoptant une « morale des intentions ». Ce qui importe, c'est ce que j'entends faire, non pas ce que je fais réellement ni le résultat de ce que je fais. Toutefois, dans un monde où tout est lié, l'impératif moral suprême devient l'impératif de savoir. Les plus grands crimes de l'histoire moderne sont le fruit de la haine et de la cupidité, mais plus encore de l'ignorance et de l'indifférence. De charmantes *ladies* anglaises finançaient le trafic d'esclaves dans l'Atlantique en achetant des actions et des obligations à la Bourse de Londres sans jamais mettre les pieds en Afrique ou dans les Caraïbes. Puis elles sucraient leur thé de quatre heures avec des morceaux de sucre blanc comme neige produits sur des plantations infernales, dont elles ne savaient rien.

En Allemagne, à la fin des années 1930, le chef du bureau de poste local pouvait être un bon citoyen soucieux du bien-être de ses employés et toujours prêt à aider les gens en détresse à retrouver des colis disparus. Il était toujours le premier arrivé et le dernier parti. Même en cas de tempête de neige, il veillait à ce que le courrier ne prenne pas de retard. Malheureusement, son bureau de poste efficace et accueillant était une cellule vitale du système nerveux de l'État nazi. Il transmettait avec diligence la propagande raciste, les avis de recrutement à la Wehrmacht et les ordres brutaux à la section locale des SS. Quelque chose ne va pas dans les intentions de ceux qui ne font pas un effort sincère pour savoir.

Mais qu'est-ce qu'« un effort sincère pour savoir » ? Les receveurs des postes de tous les pays doivent-ils ouvrir tous les courriers qu'ils acheminent et démissionner ou se révolter s'ils découvrent de la propagande gouvernementale ? Il est facile de se retourner avec une certitude morale absolue sur l'Allemagne nazie des années 1930, parce que nous savons où a conduit la chaîne des causes et des effets. Sans le bénéfice du recul, cependant, la certitude morale pourrait être hors de portée. La vérité amère est que le monde est devenu tout simplement trop compliqué pour nos cerveaux de chasseurs-cueilleurs.

Les injustices du monde contemporain résultent pour la plupart de biais structurels de grande échelle plutôt que de préjugés individuels ; or, nos cerveaux de chasseurs-cueilleurs n'ont pas évolué de manière à détecter ces biais structurels. Nous sommes tous complices d'au moins une partie d'entre eux, et le temps et l'énergie nous manquent pour les découvrir tous. La rédaction de ce livre me l'a fait comprendre sur un plan personnel. S'agissant de problèmes globaux, je cours toujours le danger de privilégier le point de vue de l'élite mondiale sur celui de divers groupes désavantagés. L'élite globale domine la conversation, en sorte qu'il est impossible de passer à côté de ses vues. Les groupes désavantagés, en revanche, sont régulièrement réduits au silence, en sorte qu'il est facile de les oublier : non du fait de quelque malveillance délibérée, mais par ignorance pure et simple.

Par exemple, je ne sais absolument rien des vues et des problèmes propres aux Aborigènes de Tasmanie. En vérité, j'en sais si peu que, dans un livre précédent, j'ai même imaginé qu'ils n'existaient plus parce que les colons européens les avaient tous éradiqués. En réalité, il existe aujourd'hui des milliers de gens qui descendent de cette population et sont confrontés à des problèmes uniques : l'un d'eux est précisément la négation très fréquente de leur existence, notamment par de savants chercheurs.

Même si vous appartenez personnellement à un groupe défavorisé et avez donc une connaissance de première main de son point de vue, cela ne signifie pas que vous compreniez le point de vue de tous les autres groupes de ce genre. Chaque groupe ou sous-groupe est en effet confronté à un dédale différent de plafonds de verre, de doubles étalons, d'insultes codées et de discrimination institutionnelle. Un Afro-Américain de trente ans a trente années d'expérience de ce que signifie être noir en Amérique. En revanche, il n'a aucune expérience de ce que veut dire être Afro-Américaine, Rom bulgare, Russe aveugle ou lesbienne chinoise.

En grandissant, cet Afro-Américain a été maintes fois arrêté et fouillé par la police sans raison apparente – chose que la lesbienne chinoise n'a jamais eu à subir. Mais qu'il soit né dans une famille noire américaine d'un quartier afro-américain signifie qu'il a été entouré de semblables qui lui ont appris ce qu'il avait besoin de savoir pour survivre et s'épanouir en tant qu'homme noir américain. La lesbienne chinoise n'est pas née dans une famille lesbienne ni dans un quartier de lesbiennes, et sans doute n'a-t-elle eu personne pour lui donner les leçons capitales. Grandir noir à Baltimore n'aide donc guère à comprendre les combats d'une lesbienne qui grandit à Hangzhou.

Cela avait moins d'importance jadis parce qu'on n'était guère responsable du sort des gens vivant à l'autre bout du monde. Il suffisait habituellement de consentir un effort pour sympathiser avec ses voisins moins chanceux. Aujourd'hui, cependant, les grands débats globaux sur des sujets comme le changement climatique et l'intelligence artificielle ont un impact sur tout le monde – que ce soit en Tasmanie, à Hangzhou ou à Baltimore – au point qu'il est nécessaire de prendre en compte tous les points de vue. Or, comment quiconque pourrait-il le faire ? Comment comprendre la toile des relations entre des milliers de groupes qui se recoupent à travers le monde[3] ?

RÉDUIRE OU NIER ?

Même si nous le souhaitions vraiment, nous sommes pour la plupart incapables de comprendre les grands problèmes moraux du monde. Les gens peuvent appréhender les relations entre deux ou vingt chasseurs-cueilleurs, ou entre deux clans voisins. Ils ne sont pas armés pour appréhender les relations entre plusieurs millions de Syriens, entre 500 millions d'Européens ou entre tous les groupes et sous-groupes imbriqués de la planète.

Pour essayer de comprendre et juger les dilemmes moraux de cette ampleur, les gens choisissent souvent parmi quatre méthodes. La première consiste à réduire le problème : à aborder la guerre civile en Syrie comme si elle opposait deux chasseurs-cueilleurs, à imaginer le régime d'Assad comme une personne seule face aux rebelles, eux aussi appréhendés comme une autre personne, l'une mauvaise, l'autre bonne. Une intrigue claire et simple remplace alors la complexité historique du conflit[4].

La deuxième consiste à se concentrer sur une histoire humaine touchante, censée illustrer la totalité du conflit. Quand vous essayez d'expliquer à vos auditeurs la vraie complexité du conflit au moyen de statistiques et de données précises, vous les perdez ; en revanche, un récit personnel sur le destin d'un enfant active les conduits lacrymaux, fait bouillir le sang et engendre une fausse certitude morale[5]. C'est une chose que beaucoup d'organisations caritatives ont comprise depuis longtemps. Dans une expérience remarquable, on a demandé aux gens de donner de l'argent pour aider une malheureuse fillette malienne de sept ans, Rokia. Touchés par son histoire, beaucoup ont ouvert leur cœur et leur porte-monnaie. Toutefois, quand, outre l'histoire personnelle de Rokia, les chercheurs ont présenté des statistiques sur le problème plus général de la misère en Afrique, ils se sont montrés soudain *moins* disposés à aider. Dans une autre étude, des chercheurs ont sollicité des dons pour secourir soit un enfant malade, soit huit. Ils ont reçu plus d'argent pour l'enfant seul que pour le groupe de huit[6].

La troisième méthode pour aborder les dilemmes moraux à grande échelle consiste à tisser des théories du complot. Comment fonctionne l'économie globale ? Est-elle bonne ou mauvaise ? Tout cela est bien trop compliqué à saisir. Il est bien plus facile d'imaginer que vingt multimilliardaires tirent les ficelles en coulisses, contrôlent les médias et fomentent des guerres à seule fin de s'enrichir. C'est presque toujours un fantasme dénué de fondement. Le monde contemporain est trop compliqué – non seulement pour notre sens de la justice, mais aussi pour nos capacités managériales. Personne – y compris les multimilliardaires, la CIA, les francs-maçons et les Sages de Sion – ne comprend vraiment ce qui se passe dans le monde. Personne n'est donc capable de tirer les ficelles efficacement[7].

Ces méthodes cherchent toutes trois à nier la complexité du monde. La quatrième et dernière consiste à créer un dogme, à placer notre confiance dans une théorie, une institution ou un chef censés tout savoir et à les suivre, où qu'ils nous conduisent. Dans notre ère scientifique, les dogmes religieux et idéologiques demeurent très attrayants, précisément parce qu'ils nous offrent un havre de sécurité face à la complexité frustrante de la réalité. Les mouvements séculiers, on l'a vu, n'ont pas été exempts de ce danger. Même si vous commencez par rejeter tous les dogmes religieux pour vous attacher solidement à la vérité scientifique, la complexité de la réalité devient tôt ou tard si contrariante qu'on est conduit à élaborer une doctrine qui ne devrait pas être contestée. Si ces doctrines apportent réconfort intellectuel et certitude morale, il est douteux qu'elles assurent la justice.

Alors, que faire ? Devons-nous adopter le dogme libéral et nous fier à l'agrégat des électeurs et des clients ? À moins que nous ne devions rejeter l'approche individualiste et comme tant d'autres cultures dans l'histoire habiliter des communautés à donner *ensemble* du sens au monde ? Toutefois, cette solution ne nous arrache au Charybde de l'ignorance personnelle que pour nous précipiter vers le Scylla de la pensée de groupe biaisée. Les bandes de chasseurs-cueilleurs, les communes villageoises et même les quartiers urbains pouvaient réfléchir ensemble aux problèmes communs qu'ils rencontraient. Désormais, nous souffrons de problèmes mondiaux sans avoir de communauté mondiale. Ni Facebook, ni le nationalisme, ni la religion ne sont près de créer une communauté de ce genre. Toutes les tribus humaines existantes sont occupées à servir leurs intérêts particuliers plutôt qu'à comprendre la vérité globale. Pas plus les Américains que les Chinois, les musulmans ou les hindous ne constituent la « communauté mondiale », et leur interprétation de la réalité n'est donc guère digne de confiance.

Devons-nous alors en rester là et déclarer que la quête humaine pour comprendre la vérité et trouver la justice a échoué ? Sommes-nous officiellement entrés dans l'ère de la Post-Vérité ?

17.

Post-vérité

Certaines fake news sont éternelles

On ne cesse de nous répéter ces derniers temps que nous vivons dans l'ère nouvelle et effrayante de la « post-vérité » et que nous sommes cernés par les mensonges et les fictions. On en trouve sans mal des exemples. Ainsi, fin février 2014, des unités spéciales russes ne portant aucun insigne militaire envahirent l'Ukraine et occupèrent des installations cruciales en Crimée. Le gouvernement russe et le président Poutine nièrent à plusieurs reprises qu'il s'agissait de troupes russes et les présentèrent comme des « groupes d'autodéfense » spontanés qui avaient pu se procurer du matériel d'apparence russe auprès de fournisseurs locaux[1]. Tout en proférant cette allégation absurde, Poutine et ses collaborateurs savaient parfaitement qu'ils mentaient.

Les nationalistes russes peuvent excuser ce mensonge en prétendant qu'il servait une vérité supérieure. La Russie était engagée dans une guerre juste, et s'il est bien de tuer pour une juste cause, il l'est certainement aussi de mentir ? La cause supérieure censée justifier l'invasion de l'Ukraine consistait à préserver la sainte nation russe. Suivant les mythes nationaux, la Russie est une entité sainte qui existe depuis un millénaire malgré les efforts répétés de ses ennemis acharnés pour l'envahir et la démembrer. À la suite des Mongols, des Polonais, des Suédois, de la Grande Armée de Napoléon et de la Wehrmacht de Hitler, dans les années 1990 c'est l'OTAN, les États-Unis et l'Union européenne qui ont cherché à détruire la Russie en la dépeçant et en formant des « faux pays » comme l'Ukraine. Pour beaucoup de nationalistes russes, l'idée que l'Ukraine serait une nation séparée est un mensonge plus grand encore que tout ce qu'a pu déclarer Poutine dans sa sainte mission pour remembrer la nation russe.

Les citoyens ukrainiens, les observateurs extérieurs et les historiens professionnels peuvent bien s'indigner d'une telle explication et y voir une sorte de « mensonge bombe atomique » dans l'arsenal russe de la tromperie. Prétendre que l'Ukraine n'existe pas en tant que nation et pays indépendant revient à faire fi d'une longue liste de faits historiques : par exemple, qu'au cours des mille années d'unité russe supposée, Kiev et Moscou n'ont fait partie du même pays que trois siècles seulement. C'est aussi faire litière de nombreux accords et traités internationaux que la Russie avait précédemment acceptés et qui ont sauvegardé la souveraineté et les limites de l'Ukraine indépendante. Et surtout, c'est ignorer ce que des millions d'Ukrainiens pensent d'eux-mêmes. N'ont-ils pas leur mot à dire sur qui ils sont ?

Les nationalistes ukrainiens seraient certainement d'accord avec les nationalistes russes pour dire qu'il ne manque pas de faux pays tout autour. Mais pas l'Ukraine. Ces faux pays sont plutôt la « République populaire de Lougansk » et la « République populaire de Donetsk » que la Russie a créées pour masquer son invasion de l'Ukraine en dehors de toute provocation[2].

Quelque camp que vous défendiez, il semble que nous vivions bel et bien dans une ère terrifiante de post-vérité, quand non seulement des incidents militaires particuliers, mais aussi des histoires et des nations entières pourraient bien être faux. Si nous sommes dans l'ère de la post-vérité, quel était donc l'âge heureux de la vérité ? Les années 1980 ? Les années 1950 ? Les années 1930 ? Et quel a été le détonateur du passage à l'ère de la post-vérité : Internet, les médias sociaux, l'ascension de Poutine et de Trump ?

Un regard rapide sur l'histoire révèle que la propagande et la désinformation n'ont rien de nouveau, et que même la négation de nations entières et la création de faux pays constituent une habitude très ancienne. En 1931, l'armée japonaise monta des simulacres d'attaques contre elle-même afin de justifier son invasion de la Chine, puis créa le faux pays du Mandchoukouo pour légitimer ses conquêtes. La Chine elle-même a longtemps nié que le Tibet ait jamais été un pays indépendant. La colonisation britannique de l'Australie fut justifiée par la doctrine juridique de la *terra nullius* («terre sans maître», en latin), qui effaça de fait 50 000 ans d'histoire aborigène.

Au début du XXe siècle, un slogan favori des sionistes parlait du retour d'«un peuple sans terre (les Juifs) sur une terre sans peuple (la Palestine)». C'était opportunément faire fi de l'existence d'une population arabe locale. En 1969, la Première ministre israélienne, Golda Meir, déclara d'une formule mémorable qu'il n'y avait pas de peuple palestinien et qu'il n'y en avait jamais eu. Ces idées sont aujourd'hui encore largement répandues en Israël, malgré des décennies de conflit armé contre quelque chose qui n'existe pas. En février 2016, par exemple, la députée Anat Berko a prononcé au parlement israélien un discours où elle a dit douter de la réalité et de l'histoire du peuple palestinien. La preuve? La lettre *p* n'existe même pas en arabe! Comment pourrait-il exister un peuple palestinien? (En arabe, le *f* remplace le *p*, et Palestine se dit Falastin.)

L'ESPÈCE POST-VÉRITÉ

En vérité, les humains ont toujours vécu à l'âge de la post-vérité. *Homo sapiens* est une espèce post-vérité, dont le pouvoir suppose que l'on crée des fictions et qu'on y croie. Dès l'âge de pierre, des mythes qui se renforcent d'eux-mêmes ont servi à unir les collectivités humaines. En vérité, *Homo sapiens* a surtout conquis cette planète grâce à la faculté humaine unique de créer et de propager des fictions. Nous sommes les seuls mammifères capables de coopérer avec de nombreux inconnus parce que nous seuls pouvons inventer des fictions, les diffuser autour de nous et convaincre des millions d'autres d'y croire. Tant que tout le monde croit aux mêmes fictions, nous obéissons tous aux mêmes lois et pouvons donc coopérer efficacement.

Si vous reprochez à Facebook, Trump ou Poutine d'inaugurer une nouvelle ère effrayante de la post-vérité, rappelez-vous qu'il y a des siècles de cela, des millions de chrétiens se sont enfermés dans une bulle mythologique qui a tendance à se renforcer d'elle-même, sans jamais oser contester la véracité factuelle de la Bible, tandis que des millions de musulmans ont accordé une foi aveugle au Coran. Des millénaires durant, ce qui passait pour des « nouvelles » et des « faits » dans les réseaux sociaux humains étaient des histoires de miracles, d'anges, de démons et de sorcières, avec des journalistes audacieux qui faisaient des reportages en direct du fin fond des enfers. Nous n'avons aucune preuve scientifique qu'Ève ait été tentée par le Serpent, que les âmes des infidèles brûlent en enfer après la mort, ou qu'il déplaise au Créateur qu'un brahmane épouse une intouchable : des millénaires durant, des milliards de gens ont pourtant cru à ces histoires. Certaines *fake news* ne meurent jamais.

J'ai bien conscience d'en choquer plus d'un en assimilant la religion aux *fake news*, mais il s'agit exactement de cela. Quand un millier de gens croient une histoire inventée un mois durant, ce sont des *fake news*. Quand un milliard de gens y croient un millénaire, c'est une religion, et on nous somme de ne pas parler de *fake news* pour ne pas froisser les fidèles (ou encourir leur courroux). Observez cependant que je ne nie pas l'efficacité ni la bienfaisance potentielles de la religion. Au contraire. Pour le meilleur ou pour le pire, la fiction compte parmi les instruments les plus efficaces de la boîte à outils de l'humanité. En rassemblant, les credo rendent possible la coopération humaine sur une grande échelle. Ils poussent les gens à construire des hôpitaux, des écoles et des ponts en plus des armées et des prisons. Adam et Ève n'ont jamais existé, mais la cathédrale de Chartres reste belle. La Bible tient largement de la fiction, mais elle peut encore procurer de la joie à des milliards de gens et encourager les humains à la compassion, au courage et à la créativité – à l'instar d'autres grandes œuvres de fiction comme *Don Quichotte*, *Guerre et Paix* et *Harry Potter*.

Encore une fois, ma comparaison de la Bible avec *Harry Potter* peut choquer. Si vous êtes un chrétien d'esprit scientifique, vous pourriez expliquer les erreurs et les mythes de la Bible en plaidant que le livre saint n'a jamais été destiné à être lu comme un récit factuel, et qu'il faut l'aborder tel un récit métaphorique qui recèle une sagesse profonde. Mais n'est-ce pas également vrai de *Harry Potter* ?

Si vous êtes un chrétien fondamentaliste, probablement protesterez-vous que chaque mot de la Bible est littéralement vrai. Supposons un instant que vous ayez raison, et que la Bible soit bel et bien la parole infaillible de l'unique vrai Dieu. Mais alors que faire du Coran, du

Talmud, du Livre de Mormon, des Védas, de l'Avesta et du Livre des morts égyptien ? N'êtes-vous pas tenté de dire que ces textes sont des fictions élaborées créées par des hommes de chair et de sang (voire par des démons) ? Et comment voyez-vous la divinité d'empereurs romains comme Auguste et Claude ? Le Sénat romain revendiquait le pouvoir d'élever des hommes au rang de dieux, puis attendait des sujets de l'Empire qu'ils vénèrent ces dieux. N'était-ce pas une fiction ? De fait, nous avons dans l'histoire au moins un exemple de faux dieu qui a reconnu la fiction de sa propre bouche. Le militarisme japonais des années 1930 et du début des années 1940, on l'a vu, reposait sur une croyance fanatique en la divinité de l'empereur Hirohito. Après la défaite de son pays, celui-ci proclama publiquement que ce n'était pas vrai, que tout compte fait il n'était pas un dieu.

En admettant que la Bible soit la vraie parole de Dieu, cela nous laisse tout de même avec des milliards d'hindous, de musulmans et de juifs fervents, mais aussi d'Égyptiens, de Romains et de Japonais qui, des millénaires durant, ont fait confiance à des fictions. Une fois encore, cela ne signifie pas que ces fictions soient nécessairement dénuées de valeur ou nocives. Elles pourraient rester belles et inspirantes.

Bien entendu, tous les mythes religieux n'ont pas été également bénéfiques. Le 29 août 1255, on retrouva le corps d'un petit Anglais de neuf ans, Hugh, dans un puits de la ville de Lincoln. En l'absence de Facebook et de Twitter, la rumeur se propagea rapidement : Hugh avait été la victime d'un meurtre rituel commis par les Juifs locaux. L'histoire ne fit que prendre de l'ampleur au fil des récits. Un des chroniqueurs anglais les plus renommés de l'époque – Matthew Paris – décrivit avec un luxe de détails macabres comment des Juifs éminents venus de toute l'Angleterre s'étaient rassemblés à Lincoln pour engraisser, supplicier et finalement crucifier l'enfant enlevé. Dix-neuf Juifs furent jugés et exécutés pour ce prétendu meurtre. De semblables accusations de meurtre rituel se répandirent dans d'autres villes anglaises, débouchant sur une série de pogromes et le massacre de communautés entières. En 1290, c'est finalement toute la population juive de l'Angleterre qui devait être expulsée[3].

L'histoire ne s'est pas arrêtée là. Un siècle après l'expulsion des Juifs d'Angleterre, Geoffrey Chaucer – le père de la littérature anglaise –

recycla l'histoire de Hugh de Lincoln dans « Le Conte de la prieure[4] » dont le point d'orgue est la pendaison des Juifs. Ces allégations de meurtre rituel devinrent par la suite un élément de base de tous les mouvements antisémites, de l'Espagne médiévale à la Russie moderne. On en trouve un lointain écho dans les *fake news* de 2016 insinuant que Hillary Clinton dirigeait un réseau de trafic d'enfants réduits à l'esclavage sexuel dans le sous-sol d'une pizzeria à la mode. Assez d'Américains crurent à cette rumeur pour que cela portât préjudice à sa campagne électorale. Un quidam se présenta même à la pizzeria avec une arme, exigeant de voir le sous-sol : la pizzeria n'avait pas de sous-sol[5].

Quant à Hugh de Lincoln, nul ne sait comment il trouva vraiment la mort : il fut néanmoins inhumé dans la cathédrale de Lincoln et vénéré comme un saint. On lui attribua divers miracles, et des siècles après l'expulsion de tous les Juifs d'Angleterre, son tombeau continuait d'attirer des pèlerins[6]. C'est seulement en 1955 – dix ans après l'Holocauste – que la cathédrale de Lincoln répudia l'accusation de meurtre rituel pour placer sur le tombeau une plaque où l'on peut lire :

> Les histoires fabriquées de « meurtres rituels » de petits chrétiens par des communautés juives étaient courantes au Moyen Âge et encore beaucoup plus tard. Ces fictions coûtèrent la vie à quantité de Juifs innocents. Lincoln eut sa propre légende et la prétendue victime fut inhumée dans la cathédrale en l'an 1255. Ces récits ne font pas honneur à la chrétienté[7].

Bon, certaines *fake news* ne durent que sept cents ans.

Mensonge un jour, vérité toujours

Les religions anciennes ne sont pas les seules à avoir utilisé la fiction pour cimenter la coopération. À une époque plus récente, chaque nation a créé sa mythologie nationale tandis que des mouvements comme le communisme, le fascisme et le libéralisme ont façonné des credo élaborés qui se renforcent d'eux-mêmes. Joseph Goebbels, le grand maître de la propagande nazie et peut-être le sorcier des médias le plus accompli des Temps modernes, aurait succinctement exposé sa méthode en ces termes : « Un mensonge raconté une fois reste un mensonge ; débité un millier de fois, il devient la vérité[8]. » Dans *Mein Kampf*, Hitler en fait un principe fondamental : « Toute propagande efficace doit se limiter à des points forts peu nombreux et les faire valoir à coups de formules stéréotypées aussi longtemps qu'il le faudra[9]. » Un colporteur actuel de *fake news* dirait-il mieux ?

L'appareil de propagande soviétique n'était pas moins habile à manipuler la vérité pour réécrire totalement l'histoire d'une guerre ou retoucher des photographies. Le 29 juin 1936, la *Pravda* (« vérité »), le journal officiel, publiait en une la photo d'un Joseph Staline souriant embrassant une fillette de sept ans, Guelia Markizova. L'image devint une icône stalinienne, consacrant Staline dans son rôle de Père de la Nation tout en idéalisant « l'enfance soviétique heureuse ». Les imprimeries et les usines se mirent à débiter des millions d'affiches, de sculptures et de mosaïques de la scène exposées dans les institutions publiques d'un bout de l'Union soviétique à l'autre. De même qu'aucune église orthodoxe russe ne saurait se passer d'une icône de la Vierge à l'Enfant, aucune école soviétique ne pouvait se passer d'une icône de Papa Staline embrassant la petite Guelia.

Malheureusement, dans l'empire stalinien, la gloire était souvent une invitation au désastre. Moins d'un an plus tard, le père de Guelia fut arrêté, accusé à tort d'être un espion japonais doublé d'un terroriste trotskiste. Exécuté en 1938, il fit partie des millions de victimes de la terreur stalinienne. Guelia fut exilée au Kazakhstan avec sa mère qui mourut bientôt dans de mystérieuses circonstances. Que faire, alors, des innombrables icônes représentant le Père de la Nation avec la fille d'un homme condamné comme « ennemi du peuple » ? Pas de problème. À compter de ce jour, Guelia Markizova disparut purement et simplement. Désormais, « l'enfant soviétique heureuse » de l'image omniprésente fut Mamlakat Nakhangova, une petite Tadjike de treize ans qui obtint l'ordre de Lénine pour avoir récolté d'énormes quantités de coton dans les champs. (Si quelqu'un s'avisait que la fille de la photo ne faisait pas ses treize ans, mieux valait qu'il garde pour lui cette hérésie contre-révolutionnaire[10].)

La machine de propagande soviétique se révéla si efficace qu'elle réussit à cacher de monstrueuses atrocités à l'intérieur tout en projetant à l'étranger une vision utopique. Les Ukrainiens déplorent aujourd'hui que Poutine ait réussi à duper de nombreux médias occidentaux à propos des actions de la Russie en Crimée et au Donbass. Dans l'art de la tromperie, cependant, il n'arrive guère à la cheville de Staline. Au début des années 1930, les journalistes et intellectuels occidentaux de gauche louaient dans l'URSS une société idéale alors que les Ukrainiens et d'autres Soviétiques mouraient par millions d'une famine artificiellement organisée par Staline. Alors qu'à l'âge de Facebook et de Twitter il est difficile de décider quelle version des événements il faut croire, au moins n'est-il plus possible à un régime de tuer des millions de gens sans que le monde n'en sache rien.

Outre les religions et les idéologies, les entreprises commerciales s'en remettent elles aussi à la fiction et aux *fake news*. Le *branding*, ou « promotion d'une marque », implique souvent de répéter inlassablement la même fiction, jusqu'à ce que les gens soient convaincus de sa vérité. Quelles images vous viennent à l'esprit quand vous pensez à Coca-Cola ? Pensez-vous à des jeunes gens sains pratiquant le sport ou s'amusant ensemble ? Ou à des diabétiques en surpoids sur un lit d'hôpital ? Boire quantité de Coca-Cola ne vous rendra ni jeune, ni sain, ni athlétique, mais augmentera au contraire le risque pour vous de devenir obèse et diabétique. Des décennies durant, Coca-Cola n'en a pas moins investi des milliards de dollars pour cultiver son lien avec la jeunesse, la santé et le sport, et des milliards d'êtres humains croient subconsciemment à ce lien.

La vérité est que la vérité n'a jamais été une priorité d'*Homo sapiens*. Beaucoup imaginent que si une religion ou une idéologie déforme la réalité, ses adeptes le découvriront tôt ou tard car ils ne pourront rivaliser avec des rivaux plus clairvoyants. Ce n'est qu'un mythe réconfortant de plus. En pratique, la force de la coopération humaine repose sur un délicat équilibre entre vérité et fiction.

Déformez à l'excès la réalité : elle vous affaiblira en vous faisant agir de façon irréaliste. En 1905, par exemple, un médium tanzanien, Kinjikitile Ngwale, se prétendit possédé par l'esprit du serpent Hongo. Le nouveau prophète avait un message révolutionnaire destiné à la population de la colonie allemande d'Afrique de l'Est : unissez-vous et chassez les Allemands. Pour rendre son message plus alléchant, Ngwale distribua à ses partisans des potions magiques censées transformer les balles allemandes en eau (*maji* en swahili). Ainsi commença la rébellion des Maji-Maji. Elle échoua. Sur le champ de bataille, en effet, les balles allemandes ne se transformèrent pas en eau, mais perforèrent impitoyablement le corps des rebelles mal armés[11]. Un peu moins de deux mille ans plus tôt, la Grande Révolte juive contre les Romains se nourrit pareillement de la conviction fervente que Dieu se battait pour les Juifs et les aiderait à vaincre l'Empire romain apparemment invincible. Elle aussi échoua, menant à la destruction de Jérusalem et à l'exil des Juifs.

Par ailleurs, on ne saurait efficacement organiser des masses sans s'en remettre à quelque mythologie. Si vous vous accrochez à une réalité sans mélange, peu vous suivront. Sans mythes il eût été impossible d'organiser les révoltes avortées des Maji-Maji et des Juifs, mais aussi les rébellions bien plus couronnées de succès du Mahdî et des Maccabées.

En fait, les fausses histoires ont un avantage intrinsèque sur la vérité quand il s'agit d'unir la population. Si vous voulez jauger la loyauté d'un groupe, demander aux gens de croire une absurdité est un bien meilleur test que leur demander de croire la vérité. Si un grand chef déclare : « Le soleil se lève à l'est et se couche à l'ouest », il n'est aucunement besoin de loyauté pour l'applaudir. S'il proclame au contraire : « Le soleil se lève à l'ouest et se couche à l'est », seuls les vrais loyalistes claqueront des mains. De même, si vos voisins croient tous à la même histoire grotesque, vous pouvez compter sur eux pour se serrer les coudes en temps de crise. S'ils sont prêts à croire uniquement les faits accrédités, qu'est-ce que cela prouve ?

Peut-être objecterez-vous que, au moins dans certains cas, il est possible d'organiser les gens efficacement par des accords consensuels plutôt qu'à travers des fictions et des mythes. Dans la sphère économique, l'argent et les entreprises soudent ainsi les individus plus efficacement que n'importe quel dieu ou livre saint, alors même que tout le monde sait que ce ne sont que des conventions humaines. Dans le cas d'un livre saint, un vrai croyant dirait : « Je crois ce livre sacré. » Dans le cas du dollar, le vrai croyant dirait uniquement : « Je crois que *d'autres* croient le dollar précieux. » Il est clair que le dollar n'est qu'une création humaine, mais il est respecté dans le monde entier. S'il en va ainsi, pourquoi les humains n'abandonnent-ils pas totalement les mythes et les fictions pour s'organiser sur la base de conventions consensuelles comme le dollar ?

Ces conventions, cependant, ne sont pas clairement distinctes de la fiction. La différence entre les livres saints et l'argent, par exemple, est bien plus mince qu'il n'y paraît à première vue. Devant un dollar, la plupart des gens oublient que ce n'est qu'une convention humaine. Dans ce bout de papier vert avec l'image d'un homme blanc mort, ils voient quelque chose de précieux en soi. Peu se diront : « En vérité, ce n'est qu'un bout de papier sans valeur, mais parce que d'autres le trouvent précieux, je puis en faire usage. » Observez un cerveau humain dans un scanner d'imagerie à résonance magnétique fonctionnelle (IRMf) et vous verrez que, lorsqu'on présente à quelqu'un une mallette bourrée de coupures de 100 dollars, les parties qui se mettent à vibrer d'excitation ne sont pas les sceptiques (« D'autres croient cela précieux »), mais les cupides : « Bordel de merde ! Je veux ça ! » Inversement, dans l'immense majorité des cas, les gens ne commencent à sanctifier la Bible, les Védas ou le Livre de Mormon qu'après la longue fréquentation d'autres gens qui les tiennent pour des textes sacrés. Nous apprenons à respecter les livres saints de la même façon que nous apprenons à respecter les billets de banque.

En pratique, il n'y a donc pas de division tranchée entre « savoir qu'une chose n'est qu'une convention humaine » et « croire qu'une chose est intrinsèquement précieuse ». Dans bien des cas, les gens sont ambigus, ou même oublient cette distinction. Prenons un autre exemple. Vous vous engagez dans une profonde discussion philosophique à ce propos : tout le monde ou presque reconnaîtra que les entreprises sont des fictions créées par les hommes. Microsoft, ce n'est pas ses locaux, ses employés ou ses actionnaires, mais une fiction légale compliquée élaborée par les législateurs et les avocats. Pendant 99 % de notre temps, pourtant, nous ne sommes pas engagés dans des discussions philosophiques profondes, et nous traitons les entreprises comme des entités bien réelles, au même titre que les tigres ou les êtres humains.

Le brouillage de la limite entre la fiction et la réalité peut se faire à de multiples fins, du « simple amusement » à la « survie ». On ne saurait jouer ou lire des romans à moins de suspendre son incrédulité au moins un moment. Pour apprécier réellement le football, il faut accepter les règles du jeu et oublier au moins quatre-vingt-dix minutes que ce ne sont que des inventions humaines. Sinon, vous trouverez parfaitement ridicule de voir vingt-deux personnes courir après un ballon. Si le football peut être au départ un simple divertissement, il peut devenir ensuite une affaire bien plus sérieuse : n'importe quel hooligan anglais ou nationaliste argentin l'attestera. Il peut aider à formuler des identités personnelles, à souder de grandes communautés et même à justifier la violence. Les nations et les religions sont des clubs de football sous stéroïdes.

Les êtres humains possèdent la remarquable faculté de savoir et de ne pas savoir en même temps. Plus exactement, ils peuvent savoir quelque chose quand ils y réfléchissent sérieusement, mais la plupart du temps ils n'y pensent pas et donc ne le savent pas. Si vous vous concentrez, vous vous rendez compte que la monnaie est une fiction. Habituellement, vous ne vous concentrez pas. Si on vous pose la question, vous savez que le football est une invention humaine. Dans la chaleur du match, personne ne vous la pose. Si vous y consacrez du temps et de l'énergie, vous pouvez découvrir que les nations sont de longues histoires élaborées. En pleine guerre, le temps et l'énergie vous manquent. Si vous exigez la vérité ultime, vous voyez bien que l'histoire d'Adam et Ève est un mythe. Mais vous arrive-t-il souvent de réclamer la vérité ultime ?

La vérité et le pouvoir ne font bon ménage que jusque-là. Tôt ou tard, leurs chemins se sépareront. Si vous aspirez au pouvoir, à un moment ou à un autre il vous faudra commencer à répandre des fictions. Vous voulez connaître la vérité sur le monde ? Le moment venu, il vous faudra renoncer au pouvoir. Force vous sera d'admettre certaines choses – par exemple sur les sources de votre pouvoir –, qui susciteront la colère de vos alliés, décourageront vos adeptes et nuiront à l'harmonie sociale. Il n'y a rien de mystique dans cet écart entre la vérité et le pouvoir. Pour vous en rendre compte, il vous suffit de trouver un Américain typique, un WASP (Anglo-Saxon protestant et blanc), et d'aborder la question de la race, ou un Israélien ordinaire et de lui parler d'occupation. Ou essayez donc de parler du patriarcat à un beauf !

Tout au long de l'histoire, les chercheurs ont été confrontés à ce dilemme : servir le pouvoir ou la vérité ? Visent-ils à unir en veillant à ce que tout le monde croie au même récit, ou livrent-ils la vérité, quitte à semer le désordre ? Les institutions savantes les plus puissantes – prêtres chrétiens, mandarins confucéens ou idéologues communistes – plaçaient l'unité au-dessus de la vérité. C'est à cela que tenait leur puissance.

En tant qu'espèce, les humains préfèrent le pouvoir à la vérité. Nous consacrons bien plus de temps et d'efforts à essayer de contrôler le monde qu'à essayer de le comprendre ; et quand nous essayons de le comprendre, c'est habituellement dans l'espoir que cela nous aide à le dominer. Si vous rêvez d'une société où la vérité soit souveraine et où les mythes soient ignorés, il n'y a pas grand-chose à attendre d'*Homo sapiens*. Mieux vaut tenter votre chance avec les chimpanzés.

S'EXTRAIRE DE LA MACHINE À LAVER LE CERVEAU

Tout cela ne veut pas dire que les *fake news* ne soient pas un problème grave ni que les politiciens ou les prêtres aient toute liberté de débiter des mensonges. On aurait aussi complètement tort de conclure que tout n'est que *fake news*, que tout effort pour découvrir la vérité est voué à l'échec, et qu'il n'y a pas la moindre différence entre le journalisme sérieux et la propagande. Sous toutes les *fake news* se cachent des faits vrais et des souffrances bien réelles. En Ukraine, par exemple, des soldats russes combattent vraiment, des milliers sont réellement morts, et des centaines de milliers d'habitants ont perdu leurs foyers. Si la souffrance humaine a souvent pour cause la croyance en quelque fiction, la souffrance elle-même est encore réelle.

Plutôt que d'accepter les *fake news* comme la norme, nous devons y reconnaître un problème autrement plus épineux que nous n'avons tendance à le supposer, et nous efforcer avec plus d'acharnement que jamais de distinguer la réalité de la fiction. N'espérons pas la perfection. Une des plus grandes fictions consiste à nier la complexité du monde pour penser en termes de pureté immaculée ou de mal satanique. Aucun homme politique ne dit toute la vérité, rien que la vérité, mais d'aucuns sont bien meilleurs que d'autres. Compte tenu de ce choix, je me fierais à Churchill bien plus volontiers qu'à Staline, alors même que le Premier ministre britannique ne dédaignait pas non plus d'embellir la vérité quand ça l'arrangeait. De même, aucun journal d'information n'est exempt de partis pris et d'erreurs, mais certains s'efforcent sincèrement de découvrir la vérité tandis que d'autres sont des machines à laver le cerveau. Dans les années 1930, j'espère que j'aurais eu assez de bon sens pour croire le *New York Times* plutôt que la *Pravda* ou *Der Stürmer*.

Notre responsabilité à tous est de consacrer du temps et des efforts à débusquer nos partis pris et à vérifier nos sources d'information. Or, nous ne saurions tout étudier par nous-mêmes. De ce fait, précisément, nous devons au moins examiner attentivement nos sources d'information préférées : journal, site Web, réseau de télévision ou personne. Dans le chapitre 20, nous explorerons plus à fond comment éviter le décervelage et distinguer la réalité de la fiction. J'avancerai ici deux règles empiriques simples.

Premièrement, si vous voulez une information fiable, payez-la. Si vous tenez à la gratuité, vous pourriez bien en devenir le produit. Imaginez qu'un milliardaire louche vous propose ce marché : « Je vais vous verser 30 euros par mois et, en échange, vous me laissez vous laver le cerveau une heure chaque jour, vous bourrer le crâne de tous les partis pris politiques et commerciaux de mon choix. » Accepteriez-vous le marché ? Peu d'esprits sains le feraient. Le milliardaire véreux offre alors un marché légèrement différent : « Vous me laissez vous laver le cerveau une heure par jour et, en échange de ce service, je ne vous demanderai rien. » Et voici que, soudain, des centaines de millions de gens trouvent la proposition alléchante. Ne suivez pas leur exemple.

Deuxièmement, si un problème vous semble être d'une importance exceptionnelle, faites l'effort de lire les publications scientifiques concernées. J'entends par là les revues pratiquant l'évaluation par les pairs, les livres publiés par des éditeurs universitaires renommés et les écrits de professeurs appartenant à des institutions réputées. La science a évidemment ses limites ; il lui est arrivé souvent de se tromper. La communauté scientifique n'en est pas moins depuis des siècles notre source de connaissance la plus fiable. Si vous pensez que la communauté scientifique se trompe sur un point, c'est certainement possible, mais connaissez au moins les théories scientifiques que vous rejetez et offrez des preuves empiriques à l'appui de vos allégations.

Les chercheurs, pour leur part, doivent s'engager bien plus à fond dans les débats publics actuels. Ils ne doivent pas craindre de faire entendre leur voix quand le débat s'aventure dans leur domaine d'expertise, qu'il s'agisse de médecine ou d'histoire. Le silence ne vaut pas neutralité, mais approbation du *statu quo*. Bien entendu, il est de la plus haute importance de poursuivre ses recherches et d'en publier les résultats dans des revues scientifiques que seuls lisent quelques spécialistes. Mais il n'est pas moins important de communiquer les toutes dernières théories scientifiques au grand public à travers des livres de vulgarisation, voire à travers l'usage habile de l'art et de la fiction.

Est-ce à dire que les chercheurs devraient se mettre à écrire de la science-fiction ? L'idée n'est pas si mauvaise. L'art contribue de manière essentielle à façonner la vision du monde des gens, et l'on peut plaider qu'au XXIe siècle la science-fiction est de loin le genre le plus important. De fait, elle modèle la manière dont la plupart d'entre nous appréhendons l'IA, le génie biologique ou le changement climatique. Nous avons assurément besoin d'une science solide. Dans une perspective politique, cependant, un bon film de science-fiction vaut bien plus qu'un article de *Science* ou de *Nature*.

18.

Science-fiction

Le futur n'est pas ce que vous voyez au cinéma

Les humains dominent le monde parce qu'ils coopèrent mieux que tout autre animal, et ils coopèrent si bien parce qu'ils croient aux fictions. Les poètes, les peintres et les dramaturges sont donc au moins aussi importants que les soldats et les ingénieurs. Les gens s'en vont en guerre et bâtissent des cathédrales parce qu'ils croient en Dieu, et ils croient en Dieu parce qu'ils ont lu des poèmes sur Dieu, vu des images de Dieu et été fascinés par des pièces de théâtre sur Dieu. De même, notre croyance dans la mythologie moderne du capitalisme est sous-tendue par les créations artistiques de Hollywood et l'industrie pop. Nous croyons qu'acheter plus nous rendra heureux, parce que nous avons vu le paradis capitaliste à la télévision.

Au début du XXIe siècle, la science-fiction est peut-être le genre artistique le plus important. Fort peu de gens lisent les tout derniers articles sur l'apprentissage automatique ou le génie génétique. En revanche, des films comme *Matrix* et *Her* ou des séries télé comme *Westworld* et *Black Mirror* façonnent la manière dont les gens comprennent les développements techniques, sociaux et économiques les plus importants de notre temps. Cela signifie aussi que la science-fiction doit se montrer bien plus responsable dans sa manière de décrire les réalités scientifiques, sans quoi elle pourrait bien insuffler des idées fausses ou concentrer l'attention sur de faux problèmes.

Le pire des péchés de la science-fiction moderne, je l'ai dit, est sa propension à confondre intelligence et conscience. Ainsi se soucie-t-elle outre mesure d'une guerre potentielle entre robots et humains quand, en réalité, nous devrions plutôt craindre un conflit opposant une petite élite de surhommes servis par des algorithmes et un immense sous-prolétariat d'*Homo sapiens* démunis. Quand on songe à l'avenir de l'IA, Karl Marx reste un meilleur guide que Steven Spielberg.

En vérité, maints films sur l'intelligence artificielle sont tellement coupés de la réalité scientifique qu'on soupçonne qu'il s'agit simplement d'allégories de tout autres préoccupations. Le film de 2015, *Ex machina*, est apparemment l'histoire d'un expert en intelligence artificielle qui tombe amoureux d'un robot femelle et se laisse ensuite duper et manipuler par elle. En réalité, cependant, ce n'est pas un film sur la peur humaine des robots intelligents, mais un film sur la peur qu'ont les hommes des femmes intelligentes, et en particulier la peur que la libération des femmes ne débouche sur leur domination. Chaque fois que vous voyez un film sur une IA où l'IA est féminine et le chercheur un homme, probablement le sujet est-il le féminisme plutôt que la cybernétique. Pourquoi diable une IA aurait-elle une identité sexuelle ou de genre ? Le sexe est une caractéristique des êtres organiques multicellulaires. Quel sens pourrait-il bien avoir pour un être cybernétique non organique ?

VIVRE DANS UNE BULLE

Un thème que la science-fiction a exploré avec une bien plus grande pénétration est celui du danger de la technologie utilisée pour manipuler et commander les êtres humains. *Matrix* décrit un monde où la quasi-totalité des hommes sont emprisonnés dans le cyberespace, et où toutes leurs expériences sont façonnées par un algorithme directeur. *The Truman Show* se focalise sur un seul individu qui est la star malgré lui d'une émission de téléréalité. À son insu, tous ses amis et connaissances – dont sa mère, sa femme et son meilleur ami – sont des comédiens ; tout ce qui lui arrive suit un scénario soigneusement élaboré, tandis que des millions de fans suivent avidement tout ce qu'il dit et fait grâce à des caméras cachées.

Cependant, si brillants soient-ils, ces deux films finissent par se dérober devant les implications de leurs scénarios. Ils supposent que les humains piégés dans la matrice possèdent un moi authentique, qui demeure hors d'atteinte de toutes les manipulations technologiques, et qu'au-delà de la matrice attend une réalité authentique à laquelle les héros ne peuvent accéder que s'ils y mettent suffisamment d'énergie. La matrice n'est qu'une barrière artificielle qui sépare le moi intérieur authentique du monde extérieur authentique. Après maintes épreuves et tribulations, les deux héros – Neo dans *Matrix* et Truman dans *The Truman Show* – parviennent à transcender la toile des manipulations et à lui échapper ; découvrant leur moi authentique, ils atteignent l'authentique terre promise.

Assez curieusement, cette terre promise authentique est à bien des égards identique à la matrice fabriquée. Quand Truman sort du studio de télévision, il cherche à retrouver son amour de lycée, que le directeur de l'émission avait exclu. Pourtant, si Truman réalisait ce fantasme romantique, sa vie ressemblerait exactement au rêve hollywoodien parfait que *The Truman Show* a vendu à des millions de spectateurs à travers le monde – plus des vacances aux Fidji. Le film ne nous donne pas même un aperçu du genre de vie que Truman peut découvrir dans le monde réel.

De même, quand Neo sort de la matrice en avalant la fameuse pilule rouge, il découvre que le monde extérieur n'est pas différent du monde intérieur. Dans l'un et l'autre, il y a des conflits violents et des gens animés par la peur et le désir, l'amour et l'envie. Le film aurait dû finir autrement, Neo apprenant que la réalité à laquelle il a accédé n'est qu'une matrice plus grande, et que s'il veut s'échapper dans le « vrai monde réel », il doit de nouveau choisir entre la pilule bleue et la pilule rouge.

La révolution technologique et scientifique actuelle implique non pas que des algorithmes et des caméras de télévision peuvent manipuler des individus et des réalités authentiques, mais que l'authenticité est un mythe. Les gens ont peur d'être piégés dans une bulle, mais ils ne se rendent pas compte qu'ils le sont déjà : leur cerveau, lequel est enfermé dans une bulle plus vaste, la société humaine avec sa myriade de fictions. Quand vous sortez de la matrice, vous ne découvrez jamais qu'une matrice plus grande. Les paysans et les ouvriers qui se révoltèrent contre le tsar en 1917 finirent par se retrouver avec Staline ; et quand vous commencez à explorer les multiples façons dont le monde vous manipule, vous finissez par vous rendre compte que votre identité fondamentale est une illusion complexe créée par les réseaux de neurones.

Piégés dans une bulle, les gens ont peur de passer à côté de toutes les merveilles du monde. Tant que Neo sera coincé dans la matrice, et Truman dans le studio de télévision, ils ne visiteront pas les Fidji ni Paris ou le Machu Picchu. En vérité, cependant, dans la vie, toutes vos expériences se déroulent dans votre corps et dans votre esprit. S'extraire de la matrice ou voyager aux Fidji n'y changera rien. Non qu'il y ait dans votre tête un coffre de fer avec un grand écriteau rouge : « À n'ouvrir qu'aux Fidji ! » Enfin arrivé dans le Pacifique sud, vous l'ouvririez, et en sortiraient toutes sortes d'émotions et de sentiments particuliers que vous ne pourriez connaître qu'aux Fidji. Si vous n'y mettiez jamais les pieds, vous passeriez à côté ! Non. Ce que vous éprouvez aux Fidji, vous pouvez l'éprouver partout ailleurs dans le monde, même au sein de la matrice.

Peut-être vivons-nous tous à l'intérieur d'une simulation informatique géante à la *Matrix*. Cela contredirait toutes nos histoires nationales, religieuses et idéologiques. Mais nos expériences mentales n'en resteraient pas moins réelles. S'il s'avérait que l'histoire humaine est une simulation élaborée manigancée sur un super-ordinateur par des ratologues de la planète Zircon, ce serait plutôt embarrassant pour Karl Marx et l'État islamique. Mais ces ratologues devraient encore répondre du génocide arménien et d'Auschwitz. Comment ont-ils pu passer le comité d'éthique de l'université de Zircon ? Même si les chambres à gaz n'étaient que des signaux électriques en puces de silice, les expériences de douleur, de peur et de désespoir n'en furent pas moins atroces.

La douleur est la douleur, la peur est la peur, l'amour est l'amour, même dans la matrice. Qu'importe si la peur que vous éprouvez est inspirée par une série d'atomes du monde extérieur ou par des signaux électriques manipulés par un ordinateur. La peur est bien réelle. Si vous voulez explorer la réalité de votre esprit, vous pouvez le faire à l'intérieur de la matrice aussi bien qu'à l'extérieur.

La plupart des films de science-fiction racontent en fait une très vieille histoire : la victoire de l'esprit sur la matière. Voici trente mille ans, l'histoire se présentait ainsi : « L'esprit imagine un couteau de pierre – la main crée un couteau – l'homme tue le mammouth. » Mais la vérité est que c'est moins en inventant des couteaux et en tuant des mammouths que les hommes en vinrent à dominer le monde qu'en manipulant les esprits. L'esprit n'est pas un sujet qui façonne librement les actions historiques et les réalités biologiques, mais un objet façonné par l'histoire et la biologie. Même nos idéaux les plus chers – liberté, amour et créativité – sont tels un couteau de pierre façonné par quelqu'un d'autre pour tuer un mammouth. Selon les meilleures théories scientifiques et les outils technologiques les plus modernes, l'esprit n'échappe jamais aux manipulations. Il n'existe pas de moi authentique qui attendrait d'être délivré de sa coquille manipulatrice.

Avez-vous une idée du nombre de films, de romans et de poèmes que vous avez consommés au fil des ans, de la façon dont ces artefacts ont sculpté et aiguisé votre idée de l'amour ? Les comédies romantiques sont à l'amour ce que le porno est au sexe, et Rambo à la guerre. Si vous imaginez pouvoir appuyer sur un bouton « supprimer » et effacer toute trace de Hollywood de votre subconscient et de votre système limbique, vous vous faites des illusions.

Nous aimons l'idée de façonner des couteaux de pierre, mais pas celle d'être nous-mêmes des couteaux. La variante matricielle de la vieille histoire du mammouth est donc quelque chose du genre : « L'esprit imagine un robot – la main crée un robot – le robot tue les terroristes, mais essaie aussi de prendre le contrôle de l'esprit – l'esprit tue le robot. » Or, cette histoire est fausse. Le problème n'est pas que l'esprit soit incapable de tuer le robot, mais que l'esprit qui a imaginé celui-ci était déjà le produit de manipulations bien plus anciennes. Aussi tuer le robot ne nous libérera-t-il pas.

Disney perd la foi dans le libre arbitre

En 2015, Pixar Studios et Walt Disney Pictures ont sorti une saga animée sur la condition humaine bien plus réaliste et troublante. C'est devenu très vite un succès chez les enfants comme chez les adultes.

Inside Out – *Vice-versa*, en français – est l'histoire d'une fillette de onze ans, Riley Andersen, qui, avec ses parents, quitte le Minnesota pour San Francisco. Ses amis et sa ville natale lui manquent. Elle a du mal à se faire à sa nouvelle ville, et essaie de regagner le Minnesota. À l'insu de Riley, se déroule cependant un drame autrement plus grave. Riley n'est pas la star involontaire d'une émission de téléréalité ; elle n'est pas non plus piégée dans la matrice. La matrice, c'est elle, Riley, et quelque chose est piégé en elle.

Disney a construit son empire en ressassant sans fin un seul et même mythe. Innombrables sont les films où les héros affrontent des difficultés et des dangers, mais finissent par triompher en trouvant leur moi authentique et en choisissant librement. *Vice-versa* fait voler ce mythe en éclats. Adoptant la plus récente vision neurobiologique des humains, il entraîne les spectateurs dans un voyage à l'intérieur du cerveau de Riley à seule fin de découvrir qu'elle n'a pas de moi authentique et qu'elle ne fait jamais aucun choix libre. En vérité, Riley est un immense robot dirigé par toute une série de mécanismes biochimiques contradictoires que le film représente sous la forme de mignons petits personnages animés : Joie, jaune et allègre ; Tristesse, bleue et morose ; Colère, rouge et irascible, etc. En manipulant une série de boutons et de manettes au Quartier Général, en suivant les faits et gestes de Riley sur un immense écran de télévision, ces personnages contrôlent ses humeurs, ses décisions et ses actions.

Si Riley ne parvient pas à se faire à sa nouvelle vie à San Francisco, la faute en est au « merdier » qui règne au Quartier Général et menace de déséquilibrer totalement son esprit. Pour arranger les choses, Joie et Tristesse se lancent dans un voyage épique à travers le cerveau de Riley, montant dans le train de la pensée, explorant la prison subconsciente et visitant le studio intérieur où une équipe de neurones artistes sont occupés à produire des rêves. Nous suivons les personnifications de mécanismes biochimiques au cœur du cerveau de Riley, sans jamais rencontrer une âme, un moi authentique ou le libre arbitre. En vérité, l'instant de la révélation, autour duquel s'articule tout le scénario, survient non pas quand Riley découvre son moi authentique, mais quand il devient évident qu'on ne saurait l'identifier à quelque noyau dur et que son bien-être dépend de l'interaction de nombreux mécanismes différents.

Au début, les spectateurs sont conduits à identifier Riley au personnage principal : Joie, jaune et pleine d'entrain. On finit cependant par découvrir que c'est l'erreur critique qui a failli ruiner sa vie. Croyant être seule l'authentique essence de Riley, Joie rudoie tous les autres personnages intérieurs, perturbant ainsi le délicat équilibre du cerveau de Riley. La catharsis survient quand Joie comprend son erreur et qu'elle se rend compte – avec les spectateurs – que Riley n'est ni Joie, ni Tristesse, ni aucun des autres personnages. Riley est une histoire complexe, le produit de conflits et de collaborations de l'ensemble des personnages biochimiques.

Ce qui est stupéfiant, ce n'est pas seulement que Disney ait osé sortir un film porteur d'un message aussi radical, mais qu'il soit devenu un succès mondial. Peut-être cela tient-il à ce que *Vice-versa* est une comédie avec un dénouement heureux : il est fort possible que la plupart des spectateurs soient passés à côté de sa signification neurologique et de ses sinistres implications.

On ne saurait en dire autant du livre de science-fiction le plus prophétique du XXe siècle. Sa nature sinistre ne saurait nous échapper. Bien qu'écrit voici près d'un siècle, sa pertinence augmente à chaque année qui passe. Aldous Huxley écrivit *Le Meilleur des mondes (Brave New World)* en 1931, alors que le communisme et le fascisme étaient bien ancrés en Russie et en Italie, que le nazisme montait en Allemagne, que le Japon militariste se lançait dans une guerre de conquête en Chine et que le monde entier se débattait dans les effets de la Grande Dépression. Huxley n'en réussit pas moins à percer ces nuées sombres pour envisager une société sans guerres, sans famines ni épidémies, jouissant d'une paix ininterrompue, mais aussi de la prospérité et de la santé. C'est notre monde consumériste du « sexe, drogue et rock'n'roll », dont la valeur suprême est le bonheur. Le postulat sous-jacent du livre est que les humains sont des algorithmes biochimiques, que la science peut pirater l'algorithme humain et que l'on peut utiliser la technologie pour le manipuler.

Dans ce meilleur des mondes, le Gouvernement mondial recourt à la biotechnologie avancée et au génie social pour s'assurer que tout le

monde soit satisfait et que personne n'ait de raison de se rebeller. Tout
se passe comme si Joie, Tristesse et les autres personnages du cerveau
de Riley avaient été transformés en agents loyaux de l'État. Il n'est donc
aucunement besoin de police secrète, de camps de concentration ou de
ministère de l'Amour comme dans le *1984* de George Orwell. Tout le
génie de Huxley est de montrer que l'on peut contrôler les gens bien
plus sûrement par l'amour et le plaisir que par la peur et la violence.

Quand on lit *1984*, il est clair qu'Orwell décrit un monde de
cauchemar, effroyable. La seule question demeurant ouverte est donc :
« Comment éviter de se retrouver dans une situation aussi terrible ? »
Lire *Le Meilleur des mondes* est une expérience et un défi bien plus
déconcertants, parce qu'on est contraint et forcé de mettre précisément
le doigt sur ce qui en fait une dystopie. Le monde est pacifique et
prospère, tout le monde baigne en permanence dans une satisfaction
suprême. Que pourrait-on trouver à y redire ?

Huxley traite directement cette question à l'apogée du roman : le
dialogue entre Mustapha Menier, l'Administrateur résident de l'Europe
occidentale, et John le Sauvage, qui a passé sa vie dans une réserve
d'indigènes au Nouveau-Mexique, et qui est le seul autre homme à
Londres qui sache encore quelque chose de Shakespeare ou de Dieu.

Quand John le Sauvage veut inciter les Londoniens à se rebeller
contre le système qui les contrôle, son appel se heurte à une apathie
absolue. La police l'arrête et le fait comparaître devant Mustapha
Menier. L'Administrateur mondial a un échange plaisant avec John,
expliquant que s'il tient vraiment à rester antisocial, il n'a qu'à se retirer
dans un lieu isolé et vivre en ermite. John conteste alors les vues qui
sous-tendent l'ordre mondial et reproche à l'État mondial d'avoir
éliminé non seulement la vérité et la beauté dans la poursuite du
bonheur, mais aussi tout ce qui est noble et héroïque dans la vie :

> – Mon cher jeune ami, dit Mustapha Menier, la civilisation n'a pas le
> moindre besoin de noblesse ou d'héroïsme. Ces choses-là sont des
> symptômes d'incapacité politique. Dans une société convenablement
> organisée comme la nôtre, personne n'a l'occasion d'être noble ou
> héroïque. Il faut que les conditions deviennent foncièrement instables
> avant qu'une telle occasion puisse se présenter. Là où il y a des

guerres, là où il y a des serments de fidélité multiples et divisés, là où il y a des tentations auxquelles on doit résister, des objets d'amour pour lesquels il faut combattre ou qu'il faut défendre, là, manifestement, la noblesse et l'héroïsme ont un sens. Mais il n'y a pas de guerres, de nos jours. On prend le plus grand soin de vous empêcher d'aimer exagérément qui que ce soit. Il n'y a rien qui ressemble à un serment de fidélité multiple ; vous êtes conditionné de telle sorte que vous ne pouvez vous empêcher de faire ce que vous avez à faire. Et ce que vous avez à faire est, dans l'ensemble, si agréable, on laisse leur libre jeu à un si grand nombre de vos impulsions naturelles, qu'il n'y a véritablement pas de tentations auxquelles il faille résister. Et si jamais, par quelque malchance, il se produisait d'une façon ou d'une autre quelque chose de désagréable, eh bien, il y a toujours le *soma* [la drogue] qui vous permet de prendre un congé, de vous évader de la réalité. Et il y a toujours le *soma* pour calmer votre colère, pour vous réconcilier avec vos ennemis, pour vous rendre patient et vous aider à supporter les ennuis. Autrefois, on ne pouvait accomplir ces choses-là qu'en faisant un gros effort et après des années d'entraînement moral pénible. À présent, on avale deux ou trois comprimés d'un demi-gramme, et voilà. Tout le monde peut être vertueux, à présent. On peut porter sur soi, en flacon, au moins la moitié de sa moralité. Le christianisme sans larmes, voilà ce qu'est le *soma*.

– Mais les larmes sont nécessaires. Ne vous souvenez-vous pas de ce qu'a dit Othello ? « Si, après toute tempête, il advient de tels calmes, alors, que les vents soufflent jusqu'à ce qu'ils aient réveillé la mort ! » Il y a une histoire que nous contait l'un des vieux Indiens, au sujet de la Fille de Matsaki. Les jeunes gens qui désiraient l'épouser devaient passer une matinée à sarcler son jardin avec une houe. Cela semblait facile ; mais il y avait des mouches et des moustiques, tous enchantés. La plupart des jeunes gens étaient absolument incapables de supporter les morsures et les piqûres. Mais celui qui en était capable, celui-là obtenait la jeune fille.

– Charmant ! Mais dans les pays civilisés, dit l'Administrateur, on peut avoir des jeunes filles sans sarcler pour elles avec une houe ; et il n'y a pas de mouches ni de moustiques pour vous piquer. Il y a des siècles que nous nous en sommes complètement débarrassés.

Le Sauvage eut un signe de tête d'acquiescement, avec un fronce-
ment des sourcils,

– Vous vous en êtes débarrassés. Oui, c'est bien là votre manière. Se
débarrasser de tout ce qui est désagréable, au lieu d'apprendre à s'en
accommoder. Savoir s'il est plus noble en esprit de subir les coups et
les flèches de la fortune adverse, ou de prendre les armes contre un
océan de malheurs, et, en leur tenant tête, d'y mettre fin... Mais
vous ne faites ni l'un ni l'autre. Vous ne subissez ni ne tenez tête.
Vous abolissez tout bonnement les coups et les flèches. C'est trop
facile. […] Ce qu'il vous faut, reprit le Sauvage, c'est quelque chose
qui comporte des larmes, au contraire, en guise de changement. […]
N'est-ce pas quelque chose, que de vivre dangereusement ?

– Je crois bien, que c'est quelque chose ! répondit l'Administrateur.
Les hommes et les femmes ont besoin qu'on leur stimule de temps
en temps les capsules surrénales.

– Comment ? interrogea le Sauvage, qui ne comprenait pas.

– C'est l'une des conditions de la santé parfaite. C'est pourquoi nous
avons rendu obligatoires les traitements de S.P.V.

– S.P.V. ?

– Succédané de Passion Violente. Régulièrement, une fois par mois,
nous irriguons tout l'organisme avec un flot d'adrénaline. C'est l'équi-
valent physiologique complet de la peur et de la colère. Tous les effets
toniques que produisent le meurtre de Desdémone et le fait d'être
tuée par Othello, sans aucun des désagréments.

– Mais cela me plaît, les désagréments.

– Pas à nous, dit l'Administrateur. Nous préférons faire les choses
en plein confort.

– Mais je n'en veux pas, du confort. Je veux Dieu, je veux de la
poésie, je veux du danger véritable, je veux de la liberté, je veux de
la bonté. Je veux du péché.

– En somme, dit Mustapha Menier, vous réclamez le droit d'être
malheureux.

– Eh bien, soit, dit le Sauvage d'un ton de défi, je réclame le droit
d'être malheureux.

– Sans parler du droit de vieillir, de devenir laid et impotent ; du
droit d'avoir la syphilis et le cancer ; du droit d'avoir trop peu à

manger ; du droit d'avoir des poux ; du droit de vivre dans l'appré-
hension constante de ce qui pourra se produire demain ; du droit
d'attraper la typhoïde, du droit d'être torturé par des douleurs indi-
cibles de toutes sortes.
Il y eut un long silence.
– Je les réclame tous, dit enfin le Sauvage.
Mustapha Menier haussa les épaules.
– On vous les offre de grand cœur, dit-il[1].

John le Sauvage se retire dans un lieu désert pour y vivre en ermite.
Ses années de vie dans une réserve indienne et de lavage de cerveau par
Shakespeare et la religion l'ont conditionné, l'amenant à rejeter tous les
bienfaits de la modernité. Mais le bruit se répand vite, les gens affluent
pour voir cet original et noter ses faits et gestes ; très vite, il devient une
célébrité. Écœuré de susciter cette attention intempestive, le Sauvage
fuit la matrice de la civilisation non pas en avalant une pilule rouge,
mais en se pendant.

À la différence des créateurs de *Matrix* et du *Truman Show*, Huxley
doutait qu'il fût possible de s'évader parce qu'il se demandait même
s'il y aurait quelqu'un pour le faire. Puisque le cerveau et le «moi»
font partie de la matrice, il faut fuir son propre moi. C'est cependant
une possibilité qu'il vaut la peine d'explorer. S'extraire de la définition
étroite du moi pourrait bien devenir un talent nécessaire pour survivre
au XXIᵉ siècle.

Cinquième partie

RÉSILIENCE

Comment vivre en un temps de perplexité, quand les vieux récits se sont effondrés, et qu'aucun nouveau récit n'est encore apparu pour les remplacer ?

19.

Éducation

La seule constante est le changement

L'humanité est confrontée à des révolutions sans précédent, tous nos vieux récits s'émiettent, et aucun nouveau récit n'est jusqu'ici apparu pour les remplacer. Comment nous préparer, nous et nos enfants, à ce monde de transformations inédites et d'incertitudes radicales ? Un bébé qui naît aujourd'hui aura trente et quelques années en 2050. Si tout va bien, il sera encore là en 2100 et pourrait bien être un citoyen actif du XXIIe siècle. Que devrions-nous enseigner à ce bébé pour l'aider à survivre et à s'épanouir dans le monde de 2050 ou du XXIIe siècle ? De quel genre de compétences aura-t-il besoin pour trouver un emploi, comprendre ce qui se passe autour de lui et se repérer dans le dédale de la vie ?

Hélas, personne ne sachant de quoi le monde aura l'air en 2050 – pour ne pas parler de 2100 –, ces questions demeurent sans réponse. Bien entendu, les hommes n'ont jamais su prédire l'avenir avec exactitude. Mais c'est aujourd'hui plus difficile que jamais : en effet, dès lors que la technologie nous permet d'intervenir dans le corps, le cerveau et les esprits, nous ne pouvons plus être sûrs de rien, y compris de ce qui semblait fixe et éternel.

Voici un millier d'années, en 1018, il y a beaucoup de choses que les gens ignoraient de l'avenir, mais ils n'en étaient pas moins convaincus que les traits de base de la société humaine n'allaient pas changer. Si vous viviez dans la Chine de 1018, vous saviez qu'en 1050 l'empire des Song pouvait s'effondrer, que les Khitan pouvaient envahir le pays par le nord et que les épidémies pouvaient faire des millions de morts. En revanche, il était clair qu'en 1050 la plupart travailleraient toujours comme paysans et tisserands, que les souverains continueraient de recruter des hommes pour leurs armées et leurs bureaucraties, que les hommes domineraient encore les femmes, que l'espérance de vie tournerait autour de quarante ans et que le corps humain serait exactement le même. Dans la Chine de 1018, donc, les parents pauvres apprenaient à leurs enfants à planter du riz et à tisser la soie ; les plus riches apprenaient aux garçons à lire les classiques confucéens, à pratiquer la calligraphie et à se battre à cheval ; aux filles, à être des épouses pudiques et soumises. À l'évidence, ces talents seraient encore nécessaires en 1050.

Aujourd'hui, au contraire, nous n'avons aucune idée de quoi la Chine ou le reste du monde auront l'air en 2050. Nous ne savons pas comment les gens gagneront leur vie, comment les armées ou les bureaucraties fonctionneront ni à quoi ressembleront les relations entre hommes et femmes. D'aucuns vivront probablement bien plus longtemps qu'aujourd'hui. Du fait du génie biologique et des interfaces directes cerveau-ordinateur, le corps humain lui-même pourrait bien subir une révolution sans précédent. Une bonne partie de ce que les enfants apprennent aujourd'hui n'aura probablement plus aucune pertinence en 2050.

À l'heure actuelle, trop d'écoles privilégient l'accumulation d'information. Cela avait du sens autrefois, parce qu'elle était rare et que la censure coupait régulièrement sa lente diffusion. En 1800, l'habitant d'une petite ville provinciale du Mexique ne pouvait pas savoir grand-chose du monde : il n'y avait ni radio ni télévision, ni quotidiens ni bibliothèques publiques[1]. Même un lettré, disposant d'une bibliothèque privée, ne trouvait guère à lire que des romans et des traités religieux. L'Empire espagnol censurait lourdement tous les textes imprimés sur place et n'autorisait les importations, dûment vérifiées, qu'au compte-gouttes[2]. La situation était largement la même dans les villes de province en Russie, en Inde, en Turquie ou en Chine. Apprenant à chaque enfant à lire et à écrire tout en lui inculquant des rudiments de géographie, d'histoire et de biologie, les écoles modernes représentèrent un immense progrès.

Au XXIᵉ siècle, à l'opposé, nous sommes inondés d'énormes quantités d'information ; même les censeurs ne cherchent pas à les bloquer. Ils se soucient plutôt de désinformation ou cherchent à détourner notre attention par des inepties. Pour peu qu'il possède un smartphone, l'habitant d'une ville provinciale du Mexique n'aura pas assez d'une seule vie pour lire les pages de Wikipédia, regarder les conférences TED et suivre des cours gratuits en ligne. Aucun État ne peut espérer dissimuler toutes les informations qui ne lui plaisent pas. Par ailleurs, inonder le public de nouvelles contradictoires et brouiller les pistes est d'une facilité alarmante. Les habitants du monde entier sont à un clic des toutes dernières informations sur le bombardement d'Alep ou la fonte de la calotte glaciaire dans l'Arctique, mais les versions contradictoires sont si nombreuses qu'il est difficile de savoir laquelle croire. En outre, bien d'autres choses sont à portée de clic, ce qui ne nous aide pas à nous concentrer. Quand la politique ou la science paraissent trop compliquées, il est tentant de passer à des vidéos amusantes de chats, des échos sur les stars ou du porno.

Dans un tel monde, donner plus d'informations à ses élèves est la dernière chose qu'ait besoin de faire un enseignant. Ils en ont déjà beaucoup trop. Il leur faut plutôt apprendre à en dégager le sens, à distinguer l'important de l'insignifiant, et surtout à associer les multiples bribes d'informations en une vision d'ensemble du monde.

En vérité, tel a bien été l'idéal de l'éducation libérale en Occident depuis des siècles, même si de nombreuses écoles ont tardé à le réaliser. Les enseignants se permettaient de gaver les élèves de données tout en les encourageant à « penser par eux-mêmes ». Par peur de l'autoritarisme, les écoles libérales avaient les grands récits en horreur. Pour peu que nous leur donnions des masses de données et un soupçon de liberté, supposaient-elles, les élèves se forgeront leur propre vision du monde, et même si cette génération ne parvient pas à synthétiser toutes les données en un tableau cohérent et riche de sens, il ne manquera pas de temps à l'avenir pour construire une bonne synthèse. Nous n'avons plus le temps maintenant. Les décisions que nous prendrons au cours des prochaines décennies façonneront l'avenir même de la vie, et nous ne pouvons décider qu'en nous en remettant à notre vision actuelle du monde. Si cette génération manque d'une vision globale du cosmos, l'avenir de la vie se décidera au hasard.

LA PRESSION MONTE

Outre l'information, la plupart des écoles attachent trop d'importance à pourvoir les élèves d'un ensemble de compétences prédéterminées : savoir résoudre des équations différentielles, écrire un code informatique en langage C++, identifier les éléments chimiques d'une éprouvette ou converser en chinois. Or, puisque nous ne savons absolument pas à quoi ressembleront le monde et le marché du travail en 2050, nous ne savons pas vraiment de quelles compétences les gens auront besoin. Nous pourrions consentir de gros efforts pour apprendre aux enfants à écrire en C++ ou à parler chinois, à seule fin de découvrir qu'en 2050 l'IA pourra coder un logiciel bien mieux que des humains et qu'une nouvelle application « translate.google » vous permettra de poursuivre une conversation dans un mandarin, un cantonais ou un hakka presque parfait alors même que vous savez seulement dire *Ni hao*.

Que devrions-nous donc enseigner ? De nombreux spécialistes de pédagogie affirment que les écoles devraient passer à l'enseignement des « quatre C » : pensée critique, communication, collaboration et créativité[3]. Plus généralement, les écoles devraient minimiser l'importance des compétences techniques pour privilégier les compétences générales nécessaires dans la vie courante. La plus importante de toutes sera la capacité d'affronter le changement, d'apprendre des choses nouvelles et de préserver notre équilibre mental dans des situations peu familières. Pour être à la hauteur du monde de 2050, il faudra non seulement inventer des idées et des produits, mais d'abord et avant tout se réinventer sans cesse.

En effet, avec l'accélération du changement, l'économie mais aussi le sens même de l'« être humain » sont susceptibles de se transformer. Dans le *Manifeste communiste* de 1848, Marx et Engels déclaraient déjà que « tout ce qui est solide se volatilise ». Mais ils pensaient surtout aux structures sociales et économiques. En 2048, les structures physiques et cognitives se volatiliseront elles aussi dans l'air ou dans un *cloud* de bits de données.

En 1848, des millions de gens quittaient les fermes de leurs villages pour aller travailler en usine dans les grandes villes. Là, il était peu probable de les voir changer de sexe ou ajouter un sixième sens. Et s'ils trouvaient du travail dans une usine textile, ils pouvaient espérer le conserver jusqu'à la fin de leur vie active.

En 2048, les gens pourraient bien devoir faire face à des migrations vers le cyberespace, avec des identités sexuelles fluides et de nouvelles expériences sensorielles produites par des implants électroniques. S'ils trouvent du travail mais aussi du sens à concevoir des articles de mode dernier cri pour un jeu de réalité virtuelle en 3D, il est fort possible que dix ans plus tard l'IA ait remplacé cette profession de même que tous les emplois exigeant ce niveau de création artistique. À vingt-cinq ans, vous vous présentez sur un site de rencontre comme « hétérosexuelle qui habite Londres et travaille dans une boutique de mode ». À trente-cinq ans, vous serez une « personne de genre non spécifique, subissant un ajustement par l'âge, dont l'activité néocorticale se déroule essentiellement dans le monde virtuel NewCosmos et dont la mission dans la vie est d'aller où aucun créateur de mode n'est encore jamais allé ». À quarante-cinq ans, fini le temps des rencontres (le *dating*) et des autodéfinitions. Vous attendrez simplement qu'un algorithme vous trouve (ou crée) le partenaire parfait. Quant à tirer du sens du stylisme, les algorithmes vous ont si irrévocablement surclassé que regarder vos meilleures réalisations de la décennie précédente vous inspire de l'embarras plutôt que de la fierté. Et à cet âge, vous aurez encore de nombreuses décennies de changement radical devant vous.

Mais ne prenez pas ce scénario à la lettre. Nul ne saurait prédire les changements précis dont nous serons témoins. Tout scénario particulier risque d'être bien loin de la vérité. Si quelqu'un vous décrit le monde du milieu du XXIe siècle et que cela ait des airs de science-fiction, probablement sa description est-elle fausse. Mais si quelqu'un vous décrit le monde du milieu du XXIe siècle et que cela *n'ait pas* des airs de science-fiction, sa description est certainement fausse. Nous ne pouvons être sûrs des détails ; la seule certitude, c'est le changement.

Un tel changement en profondeur peut fort bien transformer la structure élémentaire de la vie et faire de la discontinuité son trait saillant. Depuis des temps immémoriaux, la vie se divisait en deux parties complémentaires : une période d'apprentissage, suivie d'une période de travail. Dans la première, vous aviez accumulé des informations, acquis des compétences, élaboré une vision du monde et construit une identité stable. Même si à quinze ans vous passiez le plus clair de votre journée à travailler dans le champ de riz familial (plutôt qu'à l'école), votre activité la plus importante était d'apprendre : à cultiver le riz, à négocier avec les marchands cupides de la grande ville et à résoudre des conflits avec les autres villageois sur des questions de terre et d'eau. Dans la seconde partie, vous vous en remettiez à vos connaissances accumulées pour naviguer dans le monde, gagner votre vie et contribuer à la société. Bien entendu, à cinquante ans, vous continuiez à apprendre des choses nouvelles sur le riz, les marchands et les conflits, mais ce n'étaient que des petits ajustements de capacités bien rodées.

Au milieu du XXIe siècle, l'accélération du changement et l'allongement de la durée de vie rendront ce modèle traditionnel obsolète. La vie craquera aux entournures, il y aura de moins en moins de continuité entre les différentes périodes de l'existence. « Qui suis-je ? » sera une question plus urgente et compliquée que jamais[4].

Cela induira probablement des niveaux de stress considérables. Car le changement est presque toujours stressant. Passé un certain âge, la plupart des gens n'aiment pas changer. À quinze ans, votre vie entière est changement. Le corps grandit, l'esprit se développe, les relations s'approfondissent. Tout est en mouvement, tout est nouveau. Vous êtes occupé à vous inventer. La plupart des ados s'en effraient, mais c'est aussi excitant. De nouveaux horizons s'ouvrent à vous, vous avez tout un monde à conquérir.

À cinquante ans, vous n'avez pas envie de changement ; la plupart ont alors renoncé à conquérir le monde. J'ai déjà été là, j'ai déjà fait ça, acheté ce T-shirt. Vous préférez de beaucoup la stabilité. Vous avez tellement investi dans vos compétences, votre carrière, votre identité et votre vision du monde que vous n'avez aucune envie de tout recommencer. Plus vous avez travaillé dur pour construire quelque chose, plus il vous est difficile de le lâcher pour faire place à du nouveau. Vous pourriez encore apprécier les expériences nouvelles et les petits ajustements, mais à la cinquantaine la plupart des gens ne sont pas prêts à chambouler les structures profondes de leur identité et de leur personnalité.

Il y a des raisons neurologiques à cela. Bien que le cerveau adulte soit plus flexible et changeant qu'on ne le pensait autrefois, il reste moins malléable que celui d'un adolescent. Reconnecter les neurones et recâbler les synapses est une tâche sacrément difficile[5]. Au XXIe siècle, cependant, on ne peut guère se permettre la stabilité. Si vous essayez de vous accrocher à une identité stable, un travail ou une vision du monde, vous risquez fort de vous retrouver en rade tandis que le monde continuera sa course folle. L'espérance de vie étant susceptible d'augmenter, vous pourriez passer des décennies dans un état de fossile paumé. Pour garder une pertinence – économique, mais aussi sociale –, un jeune de cinquante ans devra être capable d'apprendre et de se réinventer constamment.

L'étrangeté devenant la nouvelle norme, vos expériences passées, comme celles de toute l'humanité, deviendront des guides moins fiables. Les individus et l'humanité dans son ensemble devront de plus en plus affronter des choses que personne n'aura encore jamais rencontrées : machines super-intelligentes, corps modifiés, algorithmes capables de manipuler vos émotions avec une mystérieuse précision, enchaînement rapide de cataclysmes climatiques produits par l'homme et nécessité de changer de profession tous les dix ans. Face à une situation totalement inédite, quelle est la bonne attitude ? Comment se conduire quand on est inondé d'énormes quantités d'information et qu'il n'y a absolument aucun moyen de l'absorber et de l'analyser dans sa totalité ? Comment vivre dans un monde où l'incertitude profonde n'est pas un bug, mais un trait caractéristique ?

Pour survivre et s'épanouir dans un monde pareil, il faut beaucoup de souplesse mentale et de grandes réserves d'équilibre émotionnel. Vous devrez vous défaire régulièrement d'une partie de ce que vous connaissez le mieux pour vous sentir à l'aise dans l'inconnu. Hélas, apprendre aux enfants à embrasser l'inconnu et à garder leur équilibre mental est beaucoup plus difficile que leur enseigner une équation en physique ou les causes de la Première Guerre mondiale. La résilience ne s'apprend pas en lisant un livre ou en écoutant une conférence. Les enseignants eux-mêmes manquent habituellement de la souplesse mentale que requiert le XXIe siècle, car ils sont eux-mêmes un produit du vieux système éducatif.

La révolution industrielle nous a légué la théorie de l'éducation comme chaîne de production. Au cœur de la ville, se dresse un vaste bâtiment de béton divisé en nombreuses salles identiques, toutes équipées de rangées de pupitres et de chaises. La cloche sonne, et vous vous dirigez vers une de ces salles avec une trentaine de camarades, tous nés la même année que vous. À chaque heure, un adulte entre et se met à parler. Tous ces enseignants sont payés par les pouvoirs publics. L'un d'eux vous parle de la forme de la Terre, un autre du passé humain, un troisième du corps. Il est facile de se gausser de ce modèle ; tout le monde ou presque reconnaît que, quels que soient ses mérites passés, il est aujourd'hui en faillite. Jusqu'ici, pourtant, nous n'avons pas créé de solution de rechange viable. Certainement pas un système échelonnable qui puisse être mis en œuvre dans le Mexique rural et pas seulement dans les banlieues chic de Californie.

HACKER LES HUMAINS

Tel est donc le meilleur conseil que je puisse donner à un enfant de quinze ans qu'on a fourré dans une école d'un autre âge au Mexique, en Inde ou en Alabama : ne t'en remets pas trop aux adultes. La plupart ont plein de bonnes intentions, mais ils ne comprennent rien au monde. Autrefois, suivre les adultes était un pari relativement sûr parce qu'ils connaissaient très bien le monde et que celui-ci changeait lentement. Mais le XXIe siècle promet d'être différent. Avec l'accélération du changement, on ne sait jamais vraiment si ce que disent les adultes relève de la sagesse intemporelle ou trahit un parti pris d'un autre âge.

Mais alors, à quoi se fier ? À la technologie ? C'est un pari encore plus risqué. Elle peut vous aider beaucoup, mais si elle prend trop d'ascendant dans votre vie, vous pouvez devenir l'otage de son ordre du jour. Voici des milliers d'années, les humains ont inventé l'agriculture, mais cette technologie n'a enrichi qu'une minuscule élite tout en asservissant la majorité. De l'aube au crépuscule, la plupart des gens étaient occupés à arracher des herbes sauvages, à porter des seaux d'eau et à ramasser le blé sous un soleil de plomb. Vous pouvez devenir victime du même schéma.

La technologie n'est pas mauvaise en soi. Si vous savez ce que vous voulez dans la vie, elle peut vous aider à l'obtenir. Si vous ne le savez pas, ce sera un jeu d'enfant pour elle de façonner vos objectifs à votre place et de prendre le contrôle de votre existence. La technologie parvenant à mieux comprendre les humains, vous pourriez vous retrouver de plus en plus à son service au lieu d'être servi par elle. Avez-vous vu ces zombies qui écument les rues, le visage collé à leur smartphone ? À votre avis, est-ce eux qui dominent la technologie, ou la technologie qui les domine ?

Et si vous vous en remettiez à vous ? Cela paraît formidable dans la série *Sesame Street* ou dans un film de Disney à l'ancienne, mais dans la vraie vie, ça ne marche pas si bien. Même Disney commence à s'en rendre compte. Comme Riley Andersen, la plupart des gens ne se connaissent guère. Quand ils essaient d'être « à l'écoute d'eux-mêmes », ils sont facilement la proie de manipulations extérieures. La voix que nous entendons dans notre tête n'a jamais été très digne de foi, parce qu'elle reflète toujours la propagande officielle, un lavage de cerveau idéologique ou la publicité commerciale, sans parler des bugs biochimiques.

Avec les progrès de la biotechnologie et de l'apprentissage automatique, il sera plus facile de manipuler les émotions et les désirs les plus profonds, et il sera plus dangereux que jamais de suivre son cœur. Quand Coca-Cola, Amazon, Baidu ou l'État sauront tirer les ficelles de votre cœur et appuyer sur les boutons de votre cerveau, comment ferez-vous la différence entre votre moi et leurs experts en marketing ?

Afin de réussir dans cette tâche aussi redoutable, il vous faudra consentir de gros efforts pour mieux connaître votre système opératoire. Savoir qui vous êtes et ce que vous attendez de la vie. C'est bien entendu le plus vieux conseil du monde : connais-toi toi-même. Depuis des milliers d'années, philosophes et prophètes pressent les gens de se connaître, mais ce conseil n'a jamais été plus impérieux qu'au XXIe siècle parce que la concurrence est autrement plus sérieuse aujourd'hui qu'au temps de Lao-tseu ou de Socrate. Coca-Cola, Amazon, Baidu et l'État sont tous engagés dans une course pour vous *hacker*, vous pirater. Pas uniquement votre smartphone, votre ordinateur ou votre compte en banque, mais *vous-même* et votre système opératoire organique. Sans doute avez-vous entendu dire que nous vivons à l'époque du piratage des ordinateurs, mais ce n'est guère qu'une moitié de la vérité. En vérité, nous sommes entrés dans l'ère du *hacking* des êtres humains.

Dès maintenant, les algorithmes vous surveillent. Ils observent vos déplacements, vos achats, vos rencontres. Bientôt, ils surveilleront vos pas, votre respiration, les battements de votre cœur. Ils s'en remettent aux Big Data et à l'apprentissage automatique pour vous connaître de mieux en mieux. Et du jour où ces algorithmes vous connaîtront mieux que vous ne vous connaissez vous-même, ils pourront vous contrôler et vous manipuler sans que vous n'y puissiez grand-chose. Vous vivrez dans la matrice ou dans le *Truman Show*. Somme toute, c'est une simple question empirique : si les algorithmes comprennent ce qui se passe en vous réellement mieux que vous ne le comprenez, c'est à eux que reviendra l'autorité.

Bien entendu, vous pourriez être heureux de céder toute l'autorité aux algorithmes et de les laisser décider pour vous et le reste du monde. En ce cas, détendez-vous, et bon voyage ! Vous n'avez rien à faire. Les algorithmes s'occuperont de tout. Si, toutefois, vous voulez garder un certain contrôle sur votre existence personnelle et l'avenir de la vie, vous devez courir plus vite que les algorithmes, plus vite qu'Amazon et l'État, et apprendre à vous connaître avant eux. Pour courir vite, ne prenez pas trop de bagages. Abandonnez toutes vos illusions. Elles sont trop lourdes.

20.

Sens

La vie n'est pas un récit

Qui suis-je ? Que dois-je faire de ma vie ? Quel est le sens de la vie ? Les humains se posent ces questions depuis des temps immémoriaux. Chaque génération a besoin d'une nouvelle réponse, parce que ce que nous savons ou ne savons pas évolue sans cesse. Compte tenu de tout ce que nous savons ou ne savons pas de la science, de Dieu, de la politique et de la religion, quelle est la meilleure réponse que nous puissions donner aujourd'hui ?

Quel genre de réponse attendent les gens ? Presque toujours, quand on les questionne sur le sens de la vie, ils attendent qu'on leur raconte une histoire. *Homo sapiens* est un animal qui aime raconter des histoires, qui pense en récits plutôt qu'en chiffres ou en graphiques, et croit que l'univers lui-même fonctionne comme un récit, avec ses héros et ses méchants, ses conflits et ses solutions, ses apogées et ses dénouements heureux. Quand nous recherchons le sens de la vie, nous voulons une histoire qui nous explique ce qu'il en est de la réalité et de notre rôle dans le drame cosmique. Ce rôle fait de moi un élément de quelque chose qui me dépasse. Il donne sens à la totalité de mes expériences et de mes choix.

Selon un récit populaire, raconté depuis des millénaires à des milliards d'humains inquiets, nous faisons partie d'un cycle éternel qui englobe et relie tous les êtres. Chaque être a une fonction distincte dans ce cycle. Comprendre le sens de la vie signifie alors comprendre cette fonction unique. Mener une vie heureuse, c'est remplir cette fonction.

La Bhagavad-Gita, l'épopée hindoue, raconte comment, au beau milieu d'une guerre civile meurtrière, le guerrier Arjuna est rongé par le doute. Voyant ses amis et parents dans l'armée adverse, il hésite à les combattre et à les tuer. Il commence à se demander qui sont les bons et les méchants, qui en a décidé et quelle est la finalité de la vie humaine. Le dieu Krishna lui explique alors que, dans le grand cycle cosmique, chaque être possède un *dharma* unique : la voie qu'il doit suivre et les devoirs qu'il doit accomplir. Qui réalise son *dharma*, si ardue que soit la voie, jouit de la paix de l'esprit et se trouve libéré de tous les doutes. Qui refuse de suivre son *dharma* et essaie d'adopter la voie d'un autre – ou d'errer, sans suivre aucune voie – perturbera l'équilibre cosmique et ne connaîtra jamais ni la paix ni la joie. La nature de votre voie particulière ne fait aucune différence, du moment que vous la suivez. Une blanchisseuse qui suit scrupuleusement la voie de la blanchisseuse est bien supérieure à un prince qui s'écarte de la voie du prince. Ayant compris le sens de la vie, Arjuna se fait un devoir de suivre son *dharma* de guerrier. Il tue ses amis et parents, mène son armée à la victoire et devient l'un des héros les plus estimés et aimés du monde hindou.

Le Roi Lion, l'épopée de Disney (1994), a reconditionné cette vieille histoire pour le public moderne, avec le lionceau Simba dans le rôle d'Arjuna. Quand il veut connaître le sens de l'existence, son père – le roi lion Mufasa – lui parle du grand Cercle de la Vie. Mufasa explique que les antilopes mangent l'herbe, les lions les antilopes ; et quand les lions meurent, leur corps se décompose et nourrit l'herbe. C'est ainsi que la vie continue de génération en génération, sous réserve que chaque animal joue son rôle dans le drame. Tout est lié, chacun dépend de tous les autres ; qu'un brin d'herbe n'accomplisse pas sa vocation, et c'est tout le Cercle de la Vie qui risque de se défaire. La vocation de Simba, ajoute Mufasa, est de régner sur les lions après sa mort et de maintenir l'ordre parmi les autres animaux.

Quand Mufasa meurt prématurément, tué par son méchant frère Scar, le jeune Simba se reproche la catastrophe. Ravagé par la culpabilité, il quitte le royaume des lions, se dérobe à sa destinée royale et erre dans la brousse. Il y rencontre deux autres parias, un suricate et un phacochère. Ensemble, ils connaissent quelques années d'insouciance, loin des sentiers battus. Devant chaque problème, leur philosophie antisociale leur dicte la réponse : *Hakuna matata*, « Pas de souci ! ».

Or, Simba ne saurait échapper à son *dharma*. Mûrissant, il est de plus en plus troublé. Il ne sait ni qui il est ni ce qu'il doit faire dans la vie. À l'apogée du film, l'esprit de Mufasa se révèle à lui dans une vision pour lui rappeler le Cercle de la Vie et son identité royale. Simba apprend aussi qu'en son absence le méchant Scar est monté sur le trône et a mal géré le royaume, où sévissent désormais la discorde et la famine. Simba finit par comprendre qui il est et ce qu'il doit faire. Il regagne le royaume des lions, tue son oncle, devient roi et restaure l'harmonie et la prospérité. À la fin du film, Simba est fier de présenter aux animaux assemblés son héritier, qui vient de naître, assurant la continuation du grand Cercle de la Vie.

Le Cercle de la Vie présente le drame cosmique comme une histoire circulaire. Pour autant que le sachent Simba et Arjuna, les lions dévorent les antilopes, et les guerriers livrent des batailles depuis des millénaires et continueront éternellement à le faire. L'éternel retour donne sa force à l'histoire. Sous-entendu : tel est le cours éternel des choses. Si Arjuna se dérobe au combat, ou si Simba refuse de devenir roi, ils se rebelleront contre les lois mêmes de la nature.

Si je crois en une version de l'histoire du Cercle de la Vie, cela veut dire que j'ai une identité fixe et vraie qui détermine mes devoirs dans la vie. Je peux douter de cette identité de longues années durant, ou l'ignorer, mais un jour, dans quelque apogée, j'aurai une révélation et je comprendrai alors mon rôle dans le drame cosmique. Même si je traverse par la suite maintes épreuves et tribulations, je serai libéré des doutes et du désespoir.

D'autres religions et idéologies croient en un drame linéaire cosmique, avec un commencement précis, un milieu pas trop long et une fin définitive. Selon le récit musulman, par exemple, au commencement Allah a créé l'univers et édicté ses lois. Puis il a révélé celles-ci aux hommes dans le Coran. Hélas, des ignorants et des méchants se sont rebellés contre Allah et ont essayé d'enfreindre ou de cacher ces lois. Il appartient alors aux musulmans vertueux et loyaux de les défendre et de les faire connaître. Finalement, au jour du Jugement, Allah jugera la conduite de chacun. Il récompensera les justes par une félicité éternelle au paradis et précipitera les méchants dans les feux de l'enfer.

Ce grand récit implique que mon rôle modeste, mais important, dans la vie est de suivre les commandements d'Allah, de faire connaître ses Lois et de m'assurer que ses Vœux soient exaucés. Si j'adhère au récit musulman, je trouve du sens à prier cinq fois par jour, à donner de l'argent pour construire une nouvelle mosquée et à combattre les apostats et les infidèles. Les activités les plus prosaïques – se laver les mains, boire du vin, avoir des relations sexuelles – sont empreintes d'un sens cosmique.

Le nationalisme défend aussi une histoire linéaire. L'histoire sioniste, par exemple, commence par les aventures bibliques et les accomplissements du peuple juif, raconte deux millénaires d'exil et de persécutions, pour trouver son apogée dans la Shoah et la création de l'État d'Israël en attendant avec impatience le jour où Israël connaîtra la paix et la prospérité et deviendra une balise morale et spirituelle pour le monde entier. Si je crois au récit sioniste, j'en conclus que ma mission, dans la vie, est de servir les intérêts de la nation juive en protégeant la pureté de l'hébreu, en me battant pour reconquérir le territoire juif perdu et en élevant une nouvelle génération de petits Israéliens loyaux.

Dans ce cas aussi, même les activités routinières sont pétries de sens. À la fête de l'Indépendance, les écoliers israéliens entonnent souvent un chant populaire louant toute action accomplie dans l'intérêt de la mère patrie. « J'ai bâti une maison sur la terre d'Israël », chante le premier. « J'ai planté un arbre sur la terre d'Israël », enchaîne le deuxième. « J'ai écrit un poème sur la terre d'Israël », renchérit le troisième, et ainsi de suite. Pour finir, tous chantent en chœur : « Ainsi avons-nous une maison, un arbre, un poème [et tout ce qu'il vous plaira d'ajouter] sur la terre d'Israël. »

Le communisme raconte une histoire analogue, mais se concentre sur la classe plutôt que sur l'appartenance ethnique. Le *Manifeste communiste* commence par cette proclamation :

L'histoire de toute société jusqu'à nos jours, c'est l'histoire de la lutte des classes.
Homme libre et esclave, patricien et plébéien, baron et serf, maître de jurande et compagnon, en un mot : oppresseurs et opprimés, se

sont trouvés en constante opposition ; ils ont mené une lutte sans répit, tantôt déguisée, tantôt ouverte, qui chaque fois finissait soit par une transformation révolutionnaire de la société tout entière, soit par la ruine des diverses classes en lutte[1].

Dans les Temps modernes, explique ensuite le *Manifeste*, « de plus en plus, la société se divise en deux grands camps ennemis, en deux grandes classes qui s'affrontent directement : la bourgeoisie et le prolétariat[2] ». Leur lutte s'achèvera par la victoire du prolétariat, laquelle marquera la fin de l'histoire et l'instauration du paradis communiste sur terre. Personne ne possédera rien, tout le monde sera libre et heureux.

Si j'adhère à ce récit communiste, j'en conclus que ma mission est d'accélérer la révolution mondiale en écrivant des brochures incendiaires, en organisant des grèves et des manifestations, voire en assassinant des capitalistes cupides et en combattant leurs laquais. Le récit donne du sens aux gestes les plus infimes, tels le boycott d'une marque qui exploite les ouvriers du textile au Bangladesh ou une dispute avec son beau-père, un cochon de capitaliste, au réveillon de Noël.

Si l'on considère toute la gamme des récits qui cherchent à définir mon identité véritable et à donner du sens à mes actions, on est frappés de constater que l'échelle compte fort peu. Certaines histoires, comme le Cercle de la Vie de Simba, semblent tendre vers l'éternité. C'est seulement sur la toile de fond de l'univers entier que je puis savoir qui je suis. D'autres récits, comme la plupart des mythes nationalistes et tribaux, semblent dérisoires en comparaison. Le sionisme tient pour sacrées les aventures d'environ 0,2 % de l'humanité et de 0,005 % de la surface de la Terre pendant une infime fraction du temps. Le récit sioniste ne saurait donner le moindre sens aux empires chinois, aux tribus de Nouvelle-Guinée et à la galaxie d'Andromède, pas plus qu'aux innombrables éons qui se sont écoulés avant l'existence de Moïse et d'Abraham ou à l'évolution des singes.

Pareille myopie peut avoir de graves répercussions. Par exemple, un des grands obstacles à un traité de paix entre Israéliens et Palestiniens tient au refus des premiers de diviser Jérusalem. Pour eux, cette ville est

« la capitale éternelle du peuple juif », et assurément on ne transige pas quand il s'agit d'éternel[3]. Que pèsent quelques morts en comparaison de l'éternité ? C'est bien entendu du grand n'importe quoi. L'éternité, c'est à tout le moins 13,8 milliards d'années : l'âge de l'univers. La planète Terre s'est formée voici 4,5 milliards d'années, et les hommes existent depuis au moins 2 millions d'années. Jérusalem, en revanche, remonte à 5 000 ans seulement, et le peuple juif a tout au plus 3 000 ans d'existence. Cela ne ressemble guère à l'éternité.

Quant au futur, la physique nous dit que la Terre sera absorbée par le soleil en expansion d'ici quelque 7,5 milliards d'années[4], et que notre univers continuera d'exister encore au moins 13 milliards d'années. Qui peut croire sérieusement que le peuple juif, l'État d'Israël ou Jérusalem existeront encore dans 13 000 ans, *a fortiori* dans 13 milliards d'années ? Si l'on se tourne vers l'avenir, le sionisme a un horizon de quelques siècles au plus, mais cela suffit à épuiser l'imagination de la plupart des Israéliens au point de leur donner ce sentiment d'« éternité ». Et des gens sont prêts à consentir pour la « Ville éternelle » des sacrifices qu'ils refuseraient probablement d'accomplir pour un ensemble éphémère de maisons.

Adolescent en Israël, j'ai été d'abord captivé, moi aussi, par la promesse nationaliste de faire partie de quelque chose qui me dépasse. Je voulais croire qu'en lui donnant ma vie, je vivrais à jamais dans la nation. Mais je n'arrivais pas à comprendre ce que voulait dire « vivre à jamais dans la nation ». La formule semblait très profonde, mais que voulait-elle dire vraiment ? Je me souviens d'une cérémonie, le Jour du souvenir. Je devais avoir treize ou quatorze ans. Alors qu'aux États-Unis le Memorial Day est surtout jour de soldes, en Israël c'est un événement solennel de la plus haute importance. Ce jour-là, les écoles organisent des cérémonies en mémoire des soldats tombés dans les nombreuses guerres d'Israël. Les enfants s'habillent en blanc, récitent des poèmes, chantent, déposent des couronnes de fleurs et agitent des drapeaux. Tout de blanc vêtu, je participais donc à la cérémonie de notre école. Entre l'agitation des drapeaux et la récitation des poèmes, je songeais naturellement que, quand je serais grand, je voudrais bien mourir au champ d'honneur. Somme toute, si j'étais un soldat sacrifiant héroïquement sa vie pour Israël, tous ces enfants réciteraient des poèmes et agiteraient des drapeaux en mon honneur.

Puis je me suis dit : « Minute ! Si je suis mort, comment saurai-je que ces enfants récitent des poèmes en mon honneur ? » J'ai donc essayé de m'imaginer mort. Je me suis imaginé allongé sous une pierre tombale blanche dans un cimetière militaire bien entretenu, écoutant les poèmes récités au-dessus du sol. Et j'ai pensé : « Mais si je suis mort, je ne pourrai pas entendre les poèmes parce que je n'aurai ni oreilles ni cerveau, et que je ne pourrai ni entendre ni sentir quoi que ce soit. Alors, à quoi ça rime ? »

Pis encore, à treize ans, je savais que l'univers avait des milliards d'années derrière lui et probablement aussi devant lui. En tout réalisme, pouvais-je espérer qu'Israël existerait aussi longtemps ? Dans 200 millions d'années, des enfants *Homo sapiens* en blanc réciteront-ils encore des poèmes en mon honneur ? Il y avait quelque chose de louche dans tout cela.

Si vous êtes palestinien, ne prenez donc pas cet air béat. Dans 200 millions d'années, il est peu probable qu'il y ait encore des Palestiniens. En vérité, très probablement n'y aura-t-il plus aucun mammifère. D'autres mouvements nationaux sont tout aussi bornés. Le nationalisme serbe n'a cure des événements du jurassique, et les nationalistes coréens croient qu'une petite péninsule de la côte est de l'Asie est la seule partie du cosmos qui compte vraiment dans le grand ordre des choses.

Bien entendu, même Simba, malgré son attachement au Cercle éternel de la Vie, ne considère jamais que les lions, les antilopes et l'herbe ne sont pas vraiment éternels. Il ne se demande pas à quoi ressemblait l'univers avant l'évolution des mammifères, ni ce qu'il adviendra de sa chère savane africaine quand les humains auront tué tous les lions et couvert les prairies d'asphalte et de béton. Cela privera-t-il totalement de sens la vie de Simba ?

Tous les récits sont incomplets. Reste que pour me construire une identité viable et donner un sens à ma vie, je n'ai pas vraiment besoin d'un récit complet dépourvu d'angles morts et de contradictions internes. Pour donner sens à ma vie, il suffit qu'un récit satisfasse deux conditions. La première est qu'il *me* donne un rôle à jouer. Il y a peu de chances que le membre d'une tribu de Nouvelle-Guinée adhère au sionisme ou au nationalisme serbe, parce que ces récits ne font aucun cas de la Nouvelle-Guinée et de sa population. Comme les stars de cinéma, les hommes n'aiment que les scénarios qui leur réservent un rôle important.

La seconde est qu'un bon récit doit dépasser mes horizons, sans nécessairement se prolonger à l'infini. Le récit me confère une identité et donne sens à ma vie en m'intégrant à quelque chose qui me dépasse. Mais le danger existe toujours que je commence à me demander ce qui donne sens à ce « quelque chose qui me dépasse ». Si le sens de ma vie est d'aider le prolétariat ou la nation polonaise, qu'est-ce qui donne son sens au prolétariat ou à la nation polonaise ?

C'est l'histoire d'un homme qui prétendait que le monde repose sur le dos d'un immense éléphant. Et sur quoi se tient l'éléphant ? Réponse : sur le dos d'une tortue géante. Et la tortue ? Sur le dos d'une tortue encore plus énorme ! Et cette énorme tortue ? L'homme coupa court et répondit : « Pas de souci ! À partir de là, ce ne sont que des tortues ! »

Les récits qui ont le plus de succès demeurent ouverts. Ils n'ont jamais besoin d'expliquer d'où vient le sens ultime parce qu'ils excellent à capter l'attention pour la maintenir au sein d'une zone sûre. Ainsi, quand vous expliquez que le monde repose sur le dos d'un immense éléphant, il vous faut anticiper les questions délicates en décrivant minutieusement comment il provoque des ouragans en agitant ses oreilles géantes ou des secousses sismiques quand il tremble de rage. Si vous troussez une assez bonne histoire, il ne viendra à l'idée de personne de vous demander sur quoi se tient l'éléphant. De même, le nationalisme nous enchante par des histoires d'héroïsme, nous émeut aux larmes en relatant des catastrophes passées et excite notre fureur en s'attardant sur les injustices que notre nation a endurées. Cette épopée nationale nous absorbe si bien que nous nous mettons à évaluer tout ce qui se passe dans le monde à son impact sur notre nation et ne pensons guère à nous demander, pour commencer, ce qui lui donne une telle importance.

Quand vous adhérez à un récit particulier, vous êtes amenés à vous intéresser à ses détails les plus infimes, tout en demeurant aveugles à tout ce qui sort de son champ. Les communistes fervents passent des heures et des heures à se demander s'il est admissible de passer une alliance avec les sociaux-démocrates aux premiers stades de la Révolution, mais rarement ils se donnent la peine de s'interroger sur la place du prolétariat dans l'évolution des mammifères sur la planète Terre ou dans l'essor de la vie organique dans le cosmos. Ils n'y voient que vain bavardage, gaspillage de salive contre-révolutionnaire.

Même si certains récits se donnent la peine d'englober la totalité de l'espace et du temps, leur capacité de capter l'attention permet à beaucoup d'autres de se cantonner dans un champ bien plus modeste. C'est là une loi cruciale de la narration : dès lors qu'un récit parvient à dépasser l'horizon de son public, son champ ultime importe peu. Les gens peuvent faire montre du même fanatisme meurtrier au nom d'une nation millénaire ou d'un dieu vieux d'un milliard d'années. Ils ont simplement du mal avec les grands nombres. Le plus souvent, il faut étonnamment peu de chose pour épuiser notre imagination.

Étant donné tout ce que nous savons de l'univers, il semblerait absolument impossible qu'une personne saine d'esprit puisse croire que la vérité ultime sur l'univers et l'existence humaine réside dans l'histoire du nationalisme israélien, allemand ou russe – ou, en l'occurrence, du nationalisme en général. Un récit qui ignore quasiment la totalité du temps, la totalité de l'espace, le Big Bang, la physique quantique et l'évolution de la vie est tout au plus une infime partie de la vérité. Les gens ne s'en débrouillent pas moins pour ne pas voir au-delà.

En vérité, tout au long de l'histoire, des milliards de gens ont cru que, pour que leur vie eût un sens, il n'était pas même nécessaire d'être absorbé dans une nation ou un grand mouvement idéologique. Il leur suffisait de « laisser quelque chose derrière eux », s'assurant ainsi que leur histoire personnelle se poursuivrait après leur mort. Dans l'idéal, le « quelque chose » que je laisse est mon âme ou mon essence personnelle. Si, après la mort de mon corps présent, je renais dans un nouveau corps, la mort n'est pas une fin. Elle est simplement l'espace entre deux chapitres ; l'intrigue amorcée dans l'un continuera dans le suivant. Beaucoup ont au moins une vague foi dans une théorie de ce genre, même s'ils ne la fondent pas sur une théologie spécifique. Ils n'ont que faire d'un dogme élaboré. Ils ont juste besoin du sentiment rassurant que leur histoire se prolonge par-delà l'horizon de la mort.

Cette théorie de la vie conçue comme une épopée qui n'en finit jamais est terriblement alléchante et répandue. Elle souffre cependant de deux grands problèmes. Le premier problème est qu'en allongeant la durée de mon histoire personnelle, je ne lui donne pas vraiment un surcroît de sens. Je ne fais que l'allonger. En fait, les deux grandes religions qui embrassent l'idée d'un cycle sans fin de naissances et de morts – l'hindouisme et le bouddhisme – partagent une même horreur de la futilité de tout cela. Des millions et des millions de fois, j'apprends à marcher, je grandis, je me chamaille avec ma belle-mère, je tombe malade, je meurs – puis je recommence à zéro. À quoi ça rime ? Si j'accumulais toutes les larmes versées dans mes vies antérieures, elles rempliraient le Pacifique. Si je recueillais toutes les dents et tous les cheveux que j'ai perdus, leur masse s'élèverait plus haut que l'Himalaya. Et tout cela pour quoi ? Pas étonnant que les sages hindous et bouddhistes aient concentré leurs efforts pour trouver le moyen de sortir de ce manège plutôt que de le perpétuer.

Le second problème de cette théorie tient à la rareté des preuves qui l'étayent. Quelle preuve ai-je que dans une vie passée j'ai été un paysan médiéval, un chasseur Neandertal, un tyrannosaure ou une amibe ? (Si j'ai vraiment vécu des millions de vies, j'ai dû être un tyrannosaure ou une amibe à un moment donné, car les humains n'existent que depuis 2,5 millions d'années.) Qui me garantit qu'à l'avenir je renaîtrai sous la forme d'un cyborg, d'un explorateur intergalactique, voire d'une grenouille ? Fonder ma vie sur cette promesse, c'est un peu vendre ma maison en échange d'un chèque postdaté tiré sur une banque au-dessus des nuages.

Les gens qui doutent qu'une âme ou un esprit survive réellement à leur mort s'efforcent donc de laisser derrière eux quelque chose d'un peu plus tangible. Ce « quelque chose de tangible » peut revêtir deux formes : biologique ou culturelle. Je peux laisser derrière moi un poème ou, par exemple, mes précieux gènes. Ma vie a un sens parce que mon poème aura encore des lecteurs dans cent ans, ou que mes enfants et petits-enfants seront encore de ce monde. Et quel est le sens de leurs vies ? Eh bien, c'est leur problème. Le sens de la vie ressemble un peu à une grenade à main : du moment que vous la passez à quelqu'un d'autre, vous êtes en sécurité.

Hélas, ce modeste espoir de simplement « laisser quelque chose derrière » est rarement comblé. La plupart des organismes qui ont jamais existé se sont éteints sans laisser le moindre héritage génétique. La quasi-totalité des dinosaures, par exemple. Ou une famille Neandertal qui s'est éteinte quand Sapiens a pris la relève. Ou le clan polonais de ma grand-mère Fanny qui, en 1934, a émigré à Jérusalem avec ses parents et ses deux sœurs, tandis que la majeure partie de leur famille restait dans les villes polonaises de Chmielnik et Czestochowa. Quelques années plus tard, les nazis sont arrivés et les ont tous exterminés jusqu'au dernier enfant.

Les efforts pour laisser un héritage culturel ont rarement plus de succès. Il ne reste rien du clan polonais de ma grand-mère, hormis quelques visages sur les photos jaunies de l'album de famille, et à quatre-vingt-seize ans, même elle a du mal à mettre un nom sur des visages. Pour autant que je le sache, les siens n'ont laissé derrière eux aucune création culturelle, ni poème, ni journal, ni liste de courses. Peut-être direz-vous qu'ils ont une part dans l'héritage collectif du peuple juif ou du mouvement sioniste, mais cela ne donne guère de sens à leur vie personnelle. De plus, d'où tenez-vous que tous chérissaient vraiment leur identité juive ou s'accordaient avec le mouvement sioniste ? Peut-être l'un d'entre eux était-il un communiste engagé et sacrifia sa vie à espionner pour les Soviétiques ? Peut-être un autre ne désirait-il rien de plus que de s'assimiler, et a-t-il servi comme officier dans l'armée polonaise avant d'être exécuté par les Soviétiques lors du massacre de Katyn ? Le troisième était peut-être une féministe radicale, rejetant toutes les identités religieuses et nationalistes traditionnelles ? Comme ils n'ont rien laissé, il est trop facile de les rallier à titre posthume à telle ou telle cause. Ils ne peuvent même pas protester.

Si nous ne pouvons rien laisser de tangible – ni gène ni poème –, peut-être suffit-il juste de rendre le monde un peu meilleur ? Vous pouvez aider quelqu'un, lequel en aidera un autre, et ainsi contribuerez-vous à l'amélioration générale du monde et serez-vous un petit maillon dans la grande chaîne de la bonté. Vous pouvez être le mentor d'un enfant difficile mais brillant qui, devenu médecin, sauvera des centaines de vies. Ou aider une vieille dame à traverser la rue et illuminer ainsi une heure de sa vie ? Tout cela ne manque pas de mérite, mais la grande chaîne de la bonté ressemble un peu à la grande chaîne des tortues : d'où lui vient son sens est loin d'être clair. Un vieil homme sage auquel on demandait ce qu'il avait appris du sens de la vie a répondu : « Eh bien, j'ai appris que je suis ici sur terre pour aider les autres. Ce que je n'ai toujours pas compris, c'est pourquoi les autres sont ici. »

Pour ceux qui ne font pas confiance aux grandes chaînes, aux héritages futurs ou aux épopées collectives en tout genre, l'amour est peut-être l'histoire la plus sûre et la plus parcimonieuse vers laquelle se tourner. Il ne cherche pas à aller au-delà du « ici et maintenant ». D'innombrables poèmes d'amour l'attestent : quand vous êtes amoureux, l'univers entier se réduit au lobe de l'oreille, aux cils ou aux tétons du bien-aimé. Contemplant Juliette qui pose la joue sur sa main, Roméo s'exclame : « Oh ! que ne suis-je le gant de cette main ! Je toucherais sa joue[5] ! » Se lier à un seul corps ici et maintenant, c'est se sentir en lien avec le cosmos tout entier.

En vérité, votre chéri n'est jamais qu'un homme comme les autres, pas différent au fond des multitudes que vous feignez d'ignorer chaque jour dans le train ou au supermarché. À vos yeux, il ou elle paraît infini (e), et votre bonheur est de vous perdre dans cet infini. Les poètes mystiques de toutes les traditions ont souvent amalgamé l'amour romantique à l'union cosmique, assimilant Dieu à un amant. Les poètes romantiques leur ont retourné le compliment en comparant leurs amours à des dieux. Qui est vraiment amoureux de quelqu'un ne se soucie pas du sens de la vie.

Et si vous n'êtes pas amoureux ? Eh bien, si vous croyez au récit romantique mais que vous n'êtes pas amoureux, au moins savez-vous quel est le but de votre vie : trouver l'amour vrai. Vous avez vu tant de films, lu tant de livres qui en parlent. Vous savez qu'un jour vous rencontrerez cette perle rare, vous verrez l'infini dans ses yeux étincelants. Soudain, votre vie entière aura du sens, et toutes les questions que vous vous êtes jamais posées trouveront leur réponse : il suffira de répéter un seul nom encore et toujours, comme Tony dans *West Side Story* ou Roméo voyant Juliette qui le regarde depuis son balcon.

LE POIDS DE LA TOITURE

Si une bonne histoire doit me donner un rôle et aller au-delà de mes horizons, il n'est pas nécessaire qu'elle soit vraie. Elle peut être une pure fiction et me conférer pourtant une identité, me donner le sentiment que ma vie a un sens. Pour autant que nous puissions nous fier à nos connaissances scientifiques, aucun des milliers de récits que les différentes religions, cultures ou tribus ont inventés au fil de l'histoire n'est vrai. Ce ne sont que des inventions humaines. Si vous demandez le vrai sens de la vie et qu'on vous réponde par un récit, sachez que la réponse est mauvaise. Les détails exacts n'importent pas vraiment. *Toute* histoire est fausse, pour la simple raison que c'est une histoire. L'univers ne fonctionne tout simplement pas comme une histoire.

Mais alors, pourquoi croit-on à ces fictions ? En partie parce que c'est sur une histoire que les gens construisent leur identité personnelle. On leur apprend à y croire dès la petite enfance. Ils la tiennent de leurs parents, des enseignants, des voisins, de la culture générale bien avant qu'ils aient acquis l'indépendance intellectuelle et émotionnelle nécessaire pour questionner et vérifier les histoires de ce type. Quand leur intelligence mûrit, ils ont tellement investi dans cette histoire qu'ils emploieront bien plus probablement leurs méninges pour la rationaliser que pour la mettre en doute. La plupart des gens en quête d'identité sont pareils à des enfants lancés dans une chasse au trésor. Ils trouvent simplement ce que leurs parents ont caché.

Par ailleurs, outre nos identités personnelles, nos institutions collectives aussi sont construites sur une histoire. En douter est donc une expérience terriblement effrayante. Dans maintes sociétés, quiconque essaie de le faire est ostracisé ou persécuté. Même si tel n'est pas le cas, il faut avoir les nerfs solides pour contester le tissu même de la société. Car si l'histoire est fausse, c'est tout le monde tel que nous le connaissons qui n'a pas de sens. Les lois, les normes sociales, les institutions économiques pourraient bien s'effondrer.

La plupart des récits ne tiennent ensemble que par le poids de leur toiture plutôt que par la force de leurs fondations. Prenons le récit chrétien. Ses fondations sont des plus fragiles. Quelle preuve avons-nous que le fils du Créateur de tout l'univers est né comme une forme de vie à base de carbone quelque part dans la Voie lactée voici près de deux mille ans ? Quelle preuve avons-nous que cela s'est passé en Galilée et que sa mère était vierge ? Sur cette histoire n'en ont pas moins été construites d'immenses institutions mondiales, et leur poids continue de peser avec une telle force qu'elles la maintiennent en place. Des guerres ont été livrées parce qu'un seul mot de cette histoire avait été changé. Le schisme millénaire entre chrétiens d'Orient (les orthodoxes) et d'Occident, et qui s'est manifesté récemment dans la boucherie mutuelle des Croates par les Serbes et des Serbes par les Croates, est né d'un différend autour d'un seul petit mot, *filioque*, « et du fils » en latin. Les chrétiens d'Occident voulaient insérer ce mot dans le credo chrétien, ce que refusaient absolument leurs frères d'Orient. (Les implications théologiques de cet ajout sont si mystérieuses qu'il serait impossible d'en donner ici une explication sensée. Si vous êtes curieux, interrogez Google.)

Dès lors que des identités personnelles et des systèmes sociaux entiers sont construits sur un récit, il devient impensable d'en douter – non du fait des preuves qui l'étaieraient, mais parce que son effondrement déclencherait un cataclysme personnel et social. Dans l'histoire, la toiture a parfois plus d'importance que les fondations.

HOCUS POCUS ET INDUSTRIE DE LA CROYANCE

Si les récits qui nous donnent sens et identité sont tous fictifs, les humains n'en ont pas moins besoin d'y croire. Mais comment faire en sorte que le récit *paraisse* réel ? *Pourquoi* les hommes ont besoin de croire va de soi, mais *comment* croient-ils réellement ? Voici déjà des millénaires que prêtres et chamans ont découvert la réponse : les rituels. Un rituel est un acte magique qui rend l'abstrait concret et le fictif réel. L'essence du rituel est la formule magique : « Hocus pocus, X est Y[6] ! » Comment rendre le Christ réel pour ses adeptes ? Au cours de la messe, un prêtre prend un morceau de pain et un verre de vin, et proclame que le pain est le corps du Christ, le vin le sang du Christ, et

qu'en le mangeant et en le buvant les fidèles sont en communion avec
le Christ. Imagine-t-on plus réel que goûter effectivement au Christ
dans sa bouche ? Traditionnellement, le prêtre proférait ces mots
hardis en latin, la langue ancienne de la religion, de la loi et des secrets
de la vie. Sous les yeux ébahis des paysans assemblés, le prêtre levait le
pain en disant : « *Hoc est [meus] corpus !* » – « Ceci est mon corps ». Et
le pain était censé devenir le corps du Christ. Dans l'esprit des paysans
illettrés, qui ne parlaient pas latin, *Hoc est corpus !* s'est transformé en
Hocus pocus. Ainsi est née la puissante formule magique qui transforme
une grenouille en prince charmant, et une citrouille en carrosse[7].

Un millier d'années avant la naissance du christianisme, les hindous
eurent recours au même truc. Le *Brihadaranyaka Upanishad* interprète
le sacrifice rituel d'un cheval comme une réalisation de toute l'histoire
du cosmos. Le texte suit la structure « Hocus pocus, X est Y ! » : « La
tête du cheval sacrificiel est l'aurore, son œil le soleil, son souffle le vent,
sa bouche ouverte le feu Vaishvanara, et le corps du cheval sacrificiel
l'année [...] ; ses membres les saisons, ses articulations les mois et les
demi-mois, ses pieds les jours et les nuits, ses os les constellations, ses
chairs les nuages [...] ; quand il bâille, c'est la lumière ; quand il
s'ébroue, c'est le tonnerre ; quand il urine, c'est la pluie ; quand
il hennit, c'est la voix[8]. » Ainsi un malheureux cheval devient-il la
totalité du cosmos.

Tout ou presque peut être transformé en rituel en attribuant une
signification religieuse profonde à des gestes prosaïques tels qu'allumer
une bougie, sonner les cloches ou compter les perles. De même en va-
t-il pour des gesticulations physiques : incliner la tête, se prosterner ou
joindre les mains. Diverses formes de couvre-chef, du turban des Sikhs
au hijab musulman, ont été si bien chargées de sens qu'elles suscitent
des controverses passionnées depuis des siècles.

La nourriture peut être aussi chargée d'une signification spirituelle
sans commune mesure avec sa valeur nutritionnelle, qu'il s'agisse des
œufs de Pâques, symbole d'une vie nouvelle et de la résurrection du
Christ, ou des herbes amères et du pain sans levain que les Juifs doivent
manger à la Pâque en mémoire de leur servitude en Égypte et de leur
miraculeuse évasion. Il n'est guère un plat au monde qui n'ait été
interprété en symbole d'autre chose. Ainsi, au Nouvel An juif, les plus

religieux mangent du miel afin que l'année qui vient soit douce ; des
têtes de poisson pour être féconds et avancer plutôt que reculer, et des
grenades pour que leurs bonnes actions se multiplient comme les grains
de ce fruit.

Des rituels semblables ont aussi servi des fins politiques. Depuis des
millénaires, couronnes, trônes et sceptres représentent des royaumes ou
des empires. Des millions de gens sont morts à la guerre pour la
possession du « trône » ou de la « couronne ». Les cours royales ont
cultivé des protocoles très élaborés qui valent bien les cérémonies
religieuses les plus alambiquées. À l'armée, discipline et rituel sont
inséparables. Depuis la Rome antique jusqu'à nos jours, les soldats
passent des heures et des heures à marcher en formation, à saluer leurs
supérieurs et à cirer leurs bottes. Les hommes peuvent sacrifier leur vie
pour un ruban de couleur, a dit Napoléon d'un mot fameux.

Peut-être personne n'a-t-il mieux compris l'importance politique des
rituels que Confucius, pour qui la stricte observance des rites (*li*) est la
clé de l'harmonie sociale et de la stabilité politique. Des classiques
confucéens comme le *Livre des rites*, les *Rites des Zhou* et les *Rites
cérémoniels* rapportent minutieusement les rites à accomplir dans telle
ou telle occasion officielle, jusqu'au nombre de vases rituels à employer
au cours de la cérémonie, le type d'instruments de musique à utiliser et
la couleur des robes à porter. Chaque fois qu'une crise frappa la Chine,
les savants confucéens s'empressèrent de l'imputer à la négligence des
rites, comme un sergent-major impute la défaite aux soldats négligents
qui n'ont pas ciré leurs bottes[9].

Dans l'Occident moderne, l'obsession confucéenne des rites a
été souvent perçue comme un signe de manque de profondeur et
d'archaïsme. En vérité, elle atteste probablement l'appréciation
profonde et intemporelle que Confucius avait de la nature humaine.
Peut-être n'est-ce pas un hasard si les cultures confucéennes – d'abord
et avant tout en Chine, mais aussi dans la Corée voisine, au Vietnam et
au Japon – ont produit des structures sociales et politiques extrêmement
durables. Si vous voulez connaître la vérité ultime de la vie, les rites et
rituels sont un énorme obstacle. Si, comme Confucius, vous vous
souciez de stabilité et d'harmonie sociales, la vérité est souvent un passif,
tandis que rites et rituels comptent parmi vos meilleurs alliés.

C'est aussi pertinent au XXIe siècle que dans la Chine antique. Le pouvoir du *Hocus pocus* reste bien vivant dans le monde industriel moderne. Aux yeux de beaucoup, en 2018, deux bouts de bois cloués ensemble sont Dieu ; une affiche en couleur sur le mur, la Révolution ; un bout de tissu qui vole au vent, la nation. Vous ne pouvez voir ou entendre la France, parce qu'elle n'existe que dans votre imagination, mais vous pouvez certainement voir le drapeau tricolore et entendre *La Marseillaise*. En agitant un drapeau de couleur et en chantant un hymne, vous transformez la nation d'histoire abstraite en réalité tangible.

Voici des milliers d'années, les hindous fervents sacrifiaient des chevaux de prix. De nos jours, ils investissent dans la production de drapeaux précieux. Le drapeau national de l'Inde est connu sous le nom de *Tiranga* (« tricolore ») parce qu'il consiste en trois bandes : safran, blanche et verte. Le Code du drapeau indien de 2002 proclame que le drapeau « représente les espoirs et les aspirations du peuple de l'Inde. Il est le symbole de notre fierté nationale. Au cours des cinq dernières décennies, plusieurs personnes, dont des membres des forces armées, ont donné leur vie de bonne grâce pour que le drapeau tricolore continue de flotter dans toute sa gloire[10] ». Le Code du drapeau cite alors Sarvepalli Radhakrishnan, le deuxième président du pays :

> La couleur safran dénote le renoncement et le désintéressement. Nos dirigeants doivent être indifférents aux gains matériels et se consacrer à leur travail. Le blanc du centre est la lumière, la voie de la vérité pour guider notre conduite. Le vert illustre notre rapport à la terre, notre rapport à la vie végétale dont dépend toute autre forme de vie. La roue d'Ashoka, au centre de la bande blanche, est la roue de la loi du *dharma*. La vérité, *satya*, la vertu, *dharma*, devraient être les principes directeurs de tous ceux qui travaillent sous ce drapeau[11].

En 2017, le gouvernement nationaliste indien a hissé un des plus grands drapeaux du monde à Attari, sur la frontière indo-pakistanaise, dans un geste calculé pour inspirer non pas le renoncement et le désintéressement, mais l'envie des Pakistanais. De 36 mètres de long sur 24 de large, ce *Tiranga* a été hissé sur un mât de 110 mètres de haut (qu'en aurait dit Freud?). Ce drapeau était visible de la métropole pakistanaise de Lahore. Malheureusement, des vents forts n'ont cessé de le déchirer, la fierté nationale obligeant de le recoudre à maintes reprises, une grande dépense pour le contribuable indien[12]. Pourquoi le gouvernement indien investit des ressources rares pour tisser d'immenses drapeaux au lieu d'aménager des égouts dans les bidonvilles de Delhi? Parce que le drapeau donne à l'Inde une réalité que les égouts ne lui donneront jamais.

En vérité, le coût même du drapeau rend le rituel d'autant plus efficace. De tous les rituels, le plus puissant est le sacrifice, parce que la souffrance est ce qu'il y a au monde de plus réel. On ne peut jamais l'ignorer ni en douter. Si vous voulez que les gens croient réellement à une fiction, incitez-les à consentir un sacrifice en son nom. Dès lors que vous souffrez pour un récit, cela suffit habituellement à vous convaincre de sa réalité. Si vous jeûnez parce que Dieu vous l'a ordonné, la sensation tangible de la faim rend Dieu plus présent que n'importe quelle statue ou icône. Si vous perdez les jambes dans une guerre patriotique, vos moignons et votre fauteuil roulant rendent la nation plus réelle que n'importe quel poème ou hymne. À un niveau plus prosaïque, en préférant acheter des pâtes locales médiocres plutôt que des pâtes de premier choix importées d'Italie, votre petit sacrifice quotidien peut rendre la nation plus réelle jusque dans l'enceinte du supermarché.

Bien entendu, c'est un sophisme logique. Si vous souffrez à cause de votre croyance en Dieu ou dans la nation, cela ne prouve aucunement que vos croyances soient vraies. Peut-être payez-vous simplement le prix de votre crédulité? Toutefois, la plupart des gens rechignent à admettre qu'ils sont idiots. Dès lors, plus ils sacrifient pour une croyance, plus leur foi se renforce. Telle est la mystérieuse alchimie du sacrifice. Pour nous mettre sous sa coupe, le prêtre sacrificateur n'a pas besoin de nous donner quoi que ce soit : ni pluie, ni argent, ni victoire à la guerre. Il lui suffit de nous prendre quelque chose. Sitôt qu'il nous persuade de consentir un sacrifice douloureux, nous sommes piégés.

Cela vaut aussi dans le monde du commerce. Si vous achetez une Fiat d'occasion à 2 000 dollars, il y a de fortes chances que vous vous en plaigniez à qui voudra bien vous entendre. Si vous achetez une

Ferrari neuve à 200 000 dollars, vous chanterez partout ses louanges : non que ce soit une bonne voiture, mais parce que vous l'avez payée si cher que vous devez croire que c'est la merveille des merveilles. Même en amour, tout Roméo ou Werther soupirant savait que, sans sacrifice, il n'est point d'amour véritable. Le sacrifice n'est pas simplement une manière de convaincre votre dulcinée que vous êtes sérieux, c'est aussi un moyen de vous persuader que vous êtes réellement amoureux. Pourquoi croyez-vous que les femmes attendent de leurs amants qu'ils leur offrent des diamants ? Si l'amoureux consent un sacrifice financier aussi considérable, il doit se persuader que la cause le vaut bien.

Le sacrifice de soi est extrêmement convaincant pour les martyrs eux-mêmes mais aussi pour les spectateurs. Peu de dieux, de nations ou de révolutions peuvent se passer de martyrs. Si vous avez la présomption de contester la dramatique divine, le mythe nationaliste ou la saga révolutionnaire, on vous tance aussitôt : « Mais les saints martyrs sont morts pour ça ! Vous osez dire qu'ils sont morts pour rien ? Vous prenez ces héros pour des idiots ? »

Pour les musulmans chiites, le drame du cosmos a atteint son apogée à l'Achoura, le 10 du mois de Muharram, soixante et un ans après l'Hégire (10 octobre 680, suivant le calendrier chrétien). Ce jour-là, à Kerbala, en Irak, des soldats de l'usurpateur Yazid massacrèrent Hussein ibn Ali, le petit-fils du prophète Muhammad, ainsi qu'une petite troupe de fidèles. Pour les chiites, le martyre de Hussein devait symboliser la lutte éternelle du bien contre le mal et des opprimés contre l'injustice. De même que les chrétiens rejouent régulièrement le drame de la crucifixion et imitent la Passion du Christ, les chiites rejouent le drame d'Achoura et imitent la Passion de Hussein. Chaque année, ils affluent par millions au sanctuaire de Kerbala, créé à l'endroit du martyre de Hussein, et le jour de l'Achoura les chiites du monde entier observent des rituels de deuil, parfois en se flagellant et en s'entaillant avec des chaînes et des couteaux.

L'importance de l'Achoura est cependant loin de se limiter à un seul lieu et un seul jour. L'ayatollah Rouhollah Khomeini et de nombreux autres dirigeants chiites ont inlassablement répété à leurs partisans que « chaque jour est Achoura, chaque lieu Kerbala[13] ». Le martyre de Hussein à Kerbala donne donc du sens à chaque événement, partout,

tout le temps. Les décisions les plus prosaïques elles-mêmes ont un impact sur le grand combat cosmique du bien et du mal. Osez-vous douter de ce récit qu'on vous rappellera aussitôt Kerbala. Quant à douter du martyre de Hussein ou à s'en moquer, c'est la pire offense qu'on puisse commettre.

Inversement, si les martyrs sont rares et que peu soient prêts à se sacrifier, le sacrificateur peut les conduire à sacrifier quelqu'un d'autre. Vous pourriez sacrifier un homme à Baal, le dieu vengeur, brûler un hérétique sur le bûcher pour la plus grande gloire de Jésus-Christ, exécuter les femmes adultères parce que Allah l'a dit, ou envoyer les ennemis de classe au goulag. Dès que vous le faites, une alchimie du sacrifice légèrement différente commence à opérer sa magie sur vous. Quand vous vous infligez des souffrances au nom d'un récit, cela vous donne le choix : « Ou l'histoire est vraie, ou je suis un sot crédule. » Si vous infligez des souffrances à d'autres, vous avez encore le choix : « Ou l'histoire est vraie, ou je suis un méchant cruel. » Et de même que nous n'aimons pas reconnaître notre sottise, nous ne sommes pas prêts à admettre notre méchanceté : nous préférons donc croire que le récit est vrai.

En mars 1839, dans la ville iranienne de Machhad, une Juive souffrait d'une maladie de peau. Un charlatan lui dit que, si elle tuait un chien et se lavait les mains dans son sang, elle serait guérie. Machhad est une ville sainte chiite. Il se trouve que la femme accomplit cette sinistre thérapie le jour sacré de l'Achoura. Des chiites qui la virent crurent – ou prétendirent croire – qu'elle tua le chien pour parodier le martyre de Kerbala. Le bruit de ce sacrilège impensable se propagea à toute vitesse dans les rues de Machhad. Encouragée par l'imam, la populace en colère fit irruption dans le quartier juif, incendia la synagogue et massacra trente-six Juifs sur-le-champ. Quant aux Juifs survivants de Machhad, on leur offrit un choix brutal : la conversion à l'islam ou la mort. L'épisode sordide n'a guère terni la réputation de Machhad, « capitale spirituelle de l'Iran[14] ».

Quand nous pensons au sacrifice humain, nous avons habituellement présents à l'esprit les macabres rituels des temples cananéens ou aztèques. Et on entend souvent dire que le monothéisme a mis fin à cette terrible pratique. En vérité, les monothéistes ont pratiqué le sacrifice humain à bien plus grande échelle que la plupart des cultes polythéistes. Le christianisme et l'islam ont tué bien plus de gens au nom de Dieu que les fidèles de Baal ou d'Huitzilopochtli. À l'époque où les conquistadors espagnols mirent fin aux sacrifices humains offerts aux dieux aztèques et incas, en Espagne l'Inquisition brûlait les hérétiques par charretées.

Les sacrifices varient dans leurs formes et leurs dimensions. Ils n'impliquent pas toujours des prêtres munis d'un couteau ou des pogromes sanglants. Le judaïsme, par exemple, interdit de travailler ou de voyager le jour saint du shabbat (littéralement, « shabbat » veut dire « rester tranquille », « se reposer »). Le shabbat commence le vendredi soir et dure jusqu'au coucher du soleil, le samedi : dans ce laps de temps, les juifs orthodoxes s'abstiennent quasiment de toute espèce de tâche, y compris de détacher un morceau de papier-toilette dans les WC. (Les rabbins les plus savants en ont discuté et ont conclu que ce serait enfreindre un tabou shabbatique ; dès lors, les Juifs pieux qui veulent s'essuyer le postérieur pendant le shabbat doivent préparer un stock de papier-toilette déjà coupé[15].)

En Israël, les Juifs religieux essaient souvent de forcer les laïques, voire les athées, à respecter ces tabous. Puisque les partis orthodoxes sont généralement maîtres du jeu sur la scène politique israélienne, ils ont réussi au fil des ans à faire passer de nombreuses lois qui interdisent toute sorte d'activités durant le shabbat. S'ils n'ont pu interdire l'utilisation de véhicules privés, ils ont réussi à interdire les transports publics. Ce sacrifice religieux national frappe essentiellement les couches sociales les plus faibles, d'autant que le samedi est le seul jour de la semaine où les travailleurs ont le loisir de voyager et de rendre visite à des parents ou à des amis ou de faire du tourisme. Une riche grand-mère n'a aucun mal à prendre sa voiture neuve pour aller voir ses petits-enfants dans une autre ville ; une grand-mère pauvre ne peut le faire parce qu'il n'y a ni bus ni trains.

En infligeant de telles difficultés à des centaines de milliers de citoyens, les partis religieux prouvent et consolident leur foi inébranlable dans le judaïsme. S'ils ne versent pas le sang, c'est le bien-être de quantité de gens qui est tout de même sacrifié. Si le judaïsme n'est qu'un récit fictif, il est cruel et sans cœur d'empêcher une grand-mère de rendre visite à ses petits-enfants ou d'empêcher un étudiant désargenté d'aller se prélasser sur la plage. En le faisant néanmoins, les partis religieux disent au monde – et se disent à eux-mêmes – qu'ils croient réellement au récit juif. Quoi, vous pensez vraiment qu'ils aiment nuire aux gens sans avoir de bonne raison ?

Non content de renforcer votre foi dans le récit, le sacrifice se substitue souvent à toutes vos autres obligations envers lui. La plupart des grands récits de l'humanité ont fixé des idéaux que la plupart ne peuvent accomplir. Combien de chrétiens suivent réellement les Dix Commandements à la lettre, sans jamais mentir ni convoiter ? Combien de bouddhistes ont atteint jusqu'ici le stade de l'anéantissement du moi ? Combien de socialistes travaillent au maximum de leurs capacités sans prendre plus que ce dont ils ont réellement besoin ?

Incapables d'être à la hauteur de l'idéal, les gens trouvent une solution dans le sacrifice. Un hindou peut frauder le fisc, fréquenter les prostituées et maltraiter ses vieux parents, mais ensuite se convaincre qu'il est très pieux parce qu'il approuve la destruction de la mosquée de Babri à Ayodhya et qu'il a même donné de l'argent pour construire un temple hindou à la place. Au XXIᵉ siècle, comme dans les temps anciens, la quête humaine de sens ne finit que trop souvent par une succession de sacrifices.

LE PORTEFEUILLE DE L'IDENTITÉ

Dans l'Antiquité, les Égyptiens, les Cananéens et les Grecs savaient assurer leurs arrières. Ils avaient quantité de dieux ; si un sacrifice échouait, ils espéraient qu'un autre réussirait. Ils sacrifiaient donc au dieu soleil le matin, à la déesse terre à midi et à un mélange de fées et de démons le soir. Cela non plus n'a guère changé. Tous les récits et les dieux auxquels les gens croient aujourd'hui – Yahvé, Mammon, la nation, la Révolution – sont incomplets, truffés de failles et criblés de contradictions. Aussi accordent-ils rarement leur foi à un seul récit. Ils préfèrent garder un portefeuille de plusieurs récits et de plusieurs identités, passant de l'un(e) à l'autre au gré de leurs besoins. Ces dissonances cognitives sont inhérentes à la quasi-totalité des sociétés et des mouvements.

Prenons le cas d'un partisan typique du Tea Party qui concilie tant bien que mal sa foi ardente en Jésus-Christ avec une farouche opposition aux politiques de protection sociale et un soutien inconditionnel à la National Rifle Association. Jésus n'était-il pas plus enclin à aider les pauvres qu'à recommander de s'armer jusqu'aux dents ? Cela pourrait sembler incompatible, mais le cerveau humain compte une multitude de tiroirs et de compartiments, et certains neurones ne parlent pas aux autres. De même, vous trouverez quantité de partisans de Bernie Sanders qui croient vaguement à une révolution future tout en pensant qu'il importe d'investir son argent à bon escient. Ils n'ont aucun mal à discuter de la répartition injuste de la richesse puis à discuter des résultats de leurs placements à Wall Street.

Personne ou presque n'a qu'une identité. Personne n'est uniquement musulman, ou uniquement italien, ou uniquement capitaliste. De temps en temps, cependant, apparaît un credo fanatique exigeant de ne croire qu'à un seul récit et de n'avoir qu'une seule identité. Dans le passé récent, le credo de ce genre le plus fanatique a été le fascisme. Il demandait aux gens de ne croire à aucun autre récit que le récit nationaliste et de n'avoir d'autre identité que leur identité nationale. Tous les nationalistes ne sont pas fascistes. La plupart des nationalistes ont foi dans le récit de leur nation et insistent sur ses mérites uniques et leurs obligations uniques envers elle tout en reconnaissant que le monde ne se réduit pas à celle-ci. Je puis être un Italien loyal me reconnaissant des obligations particulières envers ma nation tout en ayant d'autres identités. Je peux être aussi socialiste, catholique, mari, père, chercheur et végétarien – chacune de ces identités impliquant des obligations supplémentaires. Il arrive que mes diverses identités me tirent dans des directions différentes, et que certaines de mes obligations soient en conflit avec d'autres. Bon, mais qui a dit que la vie était facile ?

Le fascisme est ce qui arrive quand le nationalisme veut se rendre la vie trop facile en niant toutes les autres identités et obligations. La plus grande confusion règne ces derniers temps autour du sens exact du mot « fascisme ». D'aucuns traitent de « fascistes » tous ceux qu'ils n'aiment pas. Le vocable risque de dégénérer en une injure fourre-tout. Que signifie-t-il vraiment ? Brièvement, alors que le nationalisme m'apprend que ma nation est unique et que j'ai des obligations particulières envers elle, le fascisme me dit que ma nation est suprême et que j'ai envers elle des obligations exclusives. Quelles que soient les circonstances, je ne dois jamais faire passer les intérêts d'un groupe ou d'un individu avant ceux de ma nation. Même si celle-ci ne doit tirer qu'un profit dérisoire de la misère infligée à des millions d'inconnus dans un pays lointain, je ne dois avoir aucun scrupule à la soutenir. Sans quoi je ne suis qu'un méprisable traître. Si ma nation exige que je tue des millions de gens – je dois les tuer. Si elle me demande de trahir la vérité et la beauté – je dois les trahir.

Comment un fasciste évalue-t-il l'art ? Comment sait-il qu'un film est bon ? Élémentaire. Il n'y a qu'un seul critère. S'il sert les intérêts nationaux, c'est un bon film. Dans le cas contraire, il est mauvais. Comment un fasciste décide-t-il ce qu'il faut enseigner à l'école aux enfants ? Même critère. Enseigner aux enfants ce qui sert les intérêts de la nation. Qu'importe la vérité[16] !

Ce culte de la nation est extrêmement séduisant parce qu'il simplifie de nombreux dilemmes délicats mais amène aussi les gens à penser qu'ils appartiennent à ce qu'il y a de plus beau et de plus important au monde : leur nation. Les horreurs de la Seconde Guerre mondiale et de la Shoah illustrent les conséquences terribles de cette façon de penser. Malheureusement, quand les gens parlent des fléaux du fascisme, ils ne font pas du bon travail parce qu'ils ont tendance à le présenter comme un monstre hideux sans expliquer ce qui fait sa séduction. Aussi arrive-t-il que des gens adoptent des idées fascistes sans s'en rendre compte. Ils se disent : « On m'a appris que le fascisme est affreux. Mais quand je me regarde dans la glace, ce que je vois est très beau. Je ne peux donc être fasciste. »

C'est un peu la même erreur que commettent les films de Hollywood quand ils font des méchants – Voldemort, Lord Sauron, Dark Vador – des êtres laids et mesquins. Ils sont habituellement cruels et méchants même envers leurs partisans les plus loyaux. Ce que je n'arrive pas à comprendre, quand je regarde ces films, c'est pourquoi on peut être tenté de suivre un pervers répugnant comme Voldemort ?

Le problème du mal est que, dans la vraie vie, il n'est pas nécessairement laid. Il peut même sembler très beau. Le christianisme était plus averti que Hollywood, et l'art chrétien traditionnel avait tendance à représenter Satan sous les traits d'une superbe créature. Ainsi s'explique qu'il soit si difficile de résister à ses tentations. De là vient qu'il soit difficile de parer au fascisme. Ce que l'on voit dans le miroir fasciste n'est pas laid du tout. Quand ils regardaient dans le miroir fasciste des années 1930, les Allemands voyaient leur pays comme la plus belle chose du monde. Que les Russes plongent leur regard dans le miroir fasciste, la Russie leur apparaîtra comme la plus belle chose du monde. Que les Israéliens regardent dans le miroir fasciste, Israël sera la plus belle chose du monde. Ils seront alors désireux de se perdre dans la beauté de cette collectivité.

Le mot « fascisme » vient du latin *fascis*, « faisceau de verges » : un symbole bien peu attrayant pour l'une des idéologies les plus féroces et mortelles de l'histoire. Or, il a un sens profond et sinistre. Une verge isolée est fragile, il est aisé de la casser en deux. Mais dès qu'on lie plusieurs verges en un *fascis*, il devient presque impossible de les briser. Autrement dit, si l'individu est une chose sans conséquence, c'est la cohésion de la collectivité qui la rend très puissante[17]. Les fascistes croient donc qu'il faut privilégier les intérêts de la collectivité sur ceux de l'individu et exigent qu'aucune verge n'ait jamais l'audace de briser l'unité du faisceau.

Bien entendu, on ne sait jamais très bien où finit un « faisceau de verges » humain et où commence l'autre. Pourquoi voir en l'Italie le faisceau de verges auquel j'appartiens ? Pourquoi pas ma famille, Florence, la Toscane, le continent européen, voire l'espèce humaine tout entière ? Les formes plus tempérées de nationalisme me diront que je peux bel et bien avoir des obligations envers ma famille, Florence, la Toscane, l'Europe et l'humanité tout en ayant des obligations particulières envers l'Italie. En revanche, les fascistes italiens exigeront une loyauté absolue envers la seule Péninsule.

Malgré tous les efforts déployés par Mussolini et le parti fasciste, la plupart des Italiens restèrent plutôt tièdes à l'idée de faire passer l'Italie avant leur *famiglia*. En Allemagne, la machine de propagande nazie accomplit un travail bien plus approfondi, mais même Hitler ne réussit pas à faire oublier à la population les autres récits. Même aux jours les plus sombres de l'ère nazie, la population gardait des histoires de rechange en plus du récit officiel. Cela apparut on ne peut plus clairement en 1945. On aurait cru qu'après douze ans de lavage de cerveau nazi beaucoup d'Allemands auraient été absolument incapables de donner un sens à leur vie après la guerre. Après avoir accordé toute leur confiance à un seul grand récit, que faire quand celui-ci a explosé ? La plupart des Allemands se sont pourtant rétablis avec une stupéfiante rapidité. Quelque part dans leur esprit ils gardaient d'autres récits sur le monde ; à peine Hitler s'était-il fait sauter la cervelle que la population de Berlin, Hambourg et Munich adopta une nouvelle identité et trouva un nouveau sens à sa vie.

Certes, autour de 20 % des gauleiters nazis – les chefs régionaux du parti – se suicidèrent, de même que 10 % des généraux[18]. Cela signifie cependant que 80 % des gauleiters et 90 % des généraux furent très heureux de poursuivre leur vie. Dans leur immense majorité, les nazis encartés et même la piétaille SS ne sont pas devenus fous et ne se sont pas tués. Ils se sont transformés en fermiers productifs, en enseignants, en médecins et en agents d'assurances.

En vérité, même le suicide ne prouve pas l'attachement absolu à une seule histoire. Le 13 novembre 2015, l'État islamique orchestra à Paris plusieurs attentats-suicides qui firent 130 morts. Le groupe extrémiste expliqua avoir voulu venger le bombardement de ses troupes en Syrie et en Irak par l'aviation française en espérant que cela dissuaderait la France d'effectuer de nouveaux bombardements[19]. D'un même souffle, l'État islamique déclara que tous les musulmans tués par l'aviation française étaient des martyrs qui jouissaient désormais au ciel d'une félicité éternelle.

Quelque chose, en l'occurrence, n'a pas de sens. Si les martyrs tués par les avions français sont aujourd'hui au ciel, pourquoi chercher à les venger ? Les venger de quoi, au juste ? De les avoir envoyés au ciel ? Si vous venez d'apprendre que votre frère chéri a gagné un million de dollars à la loterie, allez-vous faire sauter les kiosques pour vous venger ? Alors pourquoi se déchaîner à Paris parce que l'aviation française a donné à quelques-uns de vos frères un aller simple pour le paradis ? Ce serait bien pire de parvenir à dissuader les Français d'effectuer de nouveaux bombardements en Syrie. En ce cas, en effet, moins de musulmans iraient au ciel.

On pourrait être tenté d'en conclure que les militants de l'État islamique ne croient pas vraiment que les martyrs vont au ciel. D'où leur colère quand ils sont bombardés et tués. Mais alors pourquoi certains passent-ils des ceintures d'explosifs pour se faire déchiqueter ? La réponse est très probablement qu'ils adhèrent à deux récits contradictoires sans trop réfléchir aux incohérences. Certains neurones, on l'a vu, ne s'adressent pas la parole.

Huit siècles avant que l'aviation française ne bombarde les places fortes de l'État islamique en Syrie et en Irak, une armée française avait envahi le Moyen-Orient : la postérité parlera de la septième croisade. Sous la houlette du saint roi Louis IX, les croisés espéraient conquérir la vallée du Nil et faire de l'Égypte un bastion chrétien. Ils furent cependant vaincus à la bataille de Mansourah ; la plupart des croisés furent faits prisonniers. Le chevalier Jean de Joinville devait écrire plus tard dans ses Mémoires que, lorsque la bataille fut perdue et qu'ils décidèrent de se rendre, un de ses hommes déclara : « Sire, je ne m'acort pas à cest conseil. [...] Je m'acort que nous nous lessons touz tuer ; si nous en irons tuit en paradis. » Joinville observe sèchement : « Mais nous ne le creumes pas[20]. »

Joinville n'explique pas le pourquoi de leur refus. Somme toute, si ces hommes avaient quitté leurs confortables châteaux de France pour une longue et périlleuse aventure au Moyen-Orient, c'est largement parce qu'ils croyaient à la promesse de Salut éternel. Alors pourquoi, à un instant seulement de la félicité éternelle du Paradis, préférèrent-ils la captivité entre les mains des musulmans ? Visiblement, même s'ils croyaient ardemment au Salut et au Paradis, à l'instant de vérité ils choisirent d'assurer leurs arrières.

LE SUPERMARCHÉ D'ELSENEUR

Tout au long de l'histoire, la quasi-totalité des hommes ont cru à plusieurs récits en même temps sans jamais être absolument convaincus de la vérité d'aucun d'entre eux. Cette incertitude ébranla la plupart des religions, pour lesquelles la foi était une vertu cardinale et le doute un des pires péchés qui se pût imaginer. Comme si croire sans la moindre preuve avait quelque chose d'intrinsèquement bon. Avec l'essor de la culture moderne, cependant, la situation s'est inversée. La foi a ressemblé de plus en plus à un esclavage mental, tandis que le doute apparaissait comme une condition préalable de la liberté.

Entre 1599 et 1602, William Shakespeare écrivit sa version du *Roi Lion*, mieux connue sous le titre de *Hamlet*. À la différence de Simba, pourtant, Hamlet n'achève pas le Cercle de la Vie. Il demeure sceptique et ambivalent jusqu'à la fin, sans jamais découvrir à quoi rime la vie ni parvenir à trancher s'il vaut mieux être ou ne pas être. En cela, Hamlet est le paradigme du héros moderne. La modernité n'a pas rejeté la pléthore de récits hérités du passé : elle a ouvert un supermarché. Libre à l'homme moderne de les tester, de choisir et de mélanger à sa guise.

D'aucuns ne supportent pas autant de liberté et d'incertitude. Les mouvements totalitaires modernes ont réagi violemment au supermarché des idées douteuses et ont même surpassé les religions traditionnelles en exigeant une foi absolue dans un seul récit. La plupart des modernes se plaisent cependant au supermarché. Que faire quand vous ne savez pas à quoi rime la vie et à quel récit croire ? Vous sanctifiez la capacité même de choisir. Vous ne cessez d'arpenter les allées du supermarché, forts du pouvoir et de la liberté de choisir ce qui vous plaît, examinant les produits qui s'étalent sous vos yeux et… arrêt sur cette image, coupez, fin, crédits.

Suivant la mythologie libérale, si vous restez assez longtemps dans ce grand supermarché, vous connaîtrez tôt ou tard l'épiphanie libérale et saisirez le vrai sens de la vie. Tous les récits exposés sur les rayonnages des supermarchés sont des faux. Le sens de la vie n'est pas un produit préfabriqué. Il n'y a pas de scénario divin. En dehors de moi, rien ne peut donner sens à ma vie. C'est moi qui donne du sens à toute chose à travers mes choix libres et ma sensibilité.

Dans le film fantastique *Willow* – conte de fées basique de George Lucas –, le héros éponyme est un nain ordinaire qui rêve de devenir un grand sorcier et de maîtriser les secrets de l'existence. Un jour, un sorcier traverse le village des nains à la recherche d'un apprenti. Willow et deux autres nains ambitieux se présentent. Le sorcier soumet les aspirants à un test tout simple. Il tend la main droite, écarte les doigts, et demande d'une voix de Yoda : « Dans quel doigt se trouve le pouvoir de dominer le monde ? » Chacun des trois nains en désigne un, mais tous se trompent. Le sorcier n'en remarque pas moins quelque chose en Willow. Plus tard, il lui demande : « Quand j'ai tendu les doigts, quelle a été ta première impulsion ? » Non sans embarras, Willow répond : « Eh bien, c'est idiot, mais ça a été de désigner mon doigt. » Le sorcier triomphe : « Aha ! C'était la bonne réponse ! Tu manques de confiance en toi. » La mythologie libérale ne se lasse jamais de répéter cette leçon.

Ce sont nos doigts humains qui ont écrit la Bible, le Coran et les Védas, et nos esprits qui donnent leur force à ces récits. Ce sont sans aucun doute de belles histoires, mais leur beauté est exclusivement dans les yeux du spectateur. Jérusalem, La Mecque, Vârânasî et Bodh-Gayâ sont des lieux sacrés, mais uniquement à cause des sentiments que les humains y éprouvent quand ils s'y rendent. En soi, l'univers n'est qu'un fatras d'atomes vide de sens. Rien n'est beau, sacré ou sexy : ce sont les sentiments humains qui le rendent tel. C'est la sensibilité humaine seule qui rend une pomme rouge alléchante et une crotte répugnante. Retirez cette sensibilité : il ne reste qu'un amas de molécules.

Nous espérons trouver du sens en nous insérant dans un récit tout fait sur l'univers. Selon l'interprétation libérale du monde, cependant, la vérité est exactement à l'opposé. L'univers ne me donne aucun sens. C'est *moi* qui donne sens à l'univers. Telle est ma vocation cosmique. Je n'ai ni destinée fixe ni *dharma*. Si je me trouve dans les souliers de Simba ou d'Arjuna, je peux choisir de combattre pour la couronne d'un royaume, mais rien ne m'y oblige. Je peux tout aussi bien rejoindre un cirque ambulant, aller à Broadway chanter dans une comédie musicale ou lancer ma start-up dans la Silicon Valley. Je suis libre de créer mon *dharma*.

Comme tous les autres récits cosmiques, le récit libéral commence lui aussi par la création : elle se produit à tout moment, et c'est moi le créateur. Dès lors, quel est le but de ma vie ? Créer du sens en éprouvant, en pensant, en désirant et en inventant. Tout ce qui limite la liberté humaine de sentir, de penser, de désirer et d'inventer limite le sens de l'univers. L'idéal suprême est donc de se libérer de ces limites.

Concrètement, qui croit au récit libéral vit à la lumière de deux commandements : créer et se battre pour la liberté. On peut manifester sa créativité en écrivant un poème, en explorant sa sexualité, en inventant une application ou en découvrant une substance chimique inconnue. Le combat pour la liberté englobe tout ce qui libère les gens des contraintes sociales, biologiques et physiques : manifester contre des dictateurs brutaux, apprendre à lire aux filles, trouver un remède au cancer ou construire un vaisseau spatial. Le panthéon libéral des héros réunit Rosa Parks et Pablo Picasso aux côtés de Louis Pasteur et des frères Wright.

En théorie, cela semble terriblement profond et excitant. Malheureusement, la liberté et la créativité humaines ne correspondent pas à ce qu'imagine le récit libéral. Au mieux de notre compréhension scientifique, aucune magie ne se cache derrière nos choix et nos créations. Ceux-ci sont le produit de milliards de neurones qui échangent des signaux biochimiques. Même si vous libérez les humains du joug de l'Église catholique et de l'Union soviétique, leurs choix resteront dictés par des algorithmes biochimiques aussi implacables que l'Inquisition et le KGB.

Le récit libéral m'invite à rechercher la liberté d'expression et à me réaliser. Or, le « moi » et la liberté ne sont que des chimères mythologiques empruntées aux contes de fées d'antan. Le libéralisme a une notion particulièrement confuse du « libre arbitre ». De toute évidence, les hommes ont une volonté et des désirs et sont parfois libres d'assouvir ces derniers. Si par « libre arbitre » vous entendez la liberté de faire ce que vous désirez, alors, en effet, les humains ont un libre arbitre. Si, au contraire, vous entendez la liberté de choisir leurs objets de désir, alors non, ils n'ont pas de libre arbitre.

Si je suis sexuellement attiré par les hommes, je puis être libre d'assouvir mes fantasmes, mais je ne suis pas libre d'être attiré par les femmes. Dans certains cas, je pourrais décider de contenir mes pulsions sexuelles, voire tenter une thérapie de « conversion sexuelle », mais le désir même de changer d'orientation sexuelle est une chose que m'imposent mes neurones, peut-être encouragés par des travers culturels et religieux. Pourquoi l'un a honte de sa sexualité et s'efforce d'en changer quand l'autre célèbre les mêmes désirs sexuels sans la moindre trace de culpabilité ? On peut dire que le premier a sans doute des sentiments religieux plus forts que le second. Mais choisit-on librement d'avoir des sentiments religieux forts ou faibles ? Là encore, on peut décider d'aller à l'église tous les dimanches dans un effort délibéré pour renforcer ses sentiments religieux déficients, mais pourquoi l'un aspire à être plus religieux quand l'autre est trop heureux de demeurer athée ? Cela peut résulter d'un certain nombre de dispositions génétiques et culturelles, jamais du « libre arbitre ».

Ce qui est vrai du désir sexuel l'est de tout désir, et en fait de tous les sentiments et de toutes les pensées. Il n'est qu'à considérer la pensée qui vous vient à l'esprit. D'où est-elle venue ? Avez-vous choisi librement de la penser et, alors seulement, l'avez-vous pensée ? Certainement pas. L'auto-exploration commence par des choses simples pour devenir progressivement plus dure. Au début, nous constatons que nous ne contrôlons pas le monde extérieur à nous. Je ne décide pas quand il pleut. Puis nous comprenons que nous ne sommes pas maîtres de ce qui se passe dans notre corps. Je ne domine pas ma tension. Puis nous nous apercevons que nous ne maîtrisons pas même notre cerveau. Ce n'est pas moi qui dis à mes neurones de réagir. Pour finir, force nous est de constater que nous ne maîtrisons pas nos désirs, pas même nos réactions à ces désirs.

S'en rendre compte peut nous aider à devenir moins obsédés par nos opinions, nos sentiments et nos désirs. Nous n'avons pas de libre arbitre, mais nous pouvons nous affranchir un peu plus de la tyrannie de notre volition. Les hommes attachent habituellement tant d'importance à leurs désirs qu'ils essaient de dominer et de façonner le monde entier conformément à eux. Dans la poursuite de leurs envies, les hommes s'envolent vers la lune, mènent des guerres mondiales et déstabilisent tout l'écosystème. Si nous comprenions que nos désirs ne sont pas les manifestations magiques d'un choix libre, mais le produit de processus biochimiques (influencés par des facteurs culturels qui échappent aussi à notre contrôle), peut-être nous préoccuperaient-ils moins. Mieux vaut nous comprendre, nous, nos esprits et nos désirs, que d'essayer d'assouvir les fantasmes qui nous passent par la tête.

Et pour nous comprendre, une étape cruciale consiste à reconnaître que le « moi » est une fiction que les mécanismes compliqués de notre esprit ne cessent de fabriquer, d'actualiser et de réécrire. Dans mon esprit, se trouve un conteur qui explique qui je suis, d'où je viens, où je me dirige et ce qui se passe à cet instant. Comme les *spin doctors* du gouvernement qui expliquent les tout derniers bouleversements politiques, le narrateur intérieur se trompe régulièrement mais l'admet rarement, sinon jamais. Et de même que l'État élabore un mythe national avec drapeaux, icônes et parades, ma machine de propagande intérieure échafaude un mythe personnel avec mes précieux souvenirs et mes traumas chéris qui, souvent, ne ressemblent guère à la vérité.

À l'ère de Facebook et Instagram, on peut observer plus clairement que jamais comment se fabrique un mythe, parce que ce processus a été en partie externalisé de l'esprit vers l'ordinateur. Il est à la fois fascinant et terrifiant de regarder les gens passer des heures et des heures à se construire un moi parfait en ligne et à l'embellir au point de s'attacher à leur création et à la prendre à tort pour la vérité sur eux-mêmes[21]. C'est ainsi que des vacances en famille pleines d'embouteillages, de chamailleries et de silences tendus deviennent une suite de beaux panoramas, de dîners parfaits et de visages souriants ; 99 % de ce que nous vivons n'entre jamais dans l'histoire du moi.

Il est particulièrement notable que notre moi fantasmatique ait tendance à être très visuel, alors que nos expériences réelles sont corporelles. Dans le fantasme, vous observez une scène dans votre œil mental ou sur l'écran de votre ordinateur. Vous vous voyez sur une plage tropicale, la mer bleue derrière vous, le visage illuminé d'un large sourire, un cocktail à la main, et un bras passé autour de la taille de votre amoureux. Le paradis. Ce que l'image ne montre pas, c'est la mouche agaçante qui vous pique la jambe, l'envie de vomir qui vous prend après avoir avalé une soupe de poisson avariée, votre mâchoire crispée parce que vous vous forcez à sourire et l'affreuse dispute de ce couple heureux cinq minutes auparavant. Si seulement vous pouviez ressentir ce que les personnages des photos ont éprouvé en les prenant.

Donc, si vous désirez réellement vous comprendre, ne vous identifiez ni à votre compte Facebook ni au récit intérieur de votre moi. Observez plutôt le flux réel du corps et de l'esprit. Vous verrez des pensées, des émotions et des désirs apparaître et disparaître sans grande raison et sans que vous n'y puissiez rien, de même que des vents différents soufflent de-ci, de-là et vous ébouriffent les cheveux. De même que vous n'êtes pas les vents, vous n'êtes pas le fouillis de pensées, d'émotions et de désirs dont vous faites l'expérience, et vous n'êtes certainement pas l'histoire aseptisée que vous racontez à leur sujet avec le recul. Vous en faites l'expérience, mais vous ne les contrôlez pas et vous ne les possédez pas ; vous n'êtes pas eux. « Qui suis-je ? » demandent les gens, s'attendant à ce qu'on leur raconte une histoire. La première chose que vous devez savoir sur vous, c'est que vous n'êtes pas un récit.

PAS UN RÉCIT

Le libéralisme a franchi une étape radicale en niant tous les drames cosmiques, mais il a ensuite recréé le drame à l'intérieur de l'être humain. L'univers n'ayant pas d'intrigue, il appartient aux hommes d'en créer une : tels sont notre vocation et le sens de notre vie. Des millénaires avant l'ère libérale, le bouddhisme est allé plus loin en niant non seulement tous les drames cosmiques, mais aussi le drame intérieur de la création humaine. L'univers n'a pas de sens ; les sentiments humains ne sont non plus porteurs d'aucun sens. Ils ne font partie d'aucun grand récit cosmique : ce ne sont que des vibrations éphémères, qui vont et viennent sans fin particulière. Voilà la vérité. Il faut s'y faire.

Le *Brihadaranyaka Upanishad* nous explique que « la tête du cheval sacrificiel est l'aurore, son œil le soleil [...], ses membres les saisons, ses articulations les mois et les demi-mois, ses pieds les jours et les nuits, ses os les constellations, ses chairs les nuages ». Le *Mahasatipatthana Sutta*, texte bouddhiste essentiel, nous explique au contraire que, quand un humain médite, il/elle observe soigneusement son corps : « Il y a dans ce corps : cheveux, poils, ongles, dents, peau, chair, tendons, os, moelle, reins, cœur, foie, plèvre, rate, poumons, intestins, mésentère, estomac, excréments, bile, phlegme, pus, sang, sueur, graisse, larmes, suint, salive, mucus, synovie, urine [...]. Ainsi il demeure, considérant le corps [...]. Il sait maintenant à quoi s'en tenir : "Tel est le corps[22] !" » Cheveux, os, urine ne représentent rien d'autre. Ils sont simplement ce qu'ils sont.

D'un passage à l'autre, le texte continue d'expliquer que peu importe ce que le méditant observe dans le corps ou dans l'esprit : il le comprend tel qu'il est. Ainsi, quand il respire : « Respirant d'un souffle profond, il comprend parfaitement "Je respire d'un souffle profond".

Respirant d'un souffle léger, il comprend parfaitement "Je respire d'un souffle léger[23]". » Le souffle long ne représente pas les saisons, pas plus que le souffle court ne représente les jours. Ce ne sont que des vibrations dans le corps.

Telles sont les trois réalités élémentaires de l'univers, enseignait le Bouddha : tout change constamment, rien n'a d'essence durable et rien n'est complètement satisfaisant. Vous pouvez explorer les confins de la galaxie, de votre corps ou de votre esprit : jamais vous ne rencontrerez quelque chose qui ne change pas, qui ait une essence éternelle et qui vous satisfasse pleinement.

La souffrance vient de ce qu'on n'en prend pas la mesure. Les gens croient qu'il existe une essence éternelle quelque part, que si seulement ils pouvaient la trouver et se connecter à elle, ils seraient totalement satisfaits. À cette essence éternelle, on donne des noms divers : tantôt Dieu, tantôt la nation, l'âme, le moi authentique ou le véritable amour. Plus les gens s'y attachent, plus ils sont déçus et misérables de ne pas réussir à le trouver. Pis encore, plus l'attachement est grand, plus leur haine grandit envers quiconque – personne, groupe ou institution – paraît s'interposer entre eux et leur objectif chéri.

Selon le Bouddha, la vie n'a pas de sens, et il n'est pas nécessaire d'en créer un. Il suffit de se rendre compte qu'il n'y a pas de sens pour être ainsi libéré de la souffrance que causent nos attachements et notre identification avec des phénomènes vides. À qui lui demande : « Que dois-je faire ? », le Bouddha conseille : « Ne fais rien. Absolument rien. » Tout le problème est que nous sommes constamment affairés. Pas nécessairement au niveau physique : nous pouvons rester assis des heures durant, immobiles, les yeux clos. Au niveau mental, cependant, nous sommes très occupés à créer des récits et des identités, à livrer des batailles et à remporter des victoires. Ne rien faire réellement signifie que l'esprit non plus ne fait rien ni ne crée rien.

Hélas, cela ne se transforme que trop aisément en épopée héroïque. Même assis, les yeux clos, observant le souffle entrer et sortir par vos narines, vous pouvez vous mettre à échafauder des récits : « Mon souffle est un peu forcé ; si je respire plus calmement, je me porterai mieux. » Ou : « Si je continue d'observer mon souffle sans rien faire, je deviendrai éveillé ; je serai la personne la plus sage et la plus heureuse du monde. »

Puis l'épopée s'étoffe. Non content de chercher à se libérer de ses attaches, on essaie de convaincre les autres de le faire. Ayant accepté que la vie n'a pas de sens, je trouve du sens à l'expliquer aux autres, à discuter avec les incroyants, à faire des conférences aux sceptiques, à donner de l'argent pour construire des monastères, et ainsi de suite. «Pas de récit» ne peut que trop aisément se transformer en juste un récit de plus !

L'histoire du bouddhisme en fournit un millier d'exemples : des gens croient au caractère transitoire et à la vacuité de tous les phénomènes, ainsi qu'à l'importance de n'avoir aucune attache, mais cela ne les empêche pas de se chamailler, de se battre pour le gouvernement d'un pays, la possession d'un édifice, voire le sens d'un mot. Combattre les autres parce que vous croyez à la gloire d'un Dieu éternel est malheureux mais compréhensible ; les combattre parce que vous croyez à la vacuité est réellement bizarre... mais tellement humain.

Au XVIII⁰ siècle, les dynasties royales de la Birmanie et du Siam voisin se targuaient de leur dévotion au Bouddha et gagnèrent en légitimité en protégeant la foi bouddhiste. Les rois dotèrent les monastères et bâtirent des pagodes. Chaque semaine, ils écoutaient des moines savants prêcher avec éloquence des sermons sur les cinq grands préceptes moraux qui valent pour tous les humains : ne pas tuer, ne pas voler, ne pas commettre d'inconduite sexuelle, ne pas mentir et ne pas consommer d'alcool. Les deux royaumes ne s'en combattirent pas moins sans relâche. Le 7 avril 1767, l'armée du roi birman Hsinbyushin prit la capitale du Siam à l'issue d'un long siège. Les troupes victorieuses tuèrent, pillèrent, violèrent et, probablement, se soûlèrent ici ou là. Puis elles incendièrent une bonne partie de la ville, avec ses palais, ses monastères et ses pagodes, et emportèrent des milliers d'esclaves et des charretées d'or et de joyaux.

Non que Hsinbyushin prît son bouddhisme à la légère. Sept ans après sa grande victoire, le roi descendit majestueusement l'Irrawaddy, s'arrêtant en chemin pour prier dans les grandes pagodes et implorant le Bouddha de le combler de nouvelles victoires. Arrivé à Rangoon, il rebâtit en plus grand l'édifice le plus sacré de toute la Birmanie : la pagode Shwedagon. Puis il fit dorer l'édifice avec son propre poids en or et érigea au sommet de la pagode une flèche en or ornée de pierres précieuses (peut-être pillées au Siam). Il profita aussi de l'occasion pour exécuter le roi captif de Pegu, son frère et son fils[24].

Dans les années 1930, le Japon trouva des façons plus imaginatives encore d'associer les doctrines bouddhistes au nationalisme, au militarisme et au fascisme. Des penseurs bouddhistes radicaux comme Inoue Nissho, Kita Ikki et Tanaka Chigaku prétendirent que, pour dissoudre totalement ses attaches égoïstes, il fallait se donner sans réserve à l'empereur, en finir avec toute espèce de pensée personnelle et faire montre d'une loyauté absolue envers la nation. Ces idées inspirèrent diverses organisations ultranationalistes, dont un groupe de militaires fanatiques qui essaya de renverser le régime conservateur du Japon par une campagne d'assassinats. Ils tuèrent l'ancien ministre des Finances, le directeur général de la société Mitsui et, pour finir, le Premier ministre Inukai Tsuyoshi. Ainsi accélérèrent-ils la transformation du Japon en dictature militaire. Quand l'armée se lança dans la guerre, prêtres bouddhistes et maîtres de méditation zen prêchèrent l'obéissance désintéressée à l'État en recommandant de se sacrifier pour l'effort de guerre. Oubliés, les enseignements bouddhistes sur la compassion et la non-violence, qui n'eurent aucune influence perceptible sur la conduite des troupes japonaises à Nankin, Manille ou Séoul[25].

De nos jours, le bilan du Myanmar bouddhiste en matière de droits de l'homme est l'un des pires du monde, et c'est un moine bouddhiste, Ashin Wirathu, qui est à la tête du mouvement antimusulman dans le pays. Il prétend vouloir seulement protéger le Myanmar et le bouddhisme des complots djihadistes musulmans, mais ses sermons et ses articles sont si incendiaires qu'en février 2018 Facebook a retiré sa page en invoquant ses règles concernant les discours de haine. En 2017, dans un entretien paru dans le *Guardian*, il prêcha la compassion envers un moustique moribond. Quand on lui rapporta que des soldats du Myanmar avaient violé des musulmanes, il s'esclaffa : « Impossible ! Leur corps est trop répugnant[26]. »

Il y a fort peu de chances que la paix mondiale et l'harmonie générale règnent dès que les 8 milliards d'êtres humains se mettront à méditer régulièrement. Observer la vérité sur soi est si difficile ! Même si vous parvenez tant bien que mal à amener la plupart des hommes à essayer, beaucoup s'empresseront de déformer la vérité en un récit, avec ses héros, ses méchants et ses ennemis, et trouveront d'excellentes excuses pour faire la guerre.

L'ÉPREUVE DE LA RÉALITÉ

Alors même que ces grands récits sont tous des fictions produites par l'esprit, il n'y a aucune raison de désespérer. La réalité reste là. On n'a pas de rôle à jouer dans un drame illusoire, mais pourquoi le voudrait-on ? La grande question à laquelle les humains sont confrontés n'est pas « Quel est le sens de la vie ? », mais « Comment en finir avec la souffrance ? ». Dès lors que vous renoncez à toutes les fictions, vous pouvez observer la réalité bien plus clairement ; et si vous savez réellement la vérité sur vous et sur le monde, rien ne peut vous rendre malheureux. Bien entendu, c'est beaucoup plus facile à dire qu'à faire.

Nous autres, humains, avons conquis le monde grâce à notre capacité à créer des fictions et à y croire. Nous sommes donc particulièrement peu doués pour faire la différence entre fiction et réalité. L'oubli de cette différence était donc pour nous une affaire de survie. Si vous tenez néanmoins à connaître la différence, il faut partir de la souffrance. Rien au monde n'est en effet plus réel que la souffrance.

Quand vous êtes confronté à une grande histoire et que vous voulez savoir si elle est réelle ou imaginaire, une des questions essentielles à poser est de savoir si le héros principal peut souffrir. Par exemple, si on vous raconte l'histoire de la nation polonaise, prenez le temps de réfléchir : la Pologne peut-elle souffrir ? Adam Mickiewicz, le grand poète romantique et père du nationalisme polonais moderne, s'est illustré en appelant la Pologne « le Christ des nations ». En 1832, des décennies après le partage de son pays entre la Russie, la Prusse et l'Autriche, et peu après que les Russes écrasèrent le soulèvement polonais de 1830, il expliqua que les souffrances terribles de la Pologne étaient un sacrifice au nom de l'humanité tout entière, comparable au sacrifice du Christ, et que tel le Christ, la Pologne ressusciterait d'entre les morts.

Dans un passage célèbre, Mickiewicz écrivit :

Et la Pologne dit [aux peuples d'Europe] : «Quiconque viendra
chez moi sera libre et égal à tous les autres, car je suis LA LIBERTÉ. »
Mais les rois, ayant appris cela, tremblèrent dans leurs cœurs […]
et la nation polonaise fut suppliciée et mise dans un tombeau ; et les
rois s'écrièrent : «Nous avons tué et enseveli la liberté. »
Et ce fut un cri d'insensé […]. Car la nation polonaise n'est pas
morte […]. Et dans trois jours [l'âme] retournera à son corps […]
et la nation polonaise […] affranchira de l'esclavage tous les peuples
de l'Europe[27].

Une nation peut-elle réellement souffrir ? A-t-elle des yeux, des
mains, des sens, des affections et des passions ? Si vous la piquez, saigne-
t-elle ? Évidemment, non. Si elle est défaite dans une guerre, cède une
province, voire perd son indépendance, elle ne saurait pour autant
connaître la douleur, la tristesse ni aucune autre espèce de misère, car
elle n'a ni corps, ni esprit, ni aucune sensibilité. En vérité, elle n'est
qu'une métaphore. La Pologne n'est une entité capable de souffrir que
dans l'imagination de certains. Elle est éprouvée parce qu'ils lui prêtent
leurs corps, pas simplement en servant comme soldats dans l'armée
polonaise, mais en incarnant dans leur chair les joies et les peines de la
nation. En mai 1831, quand arriva à Varsovie la nouvelle de la défaite
polonaise à la bataille d'Ostrołęka, les hommes en eurent des crampes
d'estomac, avec un gros poids sur la poitrine et les yeux inondés de
larmes.

Tout cela ne justifie pas l'invasion russe, naturellement, pas plus que
cela ne mine le droit des Polonais à instaurer un pays indépendant et à
décider de leurs lois et de leurs coutumes. Mais cela signifie qu'en fin
de compte, la réalité ne saurait être l'histoire de la nation polonaise, car
l'existence même de la Pologne dépend d'images présentes dans l'esprit
des hommes.

À l'opposé, considérez le sort d'une Varsovienne que les troupes
russes d'invasion ont détroussée et violée. À la différence de la
souffrance métaphorique de la nation polonaise, la souffrance de cette
femme est très réelle. Elle peut avoir pour cause la croyance à diverses

fictions comme le nationalisme russe, l'orthodoxie et l'héroïsme machistes, qui inspiraient maints hommes d'État et soldats russes. Sa souffrance n'en est pas moins réelle à cent pour cent.

Chaque fois que des politiciens se mettent à parler en termes mystiques, prenez garde ! Ils pourraient bien essayer de déguiser ou d'excuser de vraies souffrances en les enrobant de grands mots incompréhensibles. Les quatre mots suivants requièrent une vigilance particulière : sacrifice, éternité, pureté, rédemption. Entendez-vous l'un d'eux ? Sonnez l'alarme. Vous vivez dans un pays dont le chef tient régulièrement des propos du style, « leur sacrifice rachètera la pureté de notre nation éternelle » ? Vous avez du souci à vous faire, sachez-le. Pour préserver votre santé mentale, essayez toujours de traduire ces foutaises en termes réels : les cris d'agonie d'un soldat, une femme battue et brutalisée, un enfant qui tremble de peur.

Donc, si vous voulez connaître la vérité sur l'univers, le sens de la vie et votre identité, mieux vaut commencer par observer la souffrance et explorer ce qu'elle est.

La réponse n'est pas un récit.

21.

Méditation

Se contenter d'observer

Après avoir critiqué tant de récits, de religions et d'idéologies, il n'est que justice de m'exposer à mon tour et d'expliquer comment le sceptique que je suis parvient à se réveiller enjoué le matin. Si j'hésite à le faire, c'est par crainte d'apparaître complaisant, mais aussi parce que je ne veux pas laisser croire à tort que ce qui vaut pour moi vaudra pour tout le monde. Je sais fort bien que tout le monde ne partage pas les bizarreries de mes gènes, de mes neurones, de mon histoire personnelle et de mon *dharma*. Mais peut-être est-il bon que les lecteurs aient au moins une idée de la couleur des verres avec lesquels je vois le monde, infléchissant ainsi ma vision et mes écrits.

J'ai été un adolescent troublé et agité. Le monde était dénué de sens pour moi, et je n'obtenais aucune réponse aux grandes questions sur la vie. En particulier, je ne comprenais pas pourquoi il y avait tant de souffrances dans le monde et dans ma vie, et ce que l'on pouvait faire. De mon entourage et des livres que je lisais, je ne recevais que des fictions élaborées : mythes religieux sur les dieux et les cieux, mythes nationalistes sur la mère patrie et sa mission historique, mythes romantiques sur l'amour et l'aventure, ou mythes capitalistes sur la croissance économique et le bonheur que je trouverais en achetant et en consommant. J'avais assez de bon sens pour m'apercevoir que ce n'étaient probablement que des fictions, mais comment trouver la vérité ? Je n'en avais aucune idée.

Quand je commençai mes études à l'université, je me dis que ce devait être le lieu idéal où trouver des réponses. Déception. Le monde universitaire m'a offert des outils puissants pour déconstruire tous les mythes jamais créés par l'homme, sans m'apporter de réponses satisfaisantes aux grandes questions de la vie. Au contraire, il m'a encouragé à me concentrer sur des questions toujours plus pointues. J'ai fini par rédiger un doctorat à Oxford sur les textes autobiographiques des soldats au Moyen Âge. Parallèlement, je lisais beaucoup de livres de philosophie et participais à de nombreuses discussions philosophiques, mais cela ne me procurait qu'un divertissement intellectuel sans fin, pas de véritable intuition. C'était extrêmement frustrant.

Finalement, mon grand ami Ron me suggéra de laisser quelques jours de côté tous les livres et débats intellectuels pour suivre un cours de méditation Vipassana. (En pali, la langue de l'Inde ancienne, *vipassana* signifie « introspection ».) Pensant que c'était du galimatias New Age, et n'ayant aucune envie de découvrir une nouvelle mythologie, je déclinai. En avril 2000, cependant, après une année de patientes incitations, il me persuada de faire une retraite Vipassana de dix jours [1].

Jusque-là, je ne savais pas grand-chose de la méditation. Je présumais que celle-ci devait impliquer toute sorte de théories mystiques compliquées. Je fus donc ébahi de découvrir le caractère pratique de cet enseignement. Le maître, S. N. Goenka, invita les élèves à s'asseoir, jambes croisées, yeux clos, pour concentrer leur attention sur le souffle entrant et sortant par leurs narines. « Ne faites rien », ne cessait-il de répéter. « N'essayez pas de contrôler votre souffle ni de respirer d'une façon particulière. Observez simplement la réalité de l'instant présent, quelle qu'elle soit. Quand le souffle entre, vous êtes juste conscient : maintenant, le souffle entre. Quand le souffle sort, vous êtes juste conscient : maintenant, le souffle sort. Et quand vous n'êtes plus concentré et que votre esprit se met à errer dans les souvenirs et les fantasmes, vous êtes juste conscient : maintenant, mon esprit a erré loin de mon souffle. » C'était la chose la plus importante qu'on m'eût jamais dite.

Quand les gens posent les grandes questions de la vie, ils se désintéressent habituellement de savoir quand leur souffle entre par les narines et quand il en sort. Ils veulent plutôt savoir ce qui se passe après la mort. Or, la véritable énigme de la vie est ce qui arrive non pas après la mort, mais avant. Si vous voulez comprendre la mort, vous devez comprendre la vie.

Les gens se demandent : « Quand je mourrai, je disparaîtrai complètement ? J'irai au ciel ? Je renaîtrai dans un autre corps ? » Toutes ces questions reposent sur le postulat qu'il existe un « je » qui dure de la naissance à la mort. La question est alors : « Qu'advient-il de ce je à la mort ? » Mais qu'est-ce qui dure de la naissance à la mort ? Le corps change à chaque instant, le cerveau change à chaque instant, l'esprit change à chaque instant. Plus vous vous observez de près, plus il est clair que rien ne dure d'un instant à l'autre. À quoi tient donc la cohésion d'une vie ? Si vous ne savez pas répondre, vous ne comprenez pas la vie, et vous n'avez assurément aucune chance de comprendre la mort. Si vous découvrez un jour ce qui fait la cohésion de la vie, vous aurez aussi la réponse à la grande question de la mort.

« L'âme dure de la naissance à la mort, dit-on. C'est cela qui fait la cohésion de la vie. » Ce n'est qu'un récit. Avez-vous jamais vu une âme ? Vous pouvez explorer cette question à chaque instant, et pas simplement à celui de la mort. Si vous parvenez à comprendre ce qui vous arrive quand un moment finit et qu'un autre commence, vous comprendrez aussi ce qui vous arrivera à l'instant de la mort. Si vous pouvez réellement vous observer le temps d'un seul souffle, vous comprendrez tout cela.

La première chose que j'ai apprise en observant mon souffle est que, nonobstant tous les livres que j'ai lus et tous les cours que j'ai suivis à l'université, je ne savais quasiment rien de mon esprit et avais fort peu de contrôle sur lui. J'avais beau faire, j'étais incapable d'observer la réalité de mon souffle entrant ou sortant par mes narines pendant plus de dix secondes avant que mon esprit ne vagabonde. Des années durant, j'ai vécu dans l'illusion d'être le maître de ma vie, le PDG de ma marque personnelle. Quelques heures de méditation ont cependant suffi à me montrer que je n'étais guère maître de moi. Je n'étais pas le PDG, à peine le portier. Voici qu'on me demandait de me tenir à l'entrée de mon corps – les narines – et d'observer ce qui entre ou sort. Au bout de quelques instants, cependant, je me suis déconcentré et j'ai abandonné mon poste. L'expérience m'a ouvert les yeux.

Le cours progressant, les élèves apprirent à observer non seulement leur souffle, mais aussi les sensations à travers leur corps. Non pas les sensations spéciales de félicité et d'extase, mais les sensations les plus prosaïques et ordinaires : chaleur, tension, douleur, etc. La technique du Vipassana repose sur l'intuition que le flux de l'esprit est étroitement lié aux sensations corporelles. Entre le monde et moi, il y a toujours des sensations physiques. Je ne réagis jamais aux événements du monde extérieur, mais toujours aux sensations de mon corps. La sensation est-elle désagréable, je réagis par l'aversion. Si elle est plaisante, j'en veux plus. Même quand nous pensons réagir à ce qu'un autre fait, au dernier tweet du président Trump, ou à un lointain souvenir d'enfance, la vérité est que nous réagissons toujours à nos sensations physiques immédiates. Nous nous indignons qu'on ait insulté notre nation ou notre dieu : ce qui rend l'insulte insupportable, c'est cette brûlure au creux du ventre, cette douleur qui nous étreint le cœur. Notre nation ne sent rien, c'est notre corps qui a mal.

Voulez-vous savoir ce qu'est la colère ? Il suffit d'observer les sensations qui naissent et meurent dans votre corps quand vous êtes fâché. J'avais vingt-quatre ans quand j'ai fait cette retraite. Probablement avais-je dix mille fois connu la colère, mais je ne m'étais jamais donné la peine d'observer en quoi elle consiste vraiment. Chaque fois que j'étais en colère, je me concentrais sur l'objet de ma colère – ce que quelqu'un avait dit ou fait – plutôt que sur la réalité sensorielle de la colère.

Je crois avoir davantage appris sur moi et les êtres humains en général en observant mes sensations au cours de ces dix jours que durant ma vie entière jusque-là. Pour ce faire, je n'ai pas eu à accepter de récit, de théorie ou de mythologie. Je n'ai eu qu'à observer la réalité telle qu'elle est. Ma découverte majeure est que la source la plus profonde de ma souffrance réside dans les configurations de mon esprit. Quand je désire quelque chose et que ça n'arrive pas, mon esprit réagit en engendrant la souffrance. Celle-ci n'est pas une condition objective dans le monde extérieur, mais une réaction mentale qu'engendre mon esprit. L'apprendre est un premier pas pour cesser de produire davantage de souffrance.

Depuis ce premier cours, en 2000, je me suis mis à méditer deux heures par jour ; chaque année, j'effectue une longue retraite de méditation d'un mois ou deux. Loin de fuir la réalité, elle me met en contact avec elle. Au moins deux heures par jour, j'observe en fait la réalité telle qu'elle est ; les autres vingt-deux heures, je suis submergé de mails, de tweets et de vidéos de chiots. Sans la concentration et la clarté que m'assure cette pratique, je n'aurais pu écrire *Sapiens* ou *Homo deus*. Chez moi, tout au moins, la méditation n'est jamais entrée en conflit avec la recherche scientifique. Elle a été plutôt un précieux instrument de plus dans ma boîte à outils, surtout pour essayer de comprendre l'esprit humain.

Creuser aux deux extrémités

Si la science a du mal à déchiffrer les mystères de l'esprit, c'est largement faute de disposer d'outils efficaces. Beaucoup de gens, y compris de nombreux chercheurs, ont tendance à confondre l'esprit et le cerveau. Or, ce sont vraiment des choses très différentes. Le cerveau est un réseau matériel de neurones, de synapses et de substances biochimiques. L'esprit est un flux d'expériences subjectives, telles que la douleur et le plaisir, la colère et l'amour. Les biologistes supposent que le cerveau produit d'une certaine façon l'esprit, et que les réactions biochimiques de milliards de neurones produisent d'une manière ou d'une autre des expériences telles que la douleur et l'amour. Jusqu'ici, cependant, nous ne savons pas expliquer comment l'esprit émerge du cerveau. Pourquoi je ressens la douleur quand des milliards de neurones envoient des signaux électriques dans une configuration particulière, mais j'éprouve de l'amour quand la configuration est différente ? Nous n'en savons strictement rien. Donc, même si l'esprit émerge effectivement du cerveau, étudier l'esprit n'équivaut pas, aujourd'hui tout au moins, à se lancer dans l'étude du cerveau.

La recherche sur le cerveau progresse à pas de géant grâce aux microscopes, aux scanners et à de puissants ordinateurs. Or, un microscope ou un scanner ne permettent pas de voir l'esprit. Ces instruments nous permettent de détecter les activités biochimiques et électriques du cerveau mais ne nous ouvrent aucun accès aux expériences subjectives associées à ces activités. En 2018, je n'ai d'accès direct qu'à mon propre esprit. Si je veux savoir ce qu'éprouvent d'autres êtres sensibles, je dois m'en remettre à des relations de seconde main, qui souffrent naturellement de distorsions et limites multiples.

Nous pourrions sans doute recueillir de nombreux témoignages auprès de diverses personnes, puis recourir aux statistiques pour identifier des configurations récurrentes. Ces méthodes ont permis aux psychologues et aux spécialistes du cerveau de parvenir à une bien meilleure compréhension de l'esprit, mais aussi d'améliorer l'existence de millions de gens, voire de leur sauver la vie. Il est cependant difficile d'aller au-delà d'un certain point sur la foi de relations de seconde main. Quand on veut étudier scientifiquement un phénomène, mieux vaut l'observer directement. Les anthropologues, par exemple, puisent abondamment dans les sources secondaires. Mais si vous voulez vraiment comprendre la culture samoane, il vous faudra tôt ou tard faire vos bagages et aller à Samoa.

Bien entendu, une visite ne suffit pas. Le blog d'un randonneur à Samoa ne passerait pas pour une étude anthropologique scientifique, parce que la plupart des randonneurs manquent des outils et de la formation nécessaires. Leurs observations sont trop aléatoires et biaisées. Pour devenir un anthropologue digne de foi, il faut apprendre à observer les cultures humaines de façon méthodique et objective, à se libérer des idées préconçues et des préjugés. C'est bien pourquoi il existe des départements d'anthropologie, et c'est ce qui permet aux anthropologues de jouer un rôle vital en comblant les fossés entre les cultures.

L'étude scientifique de l'esprit suit rarement ce modèle anthropologique. Alors que les anthropologues racontent souvent leurs séjours dans des îles lointaines ou de mystérieuses contrées, les spécialistes de la conscience entreprennent rarement des voyages personnels dans les domaines de l'esprit. Le seul esprit que je puisse directement observer est le mien. Si difficile qu'il soit d'observer la culture samoane sans parti pris ni préjugé, il est plus difficile encore d'observer mon esprit objectivement. Après plus d'un siècle de travail acharné, les anthropologues disposent aujourd'hui de procédures solides pour une observation objective. Les spécialistes de l'esprit, quant à eux, ont élaboré quantité d'outils pour recueillir et analyser des relations de seconde main, mais quand il s'agit d'observer notre esprit, c'est à peine si nous avons égratigné la surface.

En l'absence de méthodes modernes permettant une observation directe de l'esprit, pourquoi ne pas essayer quelques outils mis au point par des cultures prémodernes ? Plusieurs cultures anciennes ont consacré beaucoup d'attention à l'étude de l'esprit. Plutôt que de recueillir des relations de seconde main, elles ont formé des gens à observer systématiquement leur esprit. Les méthodes ainsi élaborées sont rassemblées sous le terme générique de « méditation ». De nos jours, ce vocable est souvent associé à la religion et à la mystique. En principe, cependant, la méditation désigne toute méthode d'observation directe de son esprit. Si beaucoup de religions font un large usage de diverses techniques de méditation, cela ne signifie pas que la méditation soit nécessairement religieuse. Beaucoup de religions ont aussi fait un large usage des livres : cela ne veut pas dire qu'utiliser des livres soit une pratique religieuse.

Au cours des millénaires, les humains ont élaboré des centaines de techniques de méditation qui diffèrent dans leurs principes et leur efficacité. Je n'ai d'expérience personnelle que d'une seule – la technique du Vipassana –, et c'est donc la seule dont je puisse parler en connaissance de cause. Comme diverses autres techniques de méditation, c'est le Bouddha, dans l'Inde ancienne, qui aurait découvert le Vipassana. Au fil des siècles, on a attribué au Bouddha quantité de théories et de récits, souvent sans la moindre preuve. Mais nul n'est besoin d'y croire pour méditer. Goenka, le maître qui m'a initié au Vipassana, était un guide doué d'un grand sens pratique. Quand on observe l'esprit, ne se lassait-il pas de répéter à ses élèves, il faut écarter les descriptions de seconde main, les dogmes religieux et les conjectures philosophiques pour se focaliser sur son expérience et la réalité que l'on rencontre, quelle qu'elle soit. Chaque jour, de nombreux élèves allaient le voir pour demander conseil et poser des questions. À l'entrée, un écriteau indiquait : « Merci d'éviter les discussions théoriques et philosophiques. Centrez vos questions sur les points en rapport direct avec votre pratique concrète. »

La pratique concrète consiste à observer les sensations corporelles et les réactions mentales de manière méthodique, continue et objective, pour découvrir ainsi les configurations élémentaires de l'esprit. D'aucuns transforment parfois la méditation en une quête d'expériences de félicité et d'extase. En vérité, pourtant, la conscience est le plus grand mystère de l'univers, et les sensations prosaïques de chaleur et de démangeaison sont à tous égards aussi mystérieuses que le ravissement ou le sentiment d'unicité cosmique. Les candidats à la méditation Vipassana sont prévenus de ne jamais se mettre en quête d'expériences spéciales et de se concentrer plutôt pour comprendre la réalité de leur esprit, quelle qu'elle soit.

Ces dernières années, les spécialistes de l'esprit et du cerveau ont manifesté un intérêt croissant pour les techniques de méditation, mais la plupart des chercheurs n'ont jusqu'ici utilisé cet outil qu'indirectement[2]. D'ordinaire, le chercheur ne pratique pas personnellement la méditation, mais invite des méditants dans son laboratoire, leur couvre la tête d'électrodes, leur demande de méditer et observe les activités cérébrales qui en résultent. Cela peut nous apprendre quantité de choses intéressantes sur le cerveau, mais si l'objectif est de comprendre l'esprit, nous passons à côté de quelques-uns des aperçus les plus importants. Un peu comme quelqu'un qui voudrait comprendre la structure de la matière en observant une pierre à la loupe. Vous l'abordez et vous lui tendez un microscope : « Essayez ceci. Vous y verrez bien mieux. » Il prend le microscope, saisit sa fidèle loupe pour observer attentivement de quoi est fait le microscope... La méditation est un outil pour observer directement l'esprit. L'essentiel de son potentiel vous échappe si, au lieu de méditer vous-même, vous suivez les activités électriques dans le cerveau d'un autre méditant.

Loin de moi l'idée de suggérer d'abandonner les pratiques et outils présents de la recherche sur le cerveau. La méditation ne les remplace pas, mais elle pourrait les compléter. Cela fait penser aux ingénieurs perçant un tunnel à travers une énorme montagne. Pourquoi creuser d'un seul côté ? Mieux vaut creuser en même temps des deux côtés. Si le cerveau et l'esprit sont une seule et même chose, les deux tunnels ne peuvent que se rejoindre. Et si le cerveau et l'esprit ne sont pas la même chose, il est d'autant plus important de creuser l'esprit, et pas simplement le cerveau.

Des universités et des laboratoires ont commencé à utiliser la méditation comme outil de recherche, non plus comme simple objet dans l'étude du cerveau. Si ce processus demeure pourtant encore dans les limbes, c'est en partie qu'il requiert un investissement considérable de la part des chercheurs. La méditation sérieuse exige une discipline draconienne. Essayez donc d'observer objectivement vos sensations : la première chose que vous remarquerez, c'est à quel point l'esprit est sauvage et impatient. Même si vous vous concentrez sur l'observation d'une sensation relativement distincte comme le souffle qui entre par vos narines ou en sort, votre esprit y parviendra habituellement quelques secondes avant de se déconcentrer et de se mettre à errer dans les pensées, les souvenirs et les rêves.

Si l'image du microscope est floue, un petit réglage de la molette suffit. Si elle est cassée, vous demandez à un technicien de la réparer. Quand l'esprit devient flou, le réparer n'est pas si facile. Il faut habituellement beaucoup d'exercice pour le calmer et le concentrer afin qu'il puisse se mettre à s'observer méthodiquement et objectivement. À l'avenir, peut-être, une pilule suffira à une mise au point instantanée. Mais comme la méditation vise à explorer l'esprit plutôt qu'à simplement le mettre au point, ce raccourci pourrait se révéler contre-productif. Si la pilule peut nous rendre vigilant et concentré, elle pourrait bien nous empêcher d'explorer tout le spectre de l'esprit. Après tout, même aujourd'hui, nous pouvons sans mal nous concentrer pour suivre un bon thriller à la télévision, mais l'esprit est si focalisé sur le film qu'il ne peut observer sa propre dynamique.

Même si nous ne pouvons nous fier à ces gadgets technologiques, ne renonçons pas pour autant. Inspirons-nous des anthropologues, des zoologistes et des astronautes. Les anthropologues et les zoologistes passent des années dans des îles lointaines, exposés à pléthore de maux et de dangers. Les astronautes s'astreignent à de longues et difficiles années d'entraînement pour se préparer à des excursions périlleuses dans l'espace. Si nous consentons volontiers de pareils efforts afin de comprendre des cultures étrangères, des espèces inconnues et des planètes lointaines, sans doute vaudrait-il la peine d'en faire autant pour comprendre nos esprits. Et nous ferions mieux de comprendre nos esprits avant que les algorithmes ne décident à notre place.

L'auto-observation n'a jamais été chose aisée, mais elle pourrait devenir plus dure avec le temps. Au fil de l'histoire, les humains ont élaboré sur eux-mêmes des histoires de plus en plus complexes, au point qu'il est devenu toujours plus difficile de savoir qui nous sommes réellement. Ces récits étaient destinés à réunir des foules de gens, à accumuler le pouvoir et à préserver l'harmonie sociale. Ils ont été vitaux pour nourrir des milliards de gens affamés et veiller à ce qu'ils ne se tranchent pas mutuellement la gorge. Quand ils essayaient de s'observer, les gens découvraient habituellement des histoires toutes faites. Une exploration ouverte était trop dangereuse. Elle menaçait de saper l'ordre social.

La technologie s'améliorant, deux choses se produisirent. Premièrement, avec la lente évolution des couteaux en silex aux missiles nucléaires, il est devenu plus dangereux de déstabiliser l'ordre social. Deuxièmement, avec la lente évolution des peintures rupestres aux émissions de télévision, il est devenu plus facile de tromper les gens. Dans un proche avenir, les algorithmes pourraient bien porter ce processus à son terme, au point de rendre quasiment impossible d'observer la réalité sur soi-même. Ce sont les algorithmes qui décideront pour nous qui nous sommes et ce que nous devons savoir sur nous.

Nous avons encore le choix pour quelques décennies. Si nous faisons l'effort, nous pouvons encore étudier qui nous sommes vraiment. Si nous voulons saisir cette occasion, mieux vaudrait le faire maintenant.

Notes

1. Désillusion

1. Voir, par exemple, le discours inaugural de George W. Bush en 2005, quand il déclara : « Les événements et le bon sens nous conduisent à une conclusion : la survie de la liberté dans notre pays dépend de la réussite de la liberté en d'autres pays. Le meilleur espoir de paix dans notre monde est l'expansion de la liberté dans le monde entier. » « Bush Pledges to Spread Democracy », CNN, 20 janvier 2005, http://edition.cnn.com/2005/ALLPOLITICS/01/20/bush.speech/, consulté le 7 janvier 2018. Pour Obama, voir, par exemple, son dernier discours aux Nations unies : Katie Reilly, « Read Barack Obama's Final Speech to the United Nations as President », *Time*, 20 septembre 2016, http://time.com/4501910/president-obama-united-nations-speech-transcript/, consulté le 3 décembre 2017.

2. William Neikirk et David S. Cloud, « Clinton : Abuses Put China "On Wrong Side of History" », *Chicago Tribune*, 30 octobre 1997, http://articles.chicagotribune.com/1997-10-30/news/9710300304_1_human-rights-jiang-zemin-chinese-leader, consulté le 3 décembre 2017.

3. Eric Bradner, « Hillary Clinton's Email Controversy, Explained », CNN, 28 octobre 2016, http://edition.cnn.com/2015/09/03/politics/hillary-clinton-email-controversy-explained-2016/index.html, consulté le 3 décembre 2017.

4. Chris Graham et Robert Midgley, « Mexico Border Wall : What is Donald Trump Planning, How Much Will It Cost and Who Will Pay for It ? », *Telegraph*, 23 août 2017, http://www.telegraph.co.uk/news/0/mexico-border-wall-donald-trump-planning-much-will-cost-will/, consulté le 3 décembre 2017 ; Michael Schuman, « Is China Stealing Jobs ? It May Be Losing Them, Instead », *New York Times*, 22 juillet 2016, https://www.nytimes.com/2016/07/23/business/international/china-jobs-donald-trump.html, consulté le 3 décembre 2017.

5. Pour divers exemples du XIXᵉ et du début du XXᵉ siècle, voir Evgeny Dobrenko

et Eric Naiman (éd.), *The Landscape of Stalinism : The Art and Ideology of Soviet Space*, Seattle, University of Washington Press, 2003 ; W. L. Guttsman, *Art for the Workers : Ideology and the Visual Arts in Weimar Germany*, New York, Manchester University Press, 1997. Pour une analyse générale, voir par exemple : Nicholas John Cull, *Propaganda and Mass Persuasion : A Historical Encyclopedia, 1500 to the Present*, Santa Barbara, ABC-CLIO, 2003.

6. Pour cette interprétation, voir Ishaan Tharoor, « Brexit : A modern-day Peasants' Revolt ? », *Washington Post*, 25 juin 2016, https://www.washingtonpost.com/news/worldviews/wp/2016/06/25/the-brexit-a-modern-day-peasants-revolt/?utm_term=.9b8e81bd5306 ; John Curtice, « US election 2016 : The Trump–Brexit voter revolt », BBC, 11 novembre 2016, http://www.bbc.com/news/election-us-2016–37943072.

7. Le plus célèbre reste, bien entendu, Francis Fukuyama, *The End of History and the Last Man*, Londres, Penguin, 1992 ; en français, *La Fin de l'histoire et le dernier homme*, trad. D.-A. Canal, Paris, Flammarion, 1992 ; rééd. augmentée, Paris, Flammarion, « Champs-essais », 2009.

8. Karen Dawisha, *Putin's Kleptocracy*, New York, Simon and Schuster, 2014 ; Timothy Snyder, *The Road to Unfreedom : Russia, Europe, America*, New York, Tim Duggan Books, 2018 ; Anne Garrels, *Putin Country : A Journey Into the Real Russia*, New York, Farrar, Straus and Giroux, 2016 ; Steven Lee Myers, *The New Tsar : The Rise and Reign of Vladimir Putin*, New York, Knopf Doubleday, 2016.

9. Crédit Suisse, *Global Wealth Report 2015*, p. 53, https://publications.credit-suisse.com/tasks/render/file/?fileID=F2425415-DCA7-80B8-EAD989AF9341D47E, consulté le 12 mars 2018 ; Filip Novokmet, Thomas Piketty et Gabriel Zucman, « From Soviets to Oligarchs : Inequality and Property in Russia 1905-2016 », juillet 2017, *World Wealth and Income Database*, http://www.piketty.pse.ens.fr/files/NPZ2017WIDworld.pdf, consulté le 12 mars 2018 ; Shaun Walker, « Unequal Russia », *The Guardian*, 25 avril 2017, https://www.theguardian.com/inequality/2017/apr/25/unequal-russia-is-anger-stirring-in-the-global-capital-of-inequality, consulté le 12 mars 2018.

10. Ayelet Shani, « The Israelis Who Take Rebuilding the Third Temple Very Seriously », *Haaretz*, 10 août 2017, https://www.haaretz.com/israel-news/.premium-1.805977, consulté en janvier 2018 ; « Israeli Minister : We Should Rebuild Jerusalem Temple », *Israel Today*, 7 juillet 2013, http://www.israeltoday.co.il/Default.aspx?tabid=178&nid=23964, consulté le 7 janvier 2018 ; Yuri Yanover, « Dep. Minister Hotovely : The Solution Is Greater Israel without Gaza », *Jewish Press*, 25 août 2013, http://www.jewishpress.com/news/breaking-news/dep-minister-hotovely-the-solution-is-greater-israel-without-gaza/2013/08/25/, consulté le 7 janvier 2018 ; « Israeli Minister : The Bible Says West Bank Is Ours », Al Jazeera, 24 février 2017, http://www.aljazeera.com/programmes/upfront/2017/02/israeli-minister-bible-west-bank-170224082827910.html, consulté le 29 janvier 2018.

11. Katie Reilly, « Read Barack Obama's Final Speech to the United Nations as President », *Time*, 20 septembre 2016, http://time.com/4501910/president-obama-united-nations-speech-transcript/, consulté le 3 décembre 2017.

2. Travail

1. Gregory R. Woirol, *The Technological Unemployment and Structural Unemployment Debates*, Westport, Greenwood Press, 1996, p. 18-20 ; Amy Sue Bix, *Inventing Ourselves out of Jobs ? America's Debate over Technological Unemployment, 1929-1981*, Baltimore, Johns Hopkins University Press, 2000, p. 1-8 ; Joel Mokyr, Chris Vickers et Nicolas L. Ziebarth, « The History of Technological Anxiety and the Future of Economic Growth : Is This Time Different ? », *Journal of Economic Perspectives*, 29 : 3, 2015, p. 33-42 ; Joe Mokyr, *The Gifts of Athena : Historical Origins of the Knowledge Economy*, Princeton, Princeton University Press, 2002, p. 255-257 ; David H. Autor, « Why Are There Still So Many Jobs ? The History and the Future of Workplace Automation », *Journal of Economic Perspectives*, 29 : 3, 2015, p. 3-30 ; Melanie Arntz, Terry Gregory et Ulrich Zierahn, « The Risk of Automation for Jobs in OECD Countries », *OECD Social, Employment and Migration Working Papers*, 89, 2016 ; Mariacristina Piva et Marco Vivarelli, « Technological Change and Employment : Were Ricardo and Marx Right ? », *IZA Institute of Labor Economics, Discussion Paper n° 10471*, 2017.

2. Voir, par exemple, l'IA surpassant les hommes pour le vol, notamment dans la simulation des vols de combat : Nicholas Ernest *et al.*, « Genetic Fuzzy based Artificial Intelligence for Unmanned Combat Aerial Vehicle Control in Simulated Air Combat Missions », *Journal of Defense Management*, 6 : 1, 2016, p. 1-7 ; pour les systèmes de tutorat et d'enseignement intelligents : Kurt VanLehn, « The Relative Effectiveness of Human Tutoring, Intelligent Tutoring Systems, and Other Tutoring Systems », *Educational Psychologist*, 46 : 4, 2011, p. 197-221 ; sur le *trading* algorithmique : Giuseppe Nuti *et al.*, « Algorithmic Trading », *Computer*, 44 : 11, 2011, p. 61-69 ; le planning financier, la gestion de portefeuille, etc. : Arash Baharammirzaee, « A comparative Survey of Artificial Intelligence Applications in Finance : Artificial Neural Networks, Expert System and Hybrid Intelligent Systems », *Neural Computing and Applications*, 19 : 8, 2010, p. 1165-1195 ; sur l'analyse de données complexes dans les systèmes médicaux et la production de diagnostics et de traitements : Marjorie Glass Zauderer *et al.*, « Piloting IBM Watson Oncology within Memorial Sloan Kettering's Regional Network », *Journal of Clinical Oncology*, 32 : 15, 2014, e17653 ; sur la création de textes originaux dans une langue naturelle à partir d'une masse de données : Jean-Sébastien Vayre *et al.*, « Communication Mediated through Natural Language Generation in Big Data Environments : The Case of Nomao », *Journal of*

Computer and Communication, 5, 2017, p. 125-148 ; sur la reconnaissance faciale : Florian Schroff, Dmitry Kalenichenko et James Philbin, « FaceNet : A Unified Embedding for Face Recognition and Clustering », *IEEE Conference on Computer Vision and Pattern Recognition (CVPR)*, 2015, p. 815-823 ; et sur la conduite : Cristiano Premebida, « A Lidar and Vision-based Approach for Pedestrian and Vehicle Detection and Tracking », *2007 IEEE Intelligent Transportation Systems Conference*, 2007.

3. Daniel Kahneman, *Thinking, Fast and Slow*, New York, Farrar, Straus & Giroux, 2011 (en français : Daniel Kahneman, *Système 1 / Système 2. Les deux vitesses de la pensée* [2011], trad. R. Clarinard, Paris, Flammarion, 2012 et 2016) ; Dan Ariely, *Predictably Irrational*, New York, Harper, 2009 (en français, Dan Ariely, *C'est (vraiment ?) moi qui décide* [2009], trad. C. Rosson, Paris, Flammarion, 2012) ; Brian D. Ripley, *Pattern Recognition and Neural Networks*, Cambridge, Cambridge University Press, 2007 ; Christopher M. Bishop, *Pattern Recognition and Machine Learning*, New York, Springer, 2007.

4. Seyed Azimi *et al.*, « Vehicular Networks for Collision Avoidance at Intersections », *SAE International Journal of Passenger Cars – Mechanical Systems*, 4, 2011, p. 406-416 ; Swarun Kumar *et al.*, « CarSpeak : A Content-Centric Network for Autonomous Driving », *SIGCOM Computer Communication Review*, 42, 2012, p. 259-270 ; Mihail L. Sichitiu et Maria Kihl, « Inter-Vehicle Communication Systems : A Survey », *IEEE Communications Surveys & Tutorials*, 2008, 10, n° 2, p. 88-105 ; Mario Gerla, Eun-Kyu Lee et Giovanni Pau, « Internet of Vehicles : From Intelligent Grid to Autonomous Cars and Vehicular Clouds », *2014 IEEE World Forum on Internet of Things (WF-IoT)*, 2014, p. 241-246.

5. David D. Luxton *et al.*, « mHealth for Mental Health : Integrating Smartphone Technology in Behavioural Healthcare », *Professional Psychology : Research and Practice*, 42 : 6, 2011, p. 505-512 ; Abu Saleh Mohammad Mosa, Illhoi Yoo et Lincoln Sheets, « A Systematic Review of Healthcare Application for Smartphones », *BMC Medical Informatics and Decision Making*, 12 : 1, 2012, p. 67 ; Karl Frederick Braekkan Payne, Heather Wharrad et Kim Watts, « Smartphone and Medical Related App Use among Medical Students and Junior Doctors in the United Kingdom (UK) : A Regional Survey », *BMC Medical Informatics and Decision Making*, 12 : 1, 2012, 121 ; Sandeep Kumar Vashist, E. Marion Schneider et John H. T. Loung, « Commercial Smartphone-Based Devices and Smart Applications for Personalised Healthcare Monitoring and Management », *Diagnostics*, 4 : 3, 2014, p. 104-128 ; Maged N. Kamel Bouls *et al.*, « How Smartphones Are Changing the Face of Mobile and Participatory Healthcare : An Overview, with Example from eCAALYX », *BioMedical Engineering OnLine* 10 : 24, 2011, https://doi.org/10.1186/1475-925X-10-24, consulté le 30 juillet 2017 ; Paul J. F. White, Blake W. Podaima et Marcia R. Friesen, « Algorithms for Smartphone and Tablet Image Analysis for Healthcare Applications », *IEEE Access*, 2, 2014, p. 831-840.

6. World Health Organization, *Global status report on road safety 2015* (2016) ; « Estimates for 2000-2015, Cause-Specific Mortality », http://www.who.int/healthinfo/global_burden_disease/estimates/en/index1.html, consulté le 6 septembre 2017.

7. Pour un tour d'horizon des causes d'accidents de voiture aux États-Unis, voir Daniel J. Fagnant et Kara Kockelman, « Preparing a Nation for Autonomous Vehicles : Opportunities, Barriers and Policy Recommendations », *Transportation Research Part A : Policy and Practice*, 77, 2015, p. 167-181 ; pour un panorama mondial, voir, par exemple : *OECD/ITF, Road Safety Annual Report 2016*, Paris, OECD Publishing, 2016, http://dx.doi.org/10.1787/irtad-2016-en.

8. Kristofer D. Kusano et Hampton C. Gabler, « Safety Benefits of Forward Collision Warning, Brake Assist, and Autonomous Braking Systems in Rear-End Collisions », *IEEE Transactions on Intelligent Transportation Systems*, 13 : 4, 2012, p. 1546-1555 ; James M. Anderson *et al.*, *Autonomous Vehicle Technology : A Guide for Policymakers*, Santa Monica, RAND Corporation, 2014, notamment p. 13-15 ; Daniel J. Fagnant et Kara Kockelman, « Preparing a Nation for Autonomous Vehicles : Opportunities, Barriers and Policy Recommendations », *Transportation Research Part A : Policy and Practice*, 77, 2015, 167-181 ; Jean-François Bonnefon, Azim Shariff et Iyad Rahwan, « Autonomous Vehicles Need Experimental Ethics : Are We Ready for Utilitarian Cars ? », *arXiv*, 2015, p. 1-15. Pour des suggestions relatives aux réseaux inter-véhicules afin d'empêcher les collisions, voir Seyed R. Azimi *et al.*, « Vehicular Networks for Collision Avoidance at Intersections », *SAE International Journal of Passenger Cars – Mechanical Systems*, 4 : 1, 2011, p. 406-416 ; Swarun Kumar *et al.*, « CarSpeak : A Content-Centric Network for Autonomous Driving », *SIGCOM Computer Communication Review*, 42 : 4, 2012, p. 259-270 ; Mihail L. Sichitiu et Maria Kihl, « Inter-Vehicle Communication Systems : A Survey », *IEEE Communications Surveys & Tutorials*, 10 : 2, 2008 ; Mario Gerla *et al.*, « Internet of Vehicles : From Intelligent Grid to Autonomous Cars and Vehicular Clouds », *2014 IEEE World Forum on Internet of Things (WF-IoT)*, 2014, p. 241-246.

9. Michael Chui, James Manyika et Mehdi Miremadi, « Where Machines Could Replace Humans – and Where They Can't (Yet) », *McKinsey Quarterly*, 2016, http://www.mckinsey.com/business-functions/digital-mckinsey/our-insights/where-machines-could-replace-humans-and-where-they-cant-yet, consulté le 1ᵉʳ mars 2018.

10. Wu Youyou, Michal Kosinski et David Stillwell, « Computer-based personality judgments are more accurate than those made by humans », *PANS*, vol. 112, 2014, p. 1036-1038.

11. Stuart Dredge, « AI and music : will we be slaves to the algorithm ? », *Guardian*, 6 août 2017, https://www.theguardian.com/technology/2017/aug/06/artificial-intelligence-and-will-we-be-slaves-to-the-algorithm, consulté le 15 octobre 2017. Pour un panorama général des méthodes, voir Jose David Fernández et Francisco Vico,

« AI Methods in Algorithmic Composition : A Comprehensive Survey », *Journal of Artificial Intelligence Research*, 48, 2013, p. 513-582.

12. Eric Topol, *The Patient Will See You Now : The Future of Medicine is in Your Hands*, New York, Basic Books, 2015 ; Robert Wachter, *The Digital Doctor : Hope, Hype and Harm at the Dawn of Medicine's Computer Age*, New York, McGraw-Hill Education, 2015 ; Simon Parkin, « The Artificially Intelligent Doctor Will Hear You Now », *MIT Technology Review*, 2016, https://www.technologyreview.com/s/600868/the-artificially-intelligent-doctor-will-hear-you-now/ ; James Gallagher, « Artificial intelligence "as good as cancer doctors" », BBC, 26 janvier 2017, http://www.bbc.com/news/health-38717928.

13. Kate Brannen, « Air Force's lack of drone pilots reaching "crisis" levels », *Foreign Policy*, 15 janvier 2015, http://foreignpolicy.com/2015/01/15/air-forces-lack-of-drone-pilots-reaching-crisis-levels/.

14. Tyler Cowen, *Average is Over : Powering America Beyond the Age of the Great Stagnation*, New York, Dutton, 2013 ; Brad Bush, « How combined human and computer intelligence will redefine jobs », *TechCrunch*, 2016, https://techcrunch.com/2016/11/01/how-combined-human-and-computer-intelligence-will-redefine-jobs/.

15. Ulrich Raulff, *Farewell to the Horse : The Final Century of Our Relationship*, Londres, Allen Lane, 2017 ; Gregory Clark, *A Farewell to Alms : A Brief Economic History of the World*, Princeton, Princeton University Press, 2008, p. 286 ; Margo DeMello, *Animals and Society : An Introduction to Human-Animal Studies*, New York, Columbia University Press, 2012, p. 197 ; Clay McShane et Joel Tarr, « The Decline of the Urban Horse in American Cities », *Journal of Transport History*, 24 : 2, 2003, p. 177-198.

16. Lawrence F. Katz et Alan B. Krueger, « The Rise and Nature of Alternative Work Arrangements in the United States, 1995-2015 », *National Bureau of Economic Research*, 2016 ; Peter H. Cappelli et J. R. Keller, « A Study of the Extent and Potential Causes of Alternative Employment Arrangements », *ILR Review*, 66 : 4, 2013, p. 874-901 ; Gretchen M. Spreitzer, Lindsey Cameron et Lyndon Garrett, « Alternative Work Arrangements : Two Images of the New World of Work », *Annual Review of Organizational Psychology and Organizational Behavior*, 4, 2017, p. 473-499 ; Sarah A. Donovan, David H. Bradley et Jon O. Shimabukuru, « What Does the Gig Economy Mean for Workers ? », Washington DC, Congressional Research Service, 2016, https://fas.org/sgp/crs/misc/R44365.pdf, consulté le 11 février 2018 ; « More Workers Are in Alternative Employment Arrangements », Pew Research Center, 28 septembre 2016, http://www.pewsocialtrends.org/2016/10/06/the-state-of-american-jobs/st_2016-10-06_jobs-26/, consulté le 11 février 2018.

17. David Ferrucci *et al.*, « Watson : Beyond *Jeopardy !* », *Artificial Intelligence*, p. 199-200, 2013, p. 93-105.

18. « Google's AlphaZero Destroys Stockfish in 100-Game Match », Chess.com,

6 décembre 2017, https://www.chess.com/news/view/google-s-alphazero-destroys-stockfish-in-100-game-match, consulté le 11 février 2018 ; David Silver *et al.*, « Mastering Chess and Shogi by Self-Play with a General Reinforcement Learning Algorithm », *arXiv*, 2017, https://arxiv.org/pdf/1712.01815.pdf, consulté le 2 février 2018 ; voir aussi Sarah Knapton, « Entire Human Chess Knowledge Learned and Surpassed by DeepMind's AlphaZero in Four Hours », *Telegraph*, 6 décembre 2017, http://www.telegraph.co.uk/science/2017/12/06/entire-human-chess-knowledge-learned-surpassed-deepminds-alphazero/, consulté le 11 février 2018.

19. Cowen, *Average is Over*, *op. cit.* ; Tyler Cowen, « What are humans still good for ? The turning point in freestyle chess may be approaching », 2013, http://marginalrevolution.com/marginalrevolution/2013/11/what-are-humans-still-good-for-the-turning-point-in-freestyle-chess-may-be-approaching.html.

20. Maddalaine Ansell, « Jobs for Life Are a Thing of the Past. Bring On Lifelong Learning », *Guardian*, 31 mai 2016, https://www.theguardian.com/higher-education-network/2016/may/31/jobs-for-life-are-a-thing-of-the-past-bring-on-lifelong-learning.

21. Alex Williams, « Prozac Nation Is Now the United States of Xanax », *New York Times*, 10 juin 2017, https://www.nytimes.com/2017/06/10/style/anxiety-is-the-new-depression-xanax.html.

22. Simon Rippon, « Imposing Options on People in Poverty : The Harm of a Live Donor Organ Market », *Journal of Medical Ethics*, 40, 2014, p. 145-150 ; I. Glenn Cohen, « Regulating the Organ Market : Normative Foundations for Market Regulation », *Law and Contemporary Problems*, 77, 2014 ; Alexandra K. Glazier, « The Principles of Gift Law and the Regulation of Organ Donation », *Transplant International*, 24, 2011, p. 368-372 ; Megan McAndrews et Walter E. Block, « Legalizing Saving Lives : A Proposition for the Organ Market », *Insights to A Changing World Journal 2015*, p. 1-17.

23. James J. Hughes, « A Strategic Opening for a Basic Income Guarantee in the Global Crisis Being Created by AI, Robots, Desktop Manufacturing and BioMedicine », *Journal of Evolution & Technology*, 24, 2014, p. 45-61 ; Alan Cottey, « Technologies, Culture, Work, Basic Income and Maximum Income », *AI & Society*, 29, 2014, p. 249-257.

24. Jon Henley, « Finland Trials Basic Income for Unemployed », *Guardian*, 3 janvier 2017, https://www.theguardian.com/world/2017/jan/03/finland-trials-basic-income-for-unemployed, consulté le 1er mars 2018.

25. « Swiss Voters Reject Proposal to Give Basic Income to Every Adult and Child », *Guardian*, 5 juin 2017, https://www.theguardian.com/world/2016/jun/05/swiss-vote-give-basic-income-every-adult-child-marxist-dream.

26. Isabel Hunter, « Crammed into squalid factories to produce clothes for the West on just 20p a day, the children forced to work in horrific unregulated workshops of Bangladesh », *Daily Mail*, 1er décembre 2015, http://www.dailymail.co.uk/

news/article-3339578/Crammed-squalid-factories-produce-clothes-West-just-20p-day-children-forced-work-horrific-unregulated-workshops-Bangladesh.html, consulté le 15 octobre 2017 ; Chris Walker et Morgan Hartley, « The Culture Shock of India's Call Centers », *Forbes*, 16 décembre 2012, https://www.forbes.com/sites/morganhartley/2012/12/16/the-culture-shock-of-indias-call-centres/#17bb61d372f5, consulté le 15 octobre 2017.

27. Klaus Schwab et Nicholas Savis, *Shaping the Fourth Industrial Revolution*, World Economic Forum, 2018, p. 54. Sur les stratégies de développement à long terme, voir Ha-Joon Chang, *Kicking Away the Ladder : Development Strategy in Historical Perspective*, Londres, Anthem Press, 2003.

28. Lauren Gambini, « Trump Pans Immigration Proposal as Bringing People from "Shithole Countries" », *Guardian*, 12 janvier 2018, https://www.theguardian.com/us-news/2018/jan/11/trump-pans-immigration-proposal-as-bringing-people-from-shithole-countries, consulté le 11 février 2018.

29. Pour l'idée qu'une amélioration absolue des conditions pourrait aller de pair avec une augmentation des inégalités relatives, voir notamment Thomas Piketty, *Le Capital au XXIᵉ siècle*, Paris, Éditions du Seuil, 2013.

30. « 2017 Statistical Report on Ultra-Orthodox Society in Israel », *Israel Democracy Institute* et *Jerusalem Institute for Israel Studies*, 2017, https://en.idi.org.il/articles/20439, consulté le 1ᵉʳ janvier 2018 ; Melanie Lidman, « As ultra-Orthodox women bring home the bacon, don't say the F-word », *Times of Israel*, 1ᵉʳ janvier 2016, https://www.timesofisrael.com/as-ultra-orthodox-women-bring-home-the-bacon-dont-say-the-f-word/, consulté le 15 octobre 2017.

31. Melanie Lidman, « As ultra-Orthodox women bring home the bacon, don't say the F-word », *Times of Israel*, 1ᵉʳ janvier 2016, https://www.timesofisrael.com/as-ultra-orthodox-women-bring-home-the-bacon-dont-say-the-f-word/, consulté le 15 octobre 2017. « Statistical Report on Ultra-Orthodox Society in Israel », *Israel Democracy Institute* and *Jerusalem Institute for Israel Studies*, 18, 2016, https://en.idi.org.il/media/4240/shnaton-e_8-9-16_web.pdf, consulté le 15 octobre 2017. Pour ce qui est du bonheur, l'OCDE a dernièrement classé Israël onzième sur trente-huit en matière de « satisfaction de la vie » : « Life Satisfaction », *OECD Better Life Index*, http://www.oecdbetterlifeindex.org/topics/life-satisfaction/, consulté le 15 octobre 2017.

32. « 2017 Statistical Report on Ultra-Orthodox Society in Israel », *Israel Democracy Institute* et *Jerusalem Institute for Israel Studies*, 2017, https://en.idi.org.il/articles/20439, consulté le 1ᵉʳ janvier 2018.

3. Liberté

1. Margaret Thatcher, « Interview for *Woman's Own* ("no such thing as society") », Margaret Thatcher Foundation, 23 septembre 1987, https://www.margaretthatcher. org/document/106689, consulté le 7 janvier 2018.

2. Keith Stanovich, *Who Is Rational ? Studies of Individual Differences in Reasoning*, New York, Psychology Press, 1999.

3. Richard Dawkins, « Richard Dawkins : We Need a New Party – the European Party », *New Statesman*, 29 mars 2017, https://www.newstatesman.com/politics/uk/ 2017/03/richard-dawkins-we-need-new-party-european-party, consulté le 1er mars 2018.

4. Steven Swinford, « Boris Johnson's allies accuse Michael Gove of "systematic and calculated plot" to destroy his leadership hopes », *Telegraph*, 30 juin 2016, http://www.telegraph.co.uk/news/2016/06/30/boris-johnsons-allies-accuse-michael-gove-of-systematic-and-calc/, consulté le 3 septembre 2017 ; Rowena Mason et Heather Stewart, « Gove's thunderbolt and Boris's breaking point : a shocking Tory morning », *Guardian*, 30 juin 2016, https://www.theguardian.com/politics/2016/jun/ 30/goves-thunderbolt-boris-johnson-tory-morning, consulté le 3 septembre 2017.

5. James Tapsfield, « Gove presents himself as the integrity candidate for Downing Street job but sticks the knife into Boris AGAIN », *Daily Mail*, 1er juillet 2016, http:// www.dailymail.co.uk/news/article-3669702/I-m-not-great-heart-s-right-place-Gove-makes-bizarre-pitch-Downing-Street-admitting-no-charisma-doesn-t-really-want-job. html, consulté le 3 septembre 2017.

6. En 2017, une équipe de Stanford a produit un algorithme censé détecter si vous êtes gay ou hétéro avec une exactitude de 91 % en se fondant uniquement sur quelques images faciales (https://osf.io/zn79k/). Toutefois, l'algorithme ayant été éla-boré sur la base d'images que les gens ont choisi de charger sur des sites de ren-contres, il est fort possible qu'il identifie en réalité plutôt des idéaux culturels. Non que les traits des visages des gays soient nécessairement différents de ceux des hété-ros. Mais les homos qui chargent des photos sur un site de rencontre gay essaient de se conformer à des idéaux culturels différents de ceux des hétéros.

7. David Chan, « So Why Ask Me ? Are Self-Report Data Really That Bad ? », in Charles E. Lance et Robert J. Vandenberg (éd.), *Statistical and Methodological Myths and Urban Legends*, New York, Londres, Routledge, 2009, p. 309-336 ; Delroy L. Paulhus et Simine Vazire, « The Self-Report Method », in Richard W. Robins, R. Chris Farley et Robert F. Krueger (éd.), *Handbook of Research Methods in Perso-nality Psychology*, Londres, New York, The Guilford Press, 2007, p. 228-233.

8. Elizabeth Dwoskin et Evelyn M. Rusli, « The Technology that Unmasks Your Hidden Emotions », *Wall Street Journal*, 28 janvier 2015, https://www.wsj.com/

articles/startups-see-your-face-unmask-your-emotions-1422472398, consulté le 6 septembre 2017.

9. Norberto Andrade, « Computers Are Getting Better Than Humans at Facial Recognition », *The Atlantic*, 9 juin 2014, https://www.theatlantic.com/technology/archive/2014/06/bad-news-computers-are-getting-better-than-we-are-at-facial-recognition/372377/, consulté le 10 décembre 2017 ; Elizabeth Dwoskin et Evelyn M. Rusli, « The Technology That Unmasks Your Hidden Emotions », *Wall Street Journal*, 28 juin 2015, https://www.wsj.com/articles/startups-see-your-face-unmask-your-emotions-1422472398, consulté le 10 décembre 2017 ; Sophie K. Scott, Nadine Lavan, Sinead Chen et Carolyn McGettigan, « The Social Life of Laughter' », *Trends in Cognitive Sciences*, 18 : 12, 2014, p. 618-620.

10. Daniel First, « Will big data algorithms dismantle the foundations of liberalism ? », *AI & Soc*, 10.1007/s00146-017-0733-4.

11. Carole Cadwalladr, « Google, Democracy and the Truth about Internet Search », *Guardian*, 4 décembre 2016, https://www.theguardian.com/technology/2016/dec/04/google-democracy-truth-internet-search-facebook, consulté le 6 septembre 2017.

12. Jeff Freak et Shannon Holloway, « How Not to Get to Straddie », *Red Land City Bulletin*, 15 mars 2012, http://www.redlandcitybulletin.com.au/story/104929/how-not-to-get-to-straddie/, consulté le 1 mars 2018.

13. Michelle McQuigge, « Woman Follows GPS ; Ends Up in Ontario Lake », *Toronto Sun*, 13 mai 2016, http://torontosun.com/2016/05/13/woman-follows-gps-ends-up-in-ontario-lake/wcm/fddda6d6-6b6e-41c7-88e8-aecc501faaa5, consulté le 1ᵉʳ mars 2018 ; « Woman Follows GPS into Lake », News.com.au, 16 mai 2016, http://www.news.com.au/technology/gadgets/woman-follows-gps-into-lake/news-story/a7d362dfc4634fd094651afc63f853a1, consulté le 1ᵉʳ mars 2018.

14. Henry Grabar, « Navigation Apps Are Killing Our Sense of Direction. What if They Could Help Us Remember Places Instead ? », *Slate*, http://www.slate.com/blogs/moneybox/2017/07/10/google_and_waze_are_killing_out_sense_of_direction_what_if_they_could_help.html, consulté le 6 septembre 2017.

15. Joel Delman, « Are Amazon, Netflix, Google Making Too Many Decisions For Us ? », *Forbes*, 24 novembre 2010, https://www.forbes.com/2010/11/24/amazon-netflix-google-technology-cio-network-decisions.html, consulté le 6 septembre 2017 ; Cecilia Mazanec, « Will Algorithms Erode Our Decision-Making Skills ? », *NPR*, 8 février 2017, http://www.npr.org/sections/alltechconsidered/2017/02/08/514120713/will-algorithms-erode-our-decision-making-skills, consulté le 6 septembre 2017.

16. Jean-François Bonnefon, Azim Shariff et Iyad Rawhan, « The Social Dilemma of Autonomous Vehicles », *Science*, 352 : 6293, 2016, p. 1573-1576.

17. Christopher W. Bauman *et al.*, « Revisiting External Validity : Concerns about

Trolley Problems and Other Sacrificial Dilemmas in Moral Psychology », *Social and Personality Psychology Compass*, 8 : 9, 2014, p. 536-554.

18. John M. Darley et Daniel C. Batson, « "From Jerusalem to Jericho" : A Study of Situational and Dispositional Variables in Helping Behavior », *Journal of Personality and Social Psychology*, 27 : 1, 1973, p. 100-108.

19. Kristofer D. Kusano et Hampton C. Gabler, « Safety Benefits of Forward Collision Warning, Brake Assist, and Autonomous Braking Systems in Rear-End Collisions », *IEEE Transactions on Intelligent Transportation Systems*, 13 : 4, 2012, p. 1546-1555 ; James M. Anderson *et al.*, *Autonomous Vehicle Technology : A Guide for Policymakers*, Santa Monica, RAND Corporation, 2014, notamment p. 13-15 ; Daniel J. Fagnant et Kara Kockelman, « Preparing a Nation for Autonomous Vehicles : Opportunities, Barriers and Policy Recommendations », *Transportation Research Part A : Policy and Practice*, 77, 2015, p. 167-181.

20. Tim Adams, « Job Hunting Is a Matter of Big Data, Not How You Perform at an Interview », *Guardian*, 10 mai 2014, https://www.theguardian.com/technology/2014/may/10/job-hunting-big-data-interview-algorithms-employees, consulté le 6 septembre 2017.

21. Pour une discussion extrêmement pénétrante, voir Cathy O'Neil, *Weapons of Math Destruction : How Big Data Increases Inequality and Threatens Democracy*, New York, Crown, 2016. C'est réellement une lecture qui s'impose à quiconque s'intéresse aux effets potentiels des algorithmes sur la société et la vie politique.

22. Bonnefon, Rahwan et Shariff, « The Social Dilemma of Autonomous Vehicles », *op. cit.*

23. Vincent C. Müller et Thomas W. Simpson, « Autonomous Killer Robots Are Probably Good News », University of Oxford, Blavatnik School of Government Policy Memo, novembre 2014 ; Ronald Arkin, *Governing Lethal Behaviour : Embedding Ethics in a Hybrid Deliberative/Reactive Robot Architecture*, Georgia Institute of Technology, Mobile Robot Lab, 2007, p. 1-13.

24. Bernd Greiner, *War without Fronts : The USA in Vietnam*, trad. Anne Wyburd et Victoria Fern, Cambridge, MA, Harvard University Press, 2009, p. 16. Pour une référence au moins à l'état émotionnel des soldats, voir Herbert Kelman et V. Lee Hamilton, « The My Lai Massacre : A Military Crime of Obedience », in Jodi O'Brien et David M. Newman (éd.), *Sociology : Exploring the Architecture of Everyday Life Reading*, Los Angeles, Pine Forge Press, 2010, p. 13-25.

25. Robert J. Donia, *Radovan Karadzic : Architect of the Bosnian Genocide*, Cambridge, Cambridge University Press, 2015. Voir également Isabella Delpla, Xavier Bougarel et Jean-Louis Fournel, *Investigating Srebrenica : Institutions, Facts, and Responsibilities*, New York, Oxford, Berghahn Books, 2012.

26. Noel E. Sharkey, « The Evitability of Autonomous Robot Warfare », *International Rev. Red Cross*, 94, 886, 2012, p. 787-799.

27. Ben Schiller, « Algorithms Control Our Lives : Are They Benevolent Rulers

or Evil Dictators ? », *Fast Company*, 21 février 2017, https://www.fastcompany.com/3068167/algorithms-control-our-lives-are-they-benevolent-rulers-or-evil-dictators, consulté le 17 septembre 2017.

28. Elia Zureik, David Lyon et Yasmeen Abu-Laban (éd.), *Surveillance and Control in Israel/Palestine : Population, Territory and Power*, Londres, Routledge, 2011 ; Elia Zureik, *Israel's Colonial Project in Palestine*, Londres, Routledge, 2015 ; Torin Monahan (éd.), *Surveillance and Security : Technological Politics and Power in Everyday Life*, Londres, Routledge, 2006 ; Nadera Shalhoub-Kevorkian, « E-Resistance and Technological In/Security in Everday Life : The Palestinian case », *British Journal of Criminology*, 52 : 1, 2012, p. 55-72 ; Or Hirschauge et Hagar Sheizaf, « Targeted Prevention : Exposing the New System for Dealing with Individual Terrorism », *Haaretz*, 26 mai 2017, https://www.haaretz.co.il/magazine/.premium-1.4124379, consulté le 17 septembre 2017 ; Amos Harel, « The IDF Accelerates the Crisscrossing of the West Bank with Cameras and Plans to Survey all Junctions », *Haaretz*, 18 juin 2017, https://www.haaretz.co.il/news/politics/.premium-1.4179886, consulté le 17 septembre 2017 ; Neta Alexander, « This is How Israel Controls the Digital and Cellular Space in the Territories », 31 mars 2016, https://www.haaretz.co.il/magazine/.premium-MAGAZINE-1.2899665, consulté le 12 janvier 2018 ; Amos Harel, « Israel Arrested Hundreds of Palestinians as Suspected Terrorists Due to Publications on the Internet », *Haaretz*, 16 avril 2017, https://www.haaretz.co.il/news/politics/.premium-1.4024578, consulté le 15 janvier 2018 ; Alex Fishman, « The Argaman Era », *Yediot Aharonot, Weekend Supplement*, 28 avril 2017, p. 6.

29. Yotam Berger, « Police Arrested a Palestinian Based on an Erroneous Translation of "Good Morning" in His Facebook Page », *Haaretz*, 22 octobre 2017, https://www.haaretz.co.il/.premium-1.4528980, consulté le 12 janvier 2018.

30. William Beik, *Louis XIV and Absolutism : A Brief Study with Documents*, Boston, MA, Bedford/St Martin's, 2000.

31. O'Neil, *Weapons of Math Destruction, op. cit.* ; Penny Crosman, « Can AI Be Programmed to Make Fair Lending Decisions ? », *American Banker*, 27 septembre 2016, https://www.americanbanker.com/news/can-ai-be-programmed-to-make-fair-lending-decisions, consulté le 17 septembre 2017.

32. Matt Reynolds, « Bias Test to Prevent Algorithms Discriminating Unfairly », *New Scientist*, 29 mai 2017, https://www.newscientist.com/article/mg23431195-300-bias-test-to-prevent-algorithms-discriminating-unfairly/, consulté le 17 septembre 2017 ; Claire Cain Miller, « When Algorithms Discriminate », *New York Times*, 9 juillet 2015, https://www.nytimes.com/2015/07/10/upshot/when-algorithms-discriminate.html, consulté le 17 septembre 2017 ; Hannah Devlin, « Discrimination by Algorithm : Scientists Devise Test to Detect AI Bias », *Guardian*, 19 décembre 2016, https://www.theguardian.com/technology/2016/dec/19/discrimination-by-algorithm-scientists-devise-test-to-detect-ai-bias, consulté le 17 septembre 2017.

33. Snyder, *The Road to Unfreedom, op. cit.*

34. Anna Lisa Peterson, *Being Animal : Beasts and Boundaries in Nature Ethics*, New York, Columbia University Press, 2013, p. 100.

4. Égalité

1. « Richest 1 Percent Bagged 82 Percent of Wealth Created Last Year – Poorest Half of Humanity Got Nothing », *Oxfam*, 22 janvier 2018, https://www.oxfam.org/en/pressroom/pressreleases/2018-01-22/richest-1-percent-bagged-82-percent-wealth-created-last-year, consulté le 28 février 2018 ; Josh Lowe, « The 1 Percent Now Have Half the World's Wealth », *Newsweek*, 14 novembre 2017, http://www.newsweek.com/1-wealth-money-half-world-global-710714, consulté le 28 février 2018 ; Adam Withnall, « All the World's Most Unequal Countries Revealed in One Chart », *The Independent*, 23 novembre 2016, http://www.independent.co.uk/news/world/politics/credit-suisse-global-wealth-world-most-unequal-countries-revealed-a7434431.html, consulté le 11 mars 2018.

2. Tim Wu, *The Attention Merchants*, New York, Alfred A. Knopf, 2016.

3. Cara McGoogan, « How to See All the Terrifying Things Google Knows about You », *Telegraph*, 18 août 2017, http://www.telegraph.co.uk/technology/0/see-terrifying-things-google-knows/, consulté le 19 octobre 2017 ; Caitlin Dewey, « Everything Google Knows about You (and How It Knows It) », *Washington Post*, 19 novembre 2014, https://www.washingtonpost.com/news/the-intersect/wp/2014/11/19/everything-google-knows-about-you-and-how-it-knows-it/?utm_term=.b81c3ce3ddd6, consulté le 19 octobre 2017.

4. Dan Bates, « YouTube Is Losing Money Even Though It Has More Than 1 Billion Viewers », *Daily Mail*, 26 février 2015, http://www.dailymail.co.uk/news/article-2970777/YouTube-roughly-breaking-nine-years-purchased-Google-billion-viewers.html, consulté le 19 octobre 2017 ; Olivia Solon, « Google's Bad Week : YouTube Loses Millions As Advertising Row Reaches US », *Guardian*, 25 mars 2017, https://www.theguardian.com/technology/2017/mar/25/google-youtube-advertising-extremist-content-att-verizon, consulté le 19 octobre 2017 ; Seth Fiegerman, « Twitter Is Now Losing Users in the US », CNN, 27 juillet 2017, http://money.cnn.com/2017/07/27/technology/business/twitter-earnings/index.html, consulté le 19 octobre 2017.

5. Communauté

1. Mark Zuckerberg, « Building Global Community », 16 février 2017, https://www.facebook.com/notes/mark-zuckerberg/building-global-community/10154544 292806634/, consulté le 20 août 2017.

2. John Shinal, « Mark Zuckerberg : Facebook can play a role that churches and little league once filled », CNBC, 26 juin 2017, https://www.cnbc.com/2017/06/26/mark-zuckerberg-compares-facebook-to-church-little-league.html, consulté le 20 août 2017.

3. http://www.cnbc.com/2017/06/26/mark-zuckerberg-compares-facebook-to-church-little-league.html ; http://www.cnbc.com/2017/06/22/facebook-has-a-new-mission-following-fake-news-crisis-zuckerberg-says.html.

4. Robin Dunbar, *Grooming, Gossip, and the Evolution of Language*, Cambridge, MA, Harvard University Press, 1998.

5. Voir, par exemple, Pankaj Mishra, *Age of Anger : A History of the Present*, Londres, Penguin, 2017.

6. Pour un panorama général et une critique, voir Derek Y. Darves et Michael C. Dreiling, *Agents of Neoliberal Globalization : Corporate Networks, State Structures and Trade Policy*, Cambridge, Cambridge University Press, 2016.

7. Lisa Eadicicco, « Americans Check Their Phones 8 Billion Times a Day », *Time*, 15 décembre 2015, http://time.com/4147614/smartphone-usage-us-2015/, consulté le 20 août 2017 ; Julie Beck, « Ignoring People for Phones Is the New Normal », *Atlantic*, 14 juin 2016, https://www.theatlantic.com/technology/archive/2016/06/ignoring-people-for-phones-is-the-new-normal-phubbing-study/486845/, consulté le 20 août 2017.

8. Zuckerberg, « Building Global Community », *op. cit.*

9. *Time Well Spent*, http://www.timewellspent.io/, consulté le 3 septembre 2017.

10. Zuckerberg, « Building Global Community », *op. cit.*

11. https://www.theguardian.com/technology/2017/oct/04/facebook-uk-corporation-tax-profit ; https://www.theguardian.com/business/2017/sep/21/tech-firms-tax-eu-turnover-google-amazon-apple ; http://www.wired.co.uk/article/facebook-apple-tax-loopholes-deals.

6. Civilisation

1. Samuel P. Huntington, *The Clash of Civilizations and the Remaking of World Order*, New York, Simon & Schuster, 1996, et en français, *Le Choc des civilisations*, trad. J.-L. Fidel, G. Joublain, P. Jorland et J.-J. Pédussaud, Paris, Odile Jacob,

1996 et 2007 ; David Lauter et Brian Bennett, « Trump Frames Anti-Terrorism Fight As a Clash of Civilizations, Defending Western Culture against Enemies », *Los Angeles Times*, 6 juillet 2017, http://www.latimes.com/politics/la-na-pol-trump-clash-20170706–story.html, consulté le 29 janvier 2018. Naomi O'Leary, « The Man Who Invented Trumpism : Geert Wilders' Radical Path to the Pinnacle of Dutch Politics », *Politico*, 23 février 2017, https://www.politico.eu/article/the-man-who-invented-trumpism-geert-wilders-netherlands-pvv-vvd-populist/, consulté le 31 janvier 2018.

2. Pankaj Mishra, *From the Ruins of Empire : The Revolt Against the West and the Remaking of Asia*, Londres, Penguin, 2013 ; Mishra, *Age of Anger, op. cit.* ; Christopher de Bellaigue, *The Muslim Enlightenment : The Modern Struggle Between Faith and Reason*, Londres, The Bodley Head, 2017.

3. « Traité établissant une Constitution pour l'Europe », European Union, https://europa.eu/european-union/sites/europaeu/files/docs/body/treaty_establishing_a_constitution_for_europe_fr.pdf, consulté le 18 octobre 2017.

4. Phoebe Greenwood, « Jerusalem Mayor Battles Ultra-Orthodox Groups over Women-Free Billboards », *Guardian*, 15 novembre 2011, https://www.theguardian.com/world/2011/nov/15/jerusalem-mayor-battle-orthodox-billboards, consulté le 7 janvier 2018.

5. http://nypost.com/2015/10/01/orthodox-publications-wont-show-hillary-clintons-photo/.

6. Simon Schama, *The Story of the Jews : Finding the Words 1000 BC-1492 AD*, New York, Ecco, 2014, p. 190-197, et en français, *L'Histoire des Juifs. Trouver les mots de 1 000 ans avant notre ère à 1492*, trad. P.-E. Dauzat, Paris, Fayard, 2016, p. 208-215 ; Hannah Wortzman, « Jewish Women in Ancient Synagogues : Archaeological Reality vs. Rabbinical Legislation », *Women in Judaism*, 5 : 2, 2008, http://wjudaism.library.utoronto.ca/index.php/wjudaism/article/view/3537, consulté le 29 janvier 2018 ; Ross S. Kraemer, « Jewish Women in the Diaspora World of Late Antiquity », in Judith R. Baskin (éd.), *Jewish Women in Historical Perspective*, Detroit, Wayne State University Press, 1991, notamment p. 49 ; Hachlili Rachel, *Ancient Synagogues – Archaeology and Art : New Discoveries and Current Research*, Leyde, Brill, 2014, p. 578-581 ; Zeev Weiss, « The Sepphoris Synagogue Mosaic : Abraham, the Temple and the Sun God – They're All in There », *Biblical Archeology Society*, 26 : 5, 2000, p. 48-61 ; David Milson, *Art and Architecture of the Synagogue in Late Antique Palestine*, Leyde, Brill, 2007, p. 48.

7. Ivan Watson et Pamela Boykoff, « World's Largest Muslim Group Denounces Islamist Extremism », CNN, 10 mai 2016, http://edition.cnn.com/2016/05/10/asia/indonesia-extremism/index.html, consulté le 8 janvier 2018 ; Lauren Markoe, « Muslim Scholars Release Open Letter To Islamic State Meticulously Blasting Its Ideology », *Huffington Post*, 25 septembre 2014, https://www.huffingtonpost.com/2014/09/24/muslim-scholars-islamic-state_n_5878038.html, consulté le 8 janvier

2018 ; pour la lettre, voir « Open Letter to Al-Baghdadi », http://www.lettertobagh
dadi.com/, consulté le 8 janvier 2018.

8. Chris Perez, « Obama Defends the "True Peaceful Nature of Islam" », *New York Post*, 18 février 2015, http://nypost.com/2015/02/18/obama-defends-the-true-peaceful-nature-of-islam/, consulté le 17 octobre 2017 ; Dave Boyer, « Obama Says Terrorists Not Motivated By True Islam », *Washington Times*, 1ᵉʳ février 2015, http://www.washingtontimes.com/news/2015/feb/1/obama-says-terrorists-not-motivated-true-islam/, consulté le 18 octobre 2017.

9. De Bellaigue, *The Islamic Enlightenment, op. cit.*

10. Christopher McIntosh, *The Swan King : Ludwig II of Bavaria*, Londres, I. B. Tauris, 2012, p. 100.

11. Robert Mitchell Stern, *Globalization and International Trade Policies*, Hackensack, World Scientific, 2009, p. 23.

12. John K. Thornton, *A Cultural History of the Atlantic World, 1250-1820*, Cambridge, Cambridge University Press, 2012, p. 110.

13. Susannah Cullinane, Hamdi Alkhshali et Mohammed Tawfeeq, « Tracking a Trail of Historical Obliteration : ISIS Trumpets Destruction of Nimrud », CNN, 14 avril 2015, http://edition.cnn.com/2015/03/09/world/iraq-isis-heritage/index.html, consulté le 18 octobre 2017.

14. Kenneth Pomeranz, *The Great Divergence : China, Europe and the Making of the Modern World Economy*, Princeton, Oxford, Princeton University Press, 2001, p. 36-38 ; en français, *Une grande divergence. La Chine, l'Europe et la construction de l'économie mondiale*, trad. M. Arnoux, Paris, Albin Michel, 2010, p. 76-82.

15. « ISIS Leader Calls for Muslims to Help Build Islamic State in Iraq », CBCNEWS, 1ᵉʳ juillet 2014, http://www.cbc.ca/news/world/isis-leader-calls-for-muslims-to-help-build-islamic-state-in-iraq-1.2693353, consulté le 18 octobre 2017 ; Mark Townsend, « What Happened to the British Medics Who Went to Work for ISIS ? », *Guardian*, 12 juillet 2015, https://www.theguardian.com/world/2015/jul/12/british-medics-isis-turkey-islamic-state, consulté le 18 octobre 2017.

7. *Nationalisme*

1. Francis Fukuyama, *Political Order and Political Decay : From the Industrial Revolution to the Globalization of Democracy*, New York, Farrar, Straus & Giroux, 2014.

2. Ashley Killough, « Lyndon Johnson's "Daisy" Ad, Which Changed the World of Politics, Turns 50 », CNN, 8 septembre 2014, http://edition.cnn.com/2014/09/07/politics/daisy-ad-turns-50/index.html, consulté le 19 octobre 2017.

3. « Cause-Specific Mortality : Estimates for 2000-2015 », World Health

Organization, http://www.who.int/healthinfo/global_burden_disease/estimates/en/
index1.html, consulté le 19 octobre 2017.

4. David E. Sanger et William J. Broad, « To counter Russia, US signals nuclear
arms are back in a big way», *New York Times*, 4 février 2018, https://www.
nytimes.com/2018/02/04/us/politics/trump-nuclear-russia.html consulté le 6 février
2018 ; US Department of Defense, «Nuclear Posture Review 2018», https://www.
defense.gov/News/Special-Reports/0218_npr/ consulté le 6 février 2018 ; Jennifer
Hansler, «Trump Says He Wants Nuclear Arsenal in "Tip-Top Shape", Denies
Desire to Increase Stockpile», CNN, 12 octobre 2017, http://edition.cnn.com/
2017/10/11/politics/nuclear-arsenal-trump/index.html, consulté le 19 octobre 2017 ;
Jim Garamone, «DoD Official : National Defense Strategy Will Enhance Deter-
rence», *Department of Defense News, Defense Media Activity*, 19 janvier 2018,
https://www.defense.gov/News/Article/Article/1419045/dod-official-national-
defense-strategy-will-rebuild-dominance-enhance-deterrence/, consulté le 28 janvier
2018.

5. Michael Mandelbaum, *Mission Failure : America and the World in the Post-Cold
War Era*, New York, Oxford University Press, 2016.

6. Elizabeth Kolbert, *Field Notes from a Catastrophe*, Londres, Bloomsbury,
2006 ; Elizabeth Kolbert, *The Sixth Extinction : An Unnatural History*, Londres,
Bloomsbury, 2014, et en français, *La 6ᵉ Extinction*, trad. M. Blanc, Paris, La Librairie
Vuibert, 2015 ; Will Steffen *et al.*, «Planetary Boundaries : Guiding Human Development on a Changing Planet», *Science*, 347, n° 6223, 13 février 2015, DOI :
10.1126/science.1259855.

7. John Cook *et al.*, « Quantifying the Consensus on Anthropogenic Global War-
ming in the Scientific Literature», *Environmental Research Letters*, 8 : 2, 2013 ; John
Cook *et al.*, «Consensus on Consensus : A Synthesis of Consensus Estimates on
Human-Caused Global Warming», *Environmental Research Letters*, 11 : 4, 2016 ;
Andrew Griffin, «15,000 Scientists Give Catastrophic Warning about the Fate of the
World in New "Letter to Humanity"», *Independent*, 13 novembre 2017, http://www.
independent.co.uk/environment/letter-to-humanity-warning-climate-change-global-
warming-scientists-union-concerned-a8052481.html, consulté le 8 janvier 2018 ; Justin
Worland, «Climate Change Is Already Wreaking Havoc on Our Weather, Scientists
Find», *Time*, 15 décembre 2017, http://time.com/5064577/climate-change-arctic/,
consulté le 8 janvier 2018.

8. Richard J. Millar *et al.*, «Emission Budgets and Pathways Consistent with
Limiting Warming to 1.5 C», *Nature Geoscience* 10, 2017, p. 741-747 ; Joeri Rogelj
et al., «Differences between Carbon Budget Estimates Unraveled», *Nature Climate
Change*, 6, 2016, p. 245-252 ; Akshat Rathi, «Did We Just Buy Decades More Time
to Hit Climate Goals», *Quartz*, 21 septembre 2017, https://qz.com/1080883/the-
breathtaking-new-climate-change-study-hasnt-changed-the-urgency-with-which-we-
must-reduce-emissions/, consulté le 11 février 2018 ; Roz Pidcock, «Carbon Briefing :

Making Sense of the IPCC's New Carbon Budget », *Carbon Brief*, 23 octobre 2013, https://www.carbonbrief.org/carbon-briefing-making-sense-of-the-ipccs-new-carbon-budget, consulté le 11 février 2018.

9. Jianping Huang *et al.*, « Accelerated Dryland Expansion under Climate Change », *Nature Climate Change*, 6, 2016, p. 166-171 ; Thomas R. Knutson, « Tropical Cyclones and Climate Change », *Nature Geoscience*, 3, 2010, p. 157-163 ; Edward Hanna *et al.*, « Ice-Sheet Mass Balance and Climate Change », *Nature*, 498, 2013, p. 51-59 ; Tim Wheeler et Joachim von Braun, « Climate Change Impacts on Global Food Security », *Science*, 341, n° 6145, 2013, p. 508-513 ; A. J. Challinor *et al.*, « A Meta-Analysis of Crop Yield under Climate Change and Adaptation », *Nature Climate Change*, 4, 2014, p. 287-291 ; Elisabeth Lingren *et al.*, « Monitoring EU Emerging Infectious Disease Risk Due to Climate Change », *Science*, 336, n° 6080, 2012, p. 418-419 ; Frank Biermann et Ingrid Boas, « Preparing for a Warmer World : Towards a Global Governance System to Protect Climate Change », *Global Environmental Politics*, 10 : 1, 2010, p. 60-88 ; Jeff Goodell, *The Water Will Come : Rising Seas, Sinking Cities and the Remaking of the Civilized World*, New York, Little, Brown and Company, 2017 ; Mark Lynas, *Six Degrees : Our Future on a Hotter Planet*, Washington, National Geographic, 2008 ; Naomi Klein, *This Changes Everything : Capitalism vs. Climate*, New York, Simon & Schuster, 2014 (en français, *Tout peut changer. Capitalisme & changement climatique*, trad. G. Boulanger et N. Calvé, Arles, Actes Sud, 2016) ; Kolbert, *La 6ᵉ Extinction, op. cit.*

10. Johan Rockström *et al.*, « A Roadmap for Rapid Decarbonization », *Science* 355 : 6331, 23 mars 2017, DOI : 10.1126/science.aah3443.

11. Institution of Mechanical Engineers, *Global Food : Waste Not, Want Not*, Londres, Institution of Mechanical Engineers, 2013, p. 12.

12. Paul Shapiro, *Clean Meat : How Growing Meat Without Animals Will Revolutionize Dinner and the World*, New York, Gallery Books, 2018.

13. « Russia's Putin Says Climate Change in Arctic Good for Economy », CBS News, 30 mars 2017, http://www.cbc.ca/news/technology/russia-putin-climate-change-beneficial-economy-1.4048430, consulté le 1ᵉʳ mars 2018 ; Neela Banerjee, « Russia and the US Could be Partners in Climate Change Inaction », *Inside Climate News*, 7 février 2017, https://insideclimatenews.org/news/06022017/russia-vladimir-putin-donald-trump-climate-change-paris-climate-agreement, consulté le 1ᵉʳ mars 2018 ; Noah Smith, « Russia Wins in a Retreat on Climate Change », *Bloomberg View*, 15 décembre 2016, https://www.bloomberg.com/view/articles/2016–12-15/russia-wins-in-a-retreat-on-climate-change, consulté le 1ᵉʳ mars 2018 ; Gregg Easterbrook, « Global Warming : Who Loses–and Who Wins ? », *Atlantic*, avril 2007, https://www.theatlantic.com/magazine/archive/2007/04/global-warming-who-loses-and-who-wins/305698/, consulté le 1ᵉʳ mars 2018 ; Quentin Buckholz, « Russia and Climate Change : A Looming Threat », *Diplomat*, 4 février 2016, https://thediplomat.com/2016/02/russia-and-climate-change-a-looming-threat/, consulté le 1ᵉʳ mars 2018.

14. Brian Eckhouse, Ari Natter et Christopher Martin, « President Trump slaps tariffs on solar panels in major blow to renewable energy », 22 janvier 2018, http:// time.com/5113472/donald-trump-solar-panel-tariff/, consulté le 30 janvier 2018.

15. Miranda Green et Rene Marsh, « Trump Administration Doesn't Want to Talk about Climate Change », CNN, 13 septembre 2017, http://edition.cnn.com/ 2017/09/12/politics/trump-climate-change-silence/index.html, consulté le 22 octobre 2017 ; Lydia Smith, « Trump Administration Deletes Mention of "Climate Change" from Environmental Protection Agency's Website », *Independent*, 22 octobre 2017, http://www.independent.co.uk/news/world/americas/us-politics/donald-trump-administration-climate-change-deleted-environmental-protection-agency-website-a8012581.html, consulté le 22 octobre 2017 ; Alana Abramson, « No, Trump Still Hasn't Changed His Mind About Climate Change After Hurricane Irma and Harvey », *Time*, 11 septembre 2017, http://time.com/4936507/donald-trump-climate-change-hurricane-irma-hurricane-harvey/, consulté le 22 octobre 2017.

16. Union européenne, « Traité établissant une Constitution pour l'Europe », https://europa.eu/european-union/sites/europaeu/files/docs/body/treaty_establishing_a_constitution_for_europe_fr.pdf, consulté le 18 octobre 2017.

8. Religion

1. Bernard S. Cohn, *Colonialism and Its Forms of Knowledge : The British in India*, Princeton, Princeton University Press, 1996, p. 148.

2. « Lettre encyclique *Laudato si'* du Saint-Père François sur la sauvegarde de la maison commune », *Le Saint-Siège*, http://w2.vatican.va/content/francesco/fr/encyclicals/documents/papa-francesco_20150524_enciclica-laudato-si.html.

3. L'expression fut d'abord introduite par Freud dans son traité écrit en 1929 et publié en 1930 : cf. Sigmund Freud, *Malaise dans la civilisation*, trad. C. et J. Odier, Paris, PUF, 1971, p. 68.

4. Ian Buruma, *Inventing Japan, 1853-1964*, New York, Modern Library, 2003.

5. Albert Axell et Hideaki Kase, *Kamikaze : Japan's Suicide Gods*, Londres, Longman, 2002.

6. Charles K. Armstrong, « Familism, Socialism and Political Religion in North Korea », *Totalitarian Movements and Political Religions*, 6 : 3, 2005, p. 383-394 ; Daniel Byman et Jennifer Lind, « Pyongyang's Survival Strategy : Tools of Authoritarian Control in North Korea », *International Security*, 35 : 1, 2010, p. 44-74 ; Paul French, *North Korea : The Paranoid Peninsula*, 2ᵉ éd., Londres, New York, Zed Books, 2007 ; Andrei Lankov, *The Real North Korea : Life and Politics in the Failed Stalinist Utopia*, Oxford, Oxford University Press, 2015 ; Young Whan Kihl, « Staying Power of the Socialist "Hermit Kingdom" », in Hong Nack Kim et Young Whan Kihl

(éd.), *North Korea : The Politics of Regime Survival*, New York, Routledge, 2006, p. 3-36.

9. Immigration

1. « Global Trends : Forced Displacement in 2016 », *UNHCR*, http://www.unhcr. org/5943e8a34.pdf, consulté le 11 janvier 2018.
2. Lauren Gambini, « Trump Pans Immigration Proposal as Bringing People from "Shithole Countries" », *Guardian*, 12 janvier 2018, https://www.theguardian.com/us-news/2018/jan/11/trump-pans-immigration-proposal-as-bringing-people-from-shithole-countries, consulté le 11 février 2018.
3. Tal Kopan, « What Donald Trump Has Said about Mexico and Vice Versa », CNN, 31 août 2016, https://edition.cnn.com/2016/08/31/politics/donald-trump-mexico-statements/index.html, consulté le 28 février 2018.

10. Terrorisme

1. http://www.telegraph.co.uk/news/0/many-people-killed-terrorist-attacks-uk/ ; National Consortium for the Study of Terrorism and Responses to Terrorism (START), 2016, Global Terrorism Database [Data file]. Retrieved from https:// www.start.umd.edu/gtd ; http://www.cnsnews.com/news/article/susan-jones/11774–number-terror-attacks-worldwide-dropped-13–2015 ; http://www.datagraver.com/case/people-killed-by-terrorism-per-year-in-western-europe-1970-2015 ; http://www. jewishvirtuallibrary.org/statistics-on-incidents-of-terrorism-worldwide ; Gary LaFree, Laura Dugan et Erin Miller, *Putting Terrorism in Context : Lessons from the Global Terrorism Database*, Londres, Routledge, 2015 ; Gary LaFree, « Using open source data to counter common myths about terrorism » in Brian Forst, Jack Greene et Jim Lynch (éd.), *Criminologists on Terrorism and Homeland Security*, Cambridge, Cambridge University Press, 2011, p. 411-442 ; Gary LaFree, « The Global Terrorism Database : Accomplishments and challenges », *Perspectives on Terrorism*, 4, 2010, p. 24-46 ; Gary LaFree et Laura Dugan, « Research on terrorism and countering terrorism », in M. Tonry (éd.), *Crime and Justice : A Review of Research*, Chicago, University of Chicago Press, 2009, p. 413-477 ; Gary LaFree et Laura Dugan, « Introducing the global terrorism database », *Political Violence and Terrorism*, 19, 2007, p. 181-204.
2. « Deaths on the roads : Based on the WHO Global Status Report on Road Safety 2015 », World Health Organization, consulté le 26 janvier 2016 ; https://wonder.cdc. gov/mcd-icd10.html ; « Global Status Report on Road Safety 2013 », World Health

Organization; http://gamapserver.who.int/gho/interactive_charts/road_safety/ road_traffic_deaths/atlas.html; http://www.who.int/violence_injury_prevention/ road_safety_status/2013/en/; http://www.newsweek.com/2015–brought-biggest-us-traffic-death-increase-50-years-427759.

3. http://www.euro.who.int/en/health-topics/noncommunicable-diseases/dia-betes/data-and-statistics; http://apps.who.int/iris/bitstream/10665/204871/1/ 9789241565257_eng.pdf ?ua=1; https://www.theguardian.com/environment/2016/ sep/27/more-than-million-died-due-air-pollution-china-one-year.

4. Sur cette bataille, voir Gary Sheffield, *Forgotten Victory : The First World War. Myths and Reality*, Londres, Headline, 2001, p. 137-164.

5. «Victims of Palestinian Violence and Terrorism since september 2000», minis-tère israélien des Affaires étrangères, http://mfa.gov.il/MFA/ForeignPolicy/Terro rism/Palestinian/Pages/Victims%20of%20Palestinian%20Violence%20and% 20Terrorism%20sinc.aspx, consulté le 23 octobre 2017.

6. «Car Accidents with Casualties, 2002», Bureau central des statistiques (en hébreu), http://www.cbs.gov.il/www/publications/acci02/acci02h.pdf, consulté le 23 octobre 2017.

7. «Pan Am Flight 103 Fast Facts», CNN, 16 décembre 2016, http://edition. cnn.com/2013/09/26/world/pan-am-flight-103-fast-facts/index.html, consulté le 23 octobre 2017.

8. Tom Templeton et Tom Lumley, «9/11 in Numbers», *Guardian*, 18 août 2002, https://www.theguardian.com/world/2002/aug/18/usa.terrorism, consulté le 23 octobre 2017.

9. Ian Westwell et Dennis Cove (éd.), *History of World War I*, vol. 2, New York, Marshall Cavendish, 2002, p. 431. Sur l'Isonzo, voir John R. Schindler, *Isonzo : The Forgotten Sacrifice of the Great War*, Westport, Praeger, 2001, p. 217-218.

10. Sergio Catignani, *Israeli Counter-Insurgency and the Intifadas : Dilemmas of a Conventional Army*, Londres, Routledge, 2008.

11. «Reported Rapes in France Jump 18 % in Five Years», France 24, 11 août 2015, http://www.france24.com/en/20150811-reported-rapes-france-jump-18-five-years, consulté le 11 janvier 2018.

11. Guerre

1. Yuval Noah Harari, *Homo Deus : A Brief History of Tomorrow*, New York, HarperCollins, 2017, p. 14-19; en français, *Homo deus. Une brève histoire de l'ave-nir*, trad. P.-E. Dauzat, Paris, Albin Michel, 2017, p. 25-32; «Global Health Observatory Data Repository, 2012», World Health Organization, http://apps.who. int/gho/data/node.main.RCODWORLD?lang=en, consulté le 16 août 2015;

« Global Study on Homicide, 2013 », UNDOC, http://www.unodc.org/documents/gsh/pdfs/2014_GLOBAL_HOMICIDE_BOOK_web.pdf ; consulté le 16 août 2015 ; http://www.who.int/healthinfo/global_burden_disease/estimates/en/index1.html.

2. « World Military Spending : Increases in the USA and Europe, Decreases in Oil-Exporting Countries », *Stockholm International Peace Research Institute*, 24 avril 2017, https://www.sipri.org/media/press-release/2017/world-military-spending-increases-usa-and-europe, consulté le octobre 23, 2017.

3. http://www.nationalarchives.gov.uk/battles/egypt/popup/telel4.htm.

4. Spencer C. Tucker (éd.), *The Encyclopedia of the Mexican-American War : A Political, Social and Military History*, Santa Barbara, ABC-CLIO, 2013, p. 131.

5. Ivana Kottasova, « Putin Meets Xi : Two Economies, Only One to Envy », CNN, 2 juillet 2017, http://money.cnn.com/2017/07/02/news/economy/china-russia-putin-xi-meeting/index.html, consulté le 23 octobre 2017.

6. Le PIB est calculé sur la base de la parité du pouvoir d'achat selon les statistiques du FMI : International Monetary Fund, « Report for Selected Countries and Subjects, 2017 », https://www.imf.org/external/pubs/ft/weo/2017/02/weodata/index.aspx, consulté le 27 février 2018.

7. http://www.businessinsider.com/isis-making-50–million-a-month-from-oil-sales-2015–10.

8. Ian Buruma, *Inventing Japan*, Londres, Weidenfeld & Nicolson, 2003 ; Eri Hotta, *Japan 1941 : Countdown to Infamy*, Londres, Vintage, 2014.

12. Humilité

1. http://www.ancientpages.com/2015/10/19/10–remarkable-ancient-indian-sages-familiar-with-advanced-technology-science-long-before-modern-era/ ; https://www.hindujagruti.org/articles/31.html ; http://mcknowledge.info/about-vedas/what-is-vedic-science/.

2. Ces chiffres et le ratio apparaissent clairement sur le graphique suivant : Conrad Hackett et David McClendon, « Christians Remain World's Largest Religious Group, but They Are Declining in Europe », Pew Research Center, 5 avril 2017, http://www.pewresearch.org/fact-tank/2017/04/05/christians-remain-worlds-largest-religious-group-but-they-are-declining-in-europe/, consulté le 13 novembre 2017.

3. Jonathan Haidt, *The Righteous Mind : Why Good People Are Divided by Politics and Religion*, New York, Pantheon, 2012 ; Joshua Greene, *Moral Tribes : Emotion, Reason, and the Gap Between Us and Them*, New York, Penguin Press, 2013 ; en français, *Tribus morales. L'émotion, la raison et tout ce qui nous sépare*, Paris, Markus Haller Éditions, 2017.

4. Marc Bekoff et Jessica Pierce, « Wild Justice – Honor and Fairness among Beasts at Play », *American Journal of Play*, 1 : 4, 2009, p. 451-475.

5. Frans de Waal, *Our Inner Ape*, Londres, Granta, 2005, chap. 5 ; *Le Singe en nous*, trad. M.-F. de Paloméra, Paris, Fayard, 2006 ; rééd. Pluriel, 2011.

6. Frans de Waal, *Bonobo : The Forgotten Ape*, Berkeley, University of California Press, 1997, p. 157 ; *Bonobos. Le bonheur d'être singe*, tard. J.-P. Mourlon, Paris, Fayard, 2006, p. 157.

7. L'histoire a fait l'objet d'un documentaire de Disneynature intitulé *Chimpanzee*, sorti en 2010.

8. A. Finet (éd.), *Le Code de Hammurabi*, Paris, Cerf, 2004, p. 33.

9. Loren R. Fisher, *The Eloquent Peasant*, 2ᵉ éd., Eugene, Wipf & Stock Publishers, 2015 ; en français, *Le Conte du Paysan éloquent*, *Cahiers de l'Association d'égyptologie Isis*, trad. Patrice Le Guilloux, nᵒ 2, Angers, 2002 ; 2ᵉ éd. 2005.

10. Certains rab permirent de profaner le shabbat afin de sauver un Gentil moyennant une ingéniosité typiquement talmudique. Ils raisonnèrent ainsi : si les Juifs s'abstiennent de sauver des Gentils, ils les mettront en colère, les poussant à attaquer et à tuer des Juifs. En sauvant un Gentil on pouvait donc sauver indirectement un Juif. Même cet argument éclaire pourtant la valeur différente attribuée à la vie des Gentils et à celle des Juifs.

11. Catherine Nixey, *The Darkening Age : The Christian Destruction of the Classical World*, Londres, Macmillan, 2017.

12. Charles Allen, *Ashoka : The Search for India's Lost Emperor*, Londres, Little, Brown, 2012, p. 412-413 ; pour la traduction française, Jules Bloch, *Les Inscriptions d'Asoka*, Paris, Les Belles Lettres, 2007, p. 121-124 (douzième édit).

13. Clyde Pharr *et al.* (éd.), *The Theodosian Code and Novels, and the Sirmondian Constitutions*, Princeton, Princeton University Press, 1952, p. 440, 467-471.

14. *Ibid.*, notamment p. 472-473.

15. Sofie Remijsen, *The End of Greek Athletics in Late Antiquity*, Cambridge, Cambridge University Press, 2015, p. 45-51.

16. Ruth Schuster, « Why Do Jews Win So Many Nobels ? », *Haaretz*, 9 octobre 2013, https://www.haaretz.com/jewish/news/1.551520, consulté le 13 novembre 2017.

13. Dieu

1. Lillian Faderman, *The Gay Revolution : The Story of the Struggle*, New York, Simon & Schuster, 2015.

2. Elaine Scarry, *The Body in Pain : The Making and Unmaking of the World*, New York, Oxford University Press, 1985.

14. Laïcité

1. Jonathan H. Turner, *Incest : Origins of the Taboo*, Boulder, Paradigm Publishers, 2005 ; Robert J. Kelly *et al.*, « Effects of Mother-Son Incest and Positive Perceptions of Sexual Abuse Experiences on the Psychosocial Adjustment of Clinic-Referred Men », *Child Abuse & Neglect*, 26 : 4, 2002, p. 425-441 ; Mireille Cyr *et al.*, « Intrafamilial Sexual Abuse : Brother-Sister Incest Does Not Differ from Father-Daughter and Stepfather-Stepdaughter Incest », *Child Abuse & Neglect*, 26 : 9, 2002, p. 957-973 ; Sandra S. Stroebel, « Father-Daughter Incest : Data from an Anonymous Computerized Survey », *Journal of Child Sexual Abuse*, 21 : 2, 2010, p. 176-199.

15. Ignorance

1. Steven A. Sloman et Philip Fernbach, *The Knowledge Illusion : Why We Never Think Alone*, New York, Riverhead Books, 2017 ; Greene, *Tribus morales, op. cit.*
2. Sloman et Fernbach, *The Knowledge Illusion, op. cit.*, p. 20.
3. Eli Pariser, *The Filter Bubble*, Londres, Penguin Books, 2012 ; Greene, *Tribus morales, op. cit.*
4. Greene, *Tribus morales, op. cit.* ; Dan M. Kahan, « The Polarizing Impact of Science Literacy and Numeracy on Perceived Climate Change Risks », *Nature Climate Change*, 2, 2012, p. 732-735. Pour un point de vue contraire, voir Sophie Guy *et al.*, « Investigating the Effects of Knowledge and Ideology on Climate Change Beliefs », *European Journal of Social Psychology*, 44 : 5, 2014, p. 421-429.
5. Arlie Russell Hochschild, *Strangers in Their Own Land : Anger and Mourning on the American Right*, New York, The New Press, 2016.

16. Justice

1. Greene, *Tribus morales, op. cit.* ; Robert Wright, *The Moral Animal*, New York, Pantheon, 1994 ; en français, *L'Animal moral. Psychologie évolutionniste et vie quotidienne*, trad. A. Béraud-Butcher, Paris, Folio, 2005.
2. Kelsey Timmerman, *Where Am I Wearing ? : A Global Tour of the Countries, Factories, and People That Make Our Clothes*, Hoboken, Wiley, 2012 ; Kelsey Timmerman, *Where Am I Eating ? : An Adventure Through the Global Food Economy*, Hoboken, Wiley, 2013.
3. Reni Eddo-Lodge, *Why I Am No Longer Talking to White People About Race,*

Londres, Bloomsbury, 2017 ; Ta-Nehisi Coates, *Between the World and Me*, Melbourne, Text Publishing Company, 2015.

4. Josie Ensor, « "Everyone in Syria Is Bad Now", Says UN War Crimes Prosecutor as She Quits Post », *New York Times*, 17 août 2017, http://www.telegraph.co.uk/news/2017/08/07/everyone-syria-bad-now-says-un-war-crimes-prosecutor-quits-post/, consulté le 18 octobre 2017.

5. Par exemple, Helena Smith, « Shocking Images of Drowned Syrian Boy Show Tragic Plight of Refugees », *Guardian*, 2 septembre 2015, https://www.theguardian.com/world/2015/sep/02/shocking-image-of-drowned-syrian-boy-shows-tragic-plight-of-refugees, consulté le 18 octobre 2017.

6. T. Kogut et I. Ritov, « The singularity effect of identified victims in separate and joint evaluations », *Organizational Behavior and Human Decision Processes*, 97 : 2, 2005, p. 106-116 ; D. A. Small et G. Loewenstein, « Helping a victim or helping the victim : Altruism and identifiability », *Journal of Risk and Uncertainty*, 26 : 1, 2003, p. 5-16 ; Greene, *Tribus morales, op. cit.*, p. 264 et trad. p. 402.

7. Russ Alan Prince, « Who Rules the World ? », *Forbes*, 22 juillet 2013, https://www.forbes.com/sites/russalanprince/2013/07/22/who-rules-the-world/#63c9e31d7625, consulté le 18 octobre 2017.

17. Post-vérité

1. Julian Borger, « Putin Offers Ukraine Olive Branches Delivered by Russian Tanks », *The Guardian*, 4 mars 2014, https://www.theguardian.com/world/2014/mar/04/putin-ukraine-olive-branches-russian-tanks, consulté le 11 mars 2018.

2. Serhii Plokhy, *Lost Kingdom : The Quest for Empire and the Making of the Russian Nation*, New York, Basic Books, 2017 ; Snyder, *The Road to Unfreedom*.

3. *Grande Chronique de Matthieu Paris,* vol. 8, trad. A. Huillard-Bréholles, Paris, 1840, p. 137-145 ; Patricia Healy Wasyliw, *Martyrdom, Murder and Magic : Child Saints and Their Cults in Medieval Europe*, New York, Peter Lang, 2008, p. 123-125.

4. G. Chaucer, « Conte de la Prieure », in *Les Contes de Canterbury et autres œuvres*, éd. A. Crépin *et al.*, Paris, Robert Laffont, coll. « Bouquins », 2010, p. 476 *sq.*

5. Cecilia Kang et Adam Goldman, « In Washington Pizzeria Attack, Fake News Brought Real Guns », *New York Times*, 5 décembre 2016, https://www.nytimes.com/2016/12/05/business/media/comet-ping-pong-pizza-shooting-fake-news-consequences.html, consulté le 12 janvier 2018.

6. Leonard B. Glick, *Abraham's Heirs : Jews and Christians in Medieval Europe*, Syracuse, Syracuse University Press, 1999, p. 228-229.

7. Anthony Bale, « Afterword : Violence, Memory and the Traumatic Middle Ages », in Sarah Rees Jones et Sethina Watson (éd.), *Christians and Jews in Angevin*

England : The York Massacre of 1190, Narrative and Contexts, York, York Medieval Press, 2013, p. 297.

8. Bien que ces mots soient souvent attribués à Goebbels, ni moi ni mon dévoué assistant de recherche ne sommes en mesure de confirmer que Goebbels les ait jamais écrits ou prononcés.

9. Hilmar Hoffman, *The Triumph of Propaganda : Film and National Socialism, 1933-1945*, Providence, Berghahn Books, 1997, p. 140 ; en français, Hitler, *Mein Kampf*, trad. J. Gaudefroy-Demombynes et A. Calmettes, Paris, Nouvelles Éditions latines, sans date (1934), p. 181-182.

10. Lee Hockstader, « From A Ruler's Embrace To A Life In Disgrace » *Washington Post*, 10 mars 1995, consulté le 29 janvier 2018.

11. Thomas Pakenham, *The Scramble for Africa*, Londres, Weidenfeld & Nicolson, 1991, p. 616-617.

18. Science-fiction

1. Aldous Huxley, *Brave New World*, chap. 17 ; en français, *Le Meilleur des mondes*, trad. Jules Castier, Paris, Plon, 1946.

19. Éducation

1. Wayne A. Wiegand et Donald G. Davis (éd.), *Encyclopedia of Library History*, New York, Londres, Garland Publishing, 1994, p. 432-433.

2. Verity Smith (éd.), *Concise Encyclopedia of Latin American Literature*, Londres, New York, Routledge, 2013, p. 142, 180.

3. Cathy N. Davidson, *The New Education : How to Revolutionize the University to Prepare Students for a World in Flux*, New York, Basic Books, 2017 ; Bernie Trilling, *21st Century Skills : Learning for Life in Our Times*, San Francisco, Jossey-Bass, 2009 ; Charles Kivunja, « Teaching Students to Learn and to Work Well with 21st Century Skills : Unpacking the Career and Life Skills Domain of the New Learning Paradigm », *International Journal of Higher Education*, 4 : 1, 2015. Pour le website de P21, voir « P21 Partnership for 21st Century Learning », http://www.p21.org/our-work/4cs-research-series, consulté le 12 janvier 2018. Pour un exemple d'application des nouvelles méthodes pédagogiques, voir, par exemple, la publication de l'US National Education Association : « Preparing 21st Century Students for a Global Society », NEA, http://www.nea.org/assets/docs/A-Guide-to-Four-Cs.pdf, consulté le 21 janvier 2018.

4. Maddalaine Ansell, « Jobs for Life Are a Thing of the Past. Bring On Lifelong

Learning », *Guardian*, 31 mai 2016, https://www.theguardian.com/higher-education-network/2016/may/31/jobs-for-life-are-a-thing-of-the-past-bring-on-lifelong-learning.

5. Erik B. Bloss *et al.*, « Evidence for Reduced Experience-Dependent Dendritic Spine Plasticity in the Aging Prefrontal Cortex », *Journal of Neuroscience* 31 : 21, 2011, p. 7831-7839 ; Miriam Matamales *et al.*, « Aging-Related Dysfunction of Striatal Cholinergic Interneurons Produces Conflict in Action Selection », *Neuron*, 90 : 2, 2016, p. 362-372 ; Mo Costandi, « Does your brain produce new cells ? A skeptical view of human adult neurogenesis », *Guardian*, 23 février 2012, https://www.theguardian.com/science/neurophilosophy/2012/feb/23/brain-new-cells-adult-neurogenesis, consulté le 17 août 2017 ; Gianluigi Mongillo, Simon Rumpel et Yonatan Loewenstein, « Intrinsic volatility of synaptic connections – a challenge to the synaptic trace theory of memory », *Current Opinion in Neurobiology*, 46, 2017, p. 7-13.

20. Sens

1. Karl Marx et Friedrich Engels, le *Manifeste communiste*, trad. M. Rubel et L. Évrard, in Marx, *Œuvres. Économie, I*, éd. Maximilien Rubel, Paris, Gallimard, « Bibliothèque de la Pléiade », 1965, p. 161-162.

2. *Ibid.*, p. 162.

3. Raoul Wootlif, « Netanyahu Welcomes Envoy Friedman to "Jerusalem, Our Eternal Capital" », *Times of Israel*, 16 mai 2017, https://www.timesofisrael.com/netanyahu-welcomes-envoy-friedman-to-jerusalem-our-eternal-capital/, consulté le 12 janvier 2018 ; Peter Beaumont, « Israeli Minister's Jerusalem Dress Proves Controversial in Cannes », *Guardian*, 18 mai 2017, https://www.theguardian.com/world/2017/may/18/israeli-minister-miri-regev-jerusalem-dress-controversial-cannes, consulté le 12 janvier 2018 ; Lahav Harkov, « New 80–Majority Jerusalem Bill Has Loophole Enabling City to Be Divided », *Jerusalem Post*, 2 janvier 2018, http://www.jpost.com/Israel-News/Right-wing-coalition-passes-law-allowing-Jerusalem-to-be-divided-522627, consulté le 12 janvier 2018.

4. K. P. Schroder et Robert Connon Smith, « Distant Future of the Sun and Earth Revisited », *Monthly Notices of the Royal Astronomical Society*, 386 : 1, 2008, p. 155-163.

5. Shakespeare, *Roméo et Juliette*, II, 2, trad. François-Victor Hugo.

6. Voir notamment Roy A. Rappaport, *Ritual and Religion in the Making of Humanity*, Cambridge, Cambridge University Press, 1999 ; Graham Harvey, *Ritual and Religious Belief : A Reader*, New York, Routledge, 2005.

7. Telle est l'interprétation la plus courante, mais pas la seule, de la combinaison

hocus-pocus : Leslie K. Arnovick, *Written Reliquaries*, Amsterdam, John Benjamins Publishing Company, 2006, p. 250, n. 30.

8. Joseph Campbell, *The Hero with a Thousand Faces*, Londres, Fontana Press, 1993, p. 235 ; en français, *Le Héros aux mille et un visages*, trad. H. Crès, Paris, Oxus, 2010, p. 206 (rééd. J'ai lu, 2013).

9. Xinzhong Yao, *An Introduction to Confucianism*, Cambridge, Cambridge University Press, 2000, p. 190-199.

10. « Flag Code of India, 2002 », Press Information Bureau, Government of India, http://pib.nic.in/feature/feyr2002/fapr2002/f030420021.html, consulté le 13 août 2017.

11. http://pib.nic.in/feature/feyr2002/fapr2002/f030420021.html.

12. https://www.thenews.com.pk/latest/195493-Heres-why-Indias-tallest-flag-cannot-be-hoisted-at-Pakistan-border.

13. Stephen C. Poulson, *Social Movements in Twentieth-Century Iran : Culture, Ideology and Mobilizing Frameworks*, Lanham, Lexington Books, 2006, p. 44.

14. Houman Sarshar (éd.), *The Jews of Iran : The History, Religion and Culture of a Community in the Islamic World*, New York, Palgrave Macmillan, 2014, p. 52-55 ; Houman M. Sarshar, *Jewish Communities of Iran*, New York, Encyclopedia Iranica Foundation, 2011, p. 158-160.

15. Gersion Appel, *The Concise Code of Jewish Law*, 2ᵉ éd., New York, KTAV Publishing House, 1991, p. 191.

16. Voir notamment Robert O. Paxton, *The Anatomy of Fascism*, New York, Vintage Books, 2005 ; *Le Fascisme en action*, trad. W. Desmond, Paris, Éditions du Seuil, 2004.

17. Richard Griffiths, *Fascism*, Londres, New York, Continuum, 2005, p. 33.

18. Christian Goeschel, *Suicide in the Third Reich*, Oxford, Oxford University Press, 2009.

19. « Paris attacks : What happened on the night », BBC, 9 décembre 2015, http://www.bbc.com/news/world-europe-34818994, consulté le 13 août 2017 ; Anna Cara, « ISIS expresses fury over French airstrikes in Syria ; France says they will continue », CTV News, 14 novembre 2015, http://www.ctvnews.ca/world/isis-expresses-fury-over-french-airstrikes-in-syria-france-says-they-will-continue-1.2658642, consulté le 13 août 2017.

20. Jean de Joinville, *Histoire de saint Louis*, in A. Pauphilet (éd.), *Historiens et chroniqueurs du Moyen Âge*, Paris, Gallimard, « Bibliothèque de la Pléiade », 1952, p. 270.

21. Ray Williams, « How Facebook Can Amplify Low Self-Esteem/Narcissism/Anxiety », *Psychology Today*, 20 mai 2014, https://www.psychologytoday.com/blog/wired-success/201405/how-facebook-can-amplify-low-self-esteemnarcissismanxiety, consulté le 17 août 2017.

22. *Mahasatipatthana Sutta*, chap. 2, section 1, éd. Vipassana Research Institute, Igatpuri, Vipassana Research Institute, 2006, p. 12-13.

23. *Ibid.*, p. 5.

24. G. E. Harvey, *History of Burma : From the Earliest Times to 10 March 1824*, Londres, Frank Cass & Co. Ltd, 1925, p. 252-260.

25. Brian Daizen Victoria, *Zen at War*, Lanham, Rowman & Littlefield, 2006 ; Buruma, *Inventing Japan, op. cit.* ; Stephen S. Large, « Nationalist Extremism in Early Showa Japan : Inoue Nissho and the "Blood-Pledge Corps Incident", 1932 », *Modern Asian Studies*, 35 : 3, 2001, p. 533-564 ; W. L. King, *Zen and the Way of the Sword : Arming the Samurai Psyche*, New York, Oxford University Press, 1993 ; Danny Orbach, « A Japanese prophet : eschatology and epistemology in the thought of Kita Ikki », *Japan Forum*, 23 : 3, 2011, p. 339-361.

26. « Facebook removes Myanmar monk's page for "inflammatory posts" about Muslims », *Scroll.in*, 27 février 2018, https://amp.scroll.in/article/870245/facebook-removes-myanmar-monks-page-for-inflammatory-posts-about-muslims, consulté le 4 mars 2018 ; Marella Oppenheim, « "It only takes one terrorist" : The Buddhist monk who reviles Myanmar's Muslims ». *The Guardian*, 12 mai 2017, https://www.theguardian.com/global-development/2017/may/12/only-takes-one-terrorist-buddhist-monk-reviles-myanmar-muslims-rohingya-refugees-ashin-wirathu, consulté le 4 mars 2018.

27. Jerzy Lukowski et Hubert Zawadzki, *A Concise History of Poland*, Cambridge, Cambridge University Press, 2001, p. 163 (trad. française, *Histoire de la Pologne*, Paris, Perrin, 2010). Traduction française ici reprise d'Adam Mickiewicz, *Livre des pèlerins polonais*, trad. comte Charles de Montalembert, Paris, 1833, p. 27-30.

21. *Méditation*

1. www.dhamma.org.

2. Britta K. Hölzel *et al.*, « How Does Mindfulness Meditation Work ? Proposing Mechanisms of Action from a Conceptual and Neural Perspective », *Perspectives on Psychological Science*, 6 : 6, 2011, p. 537-559 ; Adam Moore et Peter Malinowski, « Meditation, Mindfulness and Cognitive Flexibility », *Consciousness and Cognition*, 18 : 1, 2009, p. 176-186 ; Alberto Chiesa, Raffaella Calati et Alessandro Serretti, « Does Mindfulness Training Improve Cognitive Abilities ? A Systematic Review of Neuropsychological Findings », *Clinical Psychology Review*, 31 : 3, 2011, p. 449-464 ; Antoine Lutz *et al.*, « Attention Regulation and Monitoring in Meditation », *Trends in Cognitive Sciences*, 12 : 4, 2008, p. 163-169 ; Richard J. Davidson *et al.*, « Alterations in Brain and Immune Function Produced by Mindfulness Meditation », *Psychosomatic Medicine*, 65 : 4, 2003, p. 564-570 ; Fadel Zeidan *et al.*, « Mindfulness Meditation Improves Cognition : Evidence of Brief Mental Training », *Consciousness and Cognition*, 19 : 2, 2010, p. 597-605.

Remerciements

Je tiens à remercier tous ceux qui m'ont aidé à écrire – mais aussi à supprimer :

Michal Shavit, mon éditeur de Penguin Random House au Royaume-Uni, qui a eu l'idée de ce livre et m'a guidé tout au long de sa rédaction, ainsi que toute l'équipe de Penguin Random House, pour son travail acharné et son soutien.

David Milner, qui comme d'habitude a magnifiquement préparé le texte. Il m'a suffi parfois de penser à ce que dirait David pour retravailler sérieusement le texte.

Suzanne Dean, ma directrice artistique de Penguin Random House, le génie qui se cache derrière la jaquette de ce livre.

Preena Gadher et ses collègues de Riot Communications, qui ont orchestré une brillante campagne de relations publiques.

Cindy Spiegel de Spiegel & Grau, pour ses échos et les soins prodigués outre-Atlantique.

Tous mes autres éditeurs de tous les continents (Antarctique excepté) pour leur confiance, leur dévouement et leur professionnalisme.

Mon assistant de recherche, Idan Sherer, qui a tout vérifié, des synagogues antiques à l'intelligence artificielle.

Shmuel Rosner, pour son soutien continu et ses bons conseils.

Yigal Borochovsky et Sarai Aharoni, qui ont lu le manuscrit et consacré beaucoup de temps et d'effort à corriger mes erreurs et à envisager les choses dans de nouvelles perspectives.

Danny Orbach, Uri Sabach, Yoram Yovell et Ron Merom, pour leurs intuitions sur les kamikazes, la surveillance, la psychologie et les algorithmes.

Mon équipe dévouée – Ido Ayal, Maya Orbach, Naama Wartenburg et Eilona Ariel – qui a passé de longues journées dans un enfer d'e-mails pour moi.

Tous mes amis et tous les miens, pour leur patience et leur amour.

Ma mère Pnina et ma belle-mère Hannah, qui ont partagé leur temps et leur expérience.

Mon époux et manager Itzik, sans qui rien de tout cela ne serait arrivé. Je sais seulement écrire des livres. Il fait tout le reste.

Et, pour finir, mes lecteurs, pour leur intérêt, leur temps et leurs commentaires. Un livre qui dort sur une étagère, à quoi bon ?

*

Comme indiqué dans l'introduction, j'ai écrit ce livre en conversation avec le public. Nombre des chapitres ont été composés en réponse à des questions que m'ont posées lecteurs, journalistes et collègues. Des versions antérieures de certaines sections ont déjà paru sous forme d'essais et d'articles, me donnant l'occasion de recevoir des commentaires et d'affûter mes arguments. En voici la liste :

« If We Know Meat Is Murder, Why Is It So Hard For Us to Change and Become Moral ? », *Haaretz*, 21 juin 2012.

« The Theatre of Terror », *Guardian*, 31 janvier 2015.

« Judaism Is Not a Major Player in the History of Humankind », *Haaretz*, 31 juillet 2016.

« Yuval Noah Harari on Big Data, Google and the End of Free Will », FT. com, 26 août 2016.

« Isis is as much an offshoot of our global civilisation as Google », *Guardian*, 9 septembre 2016.

« Salvation by Algorithm : God, Technology and New 21st Century Religion », *New Statesman*, 9 septembre 2016.

« Does Trump's Rise Mean Liberalism's End ? », *New Yorker*, 7 octobre 2016.

« Yuval Noah Harari Challenges the Future According to Facebook », *Financial Times*, 23 mars 2017.

« Humankind : The Post-Truth Species », Bloomberg.com, 13 avril 2017.

« People Have Limited Knowledge. What's the Remedy ? Nobody Knows », *New York Times*, 18 avril 2017.

«The Meaning of Life in a World Without Work», *Guardian*, 8 mai 2017.

«In Big Data vs. Bach, Computers Might Win», *Bloomberg View*, 13 mai 2017.

«Are We About to Witness the Most Unequal Societies in History?», *Guardian*, 24 mai 2017.

«Universal Basic Income is Neither Universal Nor Basic», *Bloomberg View*, 4 juin 2017.

«Why It's No Longer Possible For Any Country to Win a War», Time. com, 23 juin 2017.

«The Age of Disorder : Why Technology is the Greatest Threat to Humankind», *New Statesman*, 25 juillet 2017.

«Reboot for the AI Revolution», *Nature News*, 17 octobre 2017.

Table

Première partie
LE DÉFI TECHNOLOGIQUE

Deuxième partie
LE DÉFI POLITIQUE

TABLE 375

Cinquième partie
RÉSILIENCE

Composition : IGS-CP
Impression : Black Print en novembre 2018
Éditions Albin Michel
22, rue Huyghens, 75014 Paris
www.albin-michel.fr

ISBN : 978-2-226-43603-0
N° d'édition : 23087/06
Dépôt légal : octobre 2018
Imprimé en Espagne